전방 개척 사역자들을 위한

사도행전 주해

그렉 리빙스턴 저

김동현 · 김수용 · 이현수 · 전병희 공역

THE BOOK OF ACTS

쿰란출판사

Published by OM Books P.O. Box 2014 Secunderabad 500003
Andhra Pradesh, India

저자의 인사말

43년간 늘 함께해온 성실하고 사랑스런 나의 반려자요 친구인 사라(Sarah)에게 감사를 표하며, 나의 멘토들, 스승들께 감사를 드립니다.

조지 버워(George Verwer)
프랜시스 쉐퍼(Francis Schaeffer)
마즈하르 말루히(Mazhar Mallouhi)
랄프 윈터(Ralph Winter)
존 파이퍼(John Piper)

인도에 있는 OM Books 출판사 조셉(K.C. Joseph) 사장님과 출판팀의 협동은 내게 또한 기쁨이었습니다.

2004년 쿠알라룸푸르에서
그렉 리빙스턴

권두언

45년 이상을 이 책의 저자인 그렉 리빙스턴과 가까이 지내면서 그가 마라톤 주자와 같이 사도행전을 실천하는 모습을 지켜보아 왔습니다. 이번에 사도행전의 귀중한 연구를 책으로 내어놓은 것을 보니 흥분이 되며 무척 기쁩니다.

그렉의 저작은 세상에서 가장 방치되어 온 민족들 가운데 행한, 지난 40년간의 개척자의 사역을 통한 경험에서 나온 것입니다. 그는 오엠(Operation Mobilisation) 선교사로 인도에서 첫 팀을 이끄는 일로 섬겼고, AWM(Arab World Ministries) 선교회에서도 섬겼으며, 이어서 프론티어스(Frontiers) 창설자이자 총대표로 섬기고 있습니다.

이 주해서는 '그리스도가 알려지지 않은 지역'(where Christ is not named)에 있는 선봉적인 교회 설립 사역자들을 위해 특별히 고안된 워크북입니다. 이 책은 사역자들로 하여금 ***성경으로부터 직접적으로 사역을 배우도록*** 돕는 것을 목표로 삼은 3부작(마태복음, 사도행전, 빌립보서) 가운데 두 번째 저작입니다.

사역의 현장과 각자 처한 상황에서 우리 기독교인들은 하나님의 말씀 가운데 거해야 하며 그 말씀을 매일의 삶과 사역에 적용해야 합니다. 이 성경공부는 우리로 하여금 이 일을 바로 실천하도록 도움을 줄 것입니다.

매우 많은 인간 중심 이론들의 한가운데에서 독자 여러분은 이제 사도행전 17장 11절 말씀대로 "*데살로니가에 있는 사람들보다 더 너그러워서 간절한 마음으로 말씀을 받고 이것이 그러한가 하여 날마다 성경을 상고*"한 베뢰아 사람들의 삶을 배울 수 있을 것입니다.

성경을 열고 열린 마음으로 연구하십시오.

조지 버워(George Verwer)

역자 서문

그렉 리빙스턴이 저술한 《사도행전 주해》는 여태까지 복음이 제대로 들어가지 못한 지역의 사람들 가운데서 사역해 오면서 배운 그의 경험과 개척 정신을 잘 반영해 주고 있습니다. 그는 하나님의 말씀을 실제 현장 적용을 중심으로 묵상하면서 사역자들을 위한 선교적 모델을 제시하고 있으며, 교회가 어떻게 하나님의 뜻과 척도에 충실해야 하는지를 보여주고 있습니다.

리빙스턴은 단순히 사람들의 생각과 마음에 어떤 일이 일어나고 있는지에 관련하여 말하는 것이 아니라 대화와 멘토링, 가르침, 그리고 토의 등을 통하여 사역자 자신을 훈련하는 한 모형을 만드는 것이 중요하다고 강조합니다.

본서에서 부각된 여러 요소 중에서 네 가지 주요 뼈대는 다음과 같습니다.

첫째, 사도행전 2장에서 묘사된 성령의 초월적인 경험인데 이 경험은 리빙스턴이 선교사의 사역에 적용하는 태도에 관한 것입니다.

둘째, 이방인 환경에서 개척 사역자에 대해 부각할 뿐만 아니라 선교사 교회가 수행해야 할 선교사역의 모델을 제시합니다.

셋째, 그의 선교신학의 기초를 보여줍니다.

넷째, 선교에 있어서 가장 중대한 요소로서 이슬람과 같은 타종교 환경에서 사역자의 수난의 신학을 보여줍니다. 리빙스턴은 수난과 박해에 대해서 교회가 해석하고 응답해야 할 방식에 관해 확실한 지침을 보여주고 있으며, 기독교인 사역자들이 타종교 상황에서 개척자 사역을 효과적으로 수행하도록 돕고자 합니다.

이 책에 나타난 대로 하나님께서는 그분의 목적을 이행하도록 사람들을 부르시며 그들이 교회를 세우도록 첫 '케이스 연구' 를 보여주며, 그리스도를 따르는 자들로 하여금 사람들 가운데 '가서 똑같이 하도록' 성령으로 감동합니다. 그리고 기독교 사역자들이 '선교사' 의 역할을 해내며 하나님의 교회가 여태껏 존재하지 않던 곳에 교회를 세우는 것을 회상시키며 격려합니다.

저자는 이와 같이 불교나 이슬람, 힌두교 등 타종교 지역, 아직 교회가 없는 곳에 들어가 개척하는 사역자를 위해 성령의 능력과 적용, 자비량 사역, 신학의 기초, 박해 등에 대해 사도행전을 새롭게 조명하고 있습니다.

2009년에 남아프리카공화국 스텔렌보쉬 대학교 신학부 150주년 기념의 일환으로 사도행전 포럼이 열렸는데 선교학, 신약학, 교회사를 가르치고 연구하는 학자들이 '사도행전의 선교적 교회'라는 주제 아래 다양한 내용들을 발표하였습니다.

역자 중 한 사람이 본 대학 신학부에서 타종교에 대해 강의하던 중 이 포럼에서 선교적 시각으로 이슬람 환경에서의 교회 개척에 관한 발표를 하면서 본서의 내용을 주제("이슬람의 상황에서 교회의 선교사 사역을 위해 사도행전으로부터 얻는 교훈들: 개척 사역을 하는 기독교 사역자를 위해 쓴 그렉 리빙스턴의 사도행전 주해서를 중심으로")로 삼았습니다.

포럼에 참석한 학자들과 목회자들이 이 책의 내용에 대해 깊은 관심과 열띤 호응이 있었기에 이 책을 한국교회에도 소개하면 좋겠다고 생각하게 되었습니다.

공역에 임한 역자들은 각자 맡겨진 사역으로 분주한 가운데서도 사도행전의 말씀들을 한 절 한 절 묵상해 가면서 번역자로서 먼저 은혜를 받으며 장기간에 걸쳐 이 작업을 완성했습니다.

이 책은 선교적인 색다른 시각으로 현장감 있게 모든 장과 절을 해석하려고 시도하였기에 이 책을 사도행전 연구와 제자훈련 소그룹에서 장별로 읽으면서 토의하면 사도행전에 역사하시는 하나님의 선교와 선교의 모형으로부터 많은 영감과 실제적인 아이디어를 얻게 될 것입니다. 이 워크북을 통하여 한국교회와 선교 사역자들이 사도행전에 대한 새로운 해석과 선교적 접근을 더해가는 데 보탬이 될 수 있기를 바랍니다.

2013년 4월 5일

김동현, 김수용, 이현수, 전병희 드림

[목차]

서론

이 책은 개척 사역을 하는 선교사들을 위해 특별히 준비된 것이다. 이 주해서는 마태복음 주해서와 짝을 이룬다. 사도행전은 우리 믿음의 선배들이 그들의 '십자가를 지고' 주 예수를 '따르라'는 말씀이 무엇을 의미하는지 그리고 그들은 이를 어떻게 이해했는지를 우리에게 보여준다.

사도행전은 3년간 주 예수와 함께 매일 동행했던 사람들의 ***뒤를 이어가는*** 말씀이라는 것을 기억하는 것이 중요하다. 그리고 지금이 바로 주님께서 우리에게 하라고 말씀하신 것을 우리 동역자들이 실행해야 할 때이다.

주 예수께서는 우리에게 하나님의 마음을 어떻게 알 수 있는지, 그리고 하나님이 성공이라고 하실 만큼 우리가 어떻게 풍성한 결실을 맺을 수 있는지를 우리에게 설명해 주셨다. "*내 안에 거하라…… 너희가 내 안에 거하고 내 말이 너희 안에 거하면 무엇이든지 원하는 대로 구하라 그리하면 이루리라 너희가 열매를 많이 맺으면 내 아버지께서 영광을 받으실 것이요 너희는 내 제자가 되리라*"(요 15:4-8).

예수의 말씀이 당신 안에 거한다는 것은 무엇을 의미하는가? 그것은 당신이 성경을 천천히 읽고, 당시의 배경에서 어떤 사건이 일어나고 있었는지에 대해 당신이 아주 확실하게 이해할 수 있을 때까지 말씀과 구절들을 음미하는 것을 의미한다.

성경을 내신 하나님께서 그분의 말씀을 '건네기' 원하시는 대상은 누구일까?

첫째, 성경 메시지의 원래 수령자에게 있었고, 둘째, 오늘날 예수님의 제자로서 있는 당신에게 있다. 왜 하나님이 우리에게 ***이런*** 특별한 말씀을 주시는가? 이 구절을 통하여 내가 처한 곳과 이 시대에 직면한 어려움에 대해 내가 무엇을 해야만 할까?

이 책이 진지한 적용 중심의 묵상과 하나님의 말씀에 대한 성찰을 하는 데 도움이 되기를 바란다.

당신이 이 연구를 계속해 나갈 수 있기를 바란다. 하나님과 동행하면서 그분께서 당신에게 주시는 통찰들로 마음을 채우라. 그분께서 당신에게 주신 그 사역을 실행하는 데 있어서 어떻게 적용 해야 하는지 '듣기' 위해 찾으라.

"이것이 길이다. 그 안으로 걸어가라."

사도행전 개요

본래 이름이 붙여져 있지 않았으나 4세기 이후에 ***사도들의 행전***이라 불리게 된 이 책은 실로 누가의 '교회 역사' 제2권이다. 그리스도의 삶에 대한 누가의 이야기와 지금 교회의 탄생은 구약성경의 이야기와 연관된다. 하나님은 남녀 그룹을 특별히 선택하셔서 그분의 대사로 삼으시려고 부르시고 이들을 민족들에게 나아가게 하시는 한 분이신 참 하나님이시다. 그분께서는 모든 민족으로부터 남은 자를 '사탄의 지배에서' 하나님의 영광스러운 천국으로 부르고 계신다(행 26:18; 28:31).

마이클 스미스(W. Michael Smith)는 우리에게 하나님과 아브람과의 계약(창 12장)을 상기시키면서 ***사도행전***을 '바벨이 없는'(un-Babel) 민족들로 시작하는 하나님의 기록이라고 한다. 아브람과의 계약은 모든 민족을 축복하시겠다고 약속하신 것인데, 모든 민족을 흩뜨리는 바벨탑 사건 이후에 즉각적으로 따른 계약이다.

그러므로 사도행전을 우리에게 주시는 하나님의 주된 목적은 당신과 나 같은 사람이 *"우리 세대에 그분의 목적을 성취하도록"*(행 13:36) 사도로 부르셔서 그분의 목적을 수행하도록 하는 데 그분의 구체적인 의도를 보여주시고자 함에 있다. 사도행전은 ***세계 안의 사람들***(ta ethne) 가운데 주 예수를 섬기는 자들의 교회들을 설립하는 우리의 첫 번째 '케이스 연구'이다.

누가복음은 성경의 편집자인 성령의 영감 아래 우리에게 한 모델을 제시해 준다. 그 분명한 의도는 추수하시는 주님께서 민족들 가운데 당신을 보내셔서 당신이 그리스도를 따르는 자로서 민족들에게 '가서 똑같이 하도록' 각성시키는 것이다.

엄밀히 말하면, 누가는 초기 교회의 역사를 쓴 것이 아니다. 이것은 그의 서술이 비역사적이거나 부정확하다고 말하는 것이 아니다. 역사가의 임무는 모든 중요한 사실에 관하여 이해할 수 있는 서술을 하는 것이다. 누가는 분명히 이것을 시도하지 않았다. 그는 갈릴리에 있는 교회들에 관하여 우리에게 아무것도 말해주지 않고(행 9:31), 이집트나 로마의 전도사역에 대해 말해주지 않는다.

그의 연구는 단지 열두 명 가운데 세 사도들의 행전이 아니다. 그는 대부분 베드로, 야고보, 요한에 관해 서술하고 있다. 요한은 베드로의 동반자로 성전을 방문한다고 언급하였고(행 1:13; 3:1; 4:13, 19; 8:4), 사도행전에 야고보가 한 번 등장한 곳은 그의 죽음을 선포한 것이다!(행 12:2)

사도행전은 거의 대부분 베드로와 바울의 행동이나 사역들을 기록하고 있다. 더군다나 베드로는 고넬료의 개종 이후에 실제적으로 그 이야기에서 빠진다. 우리는 그가 어떻게 되었는지에 대해 의구심이 남는다. 누가는 교회의 장로들에 대한 설명을 거의 하지 않고(행 11:30), 주님의 형제 야고보가 어떻게 예루살렘 교회에 지도력을 가진 위치로 오게 되었는지(행 15:13), 바울이 그의 개종 이후에 다소에서 무엇을 하였는지(행 9:30; 11:25), 또한 다른 중요한 역사적인 사건들에 대해 거의 설명하지 않는다.

더욱이 누가는 어떤 사건들에 관하여 단지 몇 마디를 전하지만(행 18:19-23) 다른 사건들은 더 자세하게 진술한다(행 21:17-26:32). 바꿔 말하면, 누가는 한 이야기를 말하지, 한 '역사'를 쓰고 있는 것이 아니다. 그의 이야기는 예루살렘에서부터 사마리아, 안디옥, 아시아, 유럽을 거쳐 로마까지 교회의 확장에 강조점을 둔다. 이 이야기에서 베드로와 바울은 지도하는 역할을 한다. 동방 세계의 다른 곳에 있는 다른 사도들의 사역을 자세히 열거하는 것은 누가가 하나님으로부터 받은 과제가 아니었다.

의사였던 누가는 자신의 여행 일기 외에, 기록된 것과 더불어 주로 구전의 자료들을, 특히 그의 사역의 초기 장들에 사용했을 것이다. 누가는 바울의 동반자로서 스스로 사도로부터 정보를 직접 모으는 위치에 있었다. 더욱이 누가는 바울이 가이사랴에 투옥되었을 동안에 팔레스타인에 있었기 때문에(행 21:18; 27:1) 교회의 초기 시절에 대해 목격자들로부터 정보를 모을 수 있는 충분한 기회를 가졌다.

당신은 ***선교사(missionary)***라는 단어가 사도적인 선교(예를 들어, 하나님의 교회가 아직 존재하지 않는 곳이나 사람들 가운데서 그분의 교회를 설립하는 것)를 수행하기 위해 그분의 교회에 하나님이 주시는 사역 은사에 대한 대용의 라틴어라는 것을 기억할 것이다.

사도적인 선교에 초점을 두는 사람은 신약성경에서 ***사도(apostle)***로 혹은 사도의 교회 개척팀 멤버로 불린다. 대부분의 선교사들은 ***사도적 직임***의 ***은사***를 갖고 있지 않으나(고전 12:28-29), 그들은 아마도 '그리스도가 알려지지 않은 곳' 에 첫 교회들을 설립하기 위해 사도적인 선교에 사도(전도자)로 참여하도록 ***부름***을 받은 곳에 응해 온 것이다(롬 15:20).

성경을 받아들이는 사람에게 분명한 것은, 하나님은 교회가 있는(엡 2:20, 3:5) 곳에 그 기초를 세우기 위해 그분께서 선택하신 그 사도들(The Apostles vs "apostles")을 있게 하신 것이다. 우리 중에 그들이 '그리스도가 알려지지 않은 곳' 에 ***그리스도의 교회를 설립***

하도록 부름받은 것이다(롬 15:20).

우리는 성 바울과 성 요한과 같은 분들 이후에 바통을 넘겨받은 사람들이다. 우리는 하나님의 작고 평범한 ***사도들***(선교사들)이다. [비고: 바나바(행 14:14), 안드로니고, 유니아(여성, 롬 16:7); 바울이 열두 사도들과 성경을 기록하지 않은 나중의 사도들 간에 구분을 한 곳인 고린도후서 11:5, 13; 12:11과 에베소서 4:11을 보라.]

어떤 초대교회 사역자가 새 '복음서들' 을 창조하고 ***있었던*** 거짓된 사도들(전도자들)에 반대하여 투쟁하는 것을 상상해 본다. 이들은 '사도' 라는 헬라어 단어인 아포스톨로스(*ἀπόστολος*)를 사용하는 것을 배제하는 것이 더 낫다고 느꼈고, 그래서 그들은 라틴어 단어인 'missionary' (선교사)로 전환한 것이다.

둘 중 어느 쪽이건, 우리는 교회가 이미 존재하는 곳 밖으로 나가도록 선택받은 사람들 가운데 있다(롬 15:20-23). *"보라 내가 너희를 보냄이(ἀποστέλλω) 양을 이리 가운데로 보냄과 같도다 그러므로 너희는 뱀같이 지혜롭고 비둘기같이 순결하라"*(마 10:16). *"다른 양들이 내게 있어 내가 인도하여야 할 터이니"*(요 10:16).

그러면 *추수하시*는 주님께서는(마 9:38) 사도행전에 있는 오늘*날의* 사도들(전도자들)에게 무엇을 말씀하시고자 하는가? 하나님의 ***늘 완전히 타당한*** 말씀을 묵상하면서 아버지 하나님과 어떤 풍성한 교제를 가져보자. 이 연구는 단지 읽는 것을 의미하는 것이 아니다. *'그리스도의 말씀이 우리 안에 풍성히 거하시도록 하기'*(골 3:16) 위해 우리에게 용기를 주시는 것이다.

이 율법책을 네 입에서 떠나지 말게 하며 주야로 그것을 묵상하여 그 안에 기록된 대로 다 지켜 행하라 그리하면 네 길이 평탄하게 될 것이며 네가 형통하리라(수 1:8).

오직 여호와의 율법을 즐거워하여 그의 율법을 주야로 묵상하는도다 그는 시냇가에 심은 나무가 철을 따라 열매를 맺으며 그 잎사귀가 마르지 아니함 같으니 그가 하는 모든 일이 다 형통하리로다(시 1:2-3).

사도행전 1:1 "내가 먼저 쓴 글에는 무릇 예수께서 행하시며 가르치시기를 시작하심부터."

누가는 예수 그리스도 안에서 하나님께서 그분을 따르는 자들을 향해 마음에 품으셨던 것에 관한 두 번째 보고서에 대해 설명하고 있다.

"아버지께서 나를 세상에 보내신 것같이 나도 그들을 세상에 보내었고"(요 17:18). 이것은 어떤 의미일까? 우리 주님께서 그의 *'충성된 자들'* 과 같이 사시면서(막 3:14) 하나님께 순종하는 충성된 자가 된다는 것이 무엇을 의미하는지를 제시하고 있다. 그분은 우리에게 하나님의 가치들과 세계관을 부여하셨다. 그리고 예수께서는 '행군하는 명령' 을 그들에게 남기셨는데 이는 그분이 아버지께 되돌아가신 후에 그들이 행하도록 기대하신 것이다.

우리는 우리의 제자들을 바라보며 그들이 우리와 똑같은 일을 행하게 될 것이라고 생각하는가? 똑같은 방법으로 주님께서 ***당신에게*** 주신 사람들에게 남기신 지상대위임령의 바통을 전하면서 그들을 통해 당신의 삶을 재생산하는 하늘나라의 계획을 세우고 있는가?

사도행전 1:2 "그가 택하신 사도들에게 성령으로 명하시고 승천하신 날까지의 일을 기록하였노라."

사도들(*'그리스도가 알려지지 않은 곳'* 에 그분을 알리기 위해 보냄받은 사람들)은 먼저 아래 두 가지 사항에 대해 깊은 확신을 가져야 한다.

1. 당신은 하나님 아버지에 의해 ***선택되었는데*** 이는 에리트레아(Eritrea), 엘 자디다(El Jadida), 에스키쉐히르(Eskishehir), 혹은 이스파한(Esfahan)에서 사역하도록 하나님이 당신을 택하신 것이다.

2. 당신이 하고 있는 일은 당신의 아이디어가 아니라 하나님의 아이디어이다. 그분의 ***거룩한 질서들***이다(딤후 2:4 – *"병사로 복무하는 자는 자기 생활에 얽매이는 자가 하나도 없나니 이는 병사로 모집한 자를 기쁘게 하려 함이라"*).

사도행전 1:3 "그가 고난 받으신 후에 또한 그들에게 확실한 많은 증거로 친히 살아 계심을 나타내사……."

널리 하는 추측과 달리, 주 예수의 초기 추종자들은 순진하지 않았다. 도마를 기억하는가? *"내가 그의 손의 못 자국을 보며 내 손가락을 그 못 자국에 넣으며 내 손을 그 옆구리에 넣어 보지 않고는 믿지 아니하겠노라"*(요 20:25). 이 남자들은 부활에 관하여 여인이 한 첫 보고를 믿으려 하지 않았다. 선지자 예수가 십자가 위에서 죽지 ***않았다***고 하는(이러한 연고로 죽음으로부터의 부활이 있을 수 없었다고 하는) 이슬람의 교리에는 분명한 고의가 있다.

우리는 예수의 죽음과 부활의 사실을 진정으로 믿고 그것을 매일 선포해야 한다. 그리스도의 죽음과 부활의 중심 주제가 사도행전 전체에 걸쳐서 어떻게 나타나는지 지켜보자! 어떻게 '부활의 확신을 주는 증거들' 을 당신이 잘 제시할 수 있을까?

3절 "……사십 일 동안 그들에게 보이시며……."

우리 주님은 그의 부활 이후에 그분의 팀과 사십 일을 지내시면서 ***왜*** 그분이 십자가에 나아가셨는지를 분명히 하셨다.

> 이에 그들의 마음을 열어 성경을 깨닫게 하시고 또 이르시되 이같이 그리스도가 고난을 받고 제삼 일에 죽은 자 가운데서 살아날 것과 또 그의 이름으로 죄 사함을 받게 하는 회개가 예루살렘에서 시작하여 모든 족속에게 전파될 것이 기록되었으니 너희는 이 모든 일의 증인이라(눅 24:45-48).

만약 당신이 ***당신의*** 제자들과 같이 보낸 모든 시간을 더해 본다면 40일×8시간=320시간인데, 이 시간 동안에 하나님의 나라에서의 그들의 역할을 이해하도록 도울 수 있었겠는가?

하나님의 프로그램은 예루살렘, 유대, 사마리아, 심지어는 '지구의 가장 외딴 지역'에 있는 어둠에 갇힌 군중들에 초점을 두어 당신이 그들을 가르치도록 하는 것이다. 그분의 제자들이 그들의 경력으로 선입관을 품고 있었을 때 우리 주님은 낙담하시거나 포기하셨는가? 아니다. 우리도 그와 같은 사람들을 제자로 삼고 있고, 그분의 제자들과 같이 우리 동역자들도 사회에서 더 높은 위치를 얻는 데 머물고 있다.

열두 제자들은 세계의 민족들을, ***섬기는*** 것과 반대되는, ***통치하는*** 데 포부를 가진, 새 정부에서 그들이 갖게 될 '내각의 지위들'에 호기심을 갖고 있었다(1:6; 막 10:37). 오늘날의 기독교인들과 같이 그들은 어떤 보답을 너무 빨리 찾고 있었던 것이다. 이렇게 된 이유는 그들이 "그분의 말씀에 머물지" 않았고 그분의 의제를 놓치고 있었다는 데에 있다.

첫째, 우리는 "우리의 목숨을 버려야 한다"(요 10:15; 15:13; 요일 3:16); ***나중에*** 우리는 "그분과 함께 통치한다"(요 10:15; 15:13; 요일 3:16; 딤후 2:12; 계 12:11; 20:6).

봉사 몇 년 후에 많은 개척 선교사들은 하나님의 구원 사역을 어떻게 성취할 것인지보다는 그들의 경력에 관하여 더 안주하려고 하는 데 마음이 끌렸다. ***당신은*** 당신이 속한 기관에서 당신 자신(혹은 당신의 남편)에 대한 더 높은 지도자의 위치를 ***찾고 있는가?*** 혹은 당신은 가정을 이룬 후에는 보수가 괜찮은 일을 얻고 집을 사고 일부 보증금 같은 것을 얻는 것 등을 생각하고 있는가?

주를 위하여 내 목숨을 버리겠나이다 예수께서 대답하시되 네가 나를 위하여 네 목숨을 버리겠느냐 내가 진실로 진실로 네게 이르노니 닭 울기 전에 네가 세 번 나를(그리고 네 목숨을 버리는 나의 길을) *부인하리라*(요 13:37-38).

감사하게도 수 세기를 통하여 하나님은 늘 순수하고 고귀한 동기와 야망들보다 덜할지라도 충성스러운 종들을 사용하셨다!

베드로와 같이 우리는 아무데도 더 갈 데가 없다는 것을 깨닫게 되는 '최후의 말씀'과 같이 우리는 뉘우치고 그분의 말씀으로 돌아갈 수 있다. *"시몬 베드로가 그에게 대답하기를, '주여, 우리가 뉘게로 가오리까? 당신은 영원하신 생명의 말씀이니이다.'"*

3절 "하나님 나라의 일을 말씀하시니라."

우리가 주님에 대해 사람들에게 말할 때 주님의 주제인 '하나님의 나라'를 강조하는가? 당신은 이 주제를 스스로 공부하며 왕의 대사로서 대화로 그것을 엮기 위한 준비를 해야 할 필요를 느끼는가?

당신은 하나님의 나라가 어떻게 당신이 택한 민족의 세계관을 의미 있게 할 수 있는지에 대해 마음에 확신이 있는가?

사도행전 1:4, 6 "사도와 함께 모이사", "그들이 모였을 때에……"

요한복음의 마지막 말씀은 주님이 그분의 제자들과 아침 식사를 같이 하는 것을 기록한다. 성경의 마지막 책에서 우리는 친밀한 교제의 자리로 그분을 초청하는 사람들과 *"내가 더불어 먹을 것이다"* 라고 그분이 말씀하시는 것을 듣는다.

주님은 그분의 제자들이 모여서 ***코이노니아****(κοινωνία)*, 예를 들어 커뮤니온, 교제, 그분의 백성과 더 가까운 관계를 지니기를 바라신다. *"나도 그들 중에 있느니라"*(마 18:20). ***코이노니아***는 결혼한 관계에 적절한 표현으로 인간 사이에 가장 친밀함을 말한다. 놀랍게도 그분의 신부인 우리는 여전히 아버지와 그분의 아들과 성령과 더불어 교제하기 위해 그분의 주권의 침실에 초대된다(요일 1:3; 고전 1:9; 고후 13:13; 빌 2:1).

만일 당신이 친밀한 우정과 주 예수와 영적 교제의 영광스러운 특권을 놓친다면 당신은 다른 모든 종교들과는 다른 기독교의 탁월성을 놓치고 마는 것이다! 만일 우리가 모일 때 하나님 자신의 현존을 경험하지 못한다면 최면의 열광에 빠져 스스로를 채찍질하는 수피들(Sufis)에게, 혹은 '하나님을 경험하는 것' 을 추구하며 고행하는 힌두교인 성자들에게 어떤 말을 할 수 있겠는가?

대부분의 서양인들이 교회에 관해 성경적인 개념을 이해하지 못하는 이유는 우리가 ***만남***이나 사건의 면에서 사고하기 때문이다. 초대교회는 교회 예배가 끝나갈 때를 알기 위해 그들의 시계를 보는 잠잠한 회중에게 독백의 설교 경험이나 성경의 가르침에 대한 약화

되고 수동적인 어떤 경험도 갖지 않았다. 구약의 제사장이 사람들을 위해 희생 제사를 드리는 것을 모방한 로마 가톨릭 교회는 로마 관례의 양식에 따라 교회를 '조직' 하였다. 모든 사람들은 제사장이 그들과 하나님 사이에서 중보하는 것을 수동적으로 지켜보았다. 그 고상한, 하나님이 의도하신 신자의 제사장직이 교리적으로 회복되었으나 슬프게 기능적으로는 그렇지 못했다.

사도행전 1:4-5, 8 "……내게 들은 바 아버지께서 약속하신 것을 기다리라……너희는 몇 날이 못 되어 성령으로 세례를 받으리라", "오직 성령이 너희에게 임하시면 너희가 권능을 받고……."

다음 두 가지 사항을 주목해 보자.

1. 그들에게 ***기다리고*** 기대하라고 말씀하셨다. 우리는 '어떻게 성령으로 세례를 받을 수 있는지' 에 관해 어떠한 공식이 주어진 것이 아니다. 하나님은 우리가 그분께서 언제 어떻게 결정하시고 그분이 약속하신 것을 제공하시는지 그분을 바라보도록 하신다(고전 12:11, 18).

2. 우리에게 기름 부으시는 능력과 힘은 성령께서 우리에게 임하실 ***때*** 온다.

빌리 그레이엄은 이렇게 말했다. "나는 여러분이 그것을 무엇이라 부르거나 그것을 어떻게 받는지 관심을 두지 않지만 그것을 받지요!" 그것은 '성령의 세례,' '성령의 충만,' '주고받은 삶,' '하나님을 맞아들이는 것,' '두 번째 축복' 등으로 불린다. 아버지께서는 우리의 어휘에 관심을 두지 않으나 실재하신다! 당신 안에 그리고 당신을 통해 역사하시는 하나님의 능력의 실재를 당신은 체험하고 있는가?

우리는 끊임없이 우리 자신의 은사, 재능, 열심히 일하는 것 등에 의존함으로 뒷걸음질치도록 유혹을 당한다. 우리는 사람들(혹은 나 자신)을 변화시키려고 애썼던 것에 대해 주기적으로 뉘우쳐야 하며, 성령의 능력 안에서 내가 일할 수 있도록 부단히 하나님을 의지하며 간구해야 한다(롬 15:13).

사도행전 1:4-6 "주께서 이스라엘 나라(power)를 회복하심이 이 때니이까?"

우리는 주님의 발 아래서 모든 교훈을 깨닫고 깜짝 놀란다. 부활하신 그리스도와의 40일간의 복습 후에 열한 사도들은 여전히 세상의 권세에 초점을 맞추며 그것을 사모하고 있다. 그들은 로마인들과 기타 사람들을 통치하기 위해 그리스도의 새로운 왕국에서 윗자리에 앉는 것을 바라고 있다!

이 질문은 주님 안에서 새로운 확신을 보여주는데 이것이 복음이다. 그들은 부활을 경험하면서 지금 그분께서 이스라엘을 회복시킬 수 있는 능력과 권위를 주신 것을 믿는다. 그러나 주님의 능력을 아는 것과 '섬김을 받으려는 것이 아니라 섬기기 위해' 오시는 그분을 따르는 이 두 의미는 매우 다른 것들이다.

구주께서는 인내심을 가지고 그들의 국가(국수주의)에 초점을 맞추지 ***아니하고*** 다시 한 번 ***민족들***(인종; *ethne*)에 초점을 두신다. "또 이 우리에 들지 아니한 *다른 양들이 내게 있어 내가 인도하여야 할 터이니*"(요 10:16). 그분이 왜 우리를 이 지구상에 남겨놓으셨는지에 대해서 그분이 ***우리에게*** 다시 생각나게 하도록 하실 필요가 있는가? 우리는 사도적인 사명에 부름받은 것이지 지위를 얻기 위함이 아니다. 제자들을 얻기 위해 부름받은 것이다. *'예수가 알려*

지지 않은 곳'(where Christ is not named)에서 말이다.

사도행전 1:7 **"때와 시기는……너희가 알 바 아니요……."**

하지만 우리는 그분이 모든 것을 계시하실 것이라고 생각했다(요 15:15; 16:13). 우리가 믿고 그분 앞에 귀기울이면 그분께서는 진실로 우리가 알거나 이해할 필요가 있는 것을 계시하실 것이다. 당신은 최근에 언제 서너 시간 홀로 그분과 함께 성경을 넘겨가며 귀기울여 보았는가? 우리가 비록 그분의 재림의 영광 가운데 사는 삶을 사모하고 바라보며 박차를 가해야 할지라도(딤후 4:8; 딛 2:13) 그것은 다가오는 사건들에 관한 그분의 일정표를 아는 것에는 도움이 되지 않는다.

새롭게 믿게 된 여성이 당신의 동역자를 가장 필요로 하는 시점에서 왜 당신의 동역자는 그녀를 놔두고 어머니를 돌보아야 한다고 꼭 집에 가야만 하는가? 왜 하나님께서 당신의 자녀로 하여금 불치병을 갖도록 내버려 두심으로 당신이 부름받은 현장을 떠나게 하는가? 왜 당신과 당신의 동료들은 지방의 제자들이 목자와 전도자로서 준비되기 전에 자녀들의 필요에 대해 적합한 대답들을 주지 못하고 당신과 함께하던 사역에서 떠나야 하는가?

우리는 단지 우리의 작은 이야기만을 본다. 우리는 큰 이야기를 보지 않는다. *"우리가 지금은 거울로 보는 것같이 희미하나*(문자적으로 '난제') *그때에는……내가 온전히 알리라"*(고전 13:12). 당신은 시편 기자와 더불어 *"여호와를 의지하고"*(시 40:4)라고 고백할 수 있는가? 만일 당신에게 곤란한 일들이 왜 일어나고 있는지 고전하고 있다면 시편 37-47편을 묵상하라.

사도행전 1:8 "너희가……예루살렘과 온 유대와 사마리아와 땅 끝까지 이르러 내 증인이 되리라."

성숙한 기독교인은 '둘 중 하나' 기독교인이 아니라 '양쪽 다' 기독교인으로 부름받고 지시받고 훈련받고 명령받았다. 당신은 "나는 나의 고향인 예루살렘에 부름받았다"고 말하지 않으면서 양 무리를 향한 연민으로 감동된 책임감을 회피하기를 원하는 목자가 있다는 것을 얼마나 많이 들었는가?

첫째, 예루살렘은 많은 사람들에게 고향이 아니다. 예루살렘은 이스라엘에 있지 텍사스(Texas)나 서섹스(Sussex) 혹은 뉴사우스웨일즈(New South Wales)에 있는 것이 아니다. 그곳은 심지어 주님의 충성스런 사람들의 ***고향***도 아니었다. *"이 말하는 사람들이 다 갈릴리 사람이 아니냐?"*(행 2:7) 그들은 예루살렘으로 인도될 것 같지 않았다. 게다가 그들은 매우 위험하다고 느꼈다. 도마는 헌신이 아니라 체념의 마음으로 *"우리도 주와 함께 (예루살렘으로) 죽으러 가자"*(요 11:16) 하고 탄식하며 말했다.

주님은 그분의 첫 사도들을 예루살렘으로 보내셨는데 그 이유는 오순절에 이십만 명의 헌신된 유대인들과 하나님을 경외하는 자들이 로마제국 전역에서 모일 것이기 때문이다. 각자의 나라들로 돌아갈 이 사람들이 메시지를 취할 완벽한 기회이다. 큰 값을 치러가며 예루살렘으로 성지순례하는 많은 사람들은 하나님을 기쁘게 해드리는 일에 진지하였다. 이들은 당신이 찾고 있는 사람들이 아닌가?

둘째, 주님은 그분의 추종자들의 발이 닿는 곳에만 초점을 두기 위해 그들이 민족들을 무시하는 선택권을 주시지 않았다. 그분은 ***많은*** 장소에서 영원히 사람들에게 영향을 주는 사역이 그분의 제자들에게 주어지기를 바라신다. 그 첫 사도적인 무리로 하여금 예루살렘에 가서 그들의 민족들에게 세례를 ***베풀도록*** 하셨다.

> 우리는 바대인과 메대인과 엘람인과 또 메소보다미아, 유대와 가바도기아, 본도와 아시아, 브루기아와 밤빌리아, 애굽과 및 구레네에 가까운 리비야 여러 지방에 사는 사람들과 로마로부터 온 나그네 곧 유대인과 유대교에 들어온(converted) 사람들과 그레데인과 아라비아인들이라 우리가 다 우리의 각 언어로 하나님의 큰 일을 말함을 듣는도다(행 2:9–11).

이것이 당신이 하고 있는 것을 하는 이유다.

사도행전 1:9-11 "이 말씀을 마치시고 그들이 보는데 올리워 가시니……이 예수는 하늘로 가심을 본 그대로 오시리라……."

우리는 종종 "주님이 어디에 계신가?" 하고 의구심을 갖는다. 그분은 '가리워진' 것같이 보인다.

요한복음 20:29 - *"예수께서 이르시되 너는 나를 본 고로 믿느냐 보지 못하고 믿는 자들은 복되도다 하시니라."*

베드로전서 1:8 - *"예수를 너희가 보지 못하였으나 사랑하는도다 이제도 보지 못하나 믿고 말할 수 없는 영광스러운 즐거움으로 기뻐하니."*

디모데전서 6:14 - *"우리 주 예수 그리스도께서 나타나실 때까지 흠도 없고 책망받을 것도 없이 이 명령을 지키라."*

디모데후서 4:1 - *"하나님 앞과 살아 있는 자와 죽은 자를 심판하실 그리스도 예수 앞에서 그가 나타나실 것과 그의 나라를 두고 엄히 명하노니."*

디모데후서 4:8 - *"이제 후로는 나를 위하여 의의 면류관이 예비되었으므로 주 곧 의로우신 재판장이 그날에 내게 주실 것이며 내게만 아니라 주의 나타나심을 사모하는 모든 자에게도니라."*

디도서 2:13 - *"복스러운 소망과 우리의 크신 하나님 구주 예수 그리스도의 영광이 나타나심을 기다리게 하셨으니."*

사도행전 1:10 "……흰 옷 입은 두 사람이 그들 곁에 서서."

"……이로써 부지중에 천사들을 대접한 이들이 있었느니라"(히 13:2).

주님은 그분의 사랑하시는 사람들을 보살피는 많은 방도들을 가지고 계시다. 우리는 자주 우리가 천사들에 의해 어떻게 둘러싸여 있는가에 대해 아무 생각이 없다. 일부 천사들은 당신이 도움이 필요할 때는 남자나 여자로 갑자기 변장했다가 사라지고 다시 보이지 않는다. 내게도 여러 번 이러한 일이 일어난 것이 확실하다! 분명히 제자들은 시시각각으로 움츠렸다. 그들의 세계는 다시 실패로 끝났는가? 그들에게 불안한 발작이 있었는가?

이 천사들을 보내는 것은 주님의 약속을 지키도록 하는 그분의 '첫 임명' 이었는데 그 약속은 "내가 너희와 항상 함께 한다"는 말씀이다. 천사들은 사도들이 하나님의 공급하심 없이 그들 혼자 힘으로 꾸려나갈 필요가 없다는 또 한 가지의 확신을 주고 있다. ***사도행전***에서 나중에 바울이 당혹하게 되었을 때 어떻게 주님이(혹은 천사가) 그를 찾아오시는지를 주목하라(행 18:9, 22:18; 23:11).

사도행전 1:12 "제자들이 감람원이라 하는 산으로부터 예루살렘에 돌아오니……."

여기에 무엇이 일어나고 있는지 흥분하게 하는 드라마를 놓치지 마라! 주 예수는 (**그들을** 떠나야 했던) 그 동산에서 체포되셨을 때 이 동일한 사람들이 주님을 버림으로써 당황하시게 했다. 그들은 주 예수께서 함께 기도하자고 그들을 필요로 하셨을 때 부끄럼도 없이 잠을 자고 있었고, 주님이 핏방울이 떨어지기까지 기도하시던 그 동산에서 지금 그들의 남은 삶을 숙고하고 있다.

그들은 예루살렘 지역에 있었을 때는 언제나 3년간 정기적으로 모였던 그 은둔 장소로 돌아왔다(마 24:3; 막 11:1; 눅 22:39-41; 요 18:1-2): *"그들의 습관이 있던 대로"* 말이다. 주님이 그들을 떠나시면서 생각나게 하신 것이 있는데, 주님을 따르던 매우 많은 사람들이 그들 스스로의 사역을 평가하기 위해 주기적인 휴식을 취하는 데 실패한 것이다.

아마 주님은 그들이 자주 만났던 곳에서 그들을 떠나기로 택하셨을 것이다. 그래서 그들이 하나님의 말씀과 사역을 상기하고, 그들이 어떤 태도를 지녀야 했는지를 상기하기를 원하신 것이다. 두려움이 주 장애 요인이었으므로 주님은 그들에게 그분이 체포된 똑같은 장소에서 만나도록 하신 것이다! 경찰들은 그 장소를 알았다. 이것이 주님이 그들에게 두려움을 다루고 과도하게 안전을 생각함으로 무력하게 되는 결과를 피할 길이었는가?

열한 명은 삶의 동지들이 되었다. 비록 주님이 그들의 시야에서 사라지고 지도자 없이 그들을 내버려두셨지만 그들의 결속은 충분히 강하였다.

사도행전 1:13 "들어가 그들이 유하는 다락에 올라가니 베드로, 요한, 야고보, 안드레와 빌립, 도마와 바돌로매, 마태와 및 알패

오의 아들 야고보, 셀롯인 시몬, 야고보의 아들 유다가 다 거기 있어."

그들은 ***함께*** 예루살렘으로 돌아온다. 이 남자들은 예루살렘을 ***미워하도록*** 배웠음이 틀림없다. 모든 것이 거기에서 잘못되어 가고 있었다. 육신의 생각으로는 예루살렘에 끌리는 것이 아무것도 없었다. 주고받을 수 있는 가능한 대화를 생각해 보라.

"아하, 나는 갈릴리에서 가족과 같이 어느 정도 시간을 보낼 필요가 있다고 생각한다."

"정말 나는 모든 것이 소진되어 몇 달 동안 고국에 돌아가 사역을 쉬며 준비할 필요가 있다."

"안전을 위해 우리 남자들은 잠시 동안 갈릴리에서 몸을 숨기거나 제자리로 돌아갈 필요가 있지 않겠는가?"

"우리는 그들이 우리를 찾아서 체포하지 못하도록 서로 떨어져 있을 필요가 있다."

그러면 그들은 왜 가정으로 돌아가는 대신에 예루살렘으로 갔는가? 왜냐하면 그분이 그들에게 예루살렘을 떠나지 말라고 명하셨고, 거기에서 그분께서 약속하신 그대로 오실 것을 기다리라고 명하셨기 때문이다(눅 24:49를 보라.). 그들은 성장하였다. 지금 그것은 모든 감정들을 넘어서 행해야 하는 복종이다.

13절 **"들어가 그들이 유하는 다락방으로 올라가니……."**

마리아의 집에서(행 12:12) 요한 마가의 어머니……많은 사람이 모였고……(골 4:10을 보라. 마가는 사촌이거나 바나바의 조카이다.

바울의 나중 멘토 바나바는 이 마리아의 형제였다.).

역사적으로 하나님이 가족과 더불어 네트워크를 형성하시면서 일해 오셨다는 것을 우리는 얼마나 자주 잊고 있는가! 초기 교회도 예외가 아니다. 그 '다락방' 은 주님의 환경의 일부(적어도 정기적으로)였던 거대한 집(마리아들 중의 한 사람의)의 한 부분이었음이 분명하다. 마리아는 예루살렘의 저명하고 부유한 가족의 여가장이었을 것이다. 얼마나 많은 사람들이 120명의 방문객들을 수용할 수 있는 방을 가지고 있었을까?(15절)

그녀는 훌륭한 환대 사역으로써 나중에 '그 도' (The Way)라고 불린 그 운동을 위한 첫 '본부' 를 제공했다. 얼마나 많은 부유한 사람들이 기꺼이 그들의 집을 정부에 거슬러 모반하는 것으로 간주된 한 그룹을 위한 기지로 사용하도록 하였는가?

요한 마가는 그녀의 아들이었다고 생각된다. 그녀는 종종 그를 주님과 사도들의 모임에 자연스럽게 데려왔다. 마가는 (전해지는 이야기로 그는 이집트에서 첫 개척 선교사로 교회 설립자가 되었다.) 주 예수의 삶과 가르침에 흠뻑 빠져서 제자들 주변에서 뒤를 따른 십대의 소년이었다. 마가복음 14장 50-52절은 주님이 체포되실 때 겟세마네 동산에 그가 있었음을 가리킨다. 본문에서 한 사람을 익명으로 언급하는 것은 여전히 오늘날에 사용되는 문장 기교이다.

"……어떤 젊은 청년이 예수를 따르고 있었는데……그리고 그들은 그를 붙잡았으나, 그는 그의 아마포(linen) 길고 품이 넓은 겉옷을 길에 내버리고 벌거벗은 채로 피신하였다!"

그의 어머니 편에 있던 마가는 주님의 십자가형에 경외심을 나타낸 증인이었던가(막 15:41)? 우리는 그가 베드로와 한 팀으로 수고했을 것이라 생각되는, 마가복음의 저자라고 알고 있다.

환대를 위해 당신의 가정을 제공함으로 주님의 종들에게 자녀들을 드러내 보여주는 이 모든 것은 당신에게 무엇을 말해주는가?

사도행전 1:14 "……마음을 같이하여 오로지 기도에 힘쓰더라" (12:5를 보라).

그들은 아직 위로부터 능력이 주어지지 않았으나 부활하신 주 예수의 발 앞에 앉았다. 그분은 그들에게 실재하셨다. 그들은 요한복음 14장 21절을 경험하였다. 그들은 주 예수에 의해 사랑받고 있다는 것을 느꼈다. 그분은 자신을 그들에게 나타내셨다. 예수님은 그들이 예수님을 버린 후에도 그들을 ***여전히*** 친구로 부르셨다.

요한계시록 3장 20절은 실재였다. 그분은 부활하신 이후에 다시 그들과 친밀하게 '정찬을 드셨다.' 그들은 예전에 그들이 부름받은 그러한 삶으로 되돌아가려고 하는데 달리 길이 없었다(비록 그들이 두려워서 숨었지만 말이다.).

그들은 무엇을 해야 할지 몰랐다. 그래서 그들은 무엇을 할지 모를 때 그분이 그들에게 하라고 ***보여주셨던*** 것을 하였다. 그들은 많이 기도하였다. 그리고 지금 그들은 훌륭한 경력을 갖는 것이 아니었기 때문에 최종적으로 '한마음'이 될 수 있었다. 그것은 그분을 기쁘게 해드리는 것이지, 그들 자신을 위한 것이 아니었다. 예수가 누구였는지에 대해 더 이상의 질문이 없었다. 도마는 *"나의 주 그리고 나의 하나님"*(요 20:28)이라고 고백하였다.

지금 그들은 우리가 나중에 다소에 있는 사울의 입으로 들을 것을 기도하고 있었다. *"내가 이르되 주여 무엇을 하리이까?"*(행 22:10). 그들은 *"그런즉 너희는 먼저 그의 나라와 그의 의를 구하라"*(마 6:33) 하신 말씀의 의미를 이해하였다.

"……계속적으로 그들은 기도에 전념하고 있는가?"

오늘날 당신이 섬기고 있는 곳은 무엇처럼 보이는가? 그와 같이 중보기도로 합력하는 때가 드문가? 그들은 단지 특별한 경우인가, 아니면 그들이 당신 팀의 삶의 방식임에 틀림없는가? 주님이 이 해에 ***당신의*** 팀이나 그룹에 그 일을 언제, 어떻게 행하셨는가?

역사를 통하여 선교사역의 돌파구들을 어떻게 재빨리 알아차려야 하는지, '스스로 기도에 전념하는' 대부분의 사역자들이 대부분 종종 앞서 행한 사실이 우리에게는 그리 익숙하지 않다. 아마 이 점에서 우리는 제자들 같지 않게 다음에 해야 할 것을 모르고 있는 것을 인정하지 않은 것이다. 아마 우리는 너무 보이는 것에만 익숙하여 이 달에 하나님이 어떻게 개입하셔서 우리를 사용하시기를 원하시는지에 대해 생각조차 하지 않는지도 모른다.

마태복음 13:57-58 - *"예수는 그들의 믿음의 부족 때문에 많은 기적들을 거기에 행하지 않으셨다."*

마태복음 17:19-20 - *"이때에 제자들이 조용히 예수께 나아와 이르되 우리는 어찌하여 쫓아내지 못하였나이까 이르시되 너희 믿음이 작은 까닭이니라 진실로 너희에게 이르노니 만일 너희에게 믿음이 겨자씨 한 알만큼만 있으면 이 산을 명하여 여기서 저기로 옮겨지라 하면 옮겨질 것이요 또 너희가 못할 것이 없으리라."*

당신은 사역지에 가지고 왔던 기대감을 잃어버렸는가? 우리의 믿음이 감소되는 것이 아니라 더해지도록 해야 하지 않겠는가? 당신이 한때 '어린아이와 같은' 순수한 믿음이 있던 곳으로 되돌아가기 위해 무엇을 할 수 있는가?

14절 "여자들과 예수의 모친 마리아와 예수의 아우들로 더불어……"

그들이 어떻게 ***여자들과 함께*** 기도와 탄원에 시간을 보내었는지를 주목하라. 그들은 각 부분이 다 갖추어지고 통합, 연결되어 서로 섬기고 있었다. 우리 주님은 그분의 어머니와 형제들이 새로운 나라, 공동체를 얻도록 하는 것을 잊지 않으셨다.

비록 주님이 지상 순례의 대부분의 기간에 그의 형제들의 도움을 받지 않았지만(마 12:46-50) 분명히 마지막에 그들을 얻으셨다. "*…… 집이나 형제나 자매나 부모나 자식이나 전토를 버린 자마다……*"(마 19:29)라고 말씀하신 주님은 마찬가지로 그들 가운데 우리가 제자를 삼는 데 인내하라고 모델을 만들어 주신 것이다.

그분은 그분의 일을 완성하신다. 이로부터 큰 격려를 얻고 우리의 부모, 형제자매 그리고 자녀들이 우리의 부름에 우리와 같이 마침내 굳게 결합하게 된다는 믿음을 간직하자! 우리 가족은 집의 벽에 이사야 54장 13절을 붙여 놓고 있다. "*네 모든 자녀는 여호와의 교훈을 받을 것이니 네 자녀에게는 큰 평안이 있을 것이며.*"

사도행전 1:15 "모인 무리의 수가 약 백이십 명이나 되더라……"

비록 주님께서 두세 사람이 그분의 이름으로 모인 곳에는 그들 가운데 함께하시겠다고 말씀하였을지라도 두세 사람이 모인 것이 그분의 최소한의 숫자이지, 그분이 바라시는 가장 큰 것이 아니라는 사실을 주목하는 것이 중요하다!

사도행전의 나머지에서 예시하기를 하나님의 목적들(행 13:36)을 수행하는 것은, 그분을 따르는 자들의 거대한 공동체가 주 예수만이 참으로 유일한 길이라는 사실을 잊어버린 자에게 확신을 불어 넣어 줄 공동의 삶의 방식을 나타낼 일종의 천국 공동체를 보여주기 위해 그분의 이름으로 모인 것을 의미한다(요 17:21; 행 2:44-47; 4:31-34).

달리 말하면 신자들의 '거대한 집단' 이 애정을 기울여 서로를 돌보고, 영과 진리로 예배하는 것이 하나님의 전도의 최고 방법, 즉 '그분의 교회를 더하는 것' 이다.

사도행전 1:15 "……베드로가 그 형제 가운데 일어나 서서 이르되"

그들의 수는 12명에서 70명으로, 120명으로, '군중들' 로 늘어났고, 그리고 "그들은 *모두 달아났다.*" 주 예수의 부활 이후에 500명에 이르기까지 제자들은 그분과 시간을 보내었으나(고전 15:6), 120명은 뒤로 돌아서지 않았다고 이해했다. 여기에 '하나님의 나라를 먼저 찾고 있던' 사람들의 핵심이 있다. 그들은 교회의 '창립 멤버들' 이 되는 영원한 기쁨을 가졌다.

그러나 주님이 실제로 사라지고 나서, 그들은 응집력과 나아갈 방향을 위해 지도자를 필요로 하였다. 베드로는 공공연히 열한 명과 같이(행 2:38) 여기에 섰다(행 2:14). 새로운 그룹이 신자가 되기를 원했을 때(행 3:6, 12; 4:8, 19; 5:3) 베드로는 어떤 모험이 있더라도 그들이 공동체에 들 수 있도록 모든 사람들에게 확실히 문을 열어 놓았다. 베드로의 직책이 다른 사람들보다 더 높았다고 말하는 곳은 아무데도 없고 그룹이 그를 대표자로 뽑은 것도 아니었다. 리더들은 그들이 인도할 때 따르게 만드는 자들이다. 하나님이 그와 같은 발기인, 즉 '일들이 일어나도록 만드는' 지도자를 세우지 않으시면 하나님의 일은 정지 상태로 머문다.

사도행전 1:16, 20 "미리 말씀하신 성경이 응하였으니……" "시편에 기록하였으되……"

성경에 대한 그들의 시각을 주목하라. 우리는 하나님이 가지신 그 생각을 지니고 있다. 그 생각은 ***'성령께서 다윗의 입으로 예고하신 것'***이다. "*모든 성경은 하나님의 감동으로 된 것*"이라는 우리의 교리는 종교개혁에서 생긴 것이 아니라 주 예수로 말미암는다. "*예수께서 대답하여 이르시되 기록되었으되 사람이 떡으로만 살 것이 아니요 하나님의 입으로부터 나오는 모든 말씀으로 살 것이라 하였느니라 하시니*"(신 8:3의 인용구절인 마 4:4).

초기 제자들은 성경 중심이었다. 종교 지도자들과 같지 않게 그들은 과거나 그 시대의 유명한 랍비들의 말을 인용하지 않았다. 그들은 영적 승리를 위해 가장 최근의 유행을 따르는 인간 중심의 공식들을 추구하지 않았다. 그들은 구약성경 선지자들과 같이 그들에게 주어진 유일한 권위는 '이와 같이 주님이 말씀하시는' 것이었음을 깨달았다.

사도행전 1:17 "이 사람이 본래 우리 수 가운데 참여하여……" (참조: 행 1:26)

처음부터 하나님의 사람들은 뚜렷한 공동체로서 알려진 지도자와 함께 자기 정체감을 가졌다. 우리는 성경 그 어디에도 '마음대로 하는' 신자의 개념을 찾을 수 없다. 그가 홀로였다고 생각한 엘리야 마저도 '바알에게 무릎 꿇어 절하지 않은 7천 명' 이 있었다는 것을 기억해야만 했다.

여기에서 '우리' 는 지역교회이지 사도들(the Apostles)이 아니다. 선교기관들은 신약성경의 사도적 그룹들 이후에 형성되었다. 우리는 지역교회들이 교회인 것과 마찬가지로 '교회' 이지 '교회 바깥' (para-church) 조직이 아니다. 성경적 교회의 유형은 이 두 실재들을 묘사한다. 특별한 위치에 있는 지역교회 그리고 베드로와 바울과 같이 뚜렷한 지도력을 가지고 교회 개척자들(사도들/선교사들)의 끈끈한 단위들로서 '개수된' 사람들이다. ***"그것(지도력)은 필요하다……그의 직책은 또 다른 사람이 받도록 하는 것이다."***

사도행전 1:22 **"우리와……증언할 사람이 되게 하여야……"**(참조: 행 2:32).

기독교인의 믿음은 단지 어떤 구루(Guru)의 영적 여행이 아니라는 사실에 기초한다(행 1:3). 1세기 사람들(오늘날 어디에서나 있는 사람들과 같이)은 어떤 믿을 만한 증거 없이는 그 어떤 것도 쉽게 확신할 수 없었다. 하나님은 결코 사람들에게 '맹목적으로' 믿기를 요구하시지 않았다.

우리는 살아서 부활하신 그리스도를 먼저 따르는 자들인데, 그 이유는 ***사실이기 때문이다.*** '좋은 느낌' 이 들거나 이교(cults)와 같이 무엇이든 믿기를 요구하는 것에 충성을 서약한다거나 공동체 속으로 들어오면 멤버십을 허락하는(비고: 몰몬교) 등의 이유 때문이 아니다.

요한일서 1:3 - *"우리가 보고 들은 바를 너희에게도 전함은 너희로 우리와 사귐이 있게 하려 함이니 우리의 사귐은 아버지와 그의 아들 예수 그리스도와 더불어 누림이라."*

사도행전 1:21-26 **"……그들이 두 사람을 내세우니…… 그들이 기도하여…… 제비 뽑아……."**

왜 그들이 한 사람이나 여럿으로 아니하고 둘을 제안하였을까? 왜 그들이 기도한 후에 "주님으로부터의 말씀," "지식의 말씀" 혹은 성령으로부터 이의 없는 확신을 가지지 않았을까? 제비를 뽑았다고 했다. 여기에는 필요사항에 대해 초자연적인 간섭하심을 주장하는, 우리 가운데 매우 영적인 것을 불쑥 나타낸 것이다.

사도들에게 어떻게 그러한 일들이 있을 수 있는가? 성령의 은사와 능력에 결코 어울리지 않는 제비뽑기를 하나님이 다스릴 것이라는 단순한 신뢰 가운데 그들이 있지 않았는가? 우리의 놀라우신 하나님은 문화와 인간성을 크게 다루시어 협동하시는 것으로 보인다!

선택되지 않은 요셉 바사바에게는 어떤 일이 일어났을까? 당신은 그가 분내며 그 그룹을 떠났을 거라고 생각하는가? 그는 사람들과 하나님의 목적들을 섬기기 위한 또 다른 역할을 찾았을까? 당신 같았으면 무엇을 했을까? 선택한 방법을 비판하였을까?

선택받은 한 사람인 맛디아에게는 어떤 일이 일어났을까? 우리는 그에 대해 다시는 듣지 못한다. 성경의 일부 학습자들은 그 그룹이 유다 대신에 누구를 찾는 것에 성급하게 행동하였다고 느낀다. 주님은 우리에게 말씀하시지 않는다. 분명히 하나님은 사람들이 그분의 목적을 완수하기 위해 여전히 선을 위해 계획을 세운 방도대로 행동하기를 허락하신다(그리고 그분은 종종 인간과 협력하신다.). 그러므로 만일 새로운 그룹이 '당신의 지역' 으로 이동하면 관대하라. 하나님이 많은 다양성, 즉 하나님의 일을 실행하기 위해 찾고 있는 다른 방도들과 다른 그룹들을 다루실 수 있다.

사도행전 1:23-26 "그들이 두 사람을 내세우니……."

선택되지 않은 바사바, 그리고 나중에 바울의 후계자가 된 것으로 보이는 맛디아에 관하여 다음의 교훈을 얻는다.

'더 높은 자리를 취하라' (눅 14:10)고 요구되었을 때 섬길 수 있어야지 안달복달하지 않고, 그들이 혹 다른 사람을 선택할지라도 실망하지 않는다. 그리고 만일 당신이 선택된다면 '당신의 모자를 가벼운 것으로 쓰라.' 왜냐하면 하나님이 나중에 다른 사람을 (더한 탁월함을 주시면서) 높일 것이다. 만일 당신이 '하나님의 나라 마음을 가진' 사람이라면 그리고 진실로 ***주님의 충성된 자***라면 승진 혹은 사직할 수 있고, 혹은 때를 기다리며 잊혀질 수도 있으나, 왕이 다스리며 현명하게 최후의 말씀을 하신다는 것을 믿어야 한다.

맛디아나 바사바같이 당신 자신에 대해 생각해 보라. 이 충성된 종들은 어떠한 자서전도 쓰지 않은 수백의 목사들, 전도자들 혹은 선교사들 가운데 있다. 아마, 그들은 5천 명이 세례를 받은 이후로 예루살렘에서 가족 중의 일부를 목양하였을 것이다. 아마 그들 중의 한 사람은 그의 가족을 두로에 데려가서 55명이 모이는 교회를 개척하는 데 15년을 보냈을 것이다. 이날들 가운데 어느 한 날에, 당신은 그들과 다른 영웅적인 '알려지지 않은 군사들' 을 대면하게 될 것이다.

2장

사도행전 2:1-2 **"오순절 날이 이미 이르매……홀연히……."**

주님은 분명히 그분의 약속을 지키셨다. 만일 그들이 ***기다리고*** (행 1:4-5) 그분을 신뢰하였다면 필요로 한 것은 공급되었을 것이다 (***그들이 요구하거나 생각하는 것 이상으로 매우 풍성하게!*** 엡 3:20).

하지만 그들은 특별한 모임에 찾아오신 성령이 토요일 저녁 5시에 권능으로 임하실 것을 ***예측***할 수 없었다는 것을 주목하라. 그리고 그들을 가장 놀라운 것으로 채우는 성령충만을 받은 것이다.

성령이 그들 **모두**에게 주어졌다는 사실을 주목하라. 어떤 조건들을 이행한 사람들만이 아니라, '어떻게 성령으로 충만할 수 있는지' (혹은 더 나빠지거나 '신비적인 말들' 을 하는 것을 '실천' 하는) 에 관한 단계들을 배우기 위해 떠난 사람들에게다.

하나님이 하나님이심을 받아들이도록 되새기는 것이 아닌가? 우리는 하나님의 최후의 말씀을 기쁘게 시인하자. 아버지께서 *"그분이 원하시는 대로"*(고전 12:11) 그분의 공동체에 선물을 내리시는 것이지 우리가 지시하는 것이 아니다. *"성령이 주시는* ***대로"***(엡 4:7, 8, 11).

사도행전 2:5 "그때에 경건한(God-fearing) 유대인들이 천하 각 국으로부터 와서 예루살렘에 머물러 있더니."

아하! 줄거리가 강하게 이어진다. 갑자기, 주님이 하고 계신 것을 우리가 본다! 그분은 개척하는 교회 설립자들이 오순절기 동안에 예루살렘에서 기다리도록 지시하셨는데, 거기에 하나님을 기쁘게 하려고 20만 명의 사람들이 모일 것이기 때문이었다. 계획을 짜는 사람들의 주장이 '성령 안에 거하는 것' 과 반대됨에도 불구하고 하나님은 ***전략적으로*** 일하시지 않는가?

구레네(Cyrene; 리비아) 사람 시몬과 같이 가장 헌신된 흩어진 유대인들은 무슬림들이 메카에 모이듯이 예루살렘에 (그들의 종교적 순례인) 유대인의 믿음의 대축제를 위해 도착했다.

그들은 알렉산드리아, 로마, 다소, 그리고 안디옥에 살았을 때 모세의 법을 문자 그대로 엄밀하게 지키기는 어려웠다. 이것은 왜 흩어진 유대인들이, 유대 법적으로 순수하다고 당당했던 유대인들보다 구약성경의 경건의 영적 의미를 더 쉽게 이해할 수 있었는지를 설명하는 이유일 것이다.

그들은 유대교의 광대한 배척에 둘러싸여 이방인들 가운데 살았는데 이 순례자들은 벌써 이교도 사상들, 관습, 그리고 다른 방법으로 다가오는 많은 압제에 대항하여 하나님의 방도를 나타내기 위해 '선한 싸움을 싸워' 냈다.

주님이 그의 첫 사도의 무리로 하여금 성경을 알고 그들의 삶을 향한 하나님의 뜻을 원했던, 로마 지배권에서 모든 피플 그룹에 연결되어 있었던 경건한 자들(God-fearers)에게 미치도록 하신 것은 자명하지 않은가? 아마도 어느 종교 사람들이나 5퍼센트만이 하나님(혹은 그들이 아는 신들)을 진실로 기쁘게 해드리는 데 진지할 것이다. 그때 추수하시는 주님은 가장 익은 첫 열매들을 -(아마도) 누가복음 2장 25, 38절에 나오는 안나와 시므온과 같은 5퍼센트의 유대인들이 오실 구속주를 의식적으로 고대하고 있었을 것이다- 보내신다.

나중에 사도 바울은 우리와 같은 일꾼들에게 권고한다. "*또 네가 많은 증인 앞에서 내게 들은 바를 충성된 사람들에게 부탁하라 그들이 또 다른 사람들을 가르칠 수 있으리라*"(딤후 2:2). '충성된' 남녀들 즉 사가랴, 엘리자베스, 시므온, 안나(요셉의 약혼녀 마리아를 언급하지 않고), 그리고 세례 요한은 자신이 하나님을 이해하는 대로 그분을 기쁘게 해드리려는 신실한 마음을 가지고 있다.

주님은 허례를 중시하는 바리새인 학파들 가운데 훈련받은 사람들과 사두개파 세력에 의해 지원받은 사람들을 무시하시며 우리가 해야 할 것을 보여주셨다. 나다나엘을 보라, "*……이는 참으로 이스라엘 사람이라 그 속에 간사한 것이 없도다*"(요 1:47).

참으로 '알라를 경외하는 자' (fearer of Allah)로서 사람들이 가장 칭찬하는 카쉬가르(Kashgar), 카라치(Karachi)에게, 혹은 콘스탄틴(Constantine)에 있는 당신의 친구와 이웃들에게 물어본 적이 있는가? 그(그녀)는 정확히 당신이 찾고 있는 사람일 것이다.

사도행전 2:6 "……각각 자기의 방언으로(하나님의 전능하신 행동, 2:11) 제자들이 말하는 것을 듣고……."

여기에 하늘에 계신 아버지께서 모든 사람에게 그분이 그들의 방언으로 말씀하시는 것을 알기를 원하신다. 만일 그리스도 안에서 하나님이 내 언어를 말씀하신다면 그분은 나의 하나님이심에 틀림없다. 만일 당신이 어머니가 아기에게 속삭이는 언어로 예수 그리스도의 부요함을 전달하기 위해 배움의 고초를 겪을 준비가 되어 있지 않다면 당신은 저 사람들에게 당신을 보내신 하늘에 계시는 당신의 아버지를 본받지 않고 있는 것이다. 아랍어로만 말하는 이슬람과는 달리 성육신하신 그리스도는 모든 사람에게 그들 자신의 언어로 말씀하신다.

상황화는 논쟁하기 위한 선교적 개념이 아니라 삶을 실천적으로 나타내 보인 하나의 성육신적인 삶의 방식이다. *"내가 여러 사람에게 여러 모습이 된 것은 아무쪼록 몇몇 사람들이라도 구원코자 함이니"*(고전 9:22). 그것은 자기(self)가 죽는 것에서 시작된다. 그것은 복음을 당신의 민족의 언어, 고유어, 격언 등으로 듣도록 하기 위해 배우는 값을 크게 치르는 것에 관한 것이다.

사도행전 2:6, 12 "……큰 무리가 모여……서로 이르되 이 어찌 된 일이냐 하며."

왜 우리는 주님의 주요 전도의 수단이 한 번에 조용히 한 사람에게 하는 것이라고 추정하는가? 유대인의 왕을 십자가에 못 박은 이 추종자들의 적대적인 환경에서도 하나님은 그분의 증거자들을 공중으로 나아가게 하는 사건을 꾀하신 분이다! 그들 자신의 무분별한 행동들이 아니라 하나님께서 그들로 하여금 체포되도록 정해 놓으신 것이다.

우리는 우리에게 전수되어 내려오는 미리 가정하는 것들 - 주님의 사역이 왜 접근 제한 국가들에서 이뤄져야 하는지에 대해 - 을 재검토해 볼 필요가 있다. 알마티(Almaty), 카자흐스탄(Kazakhstan)에서 교회는 CCC 선교단체와 남침례교회들이 공중의 대중 전도를 조직하였을 때 시작되었다. 그리고 5년 후에 신자들이 5천 명을 넘어섰다. '중대한 집단' 을 핍박함으로 교회를 침묵시키지 못할 것이다. 한번은 레바논 친구가 내게 만일 5천 명이 베드로의 설교를 듣지 않았다면 이 5천 명은 세례를 받지 않았을 것이라고 기억하게 했다.

일부 사람들은 이러한 종류의 사도적인 전도를 '그물로 고기잡는 것' 이라고 부른다. 그러나 주목하라. 그것은 단순히 복음적인 양심에 호소하거나 어떤 종류의 아웃리치가 아니다. 왜냐하면 그들은 성령과 협조관계에 있었기 때문이다. 그것은 군중들로 하여금 ***질문을 하도록*** 유발하는 방식으로 행해졌다.

사도행전 2:7 "이 말하는 사람들이 다 갈릴리 사람이 아니냐" (2:7; 13:31).

갈릴리 사람들은, 오순절을 위해 멀리서 예루살렘까지 여행 오는, 궤변을 부리는 유대인들과 개종자들(proselytes; 아랍인, 그레데인, 페르시아인 등)에 의해 '시골뜨기' 로 여겨졌다. 이끄는 강연자는 생선 비린내가 코를 찌르는 어부이다. 그의 동료인 마태는 로마인들에 대해 불충한 수세(收稅) 관리인으로 알려진 부정한 사기꾼이다. 보통 이 사람들은 그들 스스로 높은 사회계층의 종교적으로 기민한 청중을 직면할 수 없다고 생각했을 것이다.

어떻게 그들이 확신을 갖게 되었는가? 이는 가난한 나사렛 랍비의 주장들 때문이다. 그들은 갈릴리인이 아니었던, 유일하게 재치있던 동역자를 잃었는데 그는 가룟 유다였다.

그러나 그들은 준비를 갖추었다(딤후 3:17). 그들은 그들의 스승이 그와 같은 기회를 어떻게 다루었는지를 보고 들었다. 그들은 말씀이신 그분을 설명한 성경을 지녔다(눅 24:27). 그들은 지금 성

령으로 충만하여 그들 자신에게서 벗어나 그들의 부족한 점 등을 본다. 그들은 아무 자기 방어 없이 용감하게 말하였다.

사도행전 2:13 "그러나……"(한글성경에서는 "또"라고 시작함.).

누가는 'but' 으로 시작한다. 사도행전의 나머지는 돌파구들 즉, 반격과 혹은 겉으로의 실패와 같이 놀랍게 벌어지는 어떤 것과 대조되고 있다. 성경적으로 교육받은 선교사는 주님의 일하심과 끊임없는 방해들, 심지어는 귀신들린, 거부 행위에 직면하고 있음을 깨닫게 될 것이다.

이러한 경우에 한 연사는 아람어를 말하고 있는 것 같지만 ***일부***는 자신의 언어로 그 메시지를 듣게 되는 초자연적인 능력의 '기사와 표적' 으로 놀라며 복음에 마음 문을 열었다. ***그러나*** 다른 사람들은 웃으며 말했다. "그냥 넌센스로 가득 찬, 술 취하여 소리지르는 그룹이야!" 어떤 사람들은 은혜를 입었고, 다른 사람들은 '하나님이 찾아오시는 날' 을 놓친 것이다.

사도행전 2:14 "베드로가 열한 사도와 같이 서서 소리를 높여 이르되……."

조롱에 대해 주님의 능력을 부여하시는 응답에 주목하라. 화내거나 상처를 주지 않고 움츠러듦도 없이 '지탱하며 전하도록' 용기를 주신다. 베드로는 주님의 권위로 군중들에게 "내 말들에 유의하라"고 애원한다. 그러고선 그는 그것을 모두가 감지하게 하고 '기쁜 소식' 으로 듣도록 계속 이어간다.

열한 명보다 더 많은 수가 당신과 서 있을 때 훨씬 더 담대하기가 쉬울 것이다. 여기에 교회 개척을 하기 위한 ***팀 접근법***이 세워진

다. 도마가 일찍이 말했듯이 (강하게 하는 그룹으로서) 예루살렘에 가자고 하면서 "……*우리도 주와 함께 죽으러 가자*"(요 11:16)고 하였다. 우리는 사도행전을 통하여 제시된 팀 개념을 살펴볼 것이다.

사도행전 2:16 "이는 곧 선지자 요엘을 통하여 말씀하신 것이니"

사도행전에서는 복음을 고수하기 위해 종종 구약성경 예언의 성취에 관한 언급을 포함한다. 사도행전 4장 11절에서 베드로는 바울에 의해서도 인용된(롬 9:33) 시편 118편 22절을 인용하고 베드로는 나중에 다시 베드로전서 2장 7절에 인용한다.

이 사역 팀은 성경에 몰두한다. 주님은 성경을 ***그분이*** 사역하신 것으로 사용하셨고, 그들에게 성경으로 시작해서 끝내는 것으로 가르치셨는데, 이는 그들이 '사람의 전통' (막 7:8)에 빠져서 헤매거나 하나님의 말씀을 통해 오는 하나님의 능력이 부족하지 않도록 하기 위함이었다.

갈릴리 사람들은 학문을 하지 않았을 것이지만 그들은 성경을 알고 성경 중심적이었다. 그들과 의견이 다른 누구든지 성경을 대면하도록 하였다. 당신도 이와 같이 나타내고 당신의 사람들 가운데서도 당신이 그렇게 알려져 있는가?

사도행전 2:17 "……내가 내 영을 모든 육체에 부어 주리니 너희의 자녀들은 예언할 것이요 너희의 젊은이들은 환상을 보고 너희의 늙은이들은 꿈을 꾸리라."

여기에 가장 이른 신약성경의 선언이 있는데 이는 만인사제의 교리에 관한 선언이다. 한때 특별한 선지자들에게나 아론의 성직의 교구에만 있었던 것이 지금은 지도자들이 아니고 공민권을 빼앗긴 노예들의 손에 놓여 있다. 그것은 어부들, 수세(收稅) 관리자들, 목자들, 농부들, 장인(匠人)들, 컴퓨터 프로그래머들, 상인들, 그리고 어머니들은 하나님이 그들의 세대에 그분의 목적을 수행하도록 하기 위해 택하신 도구들이다. *"하나님의 대변인들로서 우리에게 귀기울여라!"*(22절).

당신은 왕들의 왕을 위한 대변인으로서 당신 자신을 동일시하는가? 당신이 누구인지 스스로 살펴보라. 주님께서 보통 사람을 그분의 사자가 되도록 증인, 경고자, 그리고 주님의 증거자로서 특별히 선택하여 지명하셨다. 당신은 그리스도의 대사이다. 당신은 파당(Padang), 페낭(Penang), 혹은 파트나(Patna)에서 왕의 사업을 하나같이 행하려고 하는가?

주님은 **비전과 꿈들**을 주셨다. 어떤 권위로 유명하지 않고, 보잘것없는 사람들이 하나님이 말씀하시고 행하시고 바라시는 것에 대해, 교육받고 신학적으로 복잡한 사람들에게 알릴 수 있겠는가? 요엘 선지자가 기대한 대로 하나님의 영이 이스라엘 역사에 걸쳐 목자들과 낮은 사람들에게 임하심으로, 하나님이 매우 평범한 남자들과 여자들이 그들의 세대를 위해 그분의 목적을 알도록 선택하고 계시는 날이었다(행 13:36).

사도행전에서 우리는 하나님이 어떻게 비전과 꿈들을 그분의 종들에게, 그리고 심지어는 아직 개종하지 않은 사람들(사울, 고넬료)에게 주셨는지를 주시할 것이다. 하나님으로부터 나온 진짜 비전과 꿈들은 그분의 모든 영광 가운데 있는 예수가 참으로 누구인지를 보게 한다. 그들은 하나님이 우리의 날에 무엇을 하고 계시는지에 대한 이해를 할 수 있게 한다(행 18:9-10). 그러므로 우리는 그분의 궁극적인 목적들이 무엇인지에 대해, 다음에 무엇을 해야 하는지에

대해 되새기게 된다(참조: 마게도냐인을 부름, 행 16:9-10). 그 비전과 꿈은 젊은 사람과 노인, 남자와 여자, 뛰어난 교사들과 돕는 재능을 지닌 종들에게 임한다.

사도행전 2:14-36 베드로의 설교

성경의 편집자인 성령께서 왜 우리에게 베드로의 메시지를 그렇게 자세히 조명하여 주시려고 선택하신 것일까? 메시지의 요약은 스데반의 메시지(7:2-53)에서, 그리고 바울의 메시지(13:16-41)가 더 길다 할지라도 신약성경에 상대적으로 희귀하다.

성령에 의한 베드로의 메시지 부연에, 우리는 여호수아의 간곡한 권유를 잘 적용할 수 있겠다. "……*주야로 그것을 묵상하여 그 안에 기록된 대로 다 지켜 행하라 그리하면 네 길이 평탄하게 될 것이며 네가 형통하리라*"(수 1:8).

1. 베드로는 인정받은 선지자를 인용한다.

2. 그는 그의 기억으로부터 이것을 분명히 했다. 구약성경 두루마리를 펼칠 기회가 없었다. 심지어 그들이 가지고 다닐 만한 복사본이 있었을까?

3. 그의 주제는 법의 어떤 작은 세부사항에 대한 것이 아니라 심판, 세상의 종말에 관한 것이고, 하나님의 편에서 누가 끝낼 수 있겠는지에 관한 것이다. 청중은 이 주제들에 분명히 관심이 있을 것이다.

4. 그리고 베드로는 나사렛 예수로 '중심 무대'를 재빨리 이동하는데 이 무대의 예수는 구속주요 핵심적인 분으로, 약속된 메시아이다.

5. 하지만 나쁜 뉴스는, 매우 종교적인 '선한' 사람들은 하나님이 하시는 것을 이해하지 못했다. *"그가 세상에 계셨으며 세상은 그로 말미암아 지은 바 되었으되 세상이 그를 알지 못하였고 자기 땅에 오매 자기 백성이 영접하지 아니하였으나"*(요 1:10-11).

메시아가 이 세상을 방문하였지만 사람들은 그분을 환영하는 대신 그분을 십자가에 못 박았다. 만일 그들이 성경을 주의깊게 읽었다면(시 16:10을 인용하면서) 그들은 메시아가 우리의 희생제물로서 그분의 삶을 내어 놓으시고 죽음의 권세를 무너뜨린 것을 깨달을 수 있었을 것이다.

6. 그리고 좋은 소식은, 메시아 예수는 살아 계시다! 우주의 최고 장관, 창조주이신 예수를 *"하나님이 오른손으로 높이셨다"*(33절). 사실 그분은 그 순간에 경험하고 있는 초자연적인 표적들을 공급하시는 분이다.

사도행전 2:37-41 "그들이 이 말을 듣고 마음에 찔려……"

이것은 하나님이 설정하신 사건이다. 그분은 성령과 함께 메신저들의 팀을 이룬 군중을 준비하셨고, 이전의 어부가 분명히 말할 수 있고 기름부음 받은 의사 전달자와 ***전도자***가 되도록 은사를 부여하셨다(엡 4:11).

그들은 모두 증인들이었으나 베드로가 말했을 때 그 사람들은 "마음에 찔렸다"(양심에 고통받고 있었다). 죄에 대한 확신은 전도자의 은사를 나타내는 것이다. 그것은 모든 교회 개척 노력이 그와 같은, 은사 받은 적어도 한 사람을 가졌음에 틀림없는 이유이다. 전도자는 더 대담하였고, 청중들이 무엇을 생각하며 그들이 어떻게 반응할 것인가에 대해 별로 걱정하지 않았다.

우리 모두는 *"우리 안에 있는 소망에 관한 이유를 줄 준비가 되어"* 있어야 하지만, 확신에 대한 관심으로부터 회개에까지 이르는 (즉, 그들의 죄 많은 조건에 대해 어떤 것을 할 준비가 되어 있는) 선(line) 이상으로 듣는 자를 독촉할 수 있는 *전도자*이다. 만약 당신의 사역팀에 이런 전도자가 없다면 에베소서 4장 11절과 요한복음 14장 12-14절의 약속을 외치라.

사도행전 2:37-38 "형제들아 우리가 어찌할고"

모든 남녀에 관한 하나님의 시각을 주목하라. 당신은 어떤 사람이 스스로 잃어버린 것을 깨달을 때까지 그(그녀)를 구원에 이르게 할 수 없다! 베드로는 그들이 무지와 반역, 고민 중에 있는 상태를 그들 스스로 느끼기를 원한다. *"……너희가 법 없는 자들의 손을 빌려 못 박아 죽였으나"*(23절).

"…… 너희가 십자가에 못 박은 이 예수를……"(36절).

"그들이 이 말을 듣고"(37절). 십자가의 의미와 필요성을 이해하였고 응답이 요구된 것을 깨달았다.

1. 회개하고 이 사악한 세대로부터 구원을 받으라.
2. 죄 용서를 얻기 위해 예수 그리스도의 이름으로 세례를 받으라.
3. 성령의 선물을 받으라.

당신은 언제 친구에게 그렇게 말해보았는가? 만약 당신이 이를 확실히 하지 않는다면 그들이 "우리가 무엇을 해야 하나?"라고 어떻게 말할 수 있겠는가? 왜 우리는 중심 주제를 피하면서 '빙빙 둘러대는가?' 우리가 행해야 하는 것보다 *"교회에 보탠"*(행 2:41) 하나님이 준비하신 적은 수의 사람을 보는 것이 당신에게 가능한가?

당신의 벵갈인(Bengali), 브루네이인(Brunei), 반자르인(Banjar), 바레인 사람(Bahraini), 혹은 베르베르 사람(Berber) 친구들에게 (그들의 언어로, 행 2:8) 종이 한 장의 메시지를 쓰기 위해 시간을 조금 내보자. 영적으로 민감하지만 아직 믿지 않는 친구들에게 적어 둔 조금의 메시지를 주어보고 그들에게 그것이 어떤 의미를 주는지를 물어보자. 영향을 미칠 때까지 계속 쓰고, 적어도 20회 그것을 시험해보라!

사도행전 2:39 "이 약속은 너희와 너희 자녀와 모든 먼 데 사람 곧 주 우리 하나님이 얼마든지 부르시는 자들에게 하신 것이라 하고."

베드로는 고넬료를 만날 때까지 아직 자신의 감정들이나 삶의 방식으로 내면화하지 않았다는 것을 성령에 의해 알게 되었다(행 10:15, 20을 보라.). '멀리 떨어져 있는' 일부 사람들에게 하나님의 대사가 될 수 있는 기회가 왔을 때 주춤거리던 베드로가 어떻게 다른 종교 상류층 사람의 거실로 가서 앉을 수 있었을까. 그는 주님이 거룩한 임명을 하시고 계셨을 때 주어진 기회를 인식하였다. 이것은 하나님이 선택한 사람들을 ***부르실 것이고*** 당신에게 보낸 사람들(오늘날 ***매우 동떨어져 있는*** 사람들로 보일지라도) 가운데에서 그분이 선택하신 자들을 부르도록 당신에게 신선한 희망을 주신 것이 아닌가?

우리가 천국과 거리가 먼 무슬림, 불교도 혹은 힌두교도를 위해 사역하고 있다면 *"주의 약속은 어떤 이들이 더디다고 생각하는 것같이 더딘 것이 아니라"*(벧후 3:9-10)는 말씀을 기억하자. 그분은 스스로 모든 민족들로부터 남은 자를 데려오기 위해 ***계획하신다***(계 7:9).

사도행전 2:40 "또 여러 말로 확증하며 권하여 이르되 너희가 이 패역한 세대에서 구원을 받으라 하니."

우리의 말, 혹은 우리의 행위 중 무엇이 가장 최선의 증거인가? 성경적 선포는 그와 같이 둘로 갈라짐이 없다. 제국 전역에서 예루살렘을 방문하는 영적으로 굶주린 순례자들은 제자들의 개인적이거나 가족 혹은 단체의 삶에 대해 아무것도 알 수 없었다. 이 사실이 베드로에게 어떠한 머뭇거림도 빚어내지 않았다.

베드로는 '증거할 권리를 얻어야 한다'는 부조리한 이론(異論)에 대해 아무것도 몰랐다. 베드로는 사람들의 가치가 뒤틀림을 당하고 짓밟힌 사회로부터 구출된 사람들을 보는 것이 그의 임무라고 이해했다. 비록 진지하고 종교적이지만 하나님의 나라에서 거리가 먼 사람들일지라도 말이다.

당신이 일하고 있는 세대는 아무런 '불법의' 모습을 갖고 있지 않는가? 당신의 사람들은 또한 진리로부터 돌아서거나, 타락하고 그들이 옳다고 여기는 것에 대해 강퍅하게 거역하거나, 과실을 고치려고 하지 않고 있는가? 만일 그렇다면 그것은 다음을 취하려고 하는 것이다. 첫째, 많은 말들, 둘째, 종교상으로 말해진 것, 셋째, 완고하게 말해진 것, 넷째, 신약성경 사역에서 자처한 위험에 관한 경고들이다.

사도행전 2:41 "그 말을 받은 사람들은……."

누구의 말을 말함인가? 베드로의 말인가? 혹은 하나님의 말씀인가? 우리가 영으로 충만할 때 그리고 그분의 인도하심을 받을 때 우리는 진실로 그리스도의 대사들, 즉 그분 대신에 말하는 자들이다!

"그러므로 우리가 그리스도를 대신하여 사신이 되어 하나님이

우리를 통하여 너희를 권면하시는 것같이 그리스도를 대신하여 간청하노니 너희는 하나님과 화목하라"(고후 5:20).

"*너희 말을 듣는 자는 곧 내 말을 듣는 것이요 너희를 저버리는 자는 곧 나를 저버리는 것이요 나를 저버리는 자는 나 보내신 이를 저버리는 것이라 하시니라*"(눅 10:16).

진실로 귀기울이는 사람들이 그 메시지를 '받았다' 는 증거는 그들의 응답에 있다.

41절 "그 말을 받은 사람들은 세례를 받으매……"

그날 교회는 탄생하였다. 지구를 가로질러 모든 곳에 그리스도를 따르는 자들의 공동체가 있다. 교회들이 탄생한 것이다. 당신이 에리트레아, 히말라야 혹은 미얀마에 보냄을 받았는데 그 일이 아직 일어나지 않았다면 머지않아 그날이 올 것이다. 당신의 백성들이 하나님의 영으로 눈이 열릴 것이고 천국 공동체의 바깥에 서 있는 것을 지각하게 될 것이다. 그리고 그들은 '뉘우칠' 준비를 할 것이다. 잘못에서 돌아서서 "……*주 우리 하나님이 얼마든지 부르시는 자들에게*……"(39절) 함께하시는 주님께로 돌아올 것이다. 그것은 주 예수가 의미하시고 말씀하셨다. "……*내 교회를 세우리니*"(마 16:18).

세례는 어떠한가? 하나님이 다른 사람들에게 선언하는 것으로서 – 사람에게 참으로 "……*어둠에서 빛으로, 사탄의 권세에서 하나님께로 돌아오게 하고 죄 사함과 나를 믿어 거룩하게 된 무리 가운데서 기업을 얻게 하리라 하더이다*"(행 26:18) – 세례를 베푸셨던 것을 우리는 잊었는가?

다른 믿음으로부터 온 신자가 그리스도의 이름으로 세례를 받아야 하는지 아닌지는 ***우리의*** 결정이나 지식으로 결정할 사항이 아니다. 심지어 무슬림들, 힌두교도들, 그리고 불교도들에게 우리는 세례가 주 예수께 충성의 맹세이고 과거 주인들(사람들이나 전반적인 문화의 거절을 의미하는 것이 아니라)에 대한 포기라는 것을 명확히 할 수 있다. 그러나 문화적으로 쉽게 느껴지는 세례가 있으면 그것은 행해야 한다. 성경은 제자도의 지극히 중요한 단계인 세례에 관해 막연하지 않다(행 24:14).

41절 "그 말을 받은 사람들은 세례를 받으매 이 날에 신도의 수가 삼천이나 더하더라."

사도행전 2:47 "…… 주께서 구원받는 사람을 날마다 더하게 하시니라."

베드로는 그들이 아는 방식 내에서 의사소통 하였는데 "'불법'의 방식들에서 빠져나오라"는 것은 나사렛 예수의 제자들인 메시아의 사람들로 신원 확인하는 것을 의미하는 것이라고 이해했다. 그때로부터 그들은 *'그 도를 따르는 자들' (followers of the Way)로,* 혹은 *'나사렛의 종파' (the Sect of the Nazarene)*의 일원들로 알려지게 되었다.

사도행전 9:2 - *"다메섹 여러 회당에 가져갈 공문을 청하니 이는 만일 그 도(the Way)를 따르는 사람을 만나면 남녀를 막론하고 결박하여 예루살렘으로 잡아오려 함이라."*

사도행전 19:9 - *"어떤 사람들은 마음이 굳어 순종하지 않고 무*

리 앞에서 이 도(the Way)를 비방하거늘 바울이 그들을 떠나 제자들을 따로 세우고 두란노 서원에서 날마다 강론하니라."

사도행전 24:14 - *"그러나 이것을 당신께 고백하리이다 나는 그들이 이단(a sect)이라 하는 도(the Way)를 따라 조상의 하나님을 섬기고 율법과 선지자들의 글에 기록된 것을 다 믿으며."*

사도행전 24:22 - *"벨릭스가 이 도(the Way)에 관한 것을 더 자세히 아는 고로 연기하여……"*

사도행전 24:5 - *"우리가 보니 이 사람은 전염병 같은 천하에 흩어진 유대인을 다 소요케 하는 자요 나사렛 이단(Nazarene sect)의 우두머리라."*

사도행전 28:22 - *"이에 우리가 너의 사상이 어떠한가 듣고자 하니 이 파(sect)에 대하여는 어디서든지 반대를 받는 줄 알기 때문이라 하더라."*

첫 유대인 배경 신자들은 하나님의 도를 따르는 것이 그들 스스로 하나님께 참으로 선택받아 정렬되는 것을 의미한다고 이해했다. 유대인 백성만이 아니라 더 특별히 "……회개하여 각각 예수 그리스도의 이름으로 세례를 받고 죄 사함을 받은"(행 2:38) 사람들이었다.

그들의 관심은 그들 자신과 그들의 필요에만 초점을 두면서도 내부를 바라보는 것이 아니었다. 개종(conversion)은 '예수를 당신의 인격적인 구세주로서 받아들이는 것' 이라기보다는 오히려 그들의 '타락한 방식들' 을 제거하고 '어둠의 왕국' 에서 벗어나서 하나님의 나라 공동체로 들어가는 것으로 분명히 인지되었다. 만일에 그것이 그들에게 옳았다면 그들과 함께 그들의 친구들과 친척들을 데려오는 일이 지극히 중요하게 인식되었을 것이다.

*"와서 보라"*는 보통의 '전도적' 방법론이었을 것임에 틀림없다. 그렇지 않으면 어떻게 *"하나님을 찬미하며 또 온 백성에게 칭송을 받으니"*(47절) 같이 말할 수 있었겠는가?

누가가 어떻게 숫자에 관하여 의식하고 있었는지 주목하는 것은 중요하다. 사도행전을 통하여 그는 얼마나 많은 사람들이 영생의 메시지에 응답하는지를 기록한다. 분명히, 베드로와 바울(나중에 살펴보겠지만) 그리고 그의 교회 개척팀은 단순히 '빛이 되는 것' 이나 '사람들에게 ***미치는*** 것' 에 만족할 수 없었다. 그들은 세례를 받고 믿는 자들의 공동체에 연합한 사람들에 의해 하나님께서 하고 계신 것을 ***유심히 보았다***. 우리는 '숫자상의 목표가 아니라' 고 주장해 온 우리 중의 일부가 실제로 주님이 마음속에 가지신 것에 반대되는 자세를 취하고 있지는 않은가?

다음 사도행전 2장 42-47절은 그 도(the Way)의 새로운 공동체 —하나님의 가족—를 묘사하고 있다.

사도행전 2:42 "……사도의 가르침을 받아 서로 교제하고……오로지 기도하기를 힘쓰니라."

어느 정도로 '계속적으로 헌신함' 으로 성경적인 진리들에 관해 받아들이거나 지나치는 당신의 습관들을 나타내는가? 당신이 일하고 있는 곳의 지역 신자들의 교제에 관한 것인가? 그들의 삶을 향한 하나님의 관점과 뜻이 어디에 있는지를 알기 위해 "매일 ***성경을 상고하는***" 베뢰아 사람들(행 17:11)과 당신을 비교하라.

오늘날 이 도의 추종자들에게 어떤 일이 일어났는가? 우리가 상고하는 하나님의 귀중한 말씀은 '계속적으로 헌신하는' 혹은 '매일' 과 거리가 멀게 보이는가? 당신의 많은 제자들이 아무도 그것을 하라고 요구하지 않을 때에도 어떻게 하나님의 말씀을 반사적으로 공부하고 묵상하는가? 그들이 자기 세계관과 가치 체계로 성경의 진리를 받아들이고 있는가? 당신은 그에 대해 어떤 증거를 갖고 있는가?

당신이 하는 교제들에서 연장자들은 "진리의 말씀을 옳게 분별" (딤후 2:15)하고 있는가? 성경에 대한 그들의 가르침이 올바름으로 사람들이 더 순종하는 것을 보게 되는가? 어떻게 당신은 그 목표를 향하여 그들을 멘토할 수 있겠는가? 몇 개월 주님을 알아온 신자들이 그들 스스로와 그들의 가족을 성경으로 양육하는가? 교회 역사는 경고하기를, 이것이 진실하지 않은 교회는 하나님이 마음에 두신 것—즉, 전능하신 하나님을 꺼리는 '열의 없음' (계 3:16)—의 풍자가 되어 재빨리 해체되거나 옆길로 빗나가게 될 것이다.

42절 "……서로 교제하고……오로지 기도하기를 힘쓰니라"(코이노니아).

왜 그렇게 많은 신자들이 히브리서 10장 25절의 권고에 복종하는 데 실패하는가? *"모이기를 폐하는 어떤 사람들의 습관과 같이 하지 말고 오직 권하여 그날이 가까움을 볼수록 더욱 그리하자."*

우리의 '만남' 이 부족하여 하나님이 의미하시는 '교제' 에 많이 미치지 못하는 것은 아닌가? ***코이노니아***는 ***최선의*** 가족의 삶에 관한, 동료 신자들 간의 친밀함에 대한 모든 것이다. 누가는 그의 멘토 바울에게서 그 어휘를 얻었을 것이다. 바울은 하나님과 인간 그리고 성도들 상호간의 가장 친밀하고 헌신된 계약들, 협력과 친교를 표현하기 위해 ***코이노니아***를 자유롭게 사용했다. 누가복음 5장 10절에 야고보와 요한은 시몬 베드로와의 사업에 있어서 ***코이노니아*** 유형 협력자들로 주목된다. 가룟 유다를 가리켜 *"본래 우리 수 가운데 참여하여*(위험, 자금, 성공을 나누는) *이 직무의 한 부분을 맡았던 자라"*(행 1:17)고 하였다.

코이노니아 교제는 4장 32절에 정의된다. *"믿는 무리가 한마음과 한뜻이 되어 모든 물건을 서로 통용하고 자기 재물을 조금이라도 자기 것이라 하는 이가 하나도 없더라."* 후에 바울은 다음과 같이 진술한다.

> 또 기둥같이 여기는 야고보와 게바와 요한도 내게 주신 은혜를 알므로 나와 바나바에게 친교의 악수를 하였으니 우리는 이방인에게로, 그들은 할례자에게로 가게 하려 함이라(갈 2:9).

이 공통의 헌신과 교제의 수준은 모임에 참석한 모든 사람에게 해당되는 것이 아니다. 세례를 받은 사람만이 그들의 숫자 가운데 계수되었다. 일부 중에는 *"하나님 앞에서 네 마음이 바르지 못하니 이 도에는 네가 관계도 없고 분깃 될 것도 없느니라"*(행 8:21)고 말했음에 틀림없다. 5장에서 아나니아와 삽비라의 축출을 주목하라. 그리고 고린도 교회에 *"……그 일 행한 자를 너희 중에서 쫓아내지 아니하였느냐"*(고전 5:2)고 묻지 않는가?

우리가 하나님의 말씀의 표준을 따라 '교회를 시작' 할 때 '교제' 를 포함하는 것을 보자.

1. 공개적으로 그리스도를 따르는 자를 그의 새 가족과 동일시하는 것: 요한일서 1:3; 갈라디아서 6:10; 히브리서 13:16.

2. 그리스도 안에서 동료 형제들과 자매들과 고통을 겪는 것: 고린도후서 1:7; 빌립보서 3:10; 히브리서 10:32-34.

3. 우리의 시간, 수입, 음식 그리고 가옥들을 나누는 것: 사도행전 2:44-45; 로마서 12:13; 15:27; 빌레몬서 1:17; 갈라디아서 6:6; 데살로니가전서 2:8; 디모데전서 5:16.

4. 성도들을 부양함에 있어서 교제를 계속하는 것과 새 장소에서 시작된 새로운 교회들을 갖는 것: 고린도후서 8:4; 빌립보서 4:14-15.

놀랍게도, 첫 신자들이 하나님에 대해 깊이 흥미를 가졌을 때에 그들의 개인적인 이득이나 소유들을 우선시하던 성향이 사라졌다. 대부분이 계산하지 않고 그들의 새로운 형제들의 필요사항에 대해 민감하였다. 한 주에 7일을 말이다(행 2:44-45; 4:32).

사도행전 2:42 **"서로…… 떡을 떼며 오로지 기도하기를 힘쓰니라"**(눅 24:30을 보라.).

사도행전 2:46 - *"……집에서 떡을 떼며 기쁨과 순전한 마음으로 음식을 먹고."*

사도행전 20:11 - *"올라가 떡을 떼어 먹고……"*

고린도전서 10:16 - *"우리가 축복하는 바 축복의 잔은 그리스도의 피에 참여함이 아니며 우리가 떼는 떡은 그리스도의 몸에 참여함이 아니냐."*

고린도전서 10:17 - *"떡이 하나요 많은 우리가 한 몸이니 이는 우리가 다 한 떡에 참여함이라."*

고린도전서 10:21 - *"너희가 주의 잔과 귀신의 잔을 겸하여 마시지 못하고 주의 식탁과 귀신의 식탁에 겸하여 참여하지 못하리라."*

고린도전서 11:20, 27 - *"그런즉 너희가 함께 모여서 주의 만찬을 먹을 수 없으니……그러므로 누구든지 주의 떡이나 잔을 합당하지 않게 먹고 마시는 자는 주의 몸과 피에 대하여 죄를 짓는 것이니라."*

고린도전서 11:28-29 - *"사람이 자기를 살피고 그 후에야 이 떡을 먹고 이 잔을 마실지니 주의 몸을 분별하지 못하고 먹고 마시는 자는 자기의 죄를 먹고 마시는 것이니라."*

당신은 얼마나 자주 하나님이 당신더러 그분의 가족 공동체를 설립하도록 보내셨던 곳의 새 신자들과 친교, 즉 주님의 만찬을 갖는가? 이것은 또한 기본적인 신약성경 교회 실천이 아닌가? 분명하게 초기 신자들은 그들이 거룩한 친교를 갖기 위해 "떡을 떼거나" 그들의 가정들에서, 작은 그룹들에서 함께 '***주의*** 만찬' 을 행할 때 그들은 함께 그들의 음식을 먹었다(행 2:46).

그러나 고린도에 있는 신자들의 일부는 적합한 지도자 없이 그들의 *'떡을 떼는 것'*, *'하나님 앞에서 그들 자신을 시험하는 것'*(고후 13:5), *'각각 자기보다 남을 낫게 여기는 것'*(빌 2:3-4)에 초점을 두고 앞서가기 시작한 모임이 되고 있었다. 그리고 우리 죄를 대신하신 그분의 묘사할 수 없는 희생에 대해 하나님께 감사드리는 것을 아주 많이 기념하고 있었다(고전 11:20-34).

당신의 새로운 형제자매와 더불어 당신이 앞의 성구에서 찾아낼 수 있는 문화 초월 원칙들의 리스트를 만들어서 당신이 ***어떻게*** 함께 '떡을 떼어야' 하는지를 결정하라.

42절 "……오로지 기도하기를……."

초기 신자들은 *'계속적으로(꾸준히 견디었다) 그들 자신을 헌신'* 하였는데 커뮤니온과 같이 말씀, 교제, 그리고 *'기도하는 것'* 에 전념하고 있었다. 사도행전에서 주의할 것은, 그들이 모인 거의 모든 시간을 기도에 할애했다는 것을 우리는 읽는다. 그들은 분명히 다른 종교들이나 의식적이 된 기독교와 같이 암송된 기도를 되풀이하지 않았고, '기도하는 ***말***' 로 만족하지 않았으며, 혹은 단지 음식을 위해 혹은 모임을 열기 위해 우리를 위해 기도 인도해 달라고 목회자에게 요청한 것도 아니었다.

사도행전 3장 1절은 이미 그들의 관습이었던 기도의 ***시간***을 언급한다. 주님의 탄원 - *"한 시간을 나와 깨어 있을 수 없더냐?"* - 은 사도들의 전 삶에 늘 붙어 따라다녔을 것이다. 사도행전 4장 24, 29절을 주목하라. *"그들이* (그들이 예수의 가르침들을 퍼뜨렸다면 형벌의 위험을) *듣고 한마음으로 하나님께 소리를 높여 가로되 '대주재여……이제도 그들의 위협함을 굽어보시옵시고 또 종들로 하여금 담대히 하나님의 말씀을 전하게 하여 주시오며'* "(행 4:24, 29).

"빌기를 다하매 모인 곳이 진동하더니 무리가 다 성령이 충만하여 담대히 하나님의 말씀을 전하니라 믿는 무리가 한마음과 한뜻이 되어……"(행 4:31-32).

이것이 우리가 무슬림들, 힌두교도들, 불교도들 그리고 부족들 가운데 우리가 설립하는 교회들에서 우리가 갈망하는 것으로, 실재해야 할 것이 아닌가?

사도행전 2:46 "성전에 모이기를 힘쓰고 집에서 떡을 떼며……"

교회 역사에서 언제 신자들이 교회 성장을 위해 필수적인 것으로서 건물들을 사거나 건축하기 위해 그들의 돈을 사용할 필요가 있다고 결정하였는가? 우리가 낳는 교회들이 사도행전에 나오는 실재이기를 우리는 열망한다. 초대교회는 이미 그들에게 유용했던 존재하는 건물들을 사용한 것으로 보인다.

사실 그들 소유의 건물의 벽 뒤로 '숨겨진다' 는 생각이 없었다. 오늘날 무슬림들과 같이, 그들은 모든 시민들이 목도하도록 열린 곳에서 예배하였다. 그리고 그들은 '사도들의 가르침, 교제, 떡을 뗌, 그리고 중보' 를 위한 작은 그룹들을 만들어 그들의 집에서 만났다.

사도행전 8:3 - *"사울이 교회를 잔멸할새* ***각 집****에 들어가 남녀를 끌어다가 옥에 넘기니라."*

사도행전 10:25 - *"마침 베드로가* ***집****에 들어올 때에 고넬료가 맞아 발 앞에 엎드리어 절하니."*

사도행전 12:12 - *"깨닫고 마가라 하는 요한의 어머니 마리아의* ***집****에 가니 여러 사람이 거기에 모여 기도하고 있더라."*

사도행전 16:40 - *"두 사람이 옥에서 나와 루디아의* ***집****에 들어가서 형제들을 만나 보고 위로하고 가니라."*

사도행전 17:7 - *"야손이 그들을 맞아 들였도다 그 사람들이 다 가이사의 명을 거역하여 말하되 다른 임금 곧 예수라 하는 이가 있다 하더이다 하니."*

사도행전 18:7 - *"거기서 옮겨 하나님을 경외하는 디도 유스도라 하는 사람의* ***집****에 들어가니 그 집은 회당 옆이라."*

사도행전 20:20 - *"유익한 것은 무엇이든지 공중 앞에서나* ***각 집****에서나 거리낌이 없이 여러분에게 전하여 가르치고."*

사도행전 28:30 - *"바울이 온 이태를 자기* ***셋집****에 머물면서 자기에게 오는 사람을 다 영접하고."*

로마서 16:5 - *“또 저의* ***집****에 있는 교회에도 문안하라.”*

고린도전서 16:19 - *“아굴라와 브리스가와 그* ***집****에 있는 교회가 주 안에서 너희에게 간절히 문안하고.”*

골로새서 4:15 - *“라오디게아에 있는 형제들과 눔바와 그 여자의* ***집****에 있는 교회에 문안하고.”*

빌레몬서 1:2 - *“자매 압비아와 우리와 함께 병사 된 아킵보와 네* ***집****에 있는 교회에 편지하노니.”*

사도행전 2:43, 46-47 “사람마다 두려워하는데(존경으로 가득 찬)……기쁨으로……하나님을 찬미하며…….”

당신이 섬기는 교회는 어떤 종류의 감정을 나타내고 있는가? 거기에 의심의 여지 없이 하나님의 현존과 능력에 대한 인식이 있는가? 위의 성경 구절은 당신의 신자들의 공동체를 묘사하는가? 그렇지 않다면, 무엇이 잘못인가? 장애물은 무엇인가? 성령 하나님께서 당신과 공동체의 한가운데에서 하시기를 바라시는 것이 무엇인가?

사도행전의 교회는 긴밀하게 맺어진 가족으로, 아버지 하나님의 가족임을 경험하였다. 그들은 서로의 필요를 돌아보았기 때문에 안전을 ***느꼈다***. 그들은 공통된 목적의식을 가졌다. 함께하는 공동의 삶이 빌립보서 2장 1-5절에 묘사되어 있다.

> 그러므로 그리스도 안에 무슨 권면이나 사랑에 무슨 위로나 성령의 무슨 교제나 긍휼이나 자비가 있거든 마음을 같이하여 같은 사랑을 가지고 뜻을 합하며 한마음을 품어 아무 일에든지 다툼이나 허영으로 하지 말고 오직 겸손한 마음으로 각각 자기보다 남을 낫게 여기고 각각 자기 일을 돌볼 뿐더러 또한

각각 다른 사람들의 일을 돌보아 나의 기쁨을 충만하게 하라 너희 안에 이 마음을 품으라 곧 그리스도 예수의 마음이니.

사도행전 2:43…… "사도들로 말미암아 기사와 표적(기적들을 입증하는)이 많이 나타나니."

그러나 신자들을 향한 존경이나 대화들은 주로 '사도들을 통하여' 하나님이 행하시는 기적들을 입증하는 것을 예루살렘에 있는 사람들이 보았다는 사실에 기인한다. '표적들과 기사들' 을 하나님이 원하실 때 '더하실' 수 있는 것인가, 아니면 오늘날 초기의 교회 개척자들을 위한 하나님이 임명하신 ***표준의*** 자질인가? *"사도들로 인하여"*라는 어구가 모든 신자에게 부여되는 것이 아니라는 암시를 주는 것인가?

우리의 열망이 표적과 기사들, 혹은 성인들에 대한 것이어야 하는가? 그렇게 변화된 신자들은 그들 서로를 사랑으로 돌보고 있는데 이것은 자연인에 의해 모방될 수 없는 것이다. 무엇을 강조해야 '매일 교회에 더한' 사람들을 낳을 것인가? 둘로 갈린다는 것은 주 예수의 가장 초기 추종자들에게 의미가 없었을 것이다.

신약성경에는 신자들이 카리스마파 신자와 비카리스마파 신자로 나뉘었다는 아무 표시도 없다. 그들의 애호하는 스승과 함께 각기 그룹으로 나뉜 고린도인들조차 '표적과 기사' 를 나누지 않았다. 모든 성경적인 기독교인들은 능력에 있어서 주님이 그분 자신을 계시하는 것을 보기 위해 몹시 갈망하고 있었음에 틀림없다. 바울이 *"또 사역은 여러 가지나……각 사람에게 성령을 나타내심은……"* (고전 12:6-7)이라고 기록한 것과 같이 말이다.

왜 우리는 초대교회가 서로 초자연적인 돌봄의 '표적과 기사'

혹은 '날마다 그들의 수를 더하는' 하나님의 기적들의 '표적과 기사'의 진가를 인정하는 데 실패하는가? 무슬림, 불교도, 혹은 힌두교도가 '그리스도 예수께 무릎을 꿇고 절하는' 것을 보는 것은 어지간히 어렵다. 그들이 혈연 친척들에게 맡겨지는 것만큼 한 사람이 그(그녀)를 하나님의 가족에 위탁하는 것을 보는 것이 대단한 기적 아닌가?

사도행전 3:1 "제구 시 기도 시간에 베드로와 요한이 (여느 때와 같이) 성전에 올라갈새."

그들이 삼천의 새로운 신자들을 돌보아야 했을 때 '비기독교인들' 과는 어떻게 시간을 보냈을까? 베드로는 하나님이 그의 길을 감독하시는 대로 개별적으로 비기독교인을 위해 ***시간을 낸다***. 그 거지는 베드로가 제자 삼기에는, '핵심 인물' (전략상)로 택하기에 적당하지 않았다(주목하기: 그들은 또한 비개종자들과 함께 기도할 시간을 낸다.).

"나는 은과 금을 소유하고 있지 않으나 내가 가진 것을 너에게 준다." 다분히 당신은 외국에서 온 일정 기간 체류자로서 이미 '은과 금' 을 많이 ***가진*** 사람으로 인식된다. 사람들은 여러 방도로 그들이 할 수 있는 대로 당신에게서 더 많이 받으려고 한다. 하나님께서 당신에게 보낸 사람들의 생활방식에 가능한 대로 어떻게 하면 더 가깝게 살 수 있는지 하나님의 지혜를 찾는다고 가정하면, ***당신의*** 청중이 *"은이나 금보다도 더 귀한"*(벧전 1:7) 어떤 것을 당신이 그들에게 나눠줄 수 있다는 것을 그들이 깨닫고 도전받을 것이다.

즉시로 절름발이를 치료할 능력이 주어지지 않더라도 당신은 그 병자를 위해서 ***기도하고*** 있는가? 마태복음 5장 16절과 44절에서 당신 직장 외의 일은 무엇인가? 주 예수의 긍휼이 당신을 그분의 충성된 종들 중의 하나로 인장 찍도록 '눈먼 자와 절름발이' 를 위해 '인정을 베푸는 사역들' (mercy ministries)에 가담하고 있는가? "*이같이 너희 빛이 사람 앞에 비치게 하여 그들로 너희 착한 행실을 보고 하늘에 계신 너희 아버지께 영광을 돌리게 하라*"(마 5:16). "*나는 너희에게 이르노니 너희 원수를 사랑*(*agape* -*애정의 감정이 아니라 행동으로서*)*하며 너희를 박해하는 자를 위하여 기도하라*"(마 5:44).

사도행전 3:11 "나은 사람이 베드로와 요한을 붙잡으니 모든 백성이 크게 놀라며 달려 나아가……"

사람들의 ***분명한*** 필요에 우리가 가담하게 되면 그들이 가장 필요로 하는 데까지 더 깊이 이르는 기회들이 올 것이다. "……*우리 개인의 권능과 경건으로 이 사람을 걷게 한 것처럼 왜 우리를 주목하느냐*"(12절). 베드로와 요한은 매우 재빠르게 그들 자신에게서 초점을 돌린다. 그들은 즉시로 '삶의 왕자(작가)' 로서 '그리스도를 드높이기' 위한 기회를 붙잡는다.

3:12-26 *베드로의 두 번째 설교*. 이것은 *나의* 믿음을 나누는 방도인가?

19-20절 "그러므로 너희가 회개하고 돌이켜 너희 죄 없이 함을 받으라 이같이 하면 새롭게 되는 날이 주 앞으로부터 이를 것이요 또 주께서……그리스도 곧 예수를 보내시리니."

26절 "하나님이 그 종을 세워 복 주시려고 너희에게 먼저 보내사 너희로 하여금 돌이켜 각각 그 악함을 버리게 하셨느니라."

이 메시지의 전체적인 설명을 분석하라. 이 메시지가 베드로의 첫 공개 연설과 공통되는 것이 무엇인가? 어떻게 다른가? 그리고 그 이유는 무엇인가?

두 메시지에서 베드로의 주장을 살펴보자.

1. 그들(요엘, 다윗, 아브라함, 그리고 모세)의 성경을 인용함으로써 무엇이 일어나고 있는지를 설명한다. 베드로는 자신의 권위에 대해 말하지 않고 그의 경청자들이 높이 여긴 권위에 관해 말한다.

2. 성경이 메시아의 죽음과 부활을 가리킨다고 강조한다.

3. 예수가 죽음에서 일어나서 지금 살아 계시고 죄 용서와 성령의 선물의 근원(***The*** source)이신 것을 두드러지게 한다.

4. 그들이 옛 생각과 옛 삶의 방식으로부터 깨끗이 함을 받기 위해 진실로 죄를 뉘우치고 돌아서기만 한다면 그리고 메시아께서 그들을 위해 이루어 놓으신 것을 그들이 완전히 신뢰하기만 하면 그 어떤 소망도 이루실 것이라고 주장한다.

5. 하나님의 힘의 근원은 ***예수 그리스도의 이름***에 있다고 선포한다(행 2:38; 3:16).

이 메시지들에서 차이는 두 번째 메시지에서 베드로가 더 부드럽고 덜 힐문적인 음조를 띤다. *"형제들아 너희가 알지 못하여서 그리하였으며 너희 관리들도 그리한 줄 아노라"*(행 3:17). 하지만 당신이 성경을 읽고 있다면 이것을 알았으리라!

4장

사도행전 4:1-3 **"사도들이 백성에게 말할 때에 제사장들과 성전 맡은 자와 사두개인들이 이르러 예수 안에 죽은 자의 부활이 있다고 백성을 가르치고 전함을 싫어하여 그들을 잡으매 날이 이미 저물었으므로 이튿날까지 가두었으나."**

방해 2. 그리스도의 사자들은 초자연적인 치료를 베푸는 데 쓰임받고 군중은 반응하였다. **그러나** 경찰이 이동해 와서(사역팀이 다음에 이어질 행사를 위한 응답자의 이름과 주소를 갖기 전에) 그들을 감옥에 투옥한다. 통치하는 당이 사두개인과 진보주의자인 것에 주목하라. 그들은 '부활' 을 믿지 않고 죽음 이후에는 삶이 없다고 가르쳤다. **그러나** 여기에 벌어지는 것은 주님이 승리하시는 쪽이다.

4절 **"말씀을 들은 사람 중에 믿는 자가 많으니 남자들의 수(공동으로 서약한 커뮤니티의 부분이 되어)가 약 오천이나 되었더라!"**

여기에서 강조사항은 ***남자들***만을 계수한 것이다. 왜냐하면 그 당시 남자들은 스스로 메시지를 듣기 위해 함께 모였을 것이고 여자들은 여인들의 뜰에 있었을 것이다(요 6:10). 이스라엘에서는 오늘날에도 남자들과 여자들은 그들의 예배 가운데 통곡하는 벽에서 떨어져 있다. 이와 같이 교회는 실제로 오천 명보다 더 많았다.

5-7절 갑자기 '보내진 사람들' 이 전례 없는 다른 기회를 갖게 된다. 그들은 예루살렘의 종교적 권위의 'Who' s Who' 와 같이 법정에 서 있다. 그들이 주 예수의 말씀을 상기하였는가?

> 사람들을 삼가라 그들이 너희를 공회에 넘겨 주겠고 그들의 회당에서 채찍질하리라 또 너희가 나로 말미암아 총독들과 임금들 앞에 끌려가리니 이는 그들과 이방인들에게 증거가 되게 하려 하심이라 너희를 넘겨 줄 때에 어떻게 또는 무엇을 말할까 염려하지 말라 그때에 너희에게 할 말을 주시리니 말하는 이는 너희가 아니라 너희 속에서 말씀하시는 이 곧 너희 아버지의 성령이시니라(마 10:17-20).

사도행전 4:7 "……너희가 무슨 권세와 누구의 이름으로 이 일을 행하였느냐"(치유의 기적).

대답은 10절에 주어진다. *"나사렛 예수 그리스도의 이름으로."* 당신이 사도행전을 공부하면서 힘과 권위의 근원으로 간주된 *'그 이름' (the Name)*의 언급이 얼마나 여러 번 나오는지 주목하라(행 2:21, 38; 3:16; 4:10, 12; 8:16; 9:15, 28; 15:26; 16:18).

사도행전 4:8 "이에 베드로가 성령이 충만하여 이르되 백성의 관리들과 장로들아……."

추수의 주님은 '쉬운 길을 찾아내거나' 혹은 '있는 그대로 말하는 것' 을 선택하는 그분의 대사들이 갖는 사건들을 계속적으로 '감독' 하신다. 각 시간에 말하는 자는 베드로인데, 그를 둘러싼 팀에 의해 대담해진 것은 의심의 여지가 없다. 베드로는 그 팀에서 '복음

전도자' 였는가? 요한은 그들이 신학적인 이슈에 빠질 때 말을 꺼낸다(행 4:19).

팀에 한두 사람이 대변인인 것 같지만 사실 ***팀***의 노력이기 때문이며 ***모두***가 충성스러운 증인들이다. 만일 당신에게 '베드로' 가 없다면 추수의 주님께 한 사람을 공급해 달라고 계속 요청할 필요가 있다.

다시, '성령으로 충만한' 부분을 놓치지 말라. 우리 주님이 이를 지시하신 이유가 있다. *"아버지의 약속하신 것을 받을 때까지 기다리라"*(행 1:4-5). 그분의 강력한 현존 없이 나가지 마라.

사도행전 4:9 "만일 병자에게 행한 착한 일에 대하여 이 사람이 어떻게 구원을 받았느냐고 오늘 우리에게 질문한다면."

나중에 베드로는 깊은 생각에 잠긴다.

> 너희가 이방인 중에서 행실을 선하게 가져 너희를 악행한다고 비방하는 자들로 하여금 너희 선한 일을 보고 오시는 날에 하나님께 영광을 돌리게 하려 함이라……곧 선행으로 어리석은 사람들의 무식한 말을 막으시는 것이라(벧전 2:12, 15).

경찰이나 종교 지도자들이 당신을 이슬람을 비방하거나 그들의 청년의 윤리를 훼손하는 '스파이' 로 고소할 때 그들을 화가 나게 하는 행동은 없는지 스스로 물어보는가? 그것이 가난한 가족을 위해 주택을 찾는 것이었는가? 실직한 사람을 위해 일자리를 만드는 것이었는가? 당신의 병든 이웃들을 위해 음식을 가져다주고 기도해 주는 것이었는가? 높은 도덕을 가르치거나 청년이 마약 하는 것을 끊도록 돕는 것이었는가? 당신이 얼마나 긴 세월 동안 주야로 사람들을 돕는 데 시간을 보내고 있는지를 그들에게 말하는 것을 두려워하지 마라!

사도행전 4:10 "너희와 모든 이스라엘 백성들은 알라 너희가 십자가에 못 박고 하나님이 죽은 자 가운데서 살리신 나사렛 예수 그리스도의 이름으로 이 사람이 건강하게 되어 너희 앞에 섰느니라."

"이보게, 베드로! 왜 당신은 '빙빙 둘러대는 것' 을 멈추지 않는가?" 당신의 청중에게 정직하라. 우리 팀의 선포가 전도자의 부족 때문이 아니라 ***선지자***가 부족하기 때문에, 그들의 독선적인 오만에서 많은 사람이 돌아서는 것을 보지 못하는 것이 아닌가?

사람들의 죄스러운 위선을 지적하는 은사를 받은 선포자는 선지자적 요소를 지닌 것이다. 얼마나 '우리의 의는 다 더러운 옷과 같은지' (사 64:6), 그들은 얼마나 많은 용서가 ***필요한지를*** 깨닫기까지 용서를 위해 주님을 부를 수 없다. 그들이 구원을 받기 전에 우리는 그들이 잃어버린 자들이라는 사실을 스스로 보도록 돕기 위해 성령으로 팀을 이뤄야 한다.

베드로는 용감할 뿐만 아니라 요점에 명확하였다. 당신의 동반자들에게 당신의 의사전달에 대해 평가해 달라고 요청해보자. 무례하지 않고 문화에 민감해지려는 당신의 노력 가운데 나타낸 복음의 기본적인 요점들에 관해 당신의 비기독교인 친구들은 얼마나 이해하는가? 비기독교인 친구들이 메시아를 따르는 자가 지켜야 할 것을 당신에게 정확하게 다시 설명할 수 있었는가?

사도행전 4:13 "그들이 베드로와 요한이 담대하게 말함을 보고 그들을 본래 학문 없는 범인으로 알았다가 이상히 여기며 또 전에 예수와 함께 있던 줄도 알고."

베드로의 언어 구사력을 보건대 그가 연설가라는 것은 확실하지 않다. 마가가 베드로의 서기로 그의 복음을 썼다고 통속적으로 생각하는데 이는 베드로는 헬라어에 약했기 때문이다. 베드로는 나사렛으로부터 자칭의(self-appointed) 랍비 목수처럼, ***분명히*** 전문적이고 학문적인 내용에 교육받지 않았고 훈련받지도 않았다(13절).어떻게 감히 반문맹의 문외한이 종교학자들만이 전문적으로 조언할 수 있는 것에 대해 그 같은 확신을 가지고 말할까!

한 가지는 학자들의 지식을 인용하고 배우기 위해 대학에 출석한다. 또 한 가지는 실제 사람들의 문제 상황에서 하나님의 말씀의 의미를 상술하면서 주 예수와 3년간 밤낮으로 사는 것이다. 그들은 당시 가장 존경받을 만한 직업(내과의사, 철학자, 강연자, 시인, 사제, 혹은 군대/정치적 관리)에서 '정식 교육을 받지 않았을' 수도 있다. 그들은 확실히 정식교육을 받지 **않았다**. 그들은 사회에서 전혀 그들의 등급으로는 영향을 줄 만한 위치에 있지 않았다. 그러나 ***하나님***이 문을 여시고 ***하나님***이 그들에게 대담함과 확신, 영생에 이르는 오로지 한 방향으로서의 길과 진리를 확실하게 말할 수 있는 능력을 주셨을 때 그들은 상당한 영향을 줄 수 있었다.

교회 역사에서 왜 하나님은 신학도가 아닌 평신도에게 그리스도를 따르는 자들의 첫 회중으로 세우시는 '자비량 사역자' 의 임무를 주셨을까? 하나님은 '모든 신자들의 제사장직' 을 강조하시는가? 그것은 다른 생업을 하다가 온 사람들이 *'그리스도가 알려지지 않은 곳' (where Christ is not named)*에 초기 교회 개척의 중대한 역할에 대한 기대를 나타내신 것인가?

사도행전 4:11-12 "이 예수는 너희 건축자들의 버린 돌로서 집 모퉁이의 머릿돌이 되었느니라 다른 이로써는 구원을 받을 수 없나니 천하 사람 중에 구원을 받을 만한 다른 이름을 우리에게 주신 일이 없음이라."

프랜시스 쉐퍼(Francis Schaeffer)는 오늘날 상대주의가 가장 큰 적이라고 하였다. 나라들에 온통 자리잡고 있는 이 혼미한 사상은 하나님의 백성들에게까지 절대적인 진리가 오만한 편협에 빠지도록 기만한다. 주 예수가 *"길이요 진리요 생명이라"*고 외치신 것은 그냥 농담 삼아 하신 말인가? 그리고 ***"나로 말미암지 않고는 아버지께로 올 자가 없느니라"***(요 14:6)는 말씀이 그냥 편협하고 무감각하며 무식한 것으로 보이는가?

사도들의 외침인 *"다른 어떤 이에게서도 구원은 없다"*는 말에 과장의 죄가 있었는가? 그들은 그리스도를 비스킷과 같이 '나누지' 않았다. 그들 스스로 구원 사역을 맡게 되었다고 이해했다. 그들은 다른 사람들에게 섬기는 자가 되고 그리스도께서 다스리시는 것뿐만 아니라 무함마드와 같이 **경고자들**(warners; 아랍어로 *nadhir*, 꾸란 7:184, 188)이 되도록 부름받은 것도 깨달았다. 당신 또한 경고자가 되도록 부름받았다(행 20:31; 눅 16:28). 당신이 선교사인지 질문을 받을 때 당신은 ***경고자***라고 대답해야 마땅하다.

사도행전 4:15-17 "명하여 공회에서 나가라 하고 서로 의논하여 이르되……."

누가 이 정보에 관한 우리의 자원인가? 의심 없이 니고데모, 아리마대 요셉(요 19:38-39), 또는 일부 나중에 개종한 통치자가 그들이 안 뜰의 방을 떠난 후에 그들에 대해 의논한 것을 사도들에게 말했다. 지옥 본부로부터 나온 명령과 같이 들리는 17절에 관해서 말이다.

"이것이 민간에 더 퍼지지 못하게 저희를 위협하여 이후에는 이 이름으로 아무 사람에게도 말하지 말게 하자."

저것은 아슈하바트(Ashkabad), 앙카라(Ankara), 아그라(Agra), 혹은 알지어즈(Algiers)에 있는 당신의 주변에 일어나는 것에 통찰력을 주지 않는가? 초기 신자들이 깊이 이해한 것이 그들의 기도 모임 응답에서 명시되었다. 그들은 시편 2편을 되새기며 주님께 돌아와 기도하였다(4:24-27). 여기에 '영적 전투' 가 있다. 신비적인 것은 없고 단지 *'악마에게 사로잡혀서 악마의 뜻을 좇던'*(딤후 2:26) 권세자들이 하나님의 메신저들을 제지할 수 있는 모든 것을 행하는 것이다.

사도행전 4:18 "그들을 불러 경고하여 도무지 예수의 이름으로 말하지도 말고 가르치지도 말라 하니."

당신의 나라에서 개종시키는 것은 법에 어긋나는가? 신약성경의 기독교에 온 것을 환영한다! 당신은 좋은 사도적 계승을 받았다. 당신이 하는 응답이 초기 사도들이 응답한 방도와 어떻게 다른가?

사도행전 4:19-20 "베드로와 요한이 대답하여 이르되 하나님 앞에서 너희의 말을 듣는 것이 하나님의 말씀을 듣는 것보다 옳은가 판단하라 우리는 보고 들은 것을 말하지 아니할 수 없다 하니."

하나님이 당신에게 맡겨주신 곳에서 종교적인 권위에 대한 이 질문을 하면서 당신은 사도들을 본받았는가?

• "실례지만 선생님, 질문을 하나 드려도 되겠습니까? 우리는 사람에게 혹은 하나님께 복종해야 합니까?"

• 뮬라(Mullah)가 뭐라고 대답할까? "우리는 알라께 복종해야 합니다."

• "선생님, 나는 당신과 의견이 같습니다. ***알라*** 하나님은 나를 여기에 보내셔서 그분이 나더러 죄를 위한 희생제물이신, 십자가 위에 달리신 주님 예수(당신이 "나비 이사"라고 부르는)를 의지하는 사람들에게 유효한 용서의 좋은 소식을 모든 사람에게 말하라고 명하셨지요. 당신은 나도 알라께 복종하고 있음을 이해할 거라고 확신합니다."

당신 주변의 사람들이 당신은 인간이나 기관에서가 아니라 하나님에게서 온 메시지와 함께 하나님에게서 보냄받았다는 것을 확신하고 있는 것을 분명히 인식하도록 하는 것이 중요하다.

18절 "……예수의 이름으로……."

사도행전에 예수께 주어진 이름에 대한 연구를 하라. *그분의 종 예수, 거룩하고 의로우신 분, 삶의 창조자, 그분의 그리스도, 그리스도, 모세와 같은 선지자, 나사렛의 예수 그리스도, 거절된 돌, 코너 스톤, 그분의 기름부음 받은 자, 당신의 거룩한 종 예수, 주 예수 등.*

사도행전 4:23 "사도들이 놓이매 그 동료에게 가서 제사장들과 장로들의 말을 다 알리니."

이들은 격리된 선교사들이 아니다. 그들은 한 팀이기에 그들의 기도 파트너들의 지원이 필요한 것을 알았다. 그들은 신자들에게 배후에서 최신에 올라온 제목으로 계속 기도하도록 하였다. 그들은 그들 교회의 공동체에 있는 사람들과 *"한마음과 한뜻이 되었다"*(32절).

이것은 당신의 사역을 뒷받침해 주고 있는 사람들과의 계속적인 관계를 묘사하는가? 당신의 사역에 '동반자들' 은 누구인가? 당신은 당신의 후원자를 갖는 데 쉽지 않게 실패하였는가? 당신은 그들이 모두 관심이 없다고 그렇게 판단조로 가정하는가? 당신을 보내는 교회와의 협력과 바울의 빌립보 교회와의 협력을 비교해 보라(빌 1:3-8; 4:14-19). 당신을 위한 그들의 기도는 당신의 충실함과 비례할 것이다! 매일의 전투에 그들이 발맞추어 지속적으로 따라오도록 하는 면에서 말이다. 언제 마지막으로 당신의 '후원기관' 에 전화를 하고 이메일을 보내며 *'대제사장과 장로들의 모든 핍박'* 과 같은 고충을 나누었는가?

사도행전 4:24-30 "그들이 듣고 한마음으로 하나님께 소리를 높여 이르되……."

반대, 실망, 사역의 기회들이 저지되고 협박들에 대한 우리의 첫 응답은 어떠해야 하는가? 우리는 기도회를 소집하는가? 이 응답은 사도들이 3년간 주님과 같이 살면서 받은 것과 같은 습관 키우기 훈련의 결과인가? 주님의 얼굴을 구하는 동안 하나님의 팀이 연합하는 데 강력하게 기운이 보강된다. 그들이 어떻게 그들 삶을 통치하시는 주님께 말씀의 약속을 되새기는지 주목하라. 그들은 성경 말씀으로 기도하며 하나님께 돌아온다(출애굽기, 느헤미야, 그리고 시편 2편을 보라.).

기도 가운데 그들은 주님의 관점으로 돌아왔다. 그들은 모든 것이 실제로 하늘의 계획에 따라 진행되고 있음을 재빨리 깨닫게 되었다. 증오에 차서 반항하는 불신자들은 '성경적으로' 행동하고 정확히 주님이 말씀하신 대로 했다. 그들의 기도는 하나님의 성품, 힘, 그리고 목적에 관한 성경적 지식에 근거를 두었다.

그들은 기도하는 동안에 헤롯, 빌라도 그리고 로마인들이 그분의 목적을 수행하기 위한 ***하나님의*** 도구였음을 서로 생각나게 했다. 이것이 큰 신학이다! 당신이 거래하고 있는 알리가르(Aligarh), 알바니아에 적대적인 정부가 있는 것을, 혹은 아체(Aceh) 가운데 *"주님의 권능과 뜻으로 미리 정하여 두신 일들을 모두 행한"*(28절) 것을 믿을 수 있는가? 당신의 팀이 바울이 빌립보서 1장 12절에 선언한 대로 *"내가 당한 일이 도리어 복음 전파에 진전이 된"* 것을 아는 믿음으로 아뢸 수 있는가?

그리고 그들은 하나님께 무엇을 요청하였는가? 안전, 모면, 더 반응이 좋은 장소로의 이동인가? *"당신의 종들로 하여금 내적인 자유와 함께 두려움 없이 담대히 그리고 진리에 대한 확신으로 하나님의 말씀을 전하게 하여 주옵시며"*(29절). *"당신의 손을 내밀어 병을 낫게 하옵시고 표적과 기사가 거룩한 종 예수의 이름의 능력을 통하여 이루어지게 하옵소서"*(30절).

종들처럼 초기 선구자들은 그들 자신의 일(self-serving use)을 위한 그리고 스스로 기쁨과 평화를 채우기 위한 능력의 근원으로서 성령을 이해하기보다는 그들이 선포하고 있는 분이 정확하게 예수 그리스도라는 사실을 ***불신하는 사람들에게 확신시키는*** 영으로 이해하였다.

사도행전 4:31 "빌기를 다하매 모인 곳이 진동하더니 무리가 다 성령이 충만하여 담대히 하나님의 말씀을 전하니라."

이것은 당신이 동료들과 '함께 모였을 때' 일어난 것을 묘사하는가? 이것은 당신의 선교의 거룩하신 감독께서 일어나기를 바라시는 것처럼 들리는가? 그들은 이전에는 '성령으로 충만하지' 않았는가? 우리가 만일 우리 자신의 힘과 재간에 의해서가 아니라 하나님이 우리를 ***그분의*** 능력으로 사용하시는 것을 본다면, 매일 성령으로 새롭게 충만해지는 것이 얼마나 중요한 것인지를 잊지 않을 것이다.

만일 '담대함' 이 당신의 동료들에게 어울리는 말이 아니라면 왜 그럴까? 만일 우리가 두려워함으로 제때에(그리고 형편이 좋지 않을 때) '하나님의 말씀 전하는 것' 을 계속할 수 없다면 아마 우리는 기도와 준비의 시간을 채우는 데 소홀히 한 것이리라(1:5; 2:1, 41; 4:8을 보라.). 그들은 '하나님의 말씀' 을 전하였다. 만일 거기에 당신의 담화들을 녹화하는 테이프가 있다면 당신의 말들 중에서 몇 퍼센트가 하나님의 말씀을 반영하였는지 들어보라.

사도행전 4:32 "믿는 무리가 한마음과 한뜻이 되어 모든 물건을 서로 통용하고……."

이것은 ***교회*** 개척에 관한 것이다! 이것은 하나님이 우리를 위하여 마음에 품으신 것이다. "그것이 없이는 집으로 돌아가지 마라!" '다른 신들' 을 좇는 사람들에게 무엇보다 증거를 필요로 하는 것은 천국 ***공동체***이다. 일주일에 7일 '서로' 를 돌아보는 것은 확실히 가능한 전도의 가장 강력한 '방법' 이다.

우리가 천국에 대해 말하면서 이러한 종류의 공동 계약 공동체가 나타나는 것을 보지 않는다면 우리는 단지 새로운 아이디어들을 듣기 위해 모이는 사람들의 그룹을 조직하고 있을 뿐이다. 기본적으로 사랑하고, 용서하고, 희생하며 변화된 사람들로 구성되지 않은 '교회들' 은 복음의 졸렬한 모조품일 뿐이다. 사도행전에서 교회는 서로 계명들을 실천하고 있다. ***서로 사랑하고, 서로 섬기고, 서로 헌신하고, 서로 기쁘게 하고, 서로를 위해 울고, 짐을 서로 지라. 당신의 잘못들을 서로 고백하고 서로 용서하고 서로를 위해 기도하라.***

사도행전 4:32-34 "…… 자기 재물을 조금이라도 자기 것이라 하는 이가 하나도 없더라…… 무리가 큰 은혜를 받아 그 중에 가난한 사람이 없으니."

'결론적인 핵심' 은 무엇인가? 하나님이 우리의 마음에 두시는 것을 부르짖기를 바란다. 여기에 인간과 인간의 실재에 더하여 하나님과 인간 사이에 신약성경의 계약이 있다. 우리의 주장들이 얼마나 얄팍하거나 피상적으로 울리는 소리인지 '부흥' 혹은 '주님이 우리 한가운데 일하고 계심' 을 비교해 보자! 역사적으로 우리 선교사들이 하나님의 교회를 세웠다고 주장하더라도 거기에 반쪽 신자들이 모이고, 주간에 한 번 모일까 말까 한다면 이 얼마나 우스꽝스러운가! 한 주에 그냥 두 시간의 종교적인 의식으로 가끔은 불교도이든, 힌두교도이든, 무슬림이든 그들과 별 차이 없이 모인다면 말이다.

우리는 위에서 인용한 말들을 집에서 생각하며 "아, 그것이구나" 하고 말할 수 있다. 당신의 동역자들-외국에서 온 일정 기간 체류자들과 그 나라 사람들-과 아래 구절을 펼쳐놓고 물어보라. "형제들이여, 하나님이 우리를 성령의 능력 안에 있는 이러한 유의 삶에 데려오시는 것을 우리가 어떻게 볼 수 있겠습니까?" 이러한 종류의 공동체가 바로, 교회가 *'모든 불신자들에게서 호감을 사게끔'*

(행 2:47) 초래할 넘버원 '표적과 기사' 인가?

사도행전 4:33-35 "사도들이 큰 권능으로 주 예수의 부활을 증언하니……밭과 집 있는 자는 팔아 그 판 것의 값을 가져다가 사도들의 발 앞에 두매."

당신은 휴전주의자(cessationist: 기적적인 은사들이 사도들의 삶의 종국에 멈춘다고 믿는 사람)일 필요가 없다. 사도의 ***직함***을 가진 사람들과 성경의 기자들(요 14:26)은 오늘날 하나님의 종들이 **보통** 사용하는 것 이상의 ***비범한*** 능력이 주어졌다고 결론짓는다. *"사도들의 손으로 민간에 표적과 기사가 많이 일어나매"*(행 5:12). '비범한' (extraordinary)이란 단어를 주목하라. 즉, 사도행전 19장 11-12절과 같이 '가장 색다르다'. *"심지어 병든 사람을 메고 거리에 나가 침대와 요 위에 누이고 베드로가 지날 때에 혹 그의 그림자라도 누구에게 덮일까 바라고"*(행 5:15).

사도행전 5:16 - *"예루살렘 부근의 수많은 사람들도 모여 병든 사람과 더러운 귀신에게 괴로움 받는 사람을 데리고 와서* ***다 나음을 얻으니라.*** *"* 상상해보라! 100퍼센트가 치료되었다. 그날 이후로 아무도 ***그와 같은 사역***을 주장할 수 없다.

그럼에도 불구하고, 주 예수가 우리 가운데 사람과 하나님 사이의 ***유일한*** 중보자(딤전 2:5)이시며 *"길과 진리와 생명"*(요 14:6)이시라는 것을 드러내기 위해 찾고 있는 사람들은 튀니지, 팀북투, 혹은 타슈켄트에서 작은 정도라도 사도행전 5장 16절이 다시 일어나는 것을 보고 싶지 않겠는가?

당신의 신학이 무엇이든 '멸시하거나' 성령에 의한 초자연적인 간섭, 즉 그것이 '방언' 이 되든, 혹은 치료의 은사가 주어진 형제나 자매이든, 혹은 귀신으로부터 사람들을 풀어주는 능력이든, 혹은 갇혀 있는 사람에 대한 초자연적인 통찰이든, 이것들을 금지하지 않도록 조심하자. 지도자 목자들을 깨우친 '하나님이 세우신' 것에 복종하는 한, 하나님께서 더 많은 은사들을 우리의 교회 개척 노력에 대해 일으켜 주실 것이다.

그러나 전능하신 하나님은 그분 자신을 나타내기를 원하시는데 우리에게 사도들의 ***부름***(모든 것이 은사를 부여하는 것이 아니라면)을 갖게 하신다. 즉, 그분의 교회를 *"그리스도가 알려지지 않은 곳"*(롬 15:20)에 설립하는 것은 전능하신 하나님의 초자연적인 역사로 이를 우리가 끊임없이 믿음으로 의존하는 것이다. 만일 그분의 교회가 복음이 미치지 않은 어둠 속에 있는 사람들을 붙잡고 있는 본거지에 있는 '지옥의 출입구 문들' 에 우세하는 것을 우리가 보기를 원한다면 ***그분은*** *"우리의 온갖 구하는 것이나 생각하는 것에 더 넘치도록 풍성하게"* ***일하실 것임에 틀림없다***(엡 3:20; 고후 10:3-5; 행 26:18; 마 16:18을 보라.).

사도행전 4:36-37 "……이름은 요셉이라 사도들이 일컬어 바나바라(번역하면 위로의 아들이라) 하니 그가 밭이 있으매 팔아……."

이 초기 신자들이 그들의 퇴직금, ***담보물***을 그리스도 안에서 그들의 형제자매들의 현재의 필요에 부응하기 위해 청산하는 것 ***또한*** 하나의 기적이 아니었는가?

'격려해 주는 남자' (혹은 여성)로 알려지도록 한 것이 무슨 능력인가? 만일 당신이 동역자들과 함께 하여 그들이 당신의 현존에 대해 느끼면서 ***당신에게*** 별명을 지어 준다면 무엇이 될까? 심술궂은 남자인가? 혹은 자기연민에 빠진 여자인가? 혹은 변명하는 남자인가? 혹은 늘 다른 사람을 탓하는 형제인가? 혹은 두려움에 빠진 여인인가? 혹은 믿음이 적은 자매인가? 혹은 인자한 여인인가? 혹은 염려해 주는 여인인가? 혹은 격려해 주는 남자인가?

사역지에서 필요한 것에 대한 하나님의 응답에 관하여 당신은 어느 정도 감당하고 있는지 반성하면서 주님께 물어보자. 혹은 당신이 ***문제***의 일부인가? 사도행전이 베드로와 바울에 초점을 두는 경향이 있지만 당신의 눈을 바나바에 두어보라. 주님께 당신이 알바니아, 앙카라, 아그라, 혹은 반다아체에 있도록 해달라고 하는 것에 대해 그분이 한 모델이라는 것을 당신이 깨닫도록 큰 용기를 주실 것이다.

5장

사도행전 5:1-11 "사탄이 네 마음에 가득하여 네가 성령을 속이고……."

이것은 더 큰 방해이다. 지금까지 교회를 설립하는 것으로부터 멈추게 하려는 모든 노력은 ***교회 바깥에 있는*** 종교적인 지도자들에 의해 이루어져 왔다. 바깥의 핍박은 그들의 마음을 주 예수를 따르는 것에서 방향을 돌리는 데 효과적이지 못했음을 증명한다. 그러므로 사탄은 회중 내부에 있는 사람들에 초점을 맞추기 시작한다(행 20:29-30을 보라). 누가의 관점은 천상에서 전쟁의 두 대장, 즉 사탄 대(對) 성령이 중앙 전선의 단계를 가져오고 있다는 것은 흥미롭다.

사도행전 5:4 "……사람에게 거짓말한 것이 아니요 하나님께로다."

"*……너희는 이상하게 여기지 말고*"(벧전 4:12). 우리는 주 예수께서 말씀하신 것의 실현이 정확히 교회에 일어날 것이라고 본다(마 13:25-30).

사람들이 잠자는 동안에 원수가 와서 밀 가운데 가라지를 뿌리고 갔다. 줄기가 나서 열매를 맺을 때에 가라지도 보였다. 그래서 주인의 종들이 와서 그에게 말하였다. "주인어른, 어른께서 밭에 좋은 씨를 뿌리지 않으셨습니까? 그런데 가라지가 어디에서 생겼습니까?"

주인은 종들에게 "원수가 그렇게 하였다"고 대답하였다.

종들이 주인에게 물었다. "그러면 우리가 가서 그것들을 뽑아 버릴까요?"

주인은 이렇게 대답하였다. "아니다. 가라지를 뽑다가, 그것과 함께 밀까지 뽑으면 어떻게 하겠느냐 ? 거둘 때가 될 때까지 둘 다 함께 자라게 내버려 두어라. 거둘 때에 내가 일꾼에게, 먼저 가라지를 뽑아 단으로 묶어서 불태워 버리고, 밀은 내 곳간에 거두어들이라고 하겠다."

"밭은 세상이다. 좋은 씨는 그 나라의 자녀들이요, 가라지는 악한 자의 자녀들이다. 가라지를 뿌린 원수는 악마요, 추수 때는 세상 끝날이요, 추수꾼은 천사들이다. 가라지를 모아다가 불에 태워 버리는 것같이, 세상 끝날에도 그렇게 할 것이다"(마 13:38-40).

그러므로 그것은 마치 당신과 약속하는 대부분의 '접촉자들', '구하는 자들', '신실한 사람들' 그리고 '평화의 사람들' 이 돌아서는 것과 같다. 주님이 하시는 말씀을 다시 들어보자:

마태복음 13:19-22 - "아무나 천국 말씀을 듣고 깨닫지 못할 때는 악한 자가 와서 그 마음에 뿌려진 것을 빼앗나니 이는 곧 길가에 뿌려진 자요 돌밭에 뿌려졌다는 것은 말씀을 듣고 즉시 기쁨으로 받되 그 속에 뿌리가 없어 잠시 견디다가 말씀으로 말미암아 환난이나 박해가 일어날 때에는 곧 넘어지는 자요 가시떨기에 뿌려졌다는 것은 말씀을 들으나 세상의 염려와 재물의 유혹에 말씀이 막혀 결실하지 못하는 자요."

성경의 내용을 제자들에게 가르치는 것은, 만일 그들이 정직하고 양심적이고 바울과 같이 회심했을 때의 마음을 가지고 매일 새로운 왕과 주인과의 교제를 발전시키지 않는다면 불충분한 것이다.

"당신께서는 내가 무엇을 하기를 원하십니까?"

복 있는 자는 애통하는 자라고 했다(마 5:4). 당신은 ***당신의*** '유다' 혹은 *"이 세상을 사랑하여 나를 버리고 간"*(딤후 4:10) 데마를 경험하면 애통할 것이다.

사도행전 5:9 "……너희가 어찌 함께 꾀하여 주의 영을 시험하려 하느냐."

새 신자들은 외국에서 온 일정 기간 체류자들에 의해 조직된 인간 공동체를 형성하는 새로운 그룹을 찾는 경향이 있다. 각 사람은 '그 그룹에서 빠져나올' 것인가 생각한다. 신자들이 ***하나님의*** 교회, 하나님, 성령이 선교사들(사도들)보다 한층 더한 감독자라고 내면화하여 받아들이는 것은 교회의 탄생에 절대적으로 중요했다.

새 신자는 그리스도의 공동체에 들어갈 때 그것의 증거를 보지 않는 이상 실제적으로 하나님 자신을 상대하는 것으로 생각하지 않을 것이다. 그들은 마치 하나님이 바라보지 않고 귀기울이지 않으시는 것같이 행동하는 경향이 있다. *"그런즉 너희는 여호와를 두려워하는 마음으로 삼가 행하라 우리의 하나님 여호와께서는 불의함도 없으시고 치우침도 없으시고 뇌물을 받는 일도 없으시니라"*(대하 19:7).

이와 같이 하나님은 그리스도 안에서 가족이, '밀' 이 성숙하기 이전에 '가라지' 에 압도되지 않아야 한다는 것을 확실히 하기 위해 강렬한 행동을 취하실 수 있다(마 13:24-30). 고린도전서 11장 29-32절에서 바울은 우리에게 우두머리 목자가 어떤 특정한 사람들을 교회 보호를 위해 교회로부터 제거(가끔 병이나 죽음으로)하기를 경고한다.

그러는 동안 유대와 갈릴리와 사마리아 온 지방에 들어선 교회는 안정이 되어 터전을 튼튼히 잡았고(built up), 주님을 두려워하는 마음과 성령의 위로로(comforted) 정진해서 그 수가 점점 늘어갔다.

> 그의 위에 여호와의 영 곧 지혜와 총명의 영이요 모략과 재능의 영이요 지식과 여호와를 경외하는 영이 강림하시리니(사 11:2).

성경을 통하여 우리는 주님에 대한 건전한 '경건한 마음' 즉, 경외와 존경으로 가득 찬 경의는 주 하나님의 종으로서 성숙에 이르도록 자라가는 데 기본적이다. 그러나 우리가 사역하는 곳의 새 신자들을 판단하기 전에 우리 스스로를 반성하자! "*그는 재판관들에게 다음과 같이 명령을 내렸다. '그대들은 이 일을, 주를 두려워하는 마음으로, 성실하게, 온 마음을 다하여 수행해야 하오*' "(대하 19:9).

욥기 28:28 "*또 사람에게 말씀하셨도다 보라 주를 경외함이 지혜요 악을 떠남이 명철이니라.*"

잠언 9:10 "*여호와를 경외하는 것이 지혜의 근본이요 거룩하신 자를 아는 것이 명철이니라.*"

잠언 16:6 "*인자와 진리로 인하여 죄악이 속하게 되고 여호와를 경외함으로 말미암아 악에서 떠나게 되느니라.*"

사도행전 5:13-14 "그 나머지는 감히 그들과 상종하는 사람이 없으나 백성이 칭송하더라 믿고 주께로 나아오는 자가 더 많으니 남녀의 큰 무리더라."

분명히 이 과감한 심판은 사람들로 하여금 교회 공동체에 들어오는 데 더디게 했지만 그럼에도 불구하고 교회 전체적으로 성장이 늦추어진 것은 아니었다. 주님을 따르는 자들에 대한 존경이 커감으로 회심하는 사람들의 수가 많아졌다!

사도행전 5:4 "땅이 그대로 있을 때에는 네 땅이 아니며 판 후에도 네 마음대로 할 수가 없더냐(wasn't the money at your disposal?) **어찌하여 이 일을 네 마음에 두었느냐 사람에게 거짓말한 것이 아니요 하나님께로다."**

그들에게 그와 같은 행동을 하게 만든 것이 무엇이었을까? 여기에서 가르친 '자금의 공동계산' 을 강요하지 않았다. 어떠한 것도 그들 규정에 팔거나 주도록 요구한 것이 없다. 아나니아와 삽비라는 그들 동료들의 존경과 찬사를 바라고 있었다(요 5:44). 그들은 다른 사람들보다 덜 '영적인' 것으로 인식되기를 결코 원치 않았다. 이것이 교회에서 더 높은 위치를 따기 위한 '사닥다리 오르기' 가 언급되는 첫 번째 시간인가? 우리는 교회에서 자주 '세속적인 것' 을 근절하고자 할 때에 잘못된 표적들을 바라본다. 등급과 위치를 찾거나 하나님의 우월한 남성 혹은 여성으로서 보이기를 바라는 것은 확실히 하나님으로 하여금 역겹게 하는 어떤 것이다(계 3:16).

어떤 선교 단체들은 선교사가 무슨 집, 차, 가구 등을 좋아하는지 열중하게 되었는데 이는 정책에 따라 모든 선교사가 동등하여야 된다고 보기 때문이었다. 성경은 주님의 종들 간에 획일(uniformity)

을 가르치지 않으나 서로의 필요를 채움에 있어서 관대함을 가르친다. 주는 것은 강요 없이(교회의 규율이나 선교회의 규율에 의해 나누도록 강요당하는 것이 아닌) 마음에서 나오는 것임을 의미한다. *"각각 그 마음에 정한 대로 할 것이요 인색함으로나 억지로 하지 말지니 하나님은 즐겨 내는 자를 사랑하시느니라"*(고후 9:7).

'자금의 공동계산' 혹은 어느 누구나 똑같은 양의 돈을 갖는 것을 확실히 하는 것은 역사적으로 물질적인 재산을 누가 소유하는가에 대해 부단히 ***비교하는 것***으로 이끌었다. 우리가 폭스바겐을 가지고 있다면 그들은 어떻게 BMW를 가질 수 있겠는가? 변함없이 일부 사람들은 어떻게 해서든 그들에게 할당된 몫을 나누어 보충하는 방도들을 찾는다. 그러나 모든 사람이 똑같은 양의 자원으로 살고 사역할 수 있다고 가정하는 것은 결함이 있는 것이다. 만일 다른 세 명의 여인들에게 각자 영국 돈 100파운드가 주어져서 그들의 가족들을 먹여 살려야 한다고 하자. 각자는 생산의 다른 수용능력을 가진다. 이는 그들의 지능과는 전혀 상관이 없고 얼마나 많이 주 예수를 그들이 사랑하는지와도 관계없는 일이다!

우리의 ***필요와*** 수용능력은 똑같지 않다. 그렇게 많은 다른 동물과 식물을 지으신 창조주는 그분의 자녀들이 아주 동일하기를 의도하신 것이 아니다.

사도행전 5:17-18 "대제사장과 그와 함께 있는 사람 즉 사두개인의 당파가 다 마음에 시기가 가득하여 일어나서 사도들을 잡아다가 옥에 가두었더니."

누가는 그의 돌파구의 주제를 계속 다루고 그 다음에는 사역에 있어서 '파탄'을 다룬다. 기도에 응답받은 만큼 그것에 대해 더 기도해야 한다. 성령의 사역이 있고, 사탄의 반격이 따른다.(사도행전의 요약은 다음과 같다. '당신의 사역에서 열매의 돌파구를 가져오시는 하나님을 신뢰하라. ***그리고*** 열매가 많이 열리는 것으로부터 당신의 사역을 멈추려고 부추기는 모든 트러블을 당신에게 가져오는 것이 사탄임을 명심하라!')

주목할 것은, 하나님의 사역자들이 체포되고 감옥에 있는 것을 그렇게 특별하게 큰 정도로 보지 않은 것이다. 누가는 그것이 마치 삶의 일상의 과정의 부분인 것처럼 기록한다. 그것은 오늘날의 사도들의 메시지가 아닌가? *"너희 안에 계신 이가 세상에 있는 자보다 크심이라"*(요일 4:4).

사도행전 5:19-20 "주의 사자가 밤에 옥문을 열고 끌어내어 이르되 가서 성전에 서서 이 생명의 말씀을 다 백성에게 말하라 하매."

감옥에서 나온 후에 당신이 체포되었던 그곳으로 되돌아가서 다시 당신의 의향을 가지고 선포하는 일을 시작하겠는가? 왜 못하는가? 이것은 신약성경 마음자세와 우리의 것 사이에 간격을 지적하는 것인가? 왜 오늘날 주님의 종들은, 그들이 더 이상 개종시키지 못하도록 추방되거나 명령된 것 때문에 단순히 선포하는 것을 계속하지 않을 것이라고 생각하게 되는가?

하나님의 천사가 탈옥을 계획하는 것에 대해 우리는 어떤 결론을 내려야 할까? 우리는 그와 같은 적임의 천사들이 함께하는 하나님의 종들인데, 우리의 대사관 직원들만 의존해야 할까? 만일 천사들이 그와 같은 일들을 그들을 위해 할 수 있다면 우리는 ***우리의*** 세대에 좀 더 천사들의 도움을 바라야 하지 않겠는가?

왜 우리는 감옥에 대해 그렇게 두려워하는가? 그것은 알려지지 않은 것인가? 한때 감옥에 있었던 내가 아는 대부분의 무슬림 배경 신자들과 선교사들은 거기에 다시 이르는 것을 더 이상 크게 걱정하지 않는다. 주님(그리고 그분의 천사들)이 거기에 또한 계신다. ***보통 있던*** 신약성경의 경험이 투옥이 아니었던가? 우리 주님은 그것이 있을 것이라고 말씀하지 않았는가? (마 10:17-21을 보라.)

"그가 말하되 주여 내가 주와 함께 ***옥에도****, 죽는 데에도 가기를 각오하였나이다"*(눅 22:33).

"사울이 교회를 잔멸할새 각 집에 들어가 남녀를 끌어다가 옥에 넘기니라"(행 8:3).

"예루살렘에서 이런 일을 행하여 대제사장들에게서 권한을 받아 가지고 많은 성도를 ***옥에*** *가두며 또 죽일 때에 내가 찬성 투표를 하였고"*(행 26:10).

"오직 성령이 각 성에서 내게 증언하여 결박과 환난이 나를 기다린다 하시나"(행 20:23).

사도행전 5:27-32 "그들이 사도들을 데려다가 의회 앞에 세우니, 대제사장이 심문하였다. '우리가 그대들에게 그 이름으로 가르치지 말라고 엄중히 명령하였거늘, 그대들은 그대들의 가르침을 온 예루살렘에 퍼뜨렸으니…….'"

그러나 이 첫 기간 동안의 선교사들의 엄청난 대담성에 당신은 놀라지 않는가? *"우리는 사람들보다는 하나님께 복종해야 한다!"* 그리고 그들은 이전 종교의 최고 종교 지도자들에게 ***설파하기*** 시작한다. *"당신은 죄 때문에 하나님이 예비하신 분, 즉 하나님의 왕자*

인 구세주를 죽게 했다!" 오늘날 우리의 반열에서 '성령의 채워짐'에 관한 ***이러한*** 종류의 명시가 어디에 있는가?

우리는 밤에 비밀리에 조용히 우리에게 찾아오는 니고데모에게 사역하는 것에 주의를 기울이지 않고 우리에게 상처를 줄 수 있는 힘을 지닌 정상의 지도자들을 기피하는 것은 아닌가? 주님은 그와 같은 남녀를 일으키고 그들에게 우리 교회 개척팀을 두어서 1세기에 당신께서 일으키신 그 팀들과 같이 우리도 그렇게 될 수 있도록 하신 것이다.

사도행전 5:33-40 "그들은 듣고 크게 노하여 사도들을 없이하고자 할새."

그러나 어떤 존경받는 바리새인은 일어서서 말하였다. "이 사람들에게서 손을 떼고 그들을 그대로 내버려 두시오." 그리고 그들은 그의 말을 옳게 여겼다. 때때로 주님은 초자연적으로 천사들을 동원하여 구원해 주신다. 그러나 더 자주 단순히 적절한 남자나 여자를 앞으로 보내신다. 우리의 임무들이 성취되고 하나님이 우리를 고향으로 부르실 때까지 우리는 죽지 않는다. 하나님이 그들의 삶을 통하여 하시고자 하는 것을 이루실 때까지는 그들이 죽임을 당할 리가 없다. 당신 또한 그 진리를 의지할 수 있다.

사도행전 5:40-42

기쁜 소식: ***'통치자들은 가말리엘의 충고를 받아들여서 그들을 놓아주었다.'***

기쁜 소식: ***"그들이……여러 사도들을 불러들여 채찍질하며 예수의 이름으로 말하는 것을 금하고……."***

기쁜 소식: ***“그들이 날마다……(쉬지 않고) 가르치기와 전도하기를 그치지 아니하니라.”***

누가는 계속하여 대조하며 하나님의 능력에 따라 오는 열매는 대담해야 하며 메시지가 확실해야 한다는 것, 그리고 고난을 겪지만 하나님의 능력으로 인해 즐거워해야 한다는 것을 지적한다. 당신은 베드로와 바울과 같은 의견인가?

빌 1:29 *“그리스도를 위하여 너희에게 은혜를 주신 것은 다만 그를 믿을 뿐 아니라 또한 그를 위하여 고난도 받게 하심이라.”*

벧전 2:21 *“이를 위하여 너희가 부르심을 받았으니 그리스도도 너희를 위하여 고난을 받으사 너희에게 본을 끼쳐 그 자취를 따라오게 하려 하셨느니라.”*

빌 3:10 *“내가 바라는 것은 그리스도를 알고 그분의 부활의 능력을 깨닫고* ***그분의 고난에 동참하여*** *그분의 죽으심을 본받는 것이니.”*

벧전 1:6 *“너희가 이제 여러 가지 시련을 시험으로 말미암아 잠깐 근심하게 되지 않을 수 없으나 오히려 크게 기뻐하는도다.”*

사도행전 5:41 “사도들은 예수의 이름 때문에 모욕을 당할 수 있는 자격을 얻게 된 것을 기뻐하면서…….”

이것은 성숙한 자가 받을 수 있는 것이다. 3분간 이 말씀을 묵상하라. 그러고는 언급되었거나 암시된 사실들 다섯 가지를 적어보라. 이 사실들을 숙고함으로 당신의 마음에 하나님이 가져오시는 **열망**이 무엇인지 지금 적어보라. 동역자와 그것을 나누고 그(그녀)에게 하나님과의 교제에서 그들이 더 실재가 되도록 하기 위해서 기도해 달라고 요청해 보라.

당신이 있는 처소에서 금주에 어떻게 느끼는지에 대해 이 사실들이 당신의 태도에 어떻게 영향을 미칠 수 있을까?

6장

사도행전 6:1 "그때에 제자가 더 많아졌는데……."

이 구절이 당신의 사역을 나타내는가? 왜 많은 사람들이 하나님은 숫자에 관심이 없으시다고 주장할까? 확실히 성령에 의해 영감을 받은 누가는 틀림이 없는 성경 ***편집자***이다.

사도행전 2:41 - *"그 말을 받은 사람들은 세례를 받으매 이날에 신도의 수가* ***삼천이나*** *더하더라."*

사도행전 2:47 - *"하나님을 찬미하며 또 온 백성에게 칭송을 받으니 주께서 구원받는 사람을* ***날마다 더하게 하시니라."***

사도행전 4:4 - *"말씀을 들은 사람 중에 믿는 자가 많으니* ***남자의 수가 약 오천이나 되었더라."***

사도행전 5:14 - *"믿고 주께로 나오는 자가* ***더 많으니 남녀의 큰 무리더라."***

사도행전 6:7 - *"하나님의 말씀이 점점 왕성하여 예루살렘에 있는* ***제자의 수가 더 심히 많아지고 허다한 제사장의 무리도*** *이 도에 복종하니라."*

사도행전 11:21 - *"주의 손이 그들과 함께하시매* ***수많은 사람들이 믿고 주께 돌아오더라."***

사도행전 11:24 - *"바나바는 착한 사람이요 성령과 믿음이 충만한 사람이라 이에* ***큰 무리가 주께 더하여지더라."***

사도행전 11:26 - *"만나매 안디옥에 데리고 와서 둘이 교회에 일*

년간 모여 있어 ***큰 무리를 가르쳤고*** *제자들이 안디옥에서 비로소 그리스도인이라 일컬음을 받게 되었더라."*

사도행전 14:1 - *"이에 이고니온에서 두 사도가 함께 유대인의 회당에 들어가 말하니 유대와 헬라의* ***허다한 무리가 믿더라."***

사도행전 14:21 - *"복음을 그 성에서 전하여* ***많은 사람을 제자로 삼고*** *루스드라와 이고니온과 안디옥으로 돌아가서."*

사도행전 16:5 - *"이에 여러 교회가 믿음이 더 굳건해지고* ***수가 날마다 늘어가니라."***

사도행전 17:4 - *"그 중의 어떤 사람 곧* ***경건한 헬라인의 큰 무리와 적지 않은 귀부인도*** *권함을 받고 바울과 실라를 따르나."*

사도행전 17:12 - *"그 중에 믿는 사람이* ***많고*** *또 헬라의 귀부인과 남자가* ***적지 아니하나."***

사도행전 17:34 - *"몇 사람이 그를 가까이하여 믿으니 그 중에는 아레오바고 관리 디오누시오와 다마리라 하는 여자와* ***또 다른 사람들도*** *있었더라."*

사도행전 19:19 - *"또 마술을 행하던 많은 사람이 그 책을 모아 가지고 와서 모든 사람 앞에서 불사르니 그 책 값을* ***계산한즉*** *은 오만이나 되더라."*

사도행전 28:23 - *"그들이 날짜를 정하고 그가 유숙하는* ***집에 많이 오니*** *……."*

사도행전 6:1 ……**원망하니.**

왜 천국이 '*아무도 셀 수 없는 수많은 군중*' 으로 묘사되는가?

그들 가운데는 가난한 사람이 하나도 없었다(행 4:34). 그리고 *날마다 한마음으로 성전에 열심히(continued) 모이고, 집마다 빵을*

떼면서, 순수한 마음으로 기쁘게 음식을 먹었다! (행 2:46)

성장은 문제들을 가져온다. 이것은 하나님이 대답을 갖고 계신다. 그분의 해결책은 초자연적인 간섭보다는 종종 경건한 지혜와 지도로 올바른 역할에 적합한 경험과 은사 부여(그리고 하나님과의 동행)를 갖춘 올바른 지도자를 통한다.

그래서, 여기에 우리는 경영 패러다임, 즉 변화하는 환경들의 필요에 응하는 전환(shift)을 본다.

성경은 하나님의 교회의 조직과 행정에 대해 무엇을 가르치는가? 5천 명 교인들에 더하여(거기에다 여인과 아이들을 보태어?) 그들이 책임을 분담하는 것이 분명히 필요하였다. 이 책임은 사람들의 공동체 가운데에서 1주일에 7일을 서로 돌보는 것이 목표였는데 그 첫 단계는 사역의 영역을 나누는 것이었다.

사도행전 6:2 "……우리가 하나님의 말씀을 제쳐 놓고 접대를 일삼는 것이 마땅하지 아니하니."

다른 지역에서 거대한 능력을 부여하고 계시는 하나님은 어떻게 그리스도의 몸이 다른 사역의 은사들과 부름에 따라 역할을 다할 수 있는가에 대해 지금 그분의 초자연적인 지혜를 주신다. 그분의 대답은 ***장로들***과 ***집사들***이다. 열둘(유다를 대신한 맛디아)은 그들이 이 어린 신자들 무리를 가르치는 데 부름받은 선한 청지기들이 되어야 했음이 확실하다. 이것은 자격(status)에 대한 질문이 아니라 역할(function)에 대한 질문이었다. 이와 같이 하나님은 의식이나 성직자의 의상이 없이 교회로 하여금 결국에는 장로들과 집사들, 여집사들이 되게 하는 것을 갖추도록 인도하신다.

목자들, 장로들, 감독들, 주교들(presbuteros) *"각 교회에서 제자*

들을 위하여 장로들을 택하여"(행 14:23).

바울은 '신앙수련회'를 갖기 위해 에베소 교회의 장로들을 모으려고 불렀다(행 20:17).

"……*각 성에 장로들을 세우게 하려 함이니*"(딛 1:5).

"……*그는 교회의 장로들을 청할 것이요*……"(약 5:14).

교회에서의 똑같은 기능과 역할이 주교들, 혹은 감독들(*episkopan*)로 언급된다(딤전 3:1-2).

바울은 빌립보서를 "*주교들(감독들)과 집사들을 포함한 빌립보에 있는 성도들*"에게 전한다.

장로들, 주교들, 목자들, 감독들은 수적인 성장(새로운 제자들을 삼는 것)과 성도가 성숙해지는 것 둘 다에 초점을 둔다.

"*우리가 그를 전파하여 각 사람을 권하고 모든 지혜로 각 사람을 가르침은 각 사람을 그리스도 안에서 완전한 자로 세우려 함이니 이를 위하여 나도……수고하노라*"(골 1:28-29).

집사[*διάκονος* - 우리가 사용하는 '사역자'(minister)라는 말이 나온]는 우리가 명령받고 "*서로 사랑 안에서 섬기라*"(마 8:15; 25:44; 막 10:45; 히 6:10; 벧전 4:10-11을 주목하라)고 부르심을 받은 이후로 모든 기독교인이 여러 시대에 여러 방도로 취하여야 하는 하나의 역할이다.

그러나 그것은 또한 하나의 '직함' 혹은 정식으로 인정된 책임으로 장로들에 의한 임명이 요구된다.

"*내가 너를 그레데에 남겨 둔 이유는 남은 일을 정리하고 내가*

명한 대로 각 성에 장로들을 세우게 하려 함이니"(딛 1:5).

그러고선 장로들이 집사들을 임명할 것이다.

> 이와 같이 집사들도 신중하며, 한 입으로 두 말을 하지 않으며, 술에 탐닉하지 아니하며, 부정한 이득을 탐내지 아니하며……이런 사람들을 먼저 시험하여 보고 책망 받을 일이 없으면, 집사의 일을 하게 하십시오…… 집사들은 한 아내의 남편이며, 자녀와 자기 가정을 잘 다스리는 사람이라야 합니다(딤전 3:8-12, 표준새번역).

사도행전 6:3-5 "……너희 가운데서 성령과 지혜가 충만하여 칭찬 받는 사람 일곱을 택하라 우리가 이 일을 그들에게 맡기고……온 무리가 이 말을 기뻐하여……."

사도들이 강력한 은사만 나타내는 것이 아니라 더 중요하게 신자들의 공동체를 위한 것이 있는데 그것은 **지혜**이다.

1. 그들은 다른 사람들에게 일부 리더십을 위임해야 한다는 것을 깨달았다.

2. 그들은 리더가 될 사람들에 의해 채워져야 할 분명한 기준 혹은 규범을 정한다.

3. 그들은 회중에게 이 자질을 인지하여 사람들을 선택하도록 요청하였다.

4. 전체가 그 목표를 승인한(소유한) 것으로의 교제이다(5절).

5. 사도들은 이 새로운 집사들이 사도들(선교사들)이 그들 스스로를 지역 장로들에게 대체할 때까지 사도들(교회 개척 선교사들)

의 권위 아래에서 섬길 것을 확실히 하였다.

6. 이 새로운 '공인의 섬김이들' (officer-servants), 즉 *사도들이 집사들에게 안수하였다*(6절).

새로운 집사들에게 요구된 특성 혹은 자질을 더 가까이에서 살펴보면 다음과 같다.

1. *'좋은 평판'* –그들은 정직하고 같이 일하기 어렵지 않은, 스스로 분명한 태도를 지닌 사람들로 여겨지며 '약속을 지키는 자' 로 알려져야 했다.

2. *'성령으로 충만'* –그들은 비기독교인들과 분명히 다르다. 그들은 '인간의 칭찬' 인 자기를 부풀리는 지위에 관심을 두고 스스로를 위해 필요하여 일하는 것이 아니라 오직 하나님과 '걷고 말함' 으로 전적으로 그분께 의존한다.

3. *'믿음으로 충만'* –스데반은 믿음으로 충만해 있었다. 그들은 왜 어떤 것이 행해질 수 없었는지 논쟁하느라 시간을 보내지 않고 하나님이 그들에게 할 필요가 있는 임무들을 잘 해낼 수 있도록 해주신다고 믿었다.

4. *'지혜'* –이들은 문제들을 해결한 실제적인 사람들이었다. 그들은 정확하게 자료를 수집하고, 실현 가능한 계획을 만들고, 평가하고, 어지간히 잘 되지 않은 것을 개선할 수 있었을 것이다.

사도행전 6:6 "사도들이 기도하고 그들에게 안수하니라."

능력, 권위, 그리고 책임을 특별한 방도로 주님의 봉사를 위해 선택된 사람에게 전하는 상징(아마 상징 이상으로?)으로서의 **안수**는 모세로부터 하나님의 사람들의 지도력을 취하면서 여호수아까지 거슬러 올라간다.

그리고 레위인들은 제사장들로 임명되고, 선교사들이 지역 교회로부터 내보내지고(행 13:3), 병든 자들을 치료하고, 어린이들을 축복하며, 성령으로 충만한 사람들이 되어, 성령이 부여하는 사역의 은사들을 받는다(딤전 4:14).

성찬, 즉 주의 만찬에 있는 그대로 이 실천에는 하나님의 사역이 있다. 심지어는 우리 가운데 최소한의 전례적인 것은, 하나님의 실재가 여하튼 특별히 '거기에' 그리고 '영과 진리' 로 참 예배자들이 취할 때 성찬 동안에 만연한다는 것을 지각한다. 성찬과 안수의 때 둘 다 신자들의 공동체가 특히 하나님께 *"내 원대로 마시옵고 아버지의 원대로 되기를 원하나이다"*(눅 22:42)라고 의식하고 복종하는 것이다.

안수하는 구약성경의 배경을 보면 주님께 사람이나 제물을 바칠 때 행해졌음을 알 수 있다.

레위기 1:4 - *"그는 번제물의 머리에 안수할지니 그를 위하여 기쁘게 받으심이 되어 그를 위하여 속죄가 될 것이라."*

레위기 3:2 - *"그 예물의 머리에 안수하고……."*

레위기 4:15 - *"회중의 장로들이 여호와 앞에서 그 수송아지 머리에 안수하고……."*

레위기 16:21 - *"아론은 그의 두 손으로 살아 있는 염소의 머리에 안수하여 이스라엘 자손의 모든 불의와 그 범한 모든 죄를 아뢰고 그 죄를 염소의 머리에 두어……."*

민수기 8:10 - *"레위인을 여호와 앞에 나오게 하고 이스라엘 자*

손이 그들에게 안수하게 한 후에."

민수기 27:18 - *"여호와께서 모세에게 이르시되 눈의 아들 여호수아는 그 안에 영이 머무는 자니 너는 데려다가 그에게 안수하고."*

신명기 34:9 - ***"모세가 눈의 아들 여호수아에게 안수하였으므로** 그에게 지혜의 영이 충만하니 이스라엘 자손이 여호와께서 모세에게 명하신 대로 여호수아의 말을 순종하였더라."*

마가복음 16:18 - *"……병든 사람에게 손을 얹은즉 나으리라 하시더라."*

마가복음 6:5 - *"……거기서는 아무 권능도 행하실 수 없어 다만 소수의 병자에게 안수하여 고치실 뿐이었고……."*

마가복음 7:32 - *"사람들이 귀 먹고 말 더듬는 자를 데리고 예수께 나아와 안수하여 주시기를 간구하거늘."*

누가복음 4:40 - *"해 질 무렵에 사람들이 온갖 병자들을 데리고 나아오매 예수께서 일일이 그 위에 손을 얹으사 고치시니."*

누가복음 13:13 - *"안수하시니 여자가 곧 펴고 하나님께 영광을 돌리는지라."*

사도행전 28:8 - *"보블리오의 부친이 열병과 이질에 걸려 누워 있거늘 바울이 들어가서 기도하고 그에게 안수하여 낫게 하매."*

마가복음 10:16 - *"어린아이들을 안고 그들 위에 안수하시고 축복하시니라."*

마태복음 19:13 - *"그때에 사람들이 예수께서 안수하고 기도해 주심을 바라고 어린아이들을 데리고 오매……."*

디모데전서 4:14 - *"네 속에 있는 은사 곧 장로의 회에서 **안수받을 때에** 예언을 통하여 받은 것을 가볍게 여기지 말며."*

디모데후서 1:6 - *"그러므로 내가 나의 안수함으로 네 속에 있는 하나님의 은사를 다시 불 일듯 하게 하기 위하여 너로 생각하게 하노니."*

디모데전서 5:22 - *"아무에게나 경솔히 안수하지 말고……."*

당신은 무엇을 생각하는가? 확실히 아무것도 의미하지 않는 것이 아니다. 어떻게 당신은 신약성경의 기독교의 이러한 면모를 실천하려고 하는가?

사도행전 6:4, 6 "우리는 오로지 기도하는 일과 말씀 사역에 힘쓰리라 하니……기도하고……."

사도들의 기도생활이 무엇같이 보였는가? 우리를 위해 한 패턴이 되도록 보이는가? 얼마나 많이 공동으로, 그리고 얼마나 많이 각 사람이 홀로 하나님과 함께하였는가? 바울이 다음과 같이 말할 때 의미하는 바는 무엇인가?

고린도전서 4:16 - *"그러므로 내가 너희에게 권하노니 너희는 나를* ***본받는*** *자 되라."*

히브리서 6:12 - *"게으르지 아니하고 믿음과 오래 참음으로 말미암아 약속들을 기업으로 받는 자들을* ***본받는*** *자 되게 하려는 것이니라."*

히브리서 13:7 - *"하나님의 말씀을 너희에게 이르고 너희를 인도하던 자들을 생각하며 저희 행실의 결말을 주의하여 보고 그들의 믿음을* ***본받으라****."*

요한삼서 1:11 - *"사랑하는 자여 악한 것을 본받지 말고 선한 것을* ***본받으라****."*

이 성경 구절들은 그들의 기도가 어떻게 본받아져야 하는지에 대해 보여준다.

로마서 1:9 - *"항상 내 기도에 쉬지 않고 너희를 말하며."*

로마서 10:1 - *"형제들아 내 마음에 원하는 바와 하나님께 구하는 바는 이스라엘을 위함이니 곧 그들로 구원을 받게 함이라."*

로마서 12:12 - *"소망 중에 즐거워하며 환난 중에 참으며 기도에 항상 힘쓰며."*

로마서 15:30-31 - *"……너희 기도에 나와 힘을 같이하여 나를 위하여 하나님께 빌어 나로 유대에 순종하지 아니하는 자들로부터 건짐을 받게 하고 또 예루살렘에 대하여 내가 섬기는 일을 성도들이 받을 만하게 하고."*

고린도전서 7:5 - *"서로 분방하지 말라 다만 기도할 틈을 얻기 위하여 합의상 얼마 동안은 하되……."*

고린도후서 13:9 - *"우리가 약할 때에 너희의 강한 것을 기뻐하고 또 이것을 위하여 구하니 곧 너희가 온전하게 되는 것이라."*

에베소서 3:16-19 - *"그의 영광의 풍성함을 따라 그의 성령으로 말미암아 너희 속사람을 능력으로 강건하게 하시오며 믿음으로 말미암아 그리스도께서 너희 마음에 계시게 하시옵고 너희가 사랑 가운데서 뿌리가 박히고 터가 굳어져서 능히 모든 성도와 함께 지식에 넘치는 그리스도의 사랑을 알고 그 너비와 길이와 높이와 깊이가 어떠함을 깨달아 하나님의 모든 충만하신 것으로 너희에게 충만하게 하시기를 구하노라."*

빌립보서 4:6 - *"아무것도 염려하지 말고 다만 모든 일에 기도와 간구로, 너희 구할 것을 감사함으로 하나님께 아뢰라."*

골로새서 4:2-3 - *"기도를 계속하고 기도에 감사함으로 깨어 있*

으라 또한 우리를 위하여 기도하되 하나님이 전도할 문을 우리에게 열어 주사 그리스도의 비밀을 말하게 하시기를 구하라 내가 이 일 때문에 매임을 당하였노라."

골로새서 4:12 - *"그리스도 예수의 종인 너희에게서 온 에바브라가 너희에게 문안하느니라 그가 항상 너희를 위하여 애써 기도하여 너희로 하나님의 모든 뜻 가운데서 완전하고 확신 있게 서기를 구하나니."*

데살로니가전서 3:10 - *"주야로 심히 간구함은 너희 얼굴을 보고 너희 믿음의 부족한 것을 보충하게 하려 함이라."*

데살로니가전서 5:17 - *"쉬지 말고 기도하라."*

데살로니가후서 1:11 - *"이러므로 우리도 항상 너희를 위하여 기도함은 우리 하나님이 너희를 그 부르심에 합당한 자로 여기시고 모든 선을 기뻐함과 믿음의 역사를 능력으로 이루게 하시고."*

데살로니가후서 3:1-2 - *"끝으로 형제들아 너희는 우리를 위하여 기도하기를 주의 말씀이 너희 가운데서와 같이 퍼져 나가 영광스럽게 되고 또한 우리를 부당하고 악한 사람들에게서 건지옵소서 하라……."*

디모데전서 2:8 - *"그러므로 각처에서 남자들이 분노와 다툼이 없이 거룩한 손을 들어 기도하기를 원하노라."*

디모데전서 5:5 - *"참 과부로서 외로운 자는 하나님께 소망을 두어 주야로 항상 간구와 기도를 하거니와."*

그 외에도 에베소서 6장 18절과 디모데전서 2장 1절, 디모데후서 1장 3절, 골로새서 1장 9절을 보라.

사도행전 6:7 "하나님의 말씀이 점점 왕성하여……."

누가의 다양한 어휘를 음미하라. 그는 구속의 사건에 관한 모든 묘사에서 '구원받은' 혹은 '거듭난' 이라는 용어를 사용하지 않는다. '기독교인이 되는' 사람들이 사도행전에서 ***어떻게*** 묘사되는가? 누가가 신생의 속죄의 경험을 다른 방도로 묘사하고 있는 가장자리에 주의를 기울이라.

이 다양성은 우리가 보낸 사람들에게 복음이 의미를 갖도록 하기 위한 우리의 노력에 대해 우리에게 무엇을 가르쳐 주는가?

1. 하나님이 요구하시는 다양한 면의 묘사의 폭이다.

2. 우리는 계속적으로 독자, 즉 청취자에게 이해되도록 하는 면에서 하나님의 방도를 묘사하기 위한 길을 찾아야 한다.

3. 만약 '기독교인' 이라는 단어가 '그리스도 예수 안에 있는 새로운 피조물' 보다도 다른 어떤 의미를 전달하는 것이라면 우리 자신이나 타인에게 그렇게 부르도록 의무를 지우지 않는다.

7절 **"……허다한 제사장의 무리도 이 도(the faith)에 복종하니라."**

이 유대인 제사장들이 '기독교인들' 이 되는 것도 아니고 더 이상 유대교의 제사장들도 아니다!

왜 제사장들이 감응하기 쉬운가? 아마도 이 특별한 자들은 그들의 지위와 경의가 기독교에 의해 위협당한 통치자들, 산헤드린, 혹은 종교 해석자들이 아니었을 것이다. 그 부류의 종교 지도자들은 '수석(top)을 취하면서' 여러 해를 보내고 그들의 권력이나 통제를 약하게 만드는 새로운 아이디어를 피하며 그들의 사람들을 너그럽게 보아주지 않으려고 한다. *"화 있을진저 너희 바리새인이여 너희*

가 회당의 높은 자리와 시장에서 문안 받는 것을 기뻐하는도다"(눅 11:43). "*바리새인들은 돈을 좋아하는 자라 이 모든 것을 듣고 비웃거늘*"(눅 16:14).

> 이에 대제사장들과 바리새인들이 공회를 모으고 이르되 이 사람이 많은 표적을 행하니 우리가 어떻게 하겠느냐 만일 그를 이대로 두면 모든 사람이 그를 믿을 것이요 그리고 로마인들이 와서 우리 땅과 민족을 빼앗아 가리라 하니(요 11:47-48).

그러나 보통 '교구 사제들'은, 사람들이 하나님을 의식하고 하나님께 복종하도록 하는 방향으로 사람들의 필요에 부응하며, 부주의한 세속의 시민들을 훈육하기 위해 열심히 사역하였다. 물론 그들은 나사렛 예수가 그들의 타운을 방문하여 만든 차이를 인식하지 않을 수 없었다. 그들은 성경을 가르치는 목수 랍비에게 진지하게 귀기울임으로 나날을 보내곤 했던 사람들로서 실제상의 '소생'을 증언하였다(마 4:23-25).

더 정직한 제사장들 중의 많은 수가, 주님이 바리새인들과 서기관들의 외식과 맞선 것과 같이, 비밀리에 주님을 성원하고 그분을 믿어왔을 것임에 틀림없다. 예수께서 그들이 할 수 없었던 것, 즉 거짓 교사들을 엉터리로 폭로하는 것에 용기를 안겨준 것에 대해 그들은 감사하는 마음을 가져야 했다. "*이 사람들은 그들의 입술로 나를 영화롭게 하나 그들의 마음은 나로부터 멀다. 그들은 헛되이 나를 예배하며 사람들의 계명을 교리같이 가르친다*"라고 하셨다(사 29:13).

그러나 관리 중에도 그를 믿는 자가 많되 바리새인들 때문에 드러나게 말하지 못하니 이는 출교를 당할까 두려워함이라 (요 12:42).

그러나 이스라엘 전체에 걸쳐서 제사장들의 주의를 끈 것은 조급하고 격하기 쉬운 나병환자들뿐이었는데 이들은 '청결 증명서'를 밤낮 모든 시간에 제시하여야 했다.

한 나병환자가 나아와 절하며 이르되 주여 원하시면 저를 깨끗하게 하실 수 있나이다 하거늘 예수께서 손을 내밀어 그에게 대시며 이르시되 "내가 원하노니 깨끗함을 받으라" 하시니 즉시 그의 나병이 깨끗하여진지라 예수께서 이르시되 "삼가 아무에게도 이르지 말고 다만 가서 제사장에게 네 몸을 보이고 모세가 명한 예물을 드려 그들에게 입증하라"(레 13-14) 하시니라(마 8:2-4).

이론상으로 제사장들은 '신학교' 에서 나병에 관한 모세의 법을 배워야만 했지만 그들은 ***결코*** 배우지 않은 것처럼 보이고 이전에 그들의 타운을 방문하신 주님께, 실제적으로 깨끗함을 받은 나병환자가 그들 문에 다가오자 깨끗해졌다는 것과 사회에 다시 들어올 자격이 있음을 선언하는 증명서를 요구하였지 않은가! 그러고는 갑자기 거기에 열둘이 선 것이다. 제사장들이 증명서를 찾기 위해 애쓰며 여기저기 허둥지둥 급한 걸음으로 달리는 것을 상상해 보라! 그는 결코 이전에 이런 것을 처리해 보지 않았다.

'교단 역원들' 의 수석은 교육을 받지 못한 촌사람 랍비 예수에게 편견이 없지 않았다. 그러나 주님을 기쁘시게 하기 원했던 평범한 제사장들, 그리고 메시아의 오심을 사모했던 제사장들은(눅 2:25 시몬을 보라) 그분이 도착했을 때 '진짜의 것'을 알았다.

이와 같이 오순절 후에 *"상당한 수의 제사장들이 믿음의 도에 순종하게 되었다."*

그런 일이 일어날 수 있었을까?

요한복음 8장(그 남자는 어디에 있는가? 그는 사라진 제사장인가?)에 기록된 대로 간음의 현장에서 잡힌 여인의 기사를 기억하라. 사도행전 2장 46절에서 새 신자 공동체의 묘사를 거슬러가 회상해 보자. "그들은 *여러 집들에서 떡을 떼고 있었다.*" 나는 늙고 전통적이고 까다로운 제사장을 묘사하고자 하는데 그는 주 예수를 사랑하며 가정 모임의 아치문을 통과하여 걸어서 그분을 예배하러 왔다. 그때 갑자기 그는 사랑스럽고 매력적으로 옷을 차려입은 세상적으로 보이는 젊은 여인과 부딪힌다. 그들 둘 다 아람어로 "실례합니다"라고 중얼거리고는 서로의 얼굴을 들여다본다.

그녀는 깜짝 놀라며 무심결에 소리지른다. "당신!" 그녀는 이 사람이 그녀를 젊은 제사장의 침실에서 끌어내어 예수가 있는 가운데 그녀가 돌에 맞아 죽어야 한다고 요구했던 사람이라는 것을 깨닫고 뒷걸음질한다.

더 깊은 부끄러움이 얼굴에 드리워지지만 곧 그 제사장은 미소를 머금으며 문을 잡고 부드럽게 말한다. "나의 자매여, 당신 먼저 가세요." 그녀의 얼굴에는 두려움이 사라지고 완전히 받아들여진 기쁨으로 밝게 변한다. 그녀는 정중하게 몸을 굽혀 "감사합니다, 나의 형제님"이라 하고 돌아선다. 그들은 같은 하나님 아버지를 예배하기 위해 제자들의 모임으로 걸어들어간다.

사도행전 6:7 "제자의 수가 더 심히 많아지고……."

이들 새로운 '도의 추종자들' 은 단순히 '앞으로 나아간' 혹은 '죄인의 기도' 를 중얼거린 사람들이 아니었다. 이들은 제정신으로 하나님의 나라와 통했던 남자들과 여자들이었다. 그들은 '민족주의,' *'모든 것보다 위에 있는 이스라엘' (Israel uber alles)*의 복음을 거절하였다. 그들은 새로운 왕을 가졌다(행 17:7).

그들의 궁극적인 충절은 그들의 씨족이나 확대된 가족으로부터 그들에게 살아서 지도하며 그들의 마음과 목숨과 뜻을 다하여 사랑하기를 원했던 주님이신 예수께 이동하였다(마 22:37).

그들은 새로운 삶이 무엇인지 이 모든 것을 이해하고자 갈망하였다. 제자들(배우는 자들)로서 그들의 목표는 그들의 믿음과 가치를 하나님의 ***말씀***에 묘사된 대로 하나님의 **뜻**에 맞추도록 하는 것이었다. 이는 왜 사도들이 그들의 시간을 교리와 경건한 삶의 방식을 가르치는 데 전념하는 것이 필요하였는지의 이유를 설명해 준다(행 6:4).

그들의 데살로니가인 형제들과 자매들은 똑같은 실재를 회상하였다.

> 또 너희는 많은 환난 가운데서 성령의 기쁨으로 말씀을 받아 우리와 주를 본받은 자가 되었으니 그러므로 너희가 마게도냐와 아가야에 있는 모든 믿는 자의 본이 되었느니라 주의 말씀이 너희에게로부터 마게도냐와 아가야에만 들릴 뿐 아니라 하나님을 향하는 너희 믿음의 소문이 각처에 퍼졌으므로 우리

는 아무 말도 할 것이 없노라 그들이 우리에 대하여 스스로 말하기를 우리가 어떻게 너희 가운데에 들어갔는지와 너희가 어떻게 우상을 버리고 하나님께로 돌아와서 살아 계시고 참되신 하나님을 섬기는지와 또 죽은 자들 가운데서 다시 살리신 그의 아들이 하늘로부터 강림하실 것을 너희가 어떻게 기다리는지를 말하니 이는 장래의 노하심에서 우리를 건지시는 예수시니라(살전 1:6-10).

어느 정도까지 이러한 종류의 성경적 실재가 당신의 설립된 팀 그룹에 증거되고 있다고 생각하는가? 만일에 많이 증거되고 있지 않다면 왜 그런가? 당신은 지위를 잡으려고 하는 것은 아닌가?

한 그룹으로서의 교회로부터 누가는 지금 살아 계신 하나님이 보통 무슬림, 힌두교도, 불교도 혹은 스데반과 같은 유대교도에게 우리가 하기를 원하시는 것의 개별적인 예에 초점을 맞춘다.

사도행전 6:8 "스데반이 은혜와 권능이 충만하여……."

열두 사도들이 모두 가르침과 선포를 하러 나갔고, 평신도 남자들과 여자들이 교회에서 요리하며 '식탁을 섬기게' 되었다고 우리가 그냥 생각해 볼 때에 '평신도' 가 '중심 무대' 에 소개된다. 이는 아마 디야르바크르, 다르에르살람, 데라둔, 혹은 다바오에서 당신이 기도하고 있는 사람일 것이다.

요한복음 1:14 - *"말씀이 육신이 되어 우리 가운데 거하시매 우리가 그의 영광을 보니 아버지의 독생자의 영광이요 은혜와 진리가 충만하더라."*

골로새서 4:6 - *"너희 말을 항상 은혜 가운데서 소금으로 맛을 냄*

과 같이 하라 그리하면 각 사람에게 마땅히 대답할 것을 알리라.”

당신이 은혜가 넘쳐흐르고 완전무결하면 당신의 관계들은 늘 뛰어날 것이라는 일반적인 가정에 대해 성경은 거부한다.

여기에서 우리는 스데반이 은혜(은혜가 넘침)–주 예수의 특성 중의 하나–가 있었음을 본다. 사실 바울 또한 효과적인 의사전달로 연결하는 자질이 있는 것을 본다(골 4:6). 바울과 스데반 그리고 주 예수, 이 세 사람들 모두(히 11:38, *“이런 사람은 세상이 감당하지 못하도다”*)는 그들이 ***“은혜와 진리로 충만했던”*** 동안에 암살되었다.

사도행전 6:9-13 “이른바……어떤 자들이 일어나 스데반과 더불어 논쟁할새……”(9절).

“스데반이 지혜와 성령으로 말함을 그들이 능히 당하지 못하여”(10절).

역사에서 하나님의 종들은 ‘지혜 작전’ 을 옹호하는 사람들과 성령의 기름부으심을 통한 ‘능력 전도’ 만이 효과적일 것이라고 확신한 사람들로 나뉘어 있었다. *“유대인들은 표적을 구하고 헬라인은 지혜를 찾으나”*(고전 1:22).

성경은 인간의(혹은 인습적인) 지혜와 우리가 성령으로부터 찾아야 하는 지혜 사이를 구분한다.

> 그리스도께서 나를 보내심은 세례를 베풀게 하려 하심이 아니요 오직 복음을 전하게 하려 하심이로되 (인간의) 말의 지혜로 하지 아니함은 그리스도의 십자가가 헛되지 않게 하려 함이라……오직 부르심을 받은 자들에게는 유대인이나 헬라인이

나(히브리 타입이거나 헬라 타입의 사상가이든 간에) 그리스도는 하나님의 능력이요 하나님의 지혜니라(고전 1:17, 24).

형제들아 내가 너희에게 나아가 하나님의 증거를 전할 때에 말과 지혜의 아름다운 것으로 아니하였나니……너희 믿음이 사람의 지혜에 있지 아니하고 다만 하나님의 능력에 있게 하려 하였노라 그러나 우리가 온전한 자들 중에서는 지혜를 말하노니 이는 이 세상의 지혜가 아니요 또 이 세상에서 없어질 통치자들의 지혜도 아니요(고전 2:1, 5-6).

그리스도의 말씀이 너희 속에 풍성히 거하여 모든 지혜로 피차 가르치며 권면하고(골 3:16).

이는 그가 모든 지혜와 총명을 우리에게 넘치게 하사(엡 1:8).

사도행전 6:10 "스데반이 지혜와 성령으로 말함을 그들이 능히 당하지 못하여."

우리는 지혜로우신 아버지를 섬긴다. 우리는 성령의 지혜와 성령의 능력 ***둘 다***를 지녀야 한다. 그러므로 우리는 거꾸로 가지 않고 경건한 지식을 사용하며 기적적인 재능들로 사역하는 것을 '강력히 추구' 함으로써 성령을 소멸하지 않는다.

그러나 성령의 지혜와 능력 양쪽 다 운용하는 것은 즉각적인 열매의 보장이 없다. 여기에 응답을 주목하라. 복음의 적대자들은 스데반이 말한 ***지혜와 성령***에 상대가 되지 않았다. 어떻게 마음 문이 닫힌 무슬림들, 힌두교도들, 불교도들이 우리가 지혜와 성령 안에서 복음을 선포할 때 응답할 수 있겠는가? 그들은 자동적으로 개종하는가? 더 자주, 그들은 모욕하면서 폭력적으로(***스데반을 끌어냄***) 비난적이고(***그들은 거짓 증거들을 내세웠다***) 불합리적이게(***예수가 그 성전을 파괴할 것이다***) 된다!

이 해설에서 우리가 배우는 것은 무엇인가? 어떤 죄목이었는가?

1. 스데반은 성전에 대항하여 말한다.

2. 스데반은 율법의 가치를 떨어뜨린다.

3. 그는 예수가 성전을 파괴시킬 것이라고 말한다(비고: 마 24:13).

4. 그는 우리로 하여금 모세가 아니라 예수를 따르기를 원한다.

각 고소가 전혀 불확실하지 ***않았으나*** 스데반과 그의 이단적인 랍비 예수를 적으로 만들려고 의도되었다. 각 사람은 스데반을 악한 판단으로 착색을 하면서 사람들의 감정들을 움직이는 데 목표를 삼았고 사람들의 정체성과 안전(모세, 율법 그리고 성전)을 이용하였다.

여러분 중에서 무슬림 세계에서 일하는 사람들은 주님의 이 반대자들의 책략을 인식할 것이다. 여러분 중 일부는 사람들을 유일하신 구세주께 인도하다가 감옥에 갇히거나 '이슬람을 비방한 것' 때문에 추방되었다(비록 여러분이 결코 이슬람에 대해 언급하지 않았을지라도 말이다). 스데반의 때 이후로 그렇게 많은 것이 바뀌지 않았다.

그와 같은 적대적인 반작용들을 당신이 '축복받은' 것으로 규정하는 당신의 주님을 믿는가? "*나로 말미암아 너희를 욕하고 박해하고 거짓으로 너희를 거슬러 모든 악한 말을 할 때에는 너희에게 복이 있나니*"(마 5:11).

스데반에 대한 더한 회고

그는 선지자의 마음을 가졌으며 진실, 기회 그리고 그의 왕에게 복종하는 것을 마음에 두었다. 그는 메시지를 어떻게 하면 더 마음에 들게 만들 수 있을까에 대해 생각하느라고 많은 시간을 보낸 것으로 보이지 않는다. 그는 메시아의 왕국 내에서 그가 내부자("*우리의 아버지들*")인 것을 더 분명하게 하였고 그의 청중은 ***바깥쪽에 있었다.*** 스데반은 모험에 비중을 둔 것으로 보이지 않는다. "*그 안에 아무 간계가 없는*" 나다나엘과 같이 보기 드문 사람이다.

나중에 그의 폭행자들 중 우두머리인 다소의 사울에 관해 말한다. "*바울이 자기의 관례대로 그들에게로 들어가서 세 안식일에 성경을 가지고 강론하며……회당에서는 유대인과 경건한 사람들과 또 장터에서는 날마다 만나는 사람들과 변론하니*"(행 17:2, 17). 사도행전 13장에서 바울의 설교를 읽는데 그것은 우리에게 이전에 스데반이 선포한 것과 매우 흡사하게 들린다.

우리는 그리스도 예수의 종으로서 스데반에게서 갈구해야 할 무슨 실재를 보는가?

1. 그는 절대적으로 두려움을 드러내지 않는다.

2. 주 예수와 같이 고향으로 가는 것을 기쁨으로 고대하였다. 초기 기독교인들의 많은 수에 관해 말했듯이 스데반은 확실히 그 자신을 이 세상에 속한 것으로 보지 않았다. 그의 사역의 삶을 연장하기 위해 보류하는 것이 없었고 그의 아이들(그가 가졌음직한)을 양육할 충분한 것도 없었다.

3. 그는 그와 같은 특권을 행함을 고려하고 심지어는 ***평범한*** 기독교인의 삶을 염두에 두면서 그리스도를 위해 고난을 받을 준비가 되었다(행 5:41).

4. 그는 담력이 있었고 용감했는데 이는 *'예수께 그의 시야를 둔 것'* 은 '헌신적인 생각' 때문이 아니라 그의 끊임없는 영적 훈련 때문이었다. 히브리서 12장 1-4절을 쓴 저자는 그가 썼을 때 그의 독자들에게 스데반의 예를 나타낸 것임에 틀림없다.

> 이러므로 우리에게 구름같이 둘러싼 허다한 증인들이 있으니 모든 무거운 것과 얽매이기 쉬운 죄를 벗어 버리고 인내로써 우리 앞에 당한 경주를 하며 믿음의 주요 또 온전하게 하시는 이인 예수를 바라보자 그는 그 앞에 있는 기쁨을 위하여 십자가를 참으사 부끄러움을 개의치 아니하시더니 하나님 보좌 우편에 앉으셨느니라 너희가 피곤하여 낙심하지 않기 위하여 죄인들의 이같이 자기에게 거역한 일을 참으신 이를 생각하라 너희가 죄와 싸우되 아직 피 흘리기까지는 대항하지 아니하고 (히 12:1-4).

사도행전 6:15 "그 얼굴이 천사의 얼굴과 같더라."

이것은 무엇을 의미하는가? *"그들의 천사들이 하늘에서 하늘에 계신 내 아버지의 얼굴을 항상 뵈옵느니라"*(마 18:10). *"믿음으로 모세는 애굽(이 세상에 대한 성경적 상징)을 떠나 왕의 노함을 무서워하지 아니하고 곧 보이지 아니하는 자를 보는 것같이 하여 참았으며"*(히 11:27).

그분의 제자들에 대해 요한복음 17장 24절에 말씀하신 주님의 요청을 상기하라. *"아버지여 내게 주신 자도 나 있는 곳에 나와 함께 있어 아버지께서 창세 전부터 나를 사랑하시므로 내게 주신 나의 영광을 그들로 보게 하시기를 원하옵나이다."*

스데반은 결심의 순간에 있다. 그가 너무 멀리 빨리 가지 않도록 주의하지 않았을까? 이 사람들이 복음 듣기를 원하지 않은 것이 분명하지 않았는가? 주님은 *"너희 진주를 돼지 앞에 던지지 말라"*(마 7:6)고 말씀하시지 않았던가? 스데반은 그들이 마음을 더 열기까지 기다리지 않았을까?

개인적으로 나는 그에게 그 그룹에 덤벼들지 ***않도록*** 충고하였을 것이다. 진부한 지혜는 우리에게 그와 같은 그룹에 도전하지 말라고 말할 것이다. 그들 각자는 그들의 유대 전통에 대해 열광적으로 나타내 보이면서 다른 사람의 찬동을 얻으려고 했다.

그러나 스데반은 그날 지구에서 ***오직 한 사람***을 기쁘게 하는 데에 초점을 맞추었다. 오직 한 사람은 다소의 사울이 아니었고, 회당에서 온 장로들과 서기관들도 아니었으며 심지어 그 자신도 아니었다. 왜 그런가? *"그는 보이지 않는 그분을 보았다."* 스데반은 부활하신 주 예수 그리스도의 영광을 '본' 것이다. 그는 천사들이 무엇인지를 보았고 이와 같이 그의 얼굴은 영광 중의 그리스도와 같이 빛나고 있었다. 우리가 언급하는 것의 깊이를 당신이 헤아릴 수 있다면 거기에 있던 스데반이 참으로 성령으로 인도받은 것인지, 아니면 실수를 저지른 것인지에 관해 질문하지 않을 것이다.

7장

사도행전 7:1-53 설교

이 메시지에서 누가와 편집자(성령님)는 우리를 위해 어떻게 '지혜와 성령' 을 보여주고 있는가? 이것은 신약성경에서 가장 긴 인용구절이다.

1. 군중들은 그를 가장 높은 지도자들 앞으로 끌어내어 (모욕에 가까운 방식으로) 그에게 말하도록 시켰다. ***"이것이 사실이냐?"***

2. ***"들으소서"***라는 말은 그가 문화적으로 그의 말을 하도록 허락을 받는 것을 말한다. 그리고 그가 허락을 받지 않았다면 적어도 20~30분 정도 말을 할 수 없었을 것이다.

3. 그들에게 ***"부형들이여"***라고 호칭한 것은 스데반의 지혜를 나타낸다. 그는 그들에 대한 존경과 신뢰를 가지고 있으며 자신을 같은 믿음을 가진 내부자적인 위치에 두었다.

4. ***"우리 조상 아브라함"***이라는 말은, 그가 자신을 듣는 자들이 소중하게 여기는 것을 저버리고 새로운 종교에 가입한 것이 아닌 정통임을 주장하는 것이다.

5. 그는 주님 예수께서 그러하셨던 것처럼 단순히 제안하는 진리를 선포하는 방식이 아닌, 이야기를 나누는 방식을 사용하였다.

그는 왜 구약성경의 역사를 개관했을까? 당신은 당신의 분석을 해 볼 필요가 있다. 나의 분석은 다음과 같다.

하나님은 아브라함이 가지고 있던 ***전통***과 전혀 다른 방식으로 하나님 자신이 누구이신지, 그리고 하나님이 무엇을 원하시는지를 알게 하기 위해 그를 부르셨다.

이스라엘 자손들이 애굽에서 처음 포로가 되어 경험했던 것과 나중에 바벨론에서 경험했던 것은 하나님이 궁극적으로 그들을 향해 가지고 있던 마음이 아니었다. 또한 로마의 속박에 놓여 있던 이스라엘의 상태도 이와 마찬가지이다. 하나님은 무언가 더 나은 것을 마음에 품고 계셨다.

하지만 그들의 조상들이 요셉을 통해 하나님이 행하시는 일에서 벗어나면서 이스라엘의 지도자들 또한 구약성경 내내 똑같은 일을 행했다(스데반은 이들에게 적용하기를 *"이봐, 친구들! 다시 실수하지 말게나"*라고 말하고 있는 것이다.).

17절 새로운 바로의 학대로부터 하나님의 구원의 약속이 가까워졌을 때 그들의 상황은 더 나빠졌다(로마의 지배에 비교하라.). 파라오는 태어난 아기를 모두 죽이라고 명령했다. 그러나 하나님은 한 아기를 태어나게 하셨으며 (그리고 놀랍게도 살아남았으며) ***그 아이***가 이스라엘을 구원할 모세라는 사실을 아무도 몰랐다.

선택을 받은 백성들은 모세가 하나님이 그들을 위해 보내주신 사람이라는 사실을 받아들이지 않았다. 그들은 *"누가 너를 우리를 다스리는 자와 재판관으로 삼았느냐"*(출 2:14)라고 하였다. 그들은 하나님이 보내신 ***사람을 알아보지*** 못했다. 스데반이 어디로 향하는지 보라. 모세는 버림을 받았고 광야에서 40년간 보내면서 40년간의 고난과 갈등과 좌절의 세월을 겪어야만 했다. 그렇다면 메시아가 아주 화려해 보이지 않는 장소와 상태에서 나오지 않은 것에 대해 어찌하여 놀라워하는가? (예수의 출신은 예루살렘 종교 지도자들에게 거치는 방해물이었다.)

사도행전 7:25 많은 백성들, 특별히 지도자들이 역사 속에서 하나님이 행하시는 것을 이해하지 못했다. *"그(모세)는 그의 형제들이 하나님께서 자기의 손을 통하여 구원해 주시는 것을 깨달으리라고 생각하였으나 그들이 깨닫지 못하였더라."*

사도행전 7:35-37 *"그들의 말이 누가 너를 관리와 재판장으로 세웠느냐 하며 거절하던 그 모세를 하나님은 가시나무 떨기 가운데서 보이던 천사의 손으로 관리와 속량하는 자로서 보내셨으니 이 사람이 백성을 인도하여 나오게 하고 애굽과 홍해와 광야에서 사십 년간 기사와 표적을 행하였느니라 이스라엘 자손에 대하여 하나님이 너희 형제 가운데서 나와 같은 선지자를 세우리라 하던 자가 곧 이 모세라."*

신명기 18장 15, 18절은 그들이 모세와 같은 특성을 지닌 분 메시아를 찾게 될 것이라고 가르쳤다.

1. 그는 하나님의 말씀을 가져올 것이다(랍비들의 주석을 단순히 반박하는 것이 아닌).

2. 그는 기적과 이사를 행할 것이다.

3. 그는 유대인 지도자들로부터 거절을 당할 것이다(39절).

4. 그는 정치 지도자들에 의해 정죄를 받을 것이다.

5. 그는 하나님께로부터 보냄을 받은 자이다. *"내가……그들을 구원하려고 내려왔노니 이제 내가 너를 보내리라"*(34절).

39절 ***"우리 조상들이 모세에게 복종하지 아니하고자 하여 거절하며 그 마음이 도리어 애굽으로 향하여."***

그들은 이 땅에서의 최선을 원했고 하나님의 계획을 원하지 않았다.

42절 하나님은 그들의 종교적 의식이 쓸모없으며 헛된 것으로 거절하셨다. ***"……너희가 광야에서 사십 년간 희생과 제물을 내게 드린 일이 있었느냐."***

44-50절 요약하자면, 스데반은 그들에게 그들의 선조들이 ***근본적인 것을 잊어버리고*** 언약궤와 성전에 정신이 팔려 있었다는 사실을 일깨웠다. 그는 이사야 66장 1절의 말씀 ***"지극히 높으신 이는 손으로 지은 곳에 계시지 아니하시나니……"***(48절)를 인용하며 그들을 일깨우고자 했다.

51-53절 스데반은 결코 그의 청중으로부터 물러서지 않았다. 그는 청중들이 베드로의 오순절 설교(행 2:37)를 들었을 때처럼 받아들이지 않고 있다는 사실을 알아차리고 있었다. 그들 가운데서는 스데반의 말 가운데 죄에 대한 찔림과 낙심이 없었으며 단지 그들의 눈에는 모욕을 당한 사람들에게서 느껴지는 분노만이 있었다. 그래서 그는 계속 이야기하는 것을 멈추고 하나님 앞에서 그들의 상황을 직면하도록 하려고 했다.

사도행전 7:51-53 "목이 곧고 마음과 귀에 할례를 받지 못한 사람들아 너희도 너희 조상과 같이 항상 성령을 거스르는도다 너희 조

상들이 선지자들 중의 누구를 박해하지 아니하였느냐 의인이 오시리라 예고한 자들을 그들이 죽였고 이제 너희는 그 의인을 잡아 준 자요 살인한 자가 되나니 너희는 천사가 전한 율법을 받고도 지키지 아니하였도다 하니라."

무함마드도 자신을 '경고자'(Nadir; 나디르)라고 불렀다. 스데반 또한 마찬가지였다. 주 예수 자신도 말씀하셨다.

> 화 있을진저 고라신아 화 있을진저 벳새다야 너희에게서 행한 모든 권능을 두로와 시돈에서 행하였더라면 그들이 벌써 베옷을 입고 재에 앉아 회개하였으리라(마 11:21).
>
> 화 있을진저 외식하는 서기관들과 바리새인들이여 너희는 천국 문을 사람들 앞에서 닫고 너희도 들어가지 않고 들어가려 하는 자도 들어가지 못하게 하는도다 화 있을진저 서기관들과 바리새인들이여 눈 먼 인도자여
>
> 화 있을진저 외식하는 서기관들과 바리새인들이여 너희가 박하와 회향과 근채의 십일조는 드리되 율법의 더 중한 바 정의와 긍휼과 믿음은 버렸도다 그러나 이것도 행하고 저것도 버리지 말아야 할지니라 맹인 된 인도자여 하루살이는 걸러 내고 낙타는 삼키는도다.
>
> 화 있을진저 외식하는 서기관들과 바리새인들이여 잔과 대접의 겉은 깨끗이 하되 그 안에는 탐욕과 방탕으로 가득하게 하는도다.
>
> 화 있을진저 외식하는 서기관들과 바리새인들이여 회칠한 무덤 같으니 겉으로는 아름답게 보이나 그 안에는 죽은 사람의 뼈와 모든 더러운 것이 가득하도다 이와 같이 너희도 겉으로

는 사람에게 옳게 보이되 안으로는 외식과 불법이 가득하도다.

화 있을진저 외식하는 서기관들과 바리새인들이여 너희는 선지자들의 무덤을 만들고 의인들의 비석을 꾸미며 이르되 만일 우리가 조상 때에 있었더라면 우리는 그들이 선지자의 피를 흘리는 데 참여하지 아니하였으리라 하니 그러면 너희가 선지자를 죽인 자의 자손임을 스스로 증명함이로다(마 23:13-31).

당신의 사역의 영역에 있어서 누가 스데반이며 선지자적 경고를 하는 사람들인가? 어떻게 최선의 방법으로 그들을 활용할 수 있을까?

사도행전 7:54-60 "……스데반이 성령 충만하여 하늘을 우러러 주목하여 하나님의 영광과 및 예수께서 하나님 우편에 서신 것을 보고……."

사도행전 초반부에 베드로와 같이 (후에 바울이 그랬던 것처럼) 죄를 깨닫도록 할 사람이 아무도 없지 않았는가? 사탄은 의심할 바 없이 속삭였다. "너는 완전히 잘못했어. 너는 바보야." 스데반은 그를 향해 미워하며 외치는 소리를 무시하고 하늘을 바라보며 그가 아는 한 최선의 방법으로 그의 최고의 수장에게 순종했다는 인정을 받았다.

천국과 그의 영광은 너무 확실했으며 그는 왕의 왕이신 주 예수를 보게 되었다. 그는 너무나 흥분했으며 군중의 부정적인 반응에 대한 의식을 순간적으로 잊어버렸다. 그리고 너무나 기뻐하는 어린 아이처럼 소리를 질렀다. "보라 하늘이 열리고 인자가 하나님 우편에 서서 계시노라."

자, 정말 그렇단 말인가! '하나님의 우편' 은 모든 유대인들에게 있어 온 우주에서 가장 중요한 위치를 의미했다. - 이것은 가장 큰 신성모독이었다! 사탄에게 사로잡힌 군중들과 그를 보고 있던 아주 총명한 젊은 랍비 사울의 신호에 격려를 받은 사람들은 그들이 들 수 있는 가장 큰 돌을 스데반의 얼굴을 향해 던지기 시작했다. 이것은 결코 아름다운 광경이 아니었다. 피가 흥건했고 그를 알아 볼 수 없을 정도로 뼈가 부서져 있었다. 분명히 그들은 스데반이 마지막으로 그들 위에 임할 심판에 대한 자비를 구하는 소리를 들었을까? 아니면 그들 위에 임할 심판을 구하는 소리를 들었을 것인가?

그러나 스데반은 주변에 천사들과 선지자들과 수세기에 걸친 의인들에게 둘러싸여 ***서 계신*** 주 예수의 모습에서 눈을 떼지 않았다. 그는 '성령에 충만한' 상태였으며 그분을 '주 예수' 라고 부르며 "주님 제가 본향으로 갑니다"(제 영혼을 받으소서)라고 하였고, 그런 다음 그의 마지막 호흡과 함께 말할 수 없는 고통에 무감각해지며, 이들 십자가의 눈먼 적들을 향한 성령의 근심을 머금으며, 그들의 사악한 소리들 위에 그들이 들을 수 있도록 ***"주여, 이 죄를 그들에게 돌리지 마옵소서"***라고 외쳤다.

그는 주 예수가 십자가에서 그러하셨던 것처럼 그의 살인자들을 용서하는 지점까지 그의 주님을 따랐던 것이다.

따라서……(55절) 스데반은 하늘에서 서서 환영을 받았다. 왕들은 그의 시종들이 일어설 때 결코 일어서지 않는다. 그러나 주 예수는 스데반이 죽는 순간까지 완전한 충성을 보이는 것에 감격하여 그가 먼저 ***일어났으며*** 스데반을 향해 우레와 같은 박수를 보내는 하늘의 시민들 모두를 이끄셨다. 그리고 *"셀 수 없는 수많은 무리들*

의" 환호는 스데반이 그의 일그러진 육체를 떠나 영원토록 *"하나님을 기뻐하고 찬양하며"* 하늘의 문에 다가갈 때까지 더 커졌다.

이것은 바울이 수년 후에 디모데에게 *"자신을 하나님 앞에 드리기를 힘쓰라 (그날에) 너는 진리의 말씀을 옳게 분별하며 부끄러울 것이 없는 일꾼으로 인정된 자가 되라"*고 쓴 이유인가? 바울은 "스데반이 그랬던 것같이"라고 말할 수도 있었을 것이다.

동일한 주 예수께서 당신과 나에게서 스데반과 같은 모습을 얼마나 보고 싶어하시겠는가?

8장

사도행전 8:1, 3 "사울은 그(스데반)가 죽임 당함을 (매우 기뻐하며) 마땅히 여기더라…… 사울이 교회를 잔멸할새 각 집에 들어가 남녀를 끌어다가 옥에 넘기니라."

이것은 그들이 그들의 믿음을 지키는 한 유대인 '예수쟁이'(Jesus freak)들이 성전이나, 혹은 집에서 모이는 성경공부를 하기 위해 갈 때 겪어야 하는 일들이었다. 이것은 하나님의 가장 거룩하고 지식을 가진 진정한 지도자들이 하나님의 길에서 벗어났으며 눈먼 자들이라고 비난하며 공격하는 방식이었다. 이런 배우지 못한 범인들의 교만이여! 시민들을 잘못된 길로 인도하는 일을 반드시 중단하라!

수세기 동안 바벨론과 페르시아와 그리스와 로마에 저항했던 지도자들은 이제 겨우 제대로 작동이 되는 사회체계를 만들기 위해 노력을 했기에 나사렛 목수의 이단 모임을 더 이상 묵인하지 않을 예정이었다. *"우리가 보니 이 사람은 전염병 같은 자라 천하에 흩어진 유대인을 다 소요하게 하는 자요 나사렛 이단의 우두머리라"*(행 24:5). 이것은 로마의 수하에 있는 한 아주 민감한 문제였다. 유대인의 설립을 위해 가장 불필요한 것은 현상 유지에 반대해 소요를 일으키는 사람이었다.

하지만 이러한 사악한 반응을 충동하고 투사로서(일반적으로 이전에 행해지지 않던) 이단을 따르는 ***여성들까지*** 잡기 위해(쥐구멍까지 찾아내며) 활동한 사람은 바로 다소 출신 랍비 사울이었다. 그와 가장 가까운 친구가 되었으며 많은 페이지에 걸쳐 그를 칭찬한 누가는 바울이 주님을 만나기 전에, 결코 구제할 수 없으며, 가슴 속까지 부패하고, 난폭하며, 강퍅하고, 악의에 가득 차고, 피에 굶주려 있고, 교만하고, 혐오스러운, 자기 의에 가득 찬 사람이었다는 사실을 우리에게 가르쳐 주기 원한다.

몇 해 전 이집트와 요르단, 시리아, 파키스탄, 말레이시아, 인도네시아에서 기독교인들은, 선교사들이 무슬림 대중들을 만나는 것에 반대했다. 무슬림들을 구원하려는 자들은 어리석게도 문제를 일으키는 자들로 무슬림들과 정부로부터 교회에 화를 미치게 하는 것일 수도 있기 때문이었다. 우리는 심지어 교회 지도자들이 어떤 경우에는 몇몇 외국인 선교사들을 추방시키려고 계획하는 것을 듣기도 했다.

누가 이름 없는 ***당시의*** 다소의 바울인가? 현지 뮬라(역주: 이슬람 종교지도자)인가? 그 나라에서 당신을 쫓아내려고 하는 경찰 서장인가? 목사나 당신의 접근에 전적으로 반대하는 선교사인가? 당신은 당신의 기도 후원자들에게 "이 원수를 축복하고" 주 예수께서 그 자신을 그 사람에게 나타내 주기를 기도 부탁한 적이 있는가? '당신이 구하지 않기 때문에 얻지 못하게 되지 않도록" 하라.

우리는 우리 자신의 안전 때문에 복음을 전파하는 것을 반대하는 판단하는 자로 불리기보다 우리 스스로가 순종에 대해 인내하는 자가 되기 원한다. 어떠한 대가를 치러서라도 말이다.

사도행전 8:1 "그날에 예루살렘에 있는 교회에 큰 박해가 있어."

우리 주님은 특별히 그를 따르는 자들에게 핍박이 일반적인 주제라고 이미 경고하셨다. 그는 우리가 협박과 적대와 민주적인 반대와 복음에 대한 억압이 '거짓의 아버지' 를 모시는 남자와 여자들에게서 올 것을 대비하기 원하셨다.

> 그때에 사람들이 너희를 환난에 넘겨 주겠으며 너희를 죽이리니 너희가 내 이름 때문에 모든 민족에게 미움을 받으리라(마 24:9).
>
> 사람들이 너희를 출교할 뿐 아니라 때가 이르면 무릇 너희를 죽이는 자가 생각하기를 이것이 하나님을 섬기는 일이라 하리라(요 16:2).
>
> 내가 아버지의 말씀을 그들에게 주었사오매 세상이 그들을 미워하였사오니 이는 내가 세상에 속하지 아니함같이 그들도 세상에 속하지 아니함으로 인함이니이다(요 17:14).

사도행전 8:1 "……사도 외에는 다 유대와 사마리아 모든 땅으로 흩어지니라."

여기서 '그들이 스스로 흩어졌다' 고 말하지 않고 '그들이 ***흩어짐을 당했다*'** 고 말한다. 우리는 악한 자들에 의해 조종당하는 자들이 아니다. 추수의 주인은 그의 좋은 씨를 '흩으시기로' 결정하셨다.

사도행전을 통해 보면 우리의 주권과 지혜의 하나님은 복음의 진보를 실제적으로 이루시기 위해서 "통치자들과 권세들"(엡 6:12)의 반대를 일으키신다. 당신은 그들의 신실하신 창조자가 그들이 이제 그들 자신과 예루살렘에게만 초점을 맞추고 *"유대와 사마리아와 땅 끝까지 이르라"*는 지상대명령을 잊어버렸기 때문에 *"혹 비방과 환난으로써 사람에게 구경거리가 되고…… 그들의 소유를 빼앗기도록"*(히 10:33-34) 환난을 허락하신 사실을 생각하는가? 그들은 하나님이 그들 삶에서 이루기 원하시는 것에 미치지 못하고 주저앉아 있지는 않았던 것일까?

> 형제들아 내가 당한 일이 도리어 복음 전파에 진전이 된 줄을 너희가 알기를 원하노라……형제 중 다수가 나의 매임으로 말미암아 주 안에서 신뢰함으로 겁 없이 하나님의 말씀을 더욱 담대히 전하게 되었느니라(빌 1:12, 14).

당신은 정말로 파키스탄과 팔레스타인과 페르시아와 프리스티나(Pristina)와 페낭(Penang)에서 복음을 전할 때 반대와 핍박이 일반적이며, 예상할 수 있는 것이며, 필수적인 요소라는 사실을 믿는가?

주님이 말씀하신 다음 구절을 묵상하라.

마태복음 5:11 - *나로 말미암아 너희를 욕하고 박해하고 거짓으로 너희를 거슬러 모든 악한 말을 할 때에는 너희에게 복이 있나니.*

마태복음 5:44 - *나는 너희에게 이르노니 너희 원수를 사랑하며 너희를 박해하는 자를 위하여 기도하라.*

마태복음 13:21- *그 속에 뿌리가 없어 잠시 견디다가 말씀으로 말미암아 환난이나 박해가 일어날 때에는 곧 넘어지는 자요.*

누가복음 11:49 - *그러므로 하나님의 지혜가 일렀으되 내가 선*

지자와 사도들을 그들에게 보내리니 그 중에서 더러는 죽이며 또 박해하리라 하였느니라.

누가복음 21:12 - *이 모든 일 전에* ***내 이름으로 말미암아*** *너희에게 손을 대어 박해하며 회당과 옥에 넘겨 주며 임금들과 집권자들 앞에 끌어 가려니와.*

요한복음 15:20 - *내가 너희에게 종이 주인보다 더 크지 못하다 한 말을 기억하라 사람들이 나를 박해하였은즉 너희도 박해할 것이요 내 말을 지켰은즉 너희 말도 지킬 것이라.*

사도행전 12:1 - *그때에 헤롯 왕이 손을 들어 교회 중에서 몇 사람을 해하려 하여.*

사도행전 13:50 - *이에 유대인들이 경건한 귀부인들과 그 시내 유력자들을 선동하여 바울과 바나바를 박해하게 하여 그 지역에서 쫓아내니.*

데살로니가전서 2:2 - *너희가 아는 바와 같이 우리가 먼저 빌립보에서 고난과 능욕을 당하였으나 우리 하나님을 힘입어* ***많은 싸움 중에*** *하나님의 복음을 너희에게 전하였노라.*

데살로니가전서 3:7 - *이러므로 형제들아 우리가 모든 궁핍과 환난 가운데서 너희 믿음으로 말미암아 너희에게 위로를 받았노라.*

히브리서 10:33 - *혹은 비방과 환난으로써 사람에게 구경거리가 되고 혹은 이런 형편에 있는 자들과 사귀는 자가 되었으니.*

요한계시록 2:10 - *너는 장차 받을 고난을 두려워하지 말라 볼지어다 마귀가 장차 너희 가운데에서 몇 사람을 옥에 던져 시험을 받게 하리니 너희가 십 일 동안 환난을 받으리라 네가 죽도록 충성하라 그리하면 내가 생명의 관을 네게 주리라.*

히브리서 12:3 - *너희가 피곤하여 낙심하지 않기 위하여 죄인들*

이 이같이 자기에게 거역한 일을 참으신 이를 생각하라.

로마서 12:14 - *너희를 박해하는 자를 축복하라 축복하고 저주하지 말라.*

1절 "……다 유대와 사마리아 모든 땅으로 흩어지니라."

'예루살렘' 을 주목하라.

사람이 만든 종교는 순례를 하는 '거룩한 장소' 에 집착한다. 왜 우리는 이스라엘 사람들과 같이 우리의 종교 공동체에 있는 문제를 해결해 주는 '왕' 혹은 지도자들을 추앙하는가? 그리고 우리는 언제나 갈 수 있는 장소에 초점을 맞추기 원하는가?

우리는 때때로 자주 하나님이 언제나 우리의 눈(과 우리의 의지)을 우리의 지도자나 어떤 도시나 '장소' 를 의지하고는 실망하고 우리의 믿음의 초점을 다시금 그분에게 맞추는 경험을 하곤 한다. 메시아를 믿기 위해 전세계에서 몰려온 헬라파 유대인들은 한 번 '*교회에* 소속된' 예루살렘을 떠난다는 것을 상상하지 못했다. 예루살렘에 있는 공동체는 그들이 모이는 유일한 모임이었다. 어떻게 그들이 고향으로 돌아갈 수 있겠는가? (행 2:8-11을 보라.)

하나님의 백성의 사고는 수세기에 걸쳐 그리 많이 변하지 않은 것 같다. 우리 모교회가 있는 장소가 가장 중심적인(vital) 장소이다. *'저 너머를 향한' (beyond region)* 하나님의 관심은 ***일반적인*** 기독교인에게 있어 모호한 진리가 되곤 한다. 아주 일반적으로 예루살렘에서 자라났던 새로운 신자들은 헬라파 유대인에 비해서 믿음과 지식에서 그들 자신이 우월하다는 것을 보았다. 예루살렘의 유대인들은 세계로부터 오염되지 않은 자들이었다. 그러나 헬라파 유대인들은 오염되었다. 분명히 그들은 다른 '가정 모임' 을 가지고 있었을 것이며, 이 때문에 사도행전 6장 1절에서와 같이 *"헬라파 유대인들이 자기의 과부들이 매일의 구제에 빠지는"* 문제가 발생했다.

그래서 하나님은 성령을 통하여 헬라파 유대인들을 자극하여 그들이 고향으로 돌아가게 하였다. 이를 통해 *"너희는 온 천하에 다니며 만민에게 복음을 전파하라"*(막 16:15; 행 1:8)는 하나님의 목적을 완수하는 데 동참할 수 있었다. 우리의 선교는 우리를 다스리는 아름다운 교회 성직자들이 있는 순례할 수 있는 거대한 교회를 세우고자 하는 것이 아니라, 모든 사회 안에 제자를 삼아 그들이 모든 공동체의 구석구석에 침투하여 지속할 수 있는 공동체를 모든 이들의 마음속에 보여주는 것이다.

그래서 하나님은 그 모임을 '나누셨다' (broke up). 하나님은 그들이 자축하기에는 너무 이르다는 것을 알게 하셨다. *"집으로 돌아가 주께서 네게 어떻게 큰 일을 행하사 너를 불쌍히 여기신 것을 네 가족에게 알리라 하시니"*(막 5:19). 우리는 몇몇은 사울이 다메섹에 있는 여러 회당에서 "그 도를 따르는 자들"이 있다는 소식을 들었다는 사실(행 9:2)을 통해 그들이 그렇게 했다는 사실을 보게 된다.

혹시 당신은 아비뇽(Avignon)에 있는 당신 공동체에서 알제리로 돌아가야 하는 신자를 알고 있는가? 아니면 아우크스부르크(Augsburg)에서 앙카라(Ankara)에 주의 빛을 비추기 위해 돌아가는 사람이나, 사우스올(Southall)에서 '그 도를' 듣고자 기다리는 친척을 위해 신드(Sindh)로 돌아가는 사람이나, 샌디에이고 주의 대사로 쉬라즈(Shiraz)로 돌아가야 하는 사람이 있는가?

1절 "……사도들 외에는……."

왜 사도들은 예루살렘에서 쫓겨나지 않았는가? 왜 그들은 다른 이들과 함께 남기로 ***선택***하지 않았는가?

'모두' 가 흩어졌다는 말은 100퍼센트 전부를 의미하는가? 아니면 나이든 사람들과 아이들을 가진 어머니들은 남았는가? 브루스(F. F. Bruce)는 큰 관점에서 볼 때 헬라파 유대인들이 박해의 원인이 되었으며, '모두' 는 오순절을 위해 예루살렘에 왔다가 개종을 하고 그들의 고향으로 돌아가지 아니한 ***헬라어를 쓰는 헬라파*** *유대인 (Greek-speaking Hellenistic)*을 의미하는 것이라고 지적했다.

사도행전 15장에서의 회의는 반드시 필요했다. 왜냐하면 예루살렘에 남아 있던 교회는 100퍼센트 유대파 히브리 기독교인들이었으며, 그들은 사울과 다른 헬라파 유대인들처럼 이방인의 교육에 노출되어 있지 않았기 때문이다. 사도들은 갈 데가 없던 '현지인' 들과 함께 남았다. 우리는 사도들이 단순히 저들을 보호하기 위해 떠나지 않고 모범을 보이기 원했다고 상상한다. 나는 그들이 남아서 핍박을 받는 이들과 함께하기로 한 것이라고 추측한다.

사도행전 8:2 경건한 사람들이 스데반을 장사하고 위하여 크게 울더라…….

목회자 그룹이 체포되고, 길거리에서는 미움을 받았던 한 명의 사도를 추도하기 위해 허락받지 않은 행진을 하고, 이로 인해 그들 가족의 미래가 상상할 수 없는 이슬람의 위협을 받는 것을 상상해 보라.

스데반은 유대인의 종교법으로부터 유죄 판결을 받았고 신성모독으로 인해 처형을 당했다. 그는 그 한 사람이 알라(Allah) 그분이라고 선언했기 때문이다. 그 사형을 집행했던 자들은 지금 사우디아라비아에서 종교 경찰과 사법부와 전혀 다를 바가 없다.

이 '경건한' 사람들은 누구인가? (행 22:12, 혹은 행 13:43을 보라.) *"회당의 모임이 끝난 후에 유대인과 유대교에 입교한 경건한 사람들이 많이 바울과 바나바를 따르니 두 사도가 더불어 말하고 항상 하나님의 은혜 가운데 있으라 권하니라."*

이러한 사람들은 아마도 비유대인으로(참조: 10:2의 고넬료) 참되신 한 분 하나님 여호와를 믿고 유대교를 받아들였으나 개종은 하지 않은 자들이었을 것이다. 그들은 할례를 포함한 유대인이 되는 모든 예식을 하지는 않았을 것이다. 하지만 왜 그들은 종교 지도자들에게 대항하고 스데반을 위한 공식적인 추도행사를 행하였을까? 그들은 스데반의 죽음에 감동을 받았는가? 아마도 심지어 그들은 스데반이 예수를 그들의 주님으로 의지하라는 말을 심각하게 숙고했을 수도 있다. 그들 중 몇몇은 스데반을 통해 사탄의 압제로부터 놓임을 받은 사람일 수도 있다(행 6:8을 보라.).

다비다(도르가)가 죽었을 때 과부들이 그들의 가장 친한 친구를 위해 애통하는 것을 제외하고, 우리는 이 사건 이후 믿는 자의 장례식에서 슬픔이나 애통하는 모습을 읽을 수 없다. 그때에 슬피 우는 자들은 교회 성도들이 아닌 자들로 죽음이 주 예수를 아는 자들을 향해 쏘는 능력이 없고 그들이 그분을 보고 그분과 함께 교제할 것에 대해 이해하지 못하는 자들이었다.

당신의 교제 가운데 파이사라바드(Faisalabad)나 페르가나(Fergana)나 페스(Fes)에서 그들 이웃의 영향을 받아 더 경건한 하나님을 두려워하는 자들이 그들 뮬라에 대항해서 죽은 자들을 추모하기 위해 불법적인 장례 행렬을 가졌다는 이야기를 들은 적이 있는가? 이것은 그리스도를 향한 큰 영향을 줄 수 있다.

사도행전 8:4 "그 흩어진 사람들이 두루 다니며 복음의 말씀을 전할새."

'복음의 말씀' 이라는 구절에서 이해할 것은 무엇인가?

요한복음 1:1 - *태초에 말씀이 계시니라 이 말씀이 하나님과 함께 계셨으니 이 말씀은 곧 하나님이시니라.*

마태복음 13:20-23 - *돌밭에 뿌려졌다는 것은 말씀을 듣고 즉시 기쁨으로 받되 그 속에 뿌리가 없어 잠시 견디다가 말씀으로 말미암아 환난이나 박해가 일어날 때에는 곧 넘어지는 자요 가시떨기에 뿌려졌다는 것은 말씀을 들으나 세상의 염려와 재물의 유혹에 말씀이 막혀 결실하지 못하는 자요 좋은 땅에 뿌려졌다는 것은 말씀을 듣고 깨닫는 자니 결실하여 어떤 것은 백 배, 어떤 것은 육십 배, 어떤 것은 삼십 배가 되느니라 하시더라.*

누가복음 8:11 - *이 비유는 이러하니라 씨는 하나님의 말씀이요.*

마가복음 4:33 - *예수께서 이러한 많은 비유로 그들이 알아들을 수 있는 대로 말씀을 가르치시되.*

마가복음 2:2 - *"많은 사람이 모여서 문 앞까지도 들어설 자리가 없게 되었는데 예수께서 그들에게 도를 말씀하시더니."*

누가복음 5:1 - *"무리가 몰려와서 하나님의 말씀을 들을새 예수는 게네사렛 호숫가에 서서."*

누가복음 1:2(누가의 자료) - *"처음부터 목격자와* ***말씀의 일꾼*** *된 자들이 전하여 준."*

누가복음 11:28 - *"예수께서 이르시되 오히려 하나님의 말씀을*

듣고 지키는 자가 복이 있느니라 하시니라.”

사도행전 4:31 - *“빌기를 다하매 모인 곳이 진동하더니 무리가 다 성령이 충만하여 담대히* ***하나님의 말씀****을 전하니라.”*

사도행전 6:2 - *“열두 사도가 모든 제자를 불러 이르되 우리가* ***하나님의 말씀****을 제쳐 놓고 접대를 일삼는 것이 마땅하지 아니하니.”*

사도행전 6:4 - *“우리는 오로지 기도하는 일과 말씀 사역에 힘쓰리라 하니.”*

사도행전 6:7 - *“……하나님의 말씀이 점점 왕성하여…….”*

사도행전 8:14 - *“예루살렘에 있는 사도들이 사마리아도* ***하나님의 말씀****을 받았다 함을 듣고 베드로와 요한을 보내매.”*

사도행전 8:25 - *“두 사도가* ***주의 말씀****을 증언하여 말한 후 예루살렘으로 돌아갈새 사마리아인의 여러 마을에서* ***복음****을 전하니라.”*

사도행전 13:5 - *“살라미에 이르러* ***하나님의 말씀****을 유대인의 여러 회당에서 전할새 요한을 수행원으로 두었더라.”*

사도행전 13:7 - *“그가 총독 서기오 바울과 함께 있으니 서기오 바울은 지혜 있는 사람이라 바나바와 사울을 불러* ***하나님의 말씀****을 듣고자 하더라.”*

사도행전 12:24 - *“****하나님의 말씀****은 흥왕하여 더하더라.”*

사도행전 13:44 - *“그 다음 안식일에는 온 시민이 거의 다* ***하나님의 말씀****을 듣고자 하여 모이니.”*

사도행전 15:35 - *“바울과 바나바는 안디옥에서 유하며 수다한 다른 사람들과 함께* ***주의 말씀****을 가르치며 전파하니라.”*

사도행전 15:36 - *“며칠 후에 바울이 바나바더러 말하되 우리가* ***주의 말씀****을 전한 각 성으로 다시 가서 형제들이 어떠한가 방문하자 하고.”*

사도행전 16:6 - "*성령이 아시아에서* ***말씀****을 전하지 못하게 하시거늘 그들이 브루기아와 갈라디아 땅으로 다녀가.*"

사도행전 16:32 - "***주의 말씀****을 그 사람과 그 집에 있는 모든 사람에게 전하더라.*"

사도행전 18:11 - "*일 년 육 개월을 머물며 그들 가운데서 하나님의 말씀을 가르치니라.*"

사도행전 19:10 - "*두 해 동안 이같이 하니 아시아에 사는 자는 유대인이나 헬라인이나 다 주의 말씀을 듣더라.*"

사도행전 19:20 - "*이와 같이 주의 말씀이 힘이 있어 흥왕하여 세력을 얻으니라.*"

그러나 항상 그렇지는 않았다.

사도행전 13:46 - "*바울과 바나바가 담대히 말하여 이르되* ***하나님의 말씀****을 마땅히 먼저 너희에게 전할 것이로되 너희가 그것을 버리고 영생을 얻기에 합당하지 않은 자로 자처하기로 우리가 이방인에게로 향하노라.*"

마태복음 15:6 - "*그 부모를 공경할 것이 없다 하여 너희의 전통으로 하나님의 말씀을 폐하는도다.*"

사도행전 17:13 - "*데살로니가에 있는 유대인들은 바울이* ***하나님의 말씀****을 베뢰아에서도 전하는 줄을 알고 거기도 가서 무리를 움직여 소동하게 하거늘.*"

어떠한 경우에도……

디모데후서 4:2 ***"너는 말씀을 전파하라 때를 얻든지 못 얻든지 항상 힘쓰라 범사에 오래 참음과 가르침으로 경책하며 경계하며***

권하라."

사도행전 8:4 - *"그 흩어진 사람들이 두루 다니며 복음의 말씀을 **전할새."***

사도행전 8:12 - *"빌립이 하나님 나라와 및 예수 그리스도의 이름에 관하여 **전도함**을 그들이 믿고 남녀가 다 세례를 받으니."*

사도행전 8:25 - *"두 사도(사도 베드로와 요한)가 (엄숙히) **주의 말씀을 증언하여 말한 후** 예루살렘으로 돌아갈새 사마리아인의 여러 마을에서 복음을 전하니라."*

사도행전 8:35 - *"빌립이 입을 열어 이 글에서 시작하여 예수를 가르쳐 **복음을 전하니."***

사도행전 8:40 - *"빌립은 아소도에 나타나 여러 성을 지나다니며 **복음을 전하고** 가이사랴에 이르니라."*

빌립은 교회의 직원으로 집사였을 것이다(행 6장). 그러나 그의 사역의 은사는 분명히 전도자였다. 그는 그가 다니는 곳 어디에서나 복음을 선포했다. ***군중들***(행 8:6)과 ***개인들***(9절에서 시몬과 27절에서 에티오피아 내시) 사이의 하나님의 균형을 살펴보라. 우리는 항상 대중 전도, **혹은** 일대일의 '우정 전도'가 최고의 방법이라고 고집하는 오류를 저지른다. 성경은 그러나 소그룹 혹은 가족들 간의 모임 등 모든 예들을 제시하고 있다.

그러나 대부분 우리들은 *'복음을 전파하는 것'*과 연관해서 생각하지 못한다. 우리는 *복음을 전파하는 것*을 단상 위에서 선포하는 것과 연관해서 생각한다. 여기서 말씀을 전파하는 것과 말하는 것과 선포하는 것과 혹은 어떤 이들이 *'복음에 대해 그냥 이야기하는 것'*(gossip)을 어떻게 서로 교류해서 사용하는지를 보라. 헬라어에서 '전파하는 것' 이라는 단어는 몇 가지 다른 말로 번역하고 있다. 두 개의 가장 일반적인 것은 빌립에 대해서 사용한 ***케루소***(κηρύσσω)로서 포교자의 선포와 '복음' 의 선포에서 쓰이는 ***유앙겔리조***(εὐαγγελίζω)이다.

이 개념은 듣는 자들이 이 전에 듣지 못했던 어떠한 좋은 소식을 열정적으로 전달하는 것과 가깝다. 일단의 사람들이 적에게 둘러싸여 구조받을 아무 희망이 없을 때 그들을 구원하는 지원군이 도착했다는 소식을 한번 상상해 보라. 그것은 바로 *복음*(εὐαγγέλιον)이다.

당신은 엄청난 소식을 가져오는 자로 인식되고 있는가? 당신이 입양한 종족의 사람들은 그들이 한 분뿐이고 참되신 하나님과 그의 길을 반역하고 무시한 것에 대한 결과로부터 그들을 구원하기 위한 행동을 하고 있는 사람으로 이해하고 있는가? 그들은 당신을 영원한 생명의 길을 제시하는 사람이라고 당신을 조롱하는가? 아니면 그렇지 않은가?

사도행전 8:5 "빌립이 사마리아 성에 내려가 그리스도를 백성에게 전파하니……"

왜 흩어진 다른 사람들에 대해서는 언급하고 있지 않는가? 우리는 다메섹(바울이 거기에 도착했을 때 교회가 있었을 것이다)과 로마와 가이사랴와 그 밖에 고향으로 돌아간 이들을 상상할 수 있다. 아마도 누가는 빌립이 전도의 은사를 가지고 있었기 때문에 그를 강조한 것 같다. 우리 모두가 복음을 '떠들어댄다' (gossip)고 하더라도, 우리는 전도자로서 은사가 있는 몇몇 사람을 주목할 필요가 있다. "그가 어떤 사람은 사도로, 어떤 사람은 선지자로, 어떤 사람은 복음 전하는 자로, 어떤 사람은 목사와 교사로 삼으셨으니"(엡 4:11). 빌립은 신약성경에서 '전도자'(행 21:8)라고 불리는 아주 드문 사람 중 한 사람이었다.

따라서 당신 자신이 전도자로서의 은사가 없다고 생각하고 자책하지 말라. 기도하고, 금식하고, 모집하고 '어떤 일이 있든지' 사역에 있어 전도자로의 은사가 있는 사람과 함께 동역하라. 어쩌면 당신이 다른 도시로부터 어떤 사람을 초대해 짧은 방문 기간 동안 당신의 친구들에게 왕의 왕 되신 분께 '무릎을 꿇고' 성령을 받아들이도록 도움을 구할 수도 있다.

사도행전 8:6-7 "우리가 빌립의 말도 듣고 행하는 표적도 보고…… 많은 사람에게 붙었던 더러운 귀신들이 크게 소리를 지르며 나가고 또 많은 중풍병자와 못 걷는 사람이 나으니."

우리는 여기에서 사도가 아닌 자들을 통해 기사와 이적이 이루어졌다는 사실을 보며 우리의 주목을 끌고 있다. 그와 같이 "*그 도시에는 훨씬 기쁨이 있었다.*" 우리의 위대하신 하나님이 바쿠(Baku)와 바마코(Bamako)와 벵가지(Benghazi)와 반잘마신(Banjarmasin)과 베이루트(Beirut)와 바레이리(Barilly)에 있는 우리의 상황에 개입하시기를 기대하지 않는가? 우리 자신은 ***모든*** 주의 종이 초자연적인 영역의 은사를 발휘하기를 기대하거나, 혹은 긍휼의 하나님이 개입하셔서 병자나 귀신들린 자나 심각한 감정적인 상처를 고쳐주시는 것을 ***결코*** 기대하지 말아야 한다는 비성경적인 극단주의에 빠지는 어리석음을 범하지 않도록 해야 한다. 하나님이 하나님 되심을 기대하라! *'당신이 구하지 않았기 때문에 당신이 가지지 못하는 것'* 이 되어서는 안 된다.

나의 지속적인 기도는 유일하시고 참되신 하나님이 아브라함에게 그러하셨던 것처럼(창 12장) 자기 자신을 드러내 보여달라는 것이다. 이것은 단순하게 *"이제 주께서 아브라함에게 말씀하시기를……"*이라고 기록되었다. '주께서 우리를 두신 곳에서 '다른 신들' 을 섬기는 수많은 '아브라함' 들에게 수천 번이나 더 그렇게 하옵소서.'

사도행전 8:9 "그 성에 시몬이라 하는 사람이 전부터 있어 마술을 행하여."

왜 시몬에 대해 많은 부분을 할애하는가? 누가는 마술과 주술과 같은 일에 연관된 사람이 일반적이라는 것을 독자들에게 말하고 있는가? 아니면 참된 것과 사탄의 모방 사이의 것을 비교하는 것인가? 혹은 어떤 사람도 주 예수의 은혜를 받지 못할 사람이 없다는 것을 강조하는 것인가?

중요한 사실은 시몬은 진짜로 그리스도를 메시아로 믿었던 자이며 참된 신자로 세례를 받았으나 그의 삶과 동기와 행동에는 여전히 성령의 역사로 변화된 삶이 필요하다는 것이었다. 12절에서 보다시피 구원을 위해 예수 그리스도의 이름을 믿고 고백하는 자들은 ***기다리는 시간 없이*** 세례를 받았다. 고넬료의 가족과 친구들(행 10:48), 혹은 루디아의 가속(행 16:15), 혹은 빌립보 간수의 가족(행 16:33)을 보라.

그렇다면, 우리는 새로운 신자들이 기독교인처럼 행동하는 것을 볼 때까지 세례를 연기하는 역사적 사실을 취할 것인가? 8장 12절에서 *"하나님 나라와 및 예수 그리스도의 이름에 관하여 전도함을 그들이 믿고 남녀가 다 세례를 받으니"*라고 하였다.

시몬은 아직 회개가 필요하고 뽑아 버려야 할 옛 습관(육체의 삶)을 많이 가지고 있었다. *"하나님 앞에서 네 마음*(네 마음의 의도-21절)*이 바르지 못하니"*…… *"너의 이 악함"*(22절)과 *"너는 악독이 가득하며"*(23절), *"불의에 매인 바 되었도다"*(23절). 당신의 사역에 이렇게 묘사할 만한 신자가 있는가? 당신은 이러한 문제들을 확인하는 방법을 배운 적이 있으며 어떻게 *'벗어버릴'* 것인가?

> 너희는 유혹의 욕심을 따라 썩어져 가는 구습을 따르는 옛 사람을 벗어버리고……그런즉 거짓을 버리고 각각 그 이웃과 더불어 참된 것을 말하라 이는 우리가 서로 지체가 됨이라(엡 4:22, 25).

당신은 어떻게 당신 교제 안에 있는 '시몬' 과 같은 이들을 하나님의 말씀으로 양육하여 그를 장로에 합당한 자로 세울 수 있을 것인가?

사도행전 8:12 "빌립이 하나님 나라와 및 예수 그리스도의 이름에 관하여 전도함을……."

복음은 하나님의 나라 즉, 천국에 관하여 무엇을 가르치고 있는가? 이 구절 아래와 위에 나타난 하나님의 나라 주제에 관한 구절들이 초기 기독교인들의 가르침과 어떻게 일치하는가 자세히 생각해보라. *"이 사람들이 다 가이사의 명을 거역하여 말하되 다른 임금 곧 예수라 하는 이가 있다 하더이다"*(행 17:7). 하나님 왕국의 기쁜 소식은 무엇인가?

우리가 이것을 통해 배울 수 있는 것을 살펴보자.

사도행전 1:3 - *"그가 고난 받으신 후에 또한 그들에게 확실한 많은 증거로 친히 살아 계심을 나타내사 사십 일 동안 그들에게 보이시며* ***하나님 나라****의 일을 말씀하시니라."*

사도행전 8:12 - *"빌립이* ***하나님 나라****와 및 예수 그리스도의 이름에 관하여 전도함을 그들이 믿고 남녀가 다 세례를 받으니."*

사도행전 14:22 - *"제자들의 마음을 굳게 하여 이 믿음에 머물러 있으라 권하고 또 우리가* ***하나님의 나라****에 들어가려면 많은 환난을 겪어야 할 것이라 하고."*

사도행전 19:8 - *"바울이 회당에 들어가 석 달 동안 담대히* ***하나님 나라****에 관하여 강론하며 권면하되."*

사도행전 28:31 - *"****하나님의 나라****를 전파하며 주 예수 그리스도에 관한 모든 것을 담대하게 거침없이 가르치더라."*

12절 "그리스도의 이름."

사도행전에서 그들은 예수 그리스도의 이름을 어떻게 사용하고 있는가? 마태복음 28장 20절에서 *"내가 너희에게 분부한 모든 것을 가르쳐 지키게 하라"*는 말씀에 순종할 때에 당신은 주 예수 그리스도의 이름으로 어떻게 사역하고 있는가?

사도행전 2:21 - *"누구든지 주의* ***이름****을 부르는 자는 구원을 받으리라 하였느니라."*

사도행전 2:38 - *"베드로가 이르되 너희가 회개하여 각각* ***예수 그리스도의 이름****으로 세례를 받고 죄 사함을 받으라 그리하면 성령의 선물을 받으리니."*

사도행전 3:6 - *"베드로가 이르되……* ***나사렛 예수 그리스도의 이름****으로 일어나 걸으라."*

사도행전 3:16 - *"**그 이름을 믿으므로** 그 이름이 너희가 보고 아는 이 사람을 성하게 하였나니 예수로 말미암아 난 믿음이 너희 모든 사람 앞에서 이같이 완전히 낫게 하였느니라."*

사도행전 4:7 - *"사도들을 가운데 세우고 묻되 너희가 무슨 권세와 **누구의 이름**으로 이 일을 행하였느냐."*

사도행전 4:10 - *"너희와 모든 이스라엘 백성들은 알라 너희가 십자가에 못 박고 하나님이 죽은 자 가운데서 살리신 **나사렛 예수 그리스도의 이름**으로 이 사람이 건강하게 되어 너희 앞에 섰느니라."*

사도행전 5:40 - *"그들이 옳게 여겨 사도들을 불러들여 채찍질하며 **예수의 이름**으로 말하는 것을 금하고 놓으니."*

사도행전 5:41 - *"사도들은 **그 이름을 위하여 능욕 받는 일에 합당한 자**로 여기심을 기뻐하면서 공회 앞을 떠나니라."*

사도행전 8:16 - *"이는 아직 한 사람에게도 성령 내리신 일이 없고 오직 **주 예수의 이름으로 세례만 받을 뿐이더라**."*

사도행전 9:14 - *"여기서도 **주의 이름을 부르는 모든 사람을 결박할** 권한을 대제사장들에게서 받았나이다 하거늘."*

사도행전 9:15 - *"주께서 이르시되 가라 이 사람은 **내 이름을** 이방인과 임금들과 이스라엘 자손들에게 **전하기 위하여** 택한 나의 그릇이라."*

사도행전 9:16 - *"그가 **내 이름을 위하여 얼마나 고난을 받아야** 할 것을 내가 그에게 보이리라 하시니."*

사도행전 9:21 - *"듣는 사람이 다 놀라 말하되 이 사람이 예루살렘에서 **이 이름을 부르는 사람**을 멸하려던 자가 아니냐 여기 온 것도 그들을 결박하여 대제사장들에게 끌어가고자 함이 아니냐 하더*

라."

사도행전 9:27 - *"다메섹에서 그가 어떻게* ***예수의 이름****으로 담대히 말하였는지를 전하니라."*

사도행전 9:28-29 - *"사울이 제자들과 함께 있어 예루살렘에 출입하며 또* ***주 예수의 이름으로 담대히 말하고."***

사도행전 10:43 - *"그에 대하여 모든 선지자도 증언하되 그를 믿는 사람들이 다* ***그의 이름을 힘입어 죄 사함을 받는다*** *하였느니라."*

사도행전 15:17 - *"이는 그 남은 사람들과* ***내 이름으로 일컬음을 받는 모든 이방인들로*** *주를 찾게 하려 함이라 하셨으니."*

사도행전 15:25 - *"사람을 택하여 우리* ***주 예수 그리스도의 이름을 위하여 생명을 아끼지 아니하는 자인*** *우리가 사랑하는 바나바와 바울과 함께 너희에게 보내기를 만장일치로 결정하였노라."*

사도행전 16:18 - *"이같이 여러 날을 하는지라 바울이 심히 괴로워하여 돌이켜 그 귀신에게 이르되* ***예수 그리스도의 이름****으로 내가 네게 명하노니 그에게서 나오라 하니 귀신이 즉시 나오니라."*

사도행전 19:5 - *"그들이 듣고* ***주 예수의 이름으로 세례를 받으니."***

사도행전 19:13 - *"이에 돌아다니며 마술하는 어떤 유대인들이 시험삼아 악귀 들린 자들에게* ***주 예수의 이름****을 불러 말하되 내가 바울이 전파하는 예수를 의지하여 너희에게 명하노라 하더라."*

사도행전 19:17 - *"에베소에 사는 유대인과 헬라인들이 다 이 일을 알고 두려워하며* ***주 예수의 이름****을 높이고."*

사도행전 21:13 - *"바울이 대답하되 여러분이 어찌하여 울어 내 마음을 상하게 하느냐* ***나는 주 예수의 이름을 위하여*** *결박 당할 뿐*

아니라 예루살렘에서 죽을 것도 각오하였노라 하니."

사도행전 22:16 - *"이제는 왜 주저하느냐 일어나* ***주의 이름을 불러 세례를 받고*** *너의 죄를 씻으라 하더라."*

사도행전 26:9 - *"나도 나사렛* ***예수의 이름을 대적하여*** *많은 일을 행하여야 될 줄 스스로 생각하고."*

사도행전 8:14 "사도들이……베드로와 요한을 (사마리아로) 보내매."

베드로와 요한은 사도행전에서 중심되는 인물로 "무대의 중앙"에 있었으나 그들은 분명히 다른 사도들을 지배하는 자들이 아니었다. 반대로 그들은 다른 자들에게서 ***보냄을 받았다***. 여기서 그들은 다른 형제들에게 복종하는 자들로 보이고 있다.

사도행전 8:15, 17 "그들이 내려가서 그들(주 예수의 이름으로 세례 받은 이들)을 위하여 성령 받기를 기도하니……이에 두 사도가 그들에게 안수하매 성령을 받는지라."

이 사건이 당신의 신학을 혼란스럽게 하는가? (다른 때와 달리–이 사건에서) ***이들이*** 예수의 이름을 믿었고, 세례를 받았을 때 성령을 받지 ***않았는가?*** 성령을 나누어 주기 위해 (평신도가 아닌) 사도들의 도움이 필요하다고 볼 수는 없다. 다소의 사울은 분명히 다메섹에서 '평신도' 였던 아나니아에게 안수를 받았을 때에 성령을 충만히 받았다. 또한 고넬료와 그의 가속들은 ***안수함 없이*** 성령을 받았다.

우리는 혹시 성령의 역사에 대한 공식을 만들어 놓는 어리석음을 범하지는 않았는가? 그분은 어떻게 세례를 주시는지, 능력을 부어주시는지, 혹은 인도하시는지에 대한 ***우리의*** 설명에 복종하겠는가? 캠벨 모건(G. Campbell Morgan)은 이렇게 썼다. "우리가 성령의 사역의 임재 가운데 신비로워할 때에 우리는 진리의 중심에 더 가까이 가 있는 것이다." *"바람이 임의로 불매 네가 그 소리는 들어도 어디서 와서 어디로 가는지 알지 못하나니 성령으로 난 사람도 다 그러하니라"*(요 3:8).

이 구절들이 우리에게 말하는 것은 무엇인가? ***때때로*** 우리는 주님과 완전히 연합하기 위해 도움이 필요하다는 것이다. 베드로와 요한이 나타낸 은사는 어떤 것이었는가? 그것은 살아 계신 하나님을 만나기에 갈급해 하며 그를 찾는 자들을 돕는 것이었다.

사도행전 8:20-24 "네가 하나님의 선물을 돈 주고 살 줄로 생각하였으니……."

항상 일어나는 일이지만 우리를 파송한 나라에서 많은 돈을 교회나 선교단체에 헌금한 사람들은 하나님이 그들에게 복을 줄 것이라고 믿고 있다. 얼마나 많은 설교자들이 헌금 바구니에 돈을 넣는 것에 대해 그들을 축복을 하실 것이라고 약속하고 있는가?

"풍성하게 내십시오. 그러면 하나님이 당신을 축복하실 것입니다." 이것은 아주 오래된 전통적인 반쪽짜리 진리(half-truth)이다. 아마도 어쩌면 몇몇 사람들은 하나님이 그들의 아내를 버리고 더 나은 쾌락을 위해 새로운 여자와 결혼한 것에 대한 죄에 대해 하나님이 다르게 보실 것이라고 생각할 수도 있다.

당신의 도시에 '물질을 통해 하나님의 축복을 얻으려고' 하는 사람들에 대해 당신은 어떻게 보는가? 성경의 어떤 구절을 통해 그들의 어리석음을 일깨울 수 있을까? 성령께서 그들을 통해 사역하시는 데 방해하는 것은 무엇이고 어떤 것을 회개해야 하는가?

1. 하나님 앞에 바르지 않은 마음(그들 마음의 의도)

2. 악함–그들의 힘을 확장하고자 하는 의도?

3. 악독에 사로잡혀 있음–그들의 존경과 충성심을 그리스도와 베드로와 요한으로부터 시몬에게 돌이키려고 하는 악함.

4. 불의에 매임–세례를 받은 사람일지라도 아주 오랜 기간 동안 ***불의한 자***와 관계를 맺고 있을 경우 오래된 묶임을 풀기 위한 시간과 사역이 필요하다.

답은 무엇인가? ***죄***를 인식하고 죄를 지적하는 것이다. 자기 자신을 변명하고 당신의 태도와 행동에 대해 다른 사람을 비난하는 것이 아니라, 잘못된 동기나 소원에 대한 책임을 지고 주님을 불러 깨끗함을 얻고 변화하는 것이다.

사도행전 8:24

그렇게 할지라도 때로는 베드로와 요한과 같은 하나님의 사람이 그 사람을 하나님의 힘으로 변화시킬 때까지 강력하고 친밀하며 완벽한 사역이 필요할 수 있다. 오랜 시간 동안 사탄과 함께해 온 것은 아주 심각한 결과를 낼 수 있다.

사도행전 8:25 "두 사도가 주의 말씀을 [엄숙히(역주: NAS에는 solemnly가 포함되어 있음)] 증언하여 말한 후……."

'엄숙히 증언하였다' 는 표현이 눈길을 끈다. 누가는 여러 번 이 말을 사용했다.

사도행전 10:42 - *"우리에게 명하사 백성에게 전도하되 하나님이 살아 있는 자와 죽은 자의 재판장으로 정하신 자가 곧 이 사람*

인 것을 ***(엄숙히) 증언하게 하셨고.****"*

사도행전 18:5 - *"실라와 디모데가 마게도냐로부터 내려오매 바울이 하나님의 말씀에 붙잡혀 유대인들에게 예수는 그리스도라* ***밝히(엄숙히) 증언하니."***

사도행전 20:21 - *"유대인과 헬라인들에게 하나님께 대한 회개와 우리 주 예수 그리스도께 대한 믿음을* ***(엄숙히) 증언한 것이라."***

긴급한 느낌, 즉 사람들에게 그들이 위험에 처해 있다는 사실을 ***경고하는*** 분위기를 강조한다. 주 예수가 배타적인 유일한 희망이라는 사실을 묵상해 보길 바란다. 그분은 인간의 딜레마를 해결하는 유일한 방법이다. 당신의 메시지는 확실하게 이것을 밝히고 있는가? 무함마드는 그 자신을 '경고자'라고 말했다. 그렇다면 우리는 얼마나 더한가? 당신은 당신의 이웃들, 혹은 당신이 일하는 곳에서 *"길과 진리와 생명"*(요 14:6)에 대해 **'엄중하게 증언하는'** 경고자로서 알려져 있는가? 다음의 경고문을 당신의 성경에 적어 놓으라.

> "우리의 구주이신 하나님은 모든 인간이 구원을 받기 원하시며 진리에 이르는 길에 이르기를 원하신다. 유일하신 하나님과 인간 사이를 단 한 분의 중보자이신 예수 그리스도는 인간이시며 자기 자신을 대속물로 모든 이들을 위해 주셨다. 이 증거는 때가 되어 주어진 것이다. 이 진리를 선포하기 위해 나는 선포자와 개척 선교사(그리스도를 알지 못하는 자 가운데 있는) 나라의 교사로 부름을 받았다."

25절 "두 사도가……사마리아인의 여러 마을에서 복음을 전하니라."

어떤 선교 이론은 도시를 강조한다. 많은 나라들에는 대다수의 인구가 도시로 몰려와 살고 있다. 그러나 우리 주님은 결코 마을을 잊지 않으셨다. 당신 주변에 있는 마을에 있는 사람들은 하나님의 증인들과 가장 적게 접촉하는 자들이다. 도시에서 그리스도께 나온 많은 이들은 아직도 적어도 한두 명의 친척들이 시골에 남아 있다. 당신은 그들이 마을로 돌아가 그리스도의 대사로 사람들을 돕도록 하는 데 어떤 일을 하고 있는가? 그들은 처음 몇 번 그들과 함께 갈 빌립과 같이 전도자의 은사를 가진 사람이 필요할지도 모른다.

사마리아인을 보자. 여기서 우리는 하나님이 세계를 지정학적 개념으로 보시지 않고 나라와 민족과 종족(씨족)과 방언으로 보신다는 것을 확인할 수 있다. 때때로 우리는 우리 마을에 교회가 있기 때문에 우리의 과업이 완수되었다고 생각한다. 그러나 당신이 사는 나라의 지역에 사는 ***각*** 종족 사람들에게 접근할 수 있는 신자 모임이 있는가? 누가 그들의 언어를 구사하는가? 누가 그들과 쉽게 어울릴 수 있는가? 그들 씨족, 혹은 종족을 위한 새로운 가정교회에 초대할 수 있는 다른 배경을 가진 사람들의 모임이 있는가? 사마리아인들은 유대인 회당에 들어갈 수 없었으며, 유대인 가정에 들어가고 싶어하지도 않았다. 따라서 우리는 하나님께서 그의 종을 지시해 새로운 종족 그룹으로 들어가라고 하신 것을 보게 된다. "예루살렘과 유대와 ***사마리아***와 땅 끝까지."

사도행전 8:26-40 에티오피아 국고를 맡은 관리인 내시

많은 군중으로부터(행 8:6) 마을로(행 8:25), 그리고 한 사람에게 이른다. 그러나 이 사람이 단지 한 사람은 아니었다. 이 한 사람은 *'예루살렘에 예배하러 왔던'* 사람이었다. 이 사람은 간다게 여왕의 왕궁 신하로서 의심할 바 없이 많은 개인적인 재산을 쓰면서 그의 휴가를 보내고 있었으며, 유대인의 절기인 오순절에 참가함으로써 하나뿐이시며 참되신 유대인의 하나님에 대한 지식을 구하고 그를 경배하기 원하는 자였다.

로마 제국 전역의 주요한 중심지 가운데에는 유대인들이 사는 150여 개의 식민지가 있었다. 많은 헬라파 유대인들은 이러한 도시로부터 예루살렘에 와서 유대인 명절을 즐겼다. 에티오피아인도 이러한 유대인인가? 아니면 한 분이시며 참되신 하나님을 경배하기 위해 개종한 경건한 이방인인가? 어떠한 경우라도 그는 구도자(seeker)였다. 사막에서 성경을 읽고 감동을 받은 이는 그밖에 없었다.

그는 분명 마음을 다하여 하나님께 기도하기를, 그에게 더 밝은 빛을 비춰주시기를 기도하였을 것이다. 하나님은 그의 기도를 들으시고 빌립에게 말씀하여 사마리아 마을에서 매우 활기차게 진행되는 사역을 내려놓고 예루살렘에서 가사로 내려가는 길로 떠나라고 말씀하셨다. 이것은 하나님이 수년간 준비해 오신 한 사람과의 '거룩한 약속' (divine appointment)이라고 말할 수 있다. 구원자는 누가 그를 간절히 찾는가를 아신다. 우리는 빌립과 같이 충분히 올바른 장소와 올바른 시간에 있게 하시는 성령에 민감한가?

"그는 빌립에게 수레에 올라 같이 앉으라고 청하였다." 우리는 너무나 자주 '문을 여시면 결코 닫을 자가 없는' (계 3:8) 하나님께 온전히 의지하는 대신 억지로 문을 열려고 하는 때가 많다. 우리 하나님의 '방법' 은 언제나 도움을 청하는 누군가에 대해 반응하는 것

이다. 빌립은 단순히 질문하였다. *"읽는 것을 깨닫느냐?"* 이 질문은 무슬림이나 힌두교도나 불교도에게도 무례한 질문이 아니다.

당신의 친구에게 그들이 좋아하는 언어로 쓰여진 신약성경을 주고 그들에게 그것을 설명하기를 제안해 보라. 나에게는 시리아 출신의 무슬림 배경의 신자가 있는데 나는 그에게 다른 무슬림들에게 전 세계에 있는 모든 교육 받은 사람들이 성경을 읽는다고 강조하며 성경을 읽어볼 것을 제안하곤 한다. 그들이 성경을 구할 수 없다고 불평할 때면, 그들이 성경을 읽겠다고 한다면 성경을 찾는 수고를 기꺼이 함께 하겠다고 말한다.

"이 글에서 시작하여 예수를 가르쳐 복음을 전하니"(35절). 우리는 언제나 사람들이 생각하고 있는 부분에서 시작해야 하고 주 예수가 누구인지, 어떻게 그가 삶의 기본적인 문제에 대해 대답하시는지에 대해 이해할 수 있는 곳으로 한 걸음 한 걸음 인도해야 한다. 어떻게 그분은 홀로 죄 사함의 필요를 충족하며, 이타적인 삶을 살고 영원한 생명을 얻을 수 있는 힘을 주실 수 있는가? 당신은 당신이 품은 종족과 함께 이 일을 할 수 있겠는가? 그것을 당신의 목표로 삼으라.

사도행전 8:36 "내가 세례를 받음에 무슨 거리낌이 있느냐."

"만일 당신이 당신의 모든 마음으로 믿는다면 그렇게 할 수 있다." "나는 주 예수가 하나님의 아들이심을 믿나이다."

사도행전에서 증인들이 얼마나 빨리 근거들을 설명하는지 놀라울 따름이다. 그들은 우리보다 복음을 입증하는 데 더 일을 잘해내었던 자들인가? 아니면 성령께서 듣는 자들의 마음에 빛을 비추심으로 그렇게 ***빨리*** 되었는가? 왜 우리의 증거는 그렇게도 더디 되어 보이는 것일까? 빌립은 여기에서 아무 기적도 행하지 않았다(그 내시는 빌립이 그곳에 어떻게 이르렀는지 알지 못했다.). 왜 우리와 같은 선교사들에게는 한 사람이 세례를 받는 데 오랜 시간이 걸리는 것일까? 당신이라면 주님께서 이 문제에 대해 말씀하시기 위해 얼마나 기다릴 것인가?

'전심으로 믿는' 신자와 함께 일하는 구도자에 대해 당신은 어떻게 분별할 수 있겠는가? 그러한 지표는 무엇인가? 세례를 간절히 원하는 것이 하나의 징표가 될 수 있다. 특별히 그것이 박해를 불러 일으킬 수 있을 때에는 더더욱 그렇다. 왜 새로운 신자들은 *'내가 예수 그리스도를 하나님의 아들로 믿습니다'*(행 9:20)라는 선언을 할 수 있어야 하는가?

> 즉시로 각 회당에서 예수가 하나님의 아들이심을 전파하니(행 9:20).
>
> 누구든지 예수를 하나님의 아들이라 시인하면 하나님이 그의 안에 거하시고 그도 하나님 안에 거하느니라(요일 4:15).

이 구절들은 우리와 같이 예수가 ***하나님의 아들***이라고 고백하기를 두려워하는 무슬림들과 함께 일하는 자들에게 무엇을 말하고 있는가?

마태복음 4:3 - *"시험하는 자가 예수께 나아와서 이르되 네가 만일 하나님의 아들이어든 명하여 이 돌들로 떡덩이가 되게 하라."*

마태복음 4:6 - *"이르되 네가 만일 하나님의 아들이어든 뛰어내리라 기록되었으되 그가 너를 위하여 그의 사자들을 명하시리니 그*

들이 손으로 너를 받들어 발이 돌에 부딪치지 않게 하리로다 하였느니라."

마태복음 8:29 - *"이에 그들이 소리 질러 이르되 하나님의 아들이여 우리가 당신과 무슨 상관이 있나이까 때가 이르기 전에 우리를 괴롭게 하려고 여기 오셨나이까 하더니."*

마태복음 14:33 - *"배에 있는 사람들이 예수께 절하며 이르되 진실로 하나님의 아들이로소이다 하더라."*

마태복음 26:63 - *"예수께서 침묵하시거늘 대제사장이 이르되 내가 너로 살아 계신 하나님께 맹세하게 하노니 네가 하나님의 아들 그리스도인지 우리에게 말하라."*

마태복음 27:40 - *"이르되 성전을 헐고 사흘에 짓는 자여 네가 만일 하나님의 아들이어든 자기를 구원하고 십자가에서 내려오라 하며."*

마태복음 27:43 - *"그가 하나님을 신뢰하니 하나님이 원하시면 이제 그를 구원하실지라 그의 말이 나는 하나님의 아들이라 하였도다 하며."*

마태복음 27:54 - *"백부장과 및 함께 예수를 지키던 자들이 지진과 그 일어난 일들을 보고 심히 두려워하여 이르되 이는 진실로 하나님의 아들이었도다 하더라."*

마가복음 1:1 - *"하나님의 아들 예수 그리스도의 복음의 시작이라."*

마가복음 3:11 - *"더러운 귀신들도 어느 때든지 예수를 보면 그 앞에 엎드려 부르짖어 이르되 당신은 하나님의 아들이니이다 하니."*

누가복음 1:35 - *"천사가 대답하여 이르되 성령이 네게 임하시*

고 지극히 높으신 이의 능력이 너를 덮으시리니 이러므로 나실 바 거룩한 이는 하나님의 아들이라 일컬어지리라."

누가복음 3:38 - *"그 위는 에노스요 그 위는 셋이요 그 위는 아담이요 그 위는 하나님이시니라."*

누가복음 4:41 - *"여러 사람에게서 귀신들이 나가며 소리 질러 이르되 당신은 하나님의 아들이니이다 예수께서 꾸짖으사 그들이 말함을 허락하지 아니하시니 이는 자기를 그리스도인 줄 앎이러라."*

누가복음 22:70 - *"다 이르되 그러면 네가 하나님의 아들이냐 대답하시되 너희들이 내가 그라고 말하고 있느니라."*

요한복음 1:34 - *"내가 보고 그가 하나님의 아들이심을 증언하였노라 하니라."*

요한복음 1:49 - *"나다나엘이 대답하되 랍비여 당신은 하나님의 아들이시요 당신은 이스라엘의 임금이로소이다."*

요한복음 5:25 - *"진실로 진실로 너희에게 이르노니 죽은 자들이 하나님의 아들의 음성을 들을 때가 오나니 곧 이 때라 듣는 자는 살아나리라."*

요한복음 11:27 - *"이르되 주여 그러하외다 주는 그리스도시요 세상에 오시는 하나님의 아들이신 줄 내가 믿나이다."*

요한복음 19:7 - *"유대인들이 대답하되 우리에게 법이 있으니 그 법대로 하면 그가 당연히 죽을 것은 그가 자기를 하나님 아들이라 함이니이다."*

요한복음 20:31 - *"오직 이것을 기록함은 너희로 예수께서 하나님의 아들 그리스도이심을 믿게 하려 함이요 또 너희로 믿고 그 이름을 힘입어 생명을 얻게 하려 함이니라."*

로마서 1:4 - *"성결의 영으로는 죽은 자들 가운데서 부활하사 능력으로 하나님의 아들로 선포되셨으니 곧 우리 주 예수 그리스도시니라."*

고린도후서 1:19 - *"우리 곧 나와 실루아노와 디모데로 말미암아 너희 가운데 전파된 하나님의 아들 예수 그리스도는 예 하고 아니라 함이 되지 아니하셨으니 그에게는 예만 되었느니라."*

갈라디아서 2:20 - *"내가 그리스도와 함께 십자가에 못 박혔나니 그런즉 이제는 내가 사는 것이 아니요 오직 내 안에 그리스도께서 사시는 것이라 이제 내가 육체 가운데 사는 것은 나를 사랑하사 나를 위하여 자기 자신을 버리신 하나님의 아들을 믿는 믿음 안에서 사는 것이라."*

에베소서 4:13 - *"우리가 다 하나님의 아들을 믿는 것과 아는 일에 하나가 되어 온전한 사람을 이루어 그리스도의 장성한 분량이 충만한 데까지 이르리니."*

히브리서 4:14 - *"그러므로 우리에게 큰 대제사장이 계시니 승천하신 이 곧 하나님의 아들 예수시라 우리가 믿는 도리를 굳게 잡을지어다."*

히브리서 7:3 - *"아버지도 없고 어머니도 없고 족보도 없고 시작한 날도 없고 생명의 끝도 없어 하나님의 아들과 닮아서 항상 제사장으로 있느니라."*

히브리서 10:29 - *"하물며 하나님 아들을 짓밟고 자기를 거룩하게 한 언약의 피를 부정한 것으로 여기고 은혜의 성령을 욕되게 하는 자가 당연히 받을 형벌은 얼마나 더 무겁겠느냐 너희는 생각하라."*

요한일서 3:8 - *"죄를 짓는 자는 마귀에게 속하나니 마귀는 처음*

부터 범죄함이라 하나님의 아들이 나타나신 것은 마귀의 일을 멸하려 하심이라."

요한복음 5:5 - *"예수께서 하나님의 아들이심을 믿는 자가 아니면 세상을 이기는 자가 누구냐?"*

요한일서 5:10 - *"하나님의 아들을 믿는 자는 자기 안에 증거가 있고 하나님을 믿지 아니하는 자는 하나님을 거짓말하는 자로 만드나니 이는 하나님께서 그 아들에 대하여 증언하신 증거를 믿지 아니하였음이라."*

요한일서 5:12 - *"아들이 있는 자에게는 생명이 있고 하나님의 아들이 없는 자에게는 생명이 없느니라."*

요한일서 5:13 - *"내가 하나님의 아들의 이름을 믿는 너희에게 이것을 쓰는 것은 너희로 하여금 너희에게 영생이 있음을 알게 하려 함이라."*

요한일서 5:20 - *"또 아는 것은 하나님의 아들이 이르러 우리에게 지각을 주사 우리로 참된 자를 알게 하신 것과 또한 우리가 참된 자 곧 그의 아들 예수 그리스도 안에 있는 것이니 그는 참 하나님이시요 영생이시라."*

요한계시록 2:18 - *"두아디라 교회의 사자에게 편지하라 그 눈이 불꽃 같고 그 발이 빛난 주석과 같은 하나님의 아들이 이르시되."*

한 신학교 교수가 나에게, 만일 우리가 무슬림 가운데 효과적인 사역을 하기 원한다면 우리가 신약성경에서 ***'하나님의 아들'*** 이라는 구절을 빼버리면 된다고 말했다. 그러나 언제 우리가 성경을 바꿀 권리를 가진 적이 있는가? 만일 하나님이 말씀하셨다면 우리는 반드시 그의 인도를 따라야 한다.

사도행전 8:40 "빌립은 아소도에 나타나 여러 성을 지나 다니며 복음을 전하고……."

전도자가 그렇게 하듯이 빌립은 사람들에게 *'다가올 진노'* 에서 어떻게 사람들이 ***피할 수 있는지***에 대해 간절히 말하며, 세례를 베풀고 계속해서 전진하였다. 우리 모든 팀의 노력에는 직접적으로 복음을 전하는 전도자가 필요하다. 그러나 전도자들은 장기적인 양육의 사역을 남겨 놓고 떠나는 경향이 있다. 만일 모든 이들이 전도자라면 새로운 신자들이 그리스도의 장성한 분량에 이르기까지 양육을 할 자는 없을 것이다. 따라서 교회 개척은 거의 이루어지지 않을 것이며, 양떼는 흩어질 것이다. 그것이 바로 목양이 필요한 이유이다(엡 4:11을 보라.).

여러분 중에 몇몇은 한 번도 실제로 '그리스도께로 영혼을 인도한 적' 이 없거나 '복음을 주기적으로 전한 적' 이 있다고 말하지 못하는 이들이 있을 수 있다. 그러나 하나님이 당신을 선택하셨으며 이 후의 사역에 뒤따라오는 교회 개척의 단계에 기여하는 은사를 위해 부름을 받았다는 것을 알고 있다. 만약에 누군가 새로운 신자와 수백 시간을 함께 보내지 않는다면 우리는 결코 그리스도의 대위명령을 성취하거나 하나님이 당신을 보내신 민족의 운동이 일어나는 것을 결코 볼 수 없을 것이다.

9장

사도행전 9:1-2 “사울이 주의 제자들에 대하여 여전히 위협과 살기가 등등하여…….”

랍비 사울은 심지어 여자들을 포함한 예수의 제자를 체포하여 죄수와 같이 예루살렘으로 결박하여 끌고가서 그들을 ***사형에 처하도록*** 하기 위해 공문을 요청하였다. 이것이 ‘살인’ 과 무엇이 다른가?

우리 중 일부는 지방 경찰서장이 우리의 비자를 몇 달 더 갱신하기 위한 신청서와 함께 우리를 보자고 하는 것에 대해 지독하다고 생각하는 사람도 있을 것이다. 우리는 무슬림 기자가 아픈 사람들에게 돈을 줘서 개종을 시켰거나 치료를 받기 거부한다고 주장하는 것에 대해 매우 화를 낸다. 한번은 선교사가 성경공부를 한다는 명목 아래 무슬림 여성을 겁탈했다는 글을 읽은 적이 있다.

만일 3분의 1이나 되는 하나님의 천사들이 루시퍼의 미혹에 넘어갔다면, 랍비 사울과 같은 특출난 종교지도자가 기독교인 ‘짐승들’ 에게서 그들의 양들을 보호하고자 결심하며 난폭하게 행동하는 것에 대해 놀라워할까? 예수는 경건한 종교지도자들이 사탄에 의해 조종당할 것이라고 말씀하셨다(요 16:2을 보라.).

2절 "다메섹 여러 회당에 가져갈 공문을 청하니 이는 만일 그 도를 따르는 사람을 만나면 남녀를 막론하고 결박하여 예루살렘으로 잡아오려 함이라."

분명히 예루살렘에서 그들 생명을 구원하기 위해 도망간 자들 중에는 고향의 회당으로 돌아가 요한복음 14장 6절의 말씀을 믿는 자가 있었을 것이다. 그들은 친구와 친척들에게 최근 십자가에 못 박혔다가 죽은 자 가운데서 살아난 나사렛 예수가 '길과 진리와 (영생의 근원 되신) 생명'이라는 사실을 말하였을 것이다. 그들은 서로 서로 연결되어 있었을 것이며, 사람들은 '그 도'를 믿는 공동체에 소속된 자들을 알고 있으므로 그의 이름으로 모이는 가정 모임을 지속하였다(2:41 이하 "그 도"를 보라.).

사도행전 9:3 "사울이 길을 가다가 다메섹에 가까이 이르더니 홀연히 하늘로부터 빛이 그를 둘러 비추는지라."

사도행전 4장에서 사로잡힌 이후 신자들의 기도를 기억하라. 신자들이 무시무시한 랍비 사울의 개종(혹은 제거)을 위해 성도들이 기도하는 모습을 상상할 수 있지 않는가? "주님 그 사람을 낮추어 주십시오. 당신 자신을 나타내 보이시옵소서. 그의 높은 말을 거꾸러 뜨리시옵소서." 기도에 대한 응답을 보라.

> 나로 말미암아 너희를 욕하고 박해하고 거짓으로 너희를 거슬러 모든 악한 말을 할 때에는 너희에게 복이 있나니……(마 5:11).
>
> 나는 너희에게 이르노니 너희 원수를 사랑하며 너희를 박해하는 자를 위하여 기도하라(마 5:44).

사울이 주님을 만난 사건에 대해 더 자세한 내용을 이해하기 위해 다음을 비교하라.

사도행전 26:9 - *"나도 나사렛 예수의 이름을 대적하여 많은 일을 행하여야 될 줄 스스로 생각하고."*

사도행전 26:10-12 - *"예루살렘에서 이런 일을 행하여 대제사장들에게서 권한을 받아 가지고 많은 성도를 옥에 가두며 또 죽일 때에 내가 찬성 투표를 하였고 또 모든 회당에서 여러 번 형벌하여 강제로 모독하는 말을 하게 하고 그들에 대하여 심히 격분하여 외국성에까지 가서 박해하였고 그 일로 대제사장들의 권한과 위임을 받고 다메섹*(이 너무도 대단한 종교적 게슈타포가 다메섹에 가는 길에서 하나님이 그를 막아서기 전까지 얼마나 많은 도시에서 사람들을 끌고 갔는가?)으로 *갔나이다."*

사도행전 26:14 - *"우리가 다 땅에 엎드러지매 내가 소리를 들으니 히브리말로 이르되 사울아 사울아 네가 어찌하여 나를 박해하느냐 가시채*(원하는 방향으로 동물들을 이끌기 위해 찌르는 막대기나 창)를 *뒷발질하기가 네게 고생이니라."*

사도행전 26:15 - *"내가 대답하되 주님 누구시니이까 주께서 이르시되 나는 네가 박해하는 예수라."*

사도행전 22:10 - *"내가 이르되 주님 무엇을 하리이까? 주께서 이르시되 일어나 다메섹으로 들어가라 네가 해야 할 모든 것을 거기서 누가 이르리라 하시거늘."*

사도행전 26:16-19 - *"일어나 너의 발로 서라 내가 네게 나타난 것은 곧 네가 나를 본 일과 장차 내가 네게 나타날 일에 너로 종과 증인을 삼으려 함이니 이스라엘과 이방인들에게서 내가 너를 구원하여 그들에게 보내어 그 눈을 뜨게 하여 어둠에서 빛으로, 사탄의*

권세에서 하나님께로 돌아오게 하고 죄 사함과 나를 믿어 거룩하게 된 무리 가운데서 기업을 얻게 하리라 하더이다 아그립바 왕이여 그러므로 하늘에서 보이신 것을 내가 거스르지 아니하고."

여기서 진정한 개종과 회심에는 어떠한 것이 포함되는지 살펴보라. 이것은 머리가 아플 때 아스피린을 먹으면 두통이 없어질 것이라는 기대와 같은 현대의 몇 마디 기도를 중얼거림으로 '그리스도를 영접하는' 졸렬한 모조품이 아니다.

"주여 누구시니이까?" 사울은 한 분이시며 참되신 하나님이 ***누구신가***에 대한 정확한 이해를 원했다. 그는 그가 십자가에 못박았던 같은 예수 그리스도가 아니라는 점을 확인했다. 도마가 발견했던 순간 *"나의 주, 나의 하나님"*(요 20:28)이라고 외쳤던 것과 비교해보라.

"주님 무엇을 하리이까?" 이것이 누군가 참된 하나님을 만났을 때 할 수 있는 유일한 반응이다. 만일 당신의 제자들이 지도나 가르침을 (혹은 단순한 축복을) 요구하지 않는다면 당신은 그들의 회심을 의심할 수 있을 것이다.

사도행전 9:6 "네가 행할 것을 네게 이를 자가 있느니라."

"너는 소경이었으며, 당황하고 잠시 동안 혼란스러울지 모른다. 그러나 너는 내 종이며, 너의 인생의 나머지 시간 동안의 사명을 위해 너는 인도함을 받을 것이다."

사도행전 9:10 "그때에 다메섹에 아나니아라 하는 제자가 있더니……."

당신은 이 이야기를 기다렸을 것이다. 영웅은 유명한 베드로나 바울, 요한이나 빌립이 아니다. 그들은 단순히 *'하나의 제자'* 였을 뿐이다. 우리 모두는 이 직분에 합당한 자들이다. 그러나 아나니아는 ***진정어린*** 제자였으며, 하나님을 기쁘시게 하기에 갈급한, 하나님께 쓰임받는 자였다. 그는 "이에서 더 나아가" 전적으로 그리스도께 헌신된 자였다. 그리고 이렇게 고백했을 것이다. "주님, ***제가*** 무엇을 하기를 원하시나이까?" *"제가 여기 있나이다."* 그러나 그가 하나님께 임무를 부여받았을 때 그는 그것이 그가 원하던 것이었는지 의심하였다.

얼마나 많이 우리는 하나님께 우리가 어디든, 언제든, 어찌하든지 가겠다고 말하였는가? 버려진 아프가니스탄과 소말리아와 시베리아와 모르테니아와 말리에 있는 아나니아와 같이, 우리는 우리를 보내시는 곳에 대하여 하나님의 지혜를 의심하지 않는가?

사도행전 9:13 "(그러나) 주여……."

아나니아는 아마도 이렇게 생각했을지도 모른다.

"제 생각에는 아마도 당신이 첫 번째 실수를 하시는 것 같습니다. 하지만 저는 이 일이 저의 일이 아니길 바랍니다. 부탁하건대 주님께 사울이란 사람이 얼마나 무시무시한 사람인지 알려드리게 해주십시오. 그는 살인자이며 지금 이 순간에 저희 신자들 모두가 숨는 것이 지혜로운 방법입니다……당신도 아시다시피 적절한 안전에 대한 대비를 하는 것이 필요합니다."

이것을 생각해 보라. 몇 번이나 하나님이 운영하시는 상황에 대해 반응을 하였는지, 아니면 ***무시하였는지…….*** 어려움을 받아들였는가, 아니면 (전체 그림을 볼 수 있는 능력이 없다고 느끼거나 당신이 취할 수 있는 것이 무엇인지 이해하지 못한다고 생각하며) 하나님이 아주 큰 실수를 하셨다고 느꼈는가?

만약에 아나니아가 순종하지 않았다면 어떻게 되었을까? 만약에 그가 속임수에 빠지는 위험을 감수하지 않으려고 했다면 어떻게 되었을까? 그에게 말씀하신 분이 정말 하나님이었는가? 아니면 사탄이었는가? 만일 그가 그의 가족을 보호하기 위해 '지혜로운' 결정을 하고 조용히 도시를 빠져나갔다면 어떻게 되었을까?

단지 사람의 기준에서 볼 때, '그리스도와의 경험' 을 하고 제단에서 들려오는 음성을 향해 나아갔다. 그러나 집으로 돌아갔다가 그들을 양육하는 사람이 없이 방황하는 자들이 얼마나 많은가? 그가 생각하기에는 사울의 가족과 그와 교제하던 사람들은 그가 정신적으로 이상하다고 받아들였을 것이다. 그는 너무나 열정으로 충만했고, 따라서 그는 예수를 '보았고', '들었다고' **상상**하였다. 적당한 휴식과 그가 가진 종교에서 중용을 지킨다면 그는 곧 좋아질 것이다.

사도행전 9:15 "그러나 주께서 아나니아에게 말씀하시기를 가라……."

하나님의 지혜가 부족하다는 질문이나 토론의 시기는 끝났다. 단순히 아무 질문 없이 순종해야 하는 순간이 왔다. 아나니아가 하나님의 성령에 이끌리어 즉각적으로 순종했다는 사실로 인해 감사해야 한다.

> 율법에 따라 경건한 사람으로 거기 사는 모든 유대인들에게 칭찬을 듣는 아나니아라 하는 이가 내게 와 곁에 서서 말하되 형제 사울아 다시 보라 하거늘 즉시 그를 쳐다보았노라 그가 또 이르되 우리 조상들의 하나님이 너를 택하여 너로 하

여금 자기 뜻을 알게 하시며 그 의인을 보게 하시고 그 입에서 나오는 음성을 듣게 하셨으니 네가 그를 위하여 모든 사람 앞에서 네가 보고 들은 것에 증인이 되리라 이제는 왜 주저하느냐 일어나 주의 이름을 불러 세례를 받고 너의 죄를 씻으라 하더라(행 22:12-16).

하나님은 우리 인생에서 정말 하기 싫은 일을 행하게 하시는가? 사울은 "예수의 이름을 전하라"는 명령을 받았다. 이것은 그가 그도를 따르는 자들을 잡기 위한 이단적인 행동이었다! (행 9:14, 21을 보라.)

사도행전 9:15 "가라 이 사람은 내 이름을 이방인과 임금들과 이스라엘 자손들에게 전하기 위하여 택한 나의 그릇이라."

이것은 저자이신 하나님이 성경에서 유일하게 '택한 도구'라는 구절을 사용하신 부분이다. 우리가 하늘의 *'셀 수 없는 수많은 사람들'*과 함께 있을 때에 우리가 아나니아와 함께 커피를 마시고 있다고 생각해 보라. "당신은 바로 사도 바울에게 세례를 주고 주님을 향해 가도록 한 사람이 아닌가?" 당신과 나는 사울과 같은 사람은 아니다. 그러나 우리는 적어도 '한 제자'이다. 우리는 '주님의 은혜로' 아나니아와 같이 그들 종족을 위해 (그리고 새로운 미전도 종족을 향해) 강력하게 쓰임받는 사람을 찾고 격려하는 사람으로 쓰임받을 수 있다.

깨닫기는, 스페인과 인도, 레바논, 이집트, 말레이시아, 모로코와 같은 지역에서 사역할 때에 나의 가장 큰 기쁨은 하나님께서 우리의 기도에 응답하시고 우리를 그의 '택하신 도구'가 되게 하시어 그들 지역에서 '다른 이들을 가르치는 신실한 자' 로 지금까지 삼으셨다는 것이다. 내 친구 딕 스코긴스가 말하였다. "당신은 세워지는 교회로부터 떨어져 있는 유일한 사람입니다."

사도행전 9:16 "그가 내 이름을 위하여 얼마나 고난을 받아야 할 것을 내가 그에게 보이리라."

여기에 '복잡한 감정' 의 예가 나온다. 좋은 소식은 당신이 특별히 하나님이 쓰실 택한 도구라는 사실이다. 그러나 나쁜 소식은 이 사명과 함께 엄청난 고난이 올 것이라는 사실이다.

어떤 학자들은 사울의 첫 번째 고통이 이혼을 하는 것이었다고 해석하기도 한다. 아마도 그는 그와 같이 하나님께 헌신한(열광적인) 아내를 갖고 있었을 것이다. 그녀와 그녀의 가족들이 사울이 세례를 받았고 실제로 예수가 '하나님의 아들' 이라는 사실을 전하고 다녔다는 사실을 알았을 때 그녀는 사울에게 그녀를 선택하든지, 아니면 '이 예수' 를 선택하고 다니든지 결정을 하라고 요구했을 것이다. 어떻게 그녀는 사울이 죽음에 합당하다고 말한 신성모독의 죄를 지은 남자와 결혼을 지속할 수 있다는 말인가?

왜 우리는 사울이 결혼을 했다고 가정을 하는가?

1. 산헤드린의 일원들은 모두 결혼을 한 사람들이었다.

2. 고린도전서 7장 15절에서 믿지 않는 자와의 이혼에 대해 가르친다.

사울이 결혼한 사람이었다면 아이들을 낳았을까? 그는 다시 아이들을 보았을까?

하나님의 초기 선교사들로서 주 예수를 제외하고 우리의 가장 큰 모델로 삼는 사람은 왜 그의 이름을 위해 ***고난을 받는*** 사람으로 부름을 받았을까?

당신이 당하는 것과 그의 경험을 비교해 보라.

고린도후서 6:4-6 - *"오직 모든 일에 하나님의 일꾼으로 자천하여 많이 견디는 것과 환난과 궁핍과 고난과 매 맞음과 갇힘과 난동과 수고로움과 자지 못함과 먹지 못함 가운데서도"*

고린도후서 6:8-10 - *"영광과 욕됨으로 그러했으며 악한 이름과 아름다운 이름으로 그러했느니라 우리는 속이는 자 같으나 참되고 무명한 자 같으나 유명한 자요 죽은 자 같으나 보라 우리가 살아 있고 징계를 받는 자 같으나 죽임을 당하지 아니하고 근심하는 자 같으나 항상 기뻐하고 가난한 자 같으나 많은 사람을 부요하게 하고 아무 것도 없는 자 같으나 모든 것을 가진 자로다."*

고린도후서 11:23-28 - *"그들이 그리스도의 일꾼이냐 정신 없는 말을 하거니와 나는 더욱 그러하도다 내가 수고를 넘치도록 하고 옥에 갇히기도 더 많이 하고 매도 수없이 맞고 여러 번 죽을 뻔하였으니 유대인들에게 사십에서 하나 감한 매를 다섯 번 맞았으며 세 번 태장으로 맞고 한 번 돌로 맞고 세 번 파선하고 일 주야를 깊은 바다에서 지냈으며 여러 번 여행하면서 강의 위험과 강도의 위험과 동족의 위험과 이방인의 위험과 시내의 위험과 광야의 위험과 바다의 위험과 거짓 형제 중의 위험을 당하고 또 수고하며 애쓰고 여러 번 자지 못하고 주리며 목마르고 여러 번 굶고 춥고 헐벗었노라 이 외의 일은 고사하고 아직도 날마다 내 속에 눌리는 일이 있으니 곧 모든 교회를 위하여 염려하는 것이라."*

한 시간 정도 시간을 내어 고난에 대한 당신의 신학을 정리해 보라. 당신이 사도행전과 신약성경에서 읽었던 것과 얼마나 가까운가? 사울의 열망을 묵상하라.

빌립보서 1:29-30 - *"그리스도를 위하여 너희에게 은혜를 주신 것은 다만 그를 믿을 뿐 아니라 또한 그를 위하여 고난도 받게 하려 하심이라 너희에게도 그와 같은 싸움이 있으니 너희가 내 안에서 본 바요 이제도 내 안에서 듣는 바니라."*

빌립보서 3:8-11 - *"또한 모든 것을 해로 여김은 내 주 그리스도 예수를 아는 지식이 가장 고상하기 때문이라 내가 그를 위하여 모든 것을 잃어버리고 배설물로 여김은 그리스도를 얻고 그 안에서 발견되려 함이니 내가 가진 의는 율법에서 난 것이 아니요 오직 그리스도를 믿음으로 말미암은 것이니 곧 믿음으로 하나님께로부터 난 의라 내가 그리스도와 그 부활의 권능과 그 고난에 참여함을 알고자 하여 그의 죽으심을 본받아 어떻게 해서든지 죽은 자 가운데서 부활에 이르려 하노니."*

사도행전 9:18 "일어나 세례를 받고."

분명히 이 구절은 전통적인 '세례의 요건' 에 대해 다시 한 번 생각하게 만든다. 그들은 이것이 이 계급에 침투하려는 엄청난 계락이 아니라는 사실을 어떻게 알았을까? 이 시점에서 어떠한 성령의 열매가 나타났을까? 사도행전 22장 16절에 의하면 세례 받기를 요청하는 것은 사울이 아니었으며 아나니아의 ***요청***을 받아들인 것이라는 점이다. *"이제는 왜 주저하느냐 일어나 주의 이름을 불러 세례를 받고 너의 죄를 씻으라 하더라"*(행 22:16).

한 사람의 회심 가운데 하나님의 도구라는 마음의 확신이 있었으며 '주 예수께 복종하는' 순종적인 마음이 있었다. 이 때문에 사도행전에서의 다른 이들과 같이 위험을 감수하며 원하는 즉시 세례를 준 것이다.

사도행전 9:19 "……사울이 다메섹에 있는 제자들과 함께 며칠 있을새."

일반적인 서양의 교회가 '그리스도를 그들의 삶 가운데 초청한' 이후 20분 정도 대화를 나누는 것과 *'제자들과 며칠 동안 함께 있던 것'* 과 비교하여 보라. 당신은 마지막으로 가즈니나 광저우, 혹은 구르란와라의 신자들과 며칠 밤낮을 보냈는가? 이것은 왜 우리가 새로운 신자들을 하나님의 말씀으로 *"모든 무거운 것과 얽매이기 쉬운 죄를 벗어 버리고 인내로써 우리 앞에 당한 경주를 하도록"* (히 12:1) 돕는 데 효과적이지 않는가 하는 이유가 아닌가?(막 3:14를 보라.)

사도행전 9:20 "즉시로 각 회당에서 예수가 하나님의 아들이심을 전파하니."

그의 명성과 유명세를 전혀 걱정하지 않아도 되는 사울은 손님을 초대해 말씀을 듣는 유대인 관습을 통해 유대인 공동체에 선생으로서 말할 기회를 얻었다. 예루살렘 대제사장의 잘 알려진 대표자로서 그는 즉시 '설교단' 에 오를 제안을 받았다. 여기서 ***각 회당***이라는 복수를 주의해 보라. 예수가 (단순히 메시아일 뿐 아니라) 하나님의 아들이라고 선포한 것은 '회중' 을 놀라게 했을 뿐 아니라 사울이 그의 말에서 떨어졌을 때 그가 머리를 땅에 박았다고 생각하게 했다.

여기서 주목할 점은 열매에 대해 아무 언급도 없었다는 점이다. 그는 아직 주님께 놀랍게 쓰임받을 준비가 되지 않았다. 그는 즉시 '위대한 사도 바울' 이 되지 않았다.

사도행전 9:22 "사울은 힘을 더 얻어."

하나님께 중요한 사실은 당신이 그리스도 안에서 얼마나 성숙했느냐가 아니라 '당신이 얼마나 이르렀는가' 하는 질문이다. 당신은 성장하는 사람인가? 사울은 자신의 강력한 의도와 강력한 성격을 따라 담대하게 복음을 전파한 것 같다. 십중팔구 유대인들은 사울이 광신적인 랍비로서 가졌던 오만하고 우월한 태도에 귀를 기울였다. 그는 얼마나 금세 이것이 잘 먹혀들지 않는다는 것을 알아차렸을까?

갈라디아서 1장 15-18절을 통해 우리는 그가 다메섹을 떠나 아라비아 사막에서 시간을 보냈다는 사실을 알고 있다. 그는 하나님과 긴밀하게 만나는 깊은 준비의 시간이 필요했다. 바울은 "이방인들 가운데 그리스도를 전할" ***준비가 되어 있지*** 않았다. 그는 예루살렘에서 영적 전투 회의에 가기 위해 선교지로 떠나지 않았고, 전방교회 개척을 해 보지 않은 선생님 밑에서 가르침을 받기 위해 성경 대학으로 가지도 않았다. 그는 *아라비아로 갔다가, 다시 다메섹으로 돌아왔다고* 기록되어 있다. 그 후에 *삼 년 만에 게바를 방문하려고 예루살렘에 올라갔다*고 한다.

왜 바울은 아라비아로 떠났을까? 내가 생각하기에는 그가 예수 그리스도를 만났다는 사실을 설득하기에 효과가 없고 거절을 당한 후 이 위대한 학자는 하나님과 홀로 시간을 보내며 자신의 생각을 정리할 필요가 있었다. 어떤 주석학자들이 갈라디아서 1장에서 그의 사역이 사람으로부터 온 것이나 다른 사도들로부터 온 것이 아니라고 주장한다. 또 그가 아라비아에서 ***복음을 전함***으로써 ***이방인***들(행 9:15를 보라)에게 복음을 전하는 그의 사명을 즉시 성취하려고 시도했다고 주장한다.

이 문맥에서 '아라비아' 는 아마도 다메섹에서 쉽게 갈 수 있는

나바타 왕국을 의미하는 것 같다. 당시 이 지역은 아레다 4세(B.C 9~A.D 40)가 통치하고 있었다. 바울은 그리스도를 전함으로 아레다 왕의 통치에 맞섰다는 사실을 언급하였으며, 그가 도망할 때에 *"다메섹에서 아레다 왕의 고관이 나를 잡으려고 다메섹 성을 지켰다"*(고후 11:32)고 말했다. 이것을 통해 우리는 바울이 초기에 복음을 전하려고 시도하였으나 지혜나 인내가 없었음을 알 수 있다. 반대로 그는 계속해서 듣는 사람들의 화를 자극해서 그를 죽이도록 충동했다. 이것은 이후의 장에서 계속해서 우리가 볼 것이다.

아마도 하나님은 사울이 주 예수와 ***다시 한 번 간절히*** 만나기를 원하게 하기 위해 그를 아라비아로 불러내셨을 것이다. 그는 배가 고팠으며 목이 말랐다. 그것은 그가 사람들로부터 다메섹에서 멀리 떨어진 가장 기본적인 목표였다. '하나님의 산 호렙' 의 근방에서 바울은 모세와 엘리야가 만났던 하나님을 기억했을 것이다. 이때가 바울이 고린도후서 12장 1-4절에서 언급한 경험을 했던 시간이 아니었을까?

> 무익하나마 내가 부득불 자랑하노니 주의 환상과 계시를 말하리라 내가 그리스도 안에 있는 한 사람을 아노니 그는 십사 년 전에 셋째 하늘에 이끌려 간 자라 (그가 몸 안에 있었는지 몸 밖에 있었는지 나는 모르거니와 하나님은 아시느니라) 내가 이런 사람을 아노니 (그가 몸 안에 있었는지 몸 밖에 있었는지 나는 모르거니와 하나님은 아시느니라) 그가 낙원으로 이끌려 가서 말로 표현할 수 없는 말을 들었으니 사람이 가히 이르지 못할 말이로다(고후 12:1-4).

그는 다메섹으로 돌아가 죽음을 맞을 수 있었다. 왜냐하면 그는 다음을 매우 확신하고 있었기 때문이다. *"다만 그를 믿을 뿐 아니라 또한 그를 위하여 고난도 받게 하려 하심이라"*(빌 1:21, 23, 29). *"이는 내게 사는 것이 그리스도니 죽는 것도 유익함이라……그리스도와 함께 있는 것이 훨씬 더 좋은 일이라……다만 그를 믿을 뿐 아니라 또한 그를 위하여 고난도 받게 하려 하심이라"*(빌 1:21, 23, 29).

사도행전 9:22 "사울은 힘을 더 얻어 예수를 그리스도라 증언하여 다메섹에 사는 유대인들을 당혹하게 하니라."

"아라비아로 갔다가 다시 다메섹으로 돌아갔노라."

사울과 같이 외향적인 사람은 하나님과 함께 홀로 그의 시간을 보내는 것이 어렵다. 사막에서 하나님과의 시간을 통해 주님은 그의 존재를 보여주심을 통해 감격하게 하셨고 부활 이후 엠마오 도상에서 두 사람에게 *"이에 모세와 모든 선지자의 글로 시작하여 모든 성경에 쓴 바 자기에 관한 것을 자세히 설명하시어"* 성경을 깨닫게 하셨듯이 바울의 눈을 뜨게 하셨다. 이제 그는 다메섹에 있는 헬라파 히브리 형제들에게 복음을 설명할 준비가 되어 있다고 확신했다.

사도행전 9:23 "유대인들이 사울 죽이기를 공모하더니."

때때로 우리가 성령과 주 예수의 사랑으로 충만하여 주님 앞에 겸손하게 동행하고 하나님의 말씀을 분명히 설명할(다른 말로 하면 "모든 것이 다 올바르다") 때에라도 ***그 즉시*** 열매를 맺기 어렵다. 당신이 경험했던 것처럼 이 사도 또한 그러했다. 때때로 당신이 주 예수가 *"길이요, 진리요, 생명"*임을 잘 증명해서 왕국의 대적자들은 당신에게 논박을 할 수 없다. 그래서 그들은 단순히 화를 낸다. 그것이 그들의 유일한 저항이다. 당신은 주 예수께 무릎을 꿇기 ***원하지*** 않는 사람들에게 조종을 당하는 '벌집' (wasp' s nest)을 쑤셔 놓았다.

사도행전 9:25 "그의 제자들이 밤에 사울을 광주리에 담아(도망시키기 위해) 성벽에서 달아 내리니라."

다시 한 번 우리는 천부께서 유대인의 마음 가운데 역사하지 않으시고 유대인들은 '사람을 하나님으로 만든' 사람을 주목하고 있음을 느끼게 된다. 바리새인들 가운데 최고의 자리에 위치하여 자만에 가득 찼던 사람이 이제 (사랑과) 존경에 익숙하여졌으나 '아무도 아닌 자들' 에 의해 구조를 받아야 했다. 여기에서 '그의 제자들' 은 어떤 영향력도 끼치지 못하는 자들이었을 것이다(누가는 보통 누구든지 그의 계급과 직책을 밝힌다.). 아마도 그들은 종이었던 신자였거나 사회적으로 가장 밑바닥에 있던 자들이었을 가능성이 크다.

아라비아나 파키스탄, 인도, 방글라데시, 인도네시아에서, 무슬림들에게 있어서 가장 어려운 단계가 낮은 사회 경제적 계통에서 온 낮은 신분의 기독교인들과 동일시하는 것이다. 바울도 그런 경험을 하지 않았을까?

바구니에 담겨 담을 몰래 넘는 것은 매우 부끄러운 일이다. 바울은 어쩌면 그를 잡으려고 하는 왕의 군사들을 피해 마구의 밀짚 아래 숨어서 빠져나갔을지도 모른다. *"다메섹에서 아레다 왕의 고관이 나를 잡으려고 다메섹 성을 지켰으나"*(고후 11:32). 이것은 이사야 66장 2절에서 *"무릇 마음이 가난하고 심령에 통회하며 내 말을 듣고 떠는 자 그 사람은 내가 돌보려니와"*라는 말씀과 같이 하시는 것이 아닌가?

사도행전 9:26 "사울이 예루살렘에 가서 제자들을 사귀고자 하나 다 두려워하여 그가 제자 됨을 믿지 아니하니."

이것은 우리 교회에 '양들 가운데 이리'로 들어와 침투하려는 거짓 개종자에 대해 염려하는 국가들의 상황과 얼마나 일치하는 구절인가? 물론 예루살렘의 신자들은 이 열성적인 '유대인 형제' 지도자가 '그 도'를 따르는 자들을 어떤 방법을 통해서든 잡으려고 한다는 사실에 대해 이미 들은 바 있다.

이제 분명히 사울의 계략은 그가 기독교인이 된 것처럼 꾸미는 것이리라! 이 작은 공동체에 경찰이 개정을 해 이 모임에 소속되려고 한다고 할 때 우리의 작은 무슬림 공동체가 두려워하고 의심에 차 있는 것이 놀라운 일인가?

바울이 경험한 거절은 일반적으로 악한 사람들이 만든 것이다. ***만일*** 예루살렘의 기독교인들이 사울 보기를 거부한다면 어떻게 할 것인가? 그도 사람인데 만약에 그를 거절한 사람을 거절하지는 않을 것인가? 우리는 교회와 교회의 지도자들의 나쁜 경험을 통해 결코 그리스도 안에서 자라지 못하고 교회의 교제 안에 머무르지 못하는 자들을 보아오지 않았는가? 이것이 교회의 역사상 가장 위대한 선교사가 되려는 사울을 '돌아가게 하려는' 사탄의 시도가 아닌가?

사도행전 9:27 "바나바가 데리고 사도들에게 가서……."

사울로 하여금 돌아가게 하려는 사탄의 시도가 거의 성공할 뻔하였다. 그들은 구브로에서 난 요셉에게 '바나바'라는 이름을 그냥 주지 않았다. '바나바'는 '격려자'(위로자)라는 뜻이다. 모든 전방 교회 개척 팀에는 바나바와 같은 목회자의 마음을 가진 격려가가 필요하다. 이러한 사람은 사람들을 신뢰하고 그들의 가능성을 보며 '뒷통수를 맞거나' 시간을 허비할 것에 대해 기꺼이 각오하는 사람이다.

바나바가 *'그를 붙잡아 데리고 갔다'* 라는 것은 매우 강한 헬라어 표현으로서 사울은 이미 상심했고 떠날 준비를 했다는 것을 의미한다. 바나바는 거의 말 그대로 그를 베드로와 주의 형제 야고보를 만날 수 있는 장소로 끌고 갔다(갈 1:18-19). 바나바는 신뢰의 관계가 생겨나고 사울이 그들과 함께 오랫동안 믿을 만하게 될 때까지 사울이 어떻게 다메섹에서 죽을 뻔하였는지에 대해 '말을 빨리' 했을 것이다.

당신은 아마도 바울과 같은 사도가 될 수 없을지도 모른다. 그러나 하나님은 다메섹이나 다르 에 살람(Dar Es Salaam)이나 델리나 다카나 지부티(Djbouti)에서 '바나바' 와 같은 사람이 되게 하실지 모른다. 당신은 어쩌면 아무도 믿지 않는 사람의 친구가 됨으로써 감옥에 들어가거나 추방을 당하거나 교회로부터 조롱을 받는 사람이 될 수도 있다.

나는 실제로 아랍의 무슬림 배경의 신자와 함께함으로 그렇게 되었다. 수년이 지난 후 많은 기독교인들은 아직도 그를 신자인 척 하는 사람이나 스파이, 혹은 서양의 돈에만 관심이 있는 사람이라고 부르고 있다. 오늘날 그는 마침내 무슬림들을 위한 사도라고 인정을 받게 되었다. 나는 그가 그리스도를 위해 고난을 받는 택한 도구로 인정받은 것에 대해 기뻐하며 만족하고 있다. 30년이 넘는 그의 신실한 증거로 인해 많은 이들이 영원한 생명에 들어갈 것이다. 다른 지도자들이 비판적이고 성난 아랍인과 조금도 관계하지 말라고 충고하였을 때 주님의 촉구에 순종한 '바나바' 가 그 기회를 잡았음을 떠올렸기 때문이다.

사도행전 9:27 "다메섹에서 그가 어떻게 예수의 이름으로 담대히 말하였는지를 전하니라."

갈라디아서에서 바울은 '15일 동안' 이라고 썼다. 일주일에 한 번씩 두 시간을 만나면서 그들로 하여금 효과적인 주의 제자가 되게 하고자 하는 당신의 기대는 거의 불가능한 일이다. 그들의 배경과 두려움과 이것저것이 섞여 있는 동기의 중력을 뛰어넘기 위해서는 ***그들의*** 세계에 들어가기 위해 "밤과 낮"(행 20:31)의 엄청난 시간의 투자가 필요하다.

이 새로운 신자는 위험이 올 때에 ***당신이*** 쉽게 그 나라를 떠날 것이고 그는 그럴 수 없다고 생각한다. 따라서 그는 새로운 공동체의 신자들과 같이 되는 '돌아가는 다리' 를 태워 버릴 수 없다. 따라서 당신은 그들의 입양을 완수할 때까지 반드시 그(그녀)와 ***함께*** 머물러야 한다.

사도행전 9:29 "또 주 예수의 이름으로 담대히 말하고 헬라파 유대인들과 함께 말하며 변론하니 그 사람들이 죽이려고 힘쓰거늘."

바울이 주 예수의 가족들과 연결되었을 때 그는 삼 년 전 스데반을 죽였을 때 그를 도왔던 자들을 생각했다. 바울은 하늘을 쳐다보며 "스데반, 나는 당신에게 빚을 졌소"라고 말했다. 그는 그때 헬라파 유대인들을 잡아 경건하고 헌신된 ***히브리파*** 유대인들에게 끌고 가려고 했던 자였다. 바울은 스데반이 떠난 그 자리를 찾았다. 스데반이 그러했던 같은 방법으로 바울이 '힘을 내고 있는 모습' 을 상상해보라. 영광스런 모양이라고는 없다. 그는 모욕을 당할 뿐이었다. 만약에 스데반의 죄가 사형에 해당된다고 한다면 사울은 당을 배반한 자요 변절한 사람이었기에 그의 배나 되는 형벌이 마땅하지 않았겠는가?

사도행전 9:30 "형제들이 알고 가이사랴로 데리고 내려가서 다소로 보내니라."

교회가 얼마나 가족과 같이 움직이는지를 살펴보라. 집과 가산을 몰수당한 자, 경찰이 따르고 있는 자를 보낸다고 불평하는 자가 없다. 이제 그들의 임무는 사울을 살려서 주님의 증인으로 살게 하는 것뿐이다. '데리고 갔다' 라는 단어는 바울이 스데반과 같이 거의 죽음에 처해 있었다는 것을 알려준다(행 9:30 - 그는 쉽게 도망할 사람이 아니다.). 그러나 그의 형제들이 그를 거의 끌고가다시피 했으며 그를 도시 바깥으로 서둘러 피신시켰다. 그들은 그를 가이사랴로 가는 배에 실어 그의 고향인 다소로 ***보냈다***. 아마도 이것은 사울의 생각이 아니었던 것 같다.

다소에서는 무슨 일이 있었는가? 사도행전 11장 25절의 내용에서 보게 될 것이다.

사도행전 9:31 "그리하여 온 유대와 갈릴리와 사마리아 교회가 평안하여 든든히 서 가고(강해지다) 주를 경외함과 성령의 위로(격려받다)로 진행하여 수가 더 많아지니라."

다음은 무엇인가? 역사에 걸쳐 핍박은 썰물과 같이 줄어들고 또한 밀려들었다. 우리 아버지는 얼마나 많은 것이 ***매우*** 많은 것인지를 아신다. *"사람이 감당할 시험밖에는 너희가 당한 것이 없나니 오직 하나님은 미쁘사* ***너희가 감당하지 못할 시험 당함을 허락하지 아니하시고*** *시험 당할 즈음에 또한 피할 길을 내사 너희로 능히 감당하게 하시느니라"*(고전 10:13).

평안은 교회가 '새롭게 정비'를 하는 데 중요하며 구도자들이 신자들을 알게 하는 데 필요한 시간이다. 그러나 평안은 목표가 아니다. 교회가 성장하고 든든히 서고 세워져 가고 주님과 함께 긴밀한 교제로 살아가는 교회를 세우는 것이 목표이다.

31절 "그리하여 온 유대와 갈릴리와 사마리아 교회가……."

사도행전 1장 8절의 주제가 누가의 진술을 통해 지속적으로 나오는 것을 주목해 보라. 더 많은 사역이 여기에 나오고 있다. 이것은 사도행전에서 '교회'라는 단어가 처음 나온 때로서 하나님의 사람들이 한 지역 이상에 있었음을 의미하며 사용되었다. 이것은 한 국가나 종족을 의미하는 것이 아니라, 그리스도의 다스림을 받고 성령의 교제를 통해 가르침과 위로를 받으며, 메시아 공동체로 불리는 ***성령***(위로자/지지자)***에 의해 세움***(격려)***을 받는*** 전혀 새로운 ***에클레시아***(*ἐκκλησία*)를 의미한다.

'교회'(에클레시아)라고 불리는 새로운 실재는 하나님의 지배를 받는 '내 백성 이스라엘'(내 교회, 마 16:18)과 같이 히브리어 뉘앙스를 담고 있다. ***에클레시아***는 '왕국의 열쇠'(마 16:19)를 쥐고 있는 ***다스림을 받는*** 공동체의 헬라적인 개념을 포함한다.

사도행전 9:31 "주를 경외함과 성령의 위로로 진행하여……."

찬송가사를 쓴 존 뉴턴은 이 구절을 통해 "놀라운 주의 은혜가 내 심령을 두렵게 하였으며, 또 심령을 위로하였네"(찬송가: '나 같은 죄인 살리신' - amazing grace that taught my heart to fear and grace my fears relieved)라고 썼다. 이 두 가지 사실이 없는 신자는 결국 어린이나 육적인 사람에 머물 수밖에 없다.

'진행한다' 라는 의미는 그들의 마음에 단지 살아남는 것이 목적이 아니라 왕국의 목적이 있다는 것을 의미한다. 이것은 목적 없이 방황하는 헬라어 *'peripatetic'* 이 아닌 마태복음 28장 19절의 지상대명령에서 "가라", 혹은 *"너희가 가서 제자를 삼는 대로"*라고 번역한 단어와 같은 것이다. 그리고 누가는 ***'교회가 계속 성장해 간 것'*** 을 강조했다. 중요한 사실은 참된 성장은 수적인 것을 포함한다는 것이다.

반면에 베드로의 행보를 살펴보자.

사도행전 9:32 "그때에 베드로가 사방으로 두루 다니다가…… 성도들에게도 내려갔더니."

주님이 사마리아에서 그렇게 하셨던 것처럼, 베드로가 성도들에게 갔을 때 그는 전도자 빌립이 했으며, 바울이 15장 36절에서 *"며칠 후에 바울이 바나바더러 말하되 우리가 주의 말씀을 전한 각 성으로 다시 가서 형제들이 어떠한가 방문하자"*고 제안했던 것과 같이 같은 사역을 따라 했다. 바울이 고린도전서 9장 5절에서 *"우리가 다른 사도들과 주의 형제들과 게바와 같이 믿음의 자매 된 아내를 데리고 다닐 권리가 없겠느냐"*고 말한 바와 같이 양육을 위한 여행이었음을 암시한다.

선교사 부인들이여, 당신이 베드로의 부인이 되었다고 상상해 보라. 베드로와 여행을 하는 (아마도 아이들도 데리고 다니는) 그녀는 어느 정도였을까? 얼마나 자주 그녀는 예루살렘이나 갈릴리를 떠날 수 있었을까? 얼마나 자주 그녀는 '베드로가 여행 중에 있을 때' 연락을 할 수 있었을까? 그들의 자녀들은 어떻게 교육을 시킬 수 있었겠는가? 그때보다 지금이 사도적(선교사) 팀으로 섬기는 아내나 어머니로서 치러야 할 희생이 더 크다고 할 수 있겠 는가?

사도행전 9:33-35 "거기서 애니아라 하는 사람을 만나매 그는 중풍병으로……."

이것이 치료의 한 형태를 지시하는 것인가? 누가는 이러한 사건이 ***우리의*** 경험에서 드물게 나타나야 한다는 것을 의미하고 있는가? 만약에 베드로에게 치료의 은사가 있었다면, 당신의 팀은 할리파와 하노이나 헤랏이나 하이드라밧에서 사역하는 팀 동료에게 그러한 은사가 있는지 물어보았는가? *"사랑을 추구하며 신령한 것들을 사모하되 특별히 예언을 하려고 하라"*(고전 14:1). *"너희가 얻지 못함은 구하지 아니하기 때문이요"*라고 하였다. 그렇게 되지 않게 하라. 이 특별한 치료는 수많은 사람들을, 거의 ***모든 사람들을***, 주께로 인도하였다. 이것은 당신과 당신의 동역자들이 추수의 주님께 함께 의논할 필요가 있는 부분이다.

"네 자리를 정돈하라." 왜 베드로는 이러한 명령을 했는가? 애니아는 8년간 스스로 그의 침상을 정돈하지 못했다. 애니아에게 다른 사람들을 의지하는 예전의 삶의 패턴으로 돌아가지 말아야 한다는 것을 의미하며, 하나님이 그를 왜 일으키시는지를 발견하고 그 목표를 추구해야 함을 의미하는 것이다. 너무나 많은 신자들이 ***다른***

사람들을 돕기 위한 시작에서 실패하고 있다.

사도행전 9:36-42 "욥바에 다비다라 하는……여제자가 있으니…… 그때에 병들어 죽으매……."

다비다는 '다른 자들을 섬기는 자'로 기억되었다. 분명히 눈부신 초자연적인 은사만이 하나님의 성령으로부터 온 은사이거나 영향력을 주는 은사가 아니라는 것이다. *"선행과 구제하는 일이 심히 많더니"*라는 다비다(도르가)에 대한 증언을 살펴보라. 그녀의 이름은 '가젤'(gazell: 아라비아어 가젤에서 유래. '아름다운', '우아한')이라는 뜻이었다. 가젤이 많았다는 단어의 유희를 살펴보라. 모든 교회에 이러한 다비다가 많아져야 한다.

이 자매는 그녀가 죽은 뒤에도 사랑을 받았으며 과부들은 교회에 있는 사람들로 하여금 베드로를 데려오도록 시켰다. 무엇을 하기 위해서였는가? 이성적인 사람들이 왜 다비다가 이미 죽은 ***이후*** 베드로를 오도록 시켰는가?

베드로가 그곳에 도착했을 때 과부들은 그 주변을 둘러싸 그의 얼굴에 그녀가 지은 옷을 들이밀며 "무언가를 하도록" 심각하게 호소했다. 그들은 정말로 베드로가 그녀를 죽은 자 가운데서 살려 놓을 수 있다고 믿었는가? 다비다는 아마도 어린아이와 같은 그들의 믿음에 감동했을 것이며, 부활의 가능성은 제외하고 그들이 무엇이라도 할 것이라고 느꼈을 것이다.

당신은 당신이 있는 지역에 어떤 여자들을 대상으로 사역할 것인가에 대해 이 구절은 무엇이라고 말하고 있는가? 당신의 그룹에 있는 신도들 중에 계속해서 선행을 하고 가난한 자들을 돕는 일을 하는 여성들이 있는가? 그들이 이 세상을 떠난 때 어떠한 사람들이 정말로 그리워할 것인가? 새로 시작되는 당신의 교회는 '다비다' 와 같은 자를 필요로 하지는 않는가?

우리는 그리스도를 향해 영향력을 끼칠 수 있는 남성과 여성들을 찾고 있다. 그러나 잊지 말아야 할 사실은 그러한 사람이 전도자가 아니라는 사실이다. 그러나 그들 역시 위대한 기독교인이다. 이 여자는 주님의 머리에 향유를 부은 여인이 *'힘을 다하여 하였던 것'* (막 14:8)과 같은 일을 하였다.

나는 파키스탄에서 그녀가 할 수 있는 최선의 일을 하였기 때문에 주님께 매우 인정을 받는 한 외국인 선교사를 기억하고 있다. 이것이 우리의 은혜로우신 주님께서 원하시는 것이다.

당신의 장로들은 죽은 자를 위해 하나님께 간절히 살아 돌아오게 간구하려고 하겠는가? 우리는 하나님을 하나님이 되도록 살아 숨쉬는 초자연적인 믿음을 가지고 있는가? 우리는 우리 사람들에게 의사와 약이 우선이라고 가르치는가? 아니면 주님을 먼저 구하라고 가르치는가? 야고보는 그의 서신서(약 5:14-18)에서 우리의 교회에서 어떠한 삶의 방식이 일반적이라고 가르쳤는가?

> 너희 중에 병든 자가 있느냐 그는 교회의 장로들을 청할 것이요 그들은 주의 이름으로 기름을 바르며 그를 위하여 기도할지니라 믿음의 기도는 병든 자를 구원하리니 주께서 그를 일으키시리라 혹시 죄를 범하였을지라도 사하심을 받으리라 그러므로 너희 죄를 서로 고백하며 병 낫기를 위하여 서로 기도하라 의인의 간구는 역사하는 힘이 큼이니라 엘리야는 우리와 성정이 같은 사람이로되 그가 비가 오지 않기를 간절히 기도한즉 삼 년 육 개월 동안 땅에 비가 오지 아니하고 다시 기도

하니 하늘이 비를 주고 땅이 열매를 맺었느니라(약 5:14-18).

왜 엘리야에 대해 말하는가? 그는 하나님 자신을 우리 가운데 나타내기를 기대했던 사람이었다.

사도행전 9:39 "모든 과부가 베드로 곁에 서서 울며 도르가가 그들과 함께 있을 때에 지은 속옷과 겉옷을 다 내보이거늘."

베드로는 야고보가 가르쳤던 것처럼 주님의 가르침을 생각하고 있었다. 주님은 말씀하시기를 *"하나님 아버지 앞에서 정결하고 더러움이 없는 경건은 곧 고아와 과부를 그 환난 중에 돌보고 또 자기를 지켜 세속에 물들지 아니하는 그것이니라"*(약 1:27)고 하셨다.

당신의 '과부에 관한 신학'은 무엇인가? 당신의 사역은 과부와 고아를 향한 하나님의 마음을 어떻게 반영하고 있는가? 거리의 아이들은 당신에게 있어 참아야 하는 귀찮은 존재인가? 당신은 혹시 그들이 멀리 떠나주기를 원하지는 않는가? 혹시 다른 사람이 그들을 위해 해 줄 수 없는 그것을 당신이 해 줄 수 있지는 않는가? 아마도 그것이 당신의 사역이 아닐 수 있다. 그러나 분명히 그것은 당신의 ***부담***이 되어야 한다. 특별히 절박한 도시에 있는 거리의 아이들과 과부들을 위한 사역자를 보내주시도록 기도하라.

사도행전 9:40-42 "(그러나) 베드로가 사람을 다 내보내고 무릎을 꿇고 기도하고……."

'그러나'가 무엇과 무엇을 대비시키고 있는가? 베드로는 초기에 충동적이 되지 말아야 한다는 것을 배웠다. 우선, 그는 주님으로부터 하나님께 사용되는 것이 다른 신자들에게 보이기 위한 것이 되거나 과시하는 것이 되지 말아야 한다는 것을 배웠기 때문에 사람들을 내보냈다. 그는 자신이 아닌 부활하신 그리스도가 주목을 받도록 매우 세심하게 행동했다.

둘째로, 베드로는 그가 단순히 다른 성도들을 기쁘게 해야 한다는 부담을 받기 원하지 않았다. 그는 주님을 의식해야만 했다. 주님이 선한 여인의 부활을 위해 기도하도록 인도하고 계시는가? 모든 치료를 위한 어떠한 규칙이나 공식 같은 것은 없다.

"그를 향하여 우리가 가진 바 담대함이 이것이니 그의 뜻대로 무엇을 구하면 들으심이라"(요일 5:14). 분명히 이 경우 응답은 긍정이었다. *"많은 사람이 주를 믿더라."*

많은 주석학자들은 질문하기를 거절한다. '왜 주님, 당신은 이러한 기적들을 더 자주 일으키기 위해 당신의 종들을 사용하지 않으십니까?' 솔직히 오늘날 죽은 자들이 일어났다는 믿을 만한 보고는 거의 드물다. 얼마나 많은 이들이 전능하신 하나님께서 기적과 이사를 더 자주 일으키시도록 기대하고 있는가? 이 질문은 하나님 자신이 대답을 가지고 계신다. 다음의 성경 구절을 묵상하는 것이 도움이 될 듯하다. *"하나님도 표적들과 기사들과 여러 가지 능력과 및 자기의 뜻을 따라 성령이 나누어 주신 것으로써 그들과 함께 증언하셨느니라"*(히 2:4).

사도행전 9:43 "베드로가 욥바에 여러 날 있어 시몬이라 하는 무두장이의 집에서 머무니라."

여기서 우리는 다시 베드로가 *'많은 사람들이 주를 믿었다'*는 것을 곧이곧대로 믿지 않은 것을 본다. 그는 '여러 날' 머물렀다. 왜냐하면 그는 그들이 사도의 가르침과 교제와 어떻게 예배해야 하는

지와 그들 스스로 어떻게 교제를 해야 하는지를 배울 필요가 있다는 사실을 알았기 때문이다(행 2:42). 믿음을 고백하는 것과 중생은 엄청난 차이가 있다.

그러나 왜 그는 ***무두장이(짐승의 날가죽에서 털과 기름을 뽑아 가죽을 부드럽게 만드는 사람)와 함께*** 머물렀을까? 유대인의 관습에 무두장이는 불결한 자였으며 도시의 외곽에 따로 떨어져 살아야만 했다(이것은 아마도 무두장이에게서 아주 지독한 냄새가 나기 때문이었으며, 바닷바람에서 가까운 곳에 머무는 것이 지혜로웠기 때문일 것이다.). 그러나 베드로가 무두장이와 함께 머물렀다는 것은 모든 믿는 자들의 가치가 무엇인지를 말해 주는 것이다. 몇몇 이들에게 있어서 사회로부터 멸시를 받는 자들과 어울리는 것은 죽은 자를 살려내는 '기적과 이사' 보다 더 큰 것일 수 있다.

위대한 사도로 인정을 받는 베드로가 무두장이 시몬과 함께 거할 수 있다면 다른 사람들은 무엇이라고 말하겠는가? 우리의 주님께서 멸시받는 세리 삭개오와 함께 머무셨다는 사실을 우리에게 상기시키지 않는가? 베드로는 요한복음 14장 26절의 *'성령께서 너희를 가르치시리라'* 는 말씀의 실체와 동행하고 있었다. 이제 그가 알고 있던 것 이상인 '천국의 열쇠' (마 16:19)가 그에게 주어지려고 하는 때였다.

베드로의 행동은 자프나(Jaffna)와 자카르타와 자호르 바흐루(Jahor Bahor)와 젯다(Jeddah)에서 ***우리의*** 교제가 어떠해야 하는가를 말하고 있는가?

10장

사도행전 10:1 "가이사랴에 고넬료라 하는 사람이 있으니……."

우리 주님은 우리 앞서 행하시겠다고 약속하신 분이 아닌가? *"그들이 부르기 전에 내가 응답하겠고"*(사 65:24). 바울이 고린도에서 낙심하고 두려워하고 있을 때 주님은 그를 만나셔서 그에게 확신을 주셨다. *"내가 너와 함께 있으매 어떤 사람도 너를 대적하여 해롭게 할 자가 없을 것이니 이는 이 성중에 내 백성이 많음이라"*(행 18:10).

우리 주님의 가르침을 기억하라(마 10:11 - *"어떤 성이나 마을에 들어가든지 그 중에 합당한(적합한, 마땅한) 자를 찾아내어 너희가 떠나기까지 거기서 머물라."*).

에드리네와 엘 재디다와 엘 파샬과 에리트리아에서 낙심한 주의 사역자들이 많다. 왜냐하면 그들은 하나님을 찾는 자, *'합당한 자'* 혹은 하나님을 기쁘시게 하기를 원하는 '고넬료' 와 같은 자를 발견하지 못했기 때문이다. 당신도 혹시 아직까지 심각하게 모든 위험을 감수하고서라도 전심으로 주님을 따르기 원하는 자를 발견하지 못하지는 않았는가?

우리 추수밭의 주님이 가르치신 것과 약속을 기억하라. 당신의 하늘에 계신 아버지의 얼굴을 매일 구하며 당신이 구하는 그분이 베드로에게 그렇게 하셨던 것처럼 고넬료와 같은 가정을 준비시키시고 연결시켜 주시는 하나님을 기다리라. 당신의 개척사역에 있어 첫 번째 목표는 '고넬료' 와 같은 사람(혹은 행 16장의 루디아와 같은 사람)을 찾는 것이다. 당신을 향해 문이 열릴 때까지 계속해서 구하고, 찾고, 문을 두드리라(마 7:7).

1절 **"……이달리야 부대라 하는 군대의 백부장이라."**

사회에서 어떤 사람의 직업이나 직책이 어느 정도로 중요하며 어느 정도로 감안되어야 하는가? 왜 추수의 주님은 '그의 교회를' 군대장관인 이방인 가정에 세우기로 하셨는가? 고린도전서 1장 26절에서 주님은 *"형제들아 너희를 부르심을 보라 육체를 따라 지혜로운 자가* ***많지*** *아니하며 능한 자가* ***많지*** *아니하며 문벌 좋은 자가* ***많지*** *아니하도다"*라고 말씀하셨다.

그러나 '전혀 ***없다***' 고 말씀하지는 않으셨다. 하나님의 마음은 언제나 특별히 '가난하고, 겸손하고, 눈 먼 자' 를 향해 열려 있다. 그러나 대부분의 문화와 사람들 가운데서 처음 믿는 자는 중류층이나 상류층인 경우가 많다. 사람들은 공동체를 이룰 때 그들을 박해로부터 지켜 줄 수 있는 '우산과 같은 역할을 하는' 지도자가 필요하다. 우리는 예루살렘의 초대교회에 그리스도를 위해 고난을 견뎌냄으로 다른 이들을 격려하는 (상대적으로) 잘 성장한 사도들이 있었음을 보았다.

사도행전 10:2 **"그가 경건하여 온 집안과 더불어 하나님을 경외하며 백성을 많이 구제하고 하나님께 항상 기도하더니."**

이야기가 더 복잡해졌다. 단순히 예루살렘과 유대와 사마리아에 있는 자들뿐 아니라 초기 유대인 신자들로부터 미움을 받고, 천대받고 유대인들을 반 노예와 같이 조정을 했던 이방인들에게까지 전해진다. 하나님께서 어떻게 그들로 하여금 *'땅 끝까지'* 에 이르는 그들의 엄청난 문화적 간격을 뛰어넘게 할 수 있겠는가?

당신은 이제 어떻게 하나님께서 우리가 기대하지 않는 일을 하셔서, 일을 시작하는 은사를 가진 베드로로 하여금 '하나님 왕국의 열쇠' 를 가지고 전 세계 인구 98퍼센트의, 이스라엘 자손들이 아닌 자들을 향해 문을 열게 하는지 자세히 살펴보라. 하나님께서 마태복음 10장 11절에서 전하신 것을 어떻게 실행하고 계시는지 주목하라. *"어떤 성이나 마을에 들어가든지 그 중에 합당한 자를 찾아내어 너희가 떠나기까지 거기서 머물라."* ***누가 어울리는지***(적당한지, 할 만한지) ***물어보라.***

어떤 의미에서는(롬 1장을 보라) 아무도 하나님을 진실로 찾고 있지 않거나 적당하지(하나님의 자비를 받을 만하지) 않다. 하지만 하나님께서는 사람들을 준비하셨다. 성부께서는 모든 민족과 족속 중에서 남은 자를 ***택하고 계신다***. 그리고 우리의 일은 *"하나님께서 이끄시는 사람"*(요 6:44)에게 인도를 받는 일이다. 당신이 입양한 민족 가운데 레이더를 움직여 주님이 일하고 계신 사람을 찾아보라.

1. "경건한 사람."

이 말은 고넬료가 이미 로마와 그리스 종교의 우상들을 버렸고, 한 분이시며 참되신 하나님 유대교의 여호와를 믿고 있다는 것을 의미한다. 이것은 아마도 그의 승진에 걸림돌이 될 수도 있다. 어쩌면 이것 때문에 그는 비교적 외곽진 가이사랴에서 작은 '로마 경찰부대' 인 단지 100명의 군대만을 거느리는 우두머리였을 수도 있다.

2. "하나님을 경외하는."

그의 종교는 편리한 아스피린과 같거나 철학적 재미를 위한 것이 아니었으며 이 땅의 심판주를 심각하게 믿는 것이었다. *"내 손이 이 모든 것을 지었으므로 그들이 생겼느니라 무릇 마음이 가난하고 심령에 통회하며 내 말을 듣고 떠는 자 그 사람은 내가 돌보려니와"*(사 66:2).

3. "온 집안과 더불어."

고넬료는 '신실한(헌신된)' 유일한 사람이 아니었고, 그는 *'다른 사람들을* **또한** *가르칠 수 있는'*(딤후 2:2) 사람으로서 그들도 그를 따라 새로운 황제(Ceasar)인 이스라엘의 하나님께 복종하여 따르도록 할 수 있는 사람이었다. 바로 그 사람에게 하나님은 그의 첫 번째 믿음의 공동체를 세우셨다.

4. "백성을 많이 구제하고."

"의인이요 하나님을 경외하는 사람이라 유대 온 족속이 칭찬하더니"(행 10:22). 비록 그가 할례를 포함한 유대교의 모든 의식과 의례를 지키는 개종자는 아니었지만 고넬료는 참되게 하나님을 기쁘시게 하려는 자였으며, 하나님의 백성을 도우려는 자로 인정을 받았다. 그는 이미 두 나라로부터 인정을 받은 사람이었기에 이방 신자와 유대 신자 사이에 완벽하게 다리 역할을 할 수 있는 자로 선택된 자였다.

5. "하나님께 항상 기도하더니."

그는 단순히 하나님을 기쁘시게 하려고 했을 뿐 아니라, 사람들에게 유익을 주려고 했다. 고넬료는 하나님과 교제하기 원했다. 그는 하나님을 발견하려고 했다. 고넬료는 경건한 유대인들이 기도하는 시간에 그 방식을 따라함으로써 배우려고 했다. 그는 그가 가진 빛을 따라 살았기에(그것이 그가 구원받기에 충분한 것은 아니었지만) 하나님은 그에게 더 필요한 것을 보여주심으로 응답하셨다.

사도행전 10:3-4 "환상 중에 밝히 보매 하나님의 사자가 들어와……두려워……."

새벽 3시에 고넬료는 환상 중에 천사를 보고 그와 대화하였다. 그는 두려움에 떨었다. 각 시간에 성경은 하나님에 대해 기록하거나 하나님이 보내신 천사가 나타나거나 사람으로 하나님 자신을 계시하여서 찾아온 이로 인해 ***'많은 두려움'***과 함께 보통 바닥에 엎드리게 된다.

우리가 오늘날 형제자매들의 일반적인 모호한 '그림 설명' 이나 '상상' 에 대해 거의 감동이나 변화를 주지 ***못하고*** 거의 아무런 영향도 끼치지 못하는 것은 놀랄 만한 일이 아니다. 하나님과 진짜 대면하는 것과 결코 같은 것이 될 수 없는 일이다. 그것은 베드로와 고넬료와 그의 동료들에게서와 같이 반드시 삶을 변화시키는 일이다.

사도행전 10:4 "네 기도와 구제가 하나님 앞에 상달되어 기억하신 바가 되었으니."

한 분이시며 참되신 하나님을 찾고자 하는 고넬료의 노력이 그에게 용서와 화해를 준 것은 아니다. 그러나 그것은 더 나은 빛으로 이끌었다. *"각 나라 중 하나님을 경외하며 의를 행하는 사람은 하나님이 받으시는 줄 깨달았도다."* 그러나 고넬료는 아직 부족한 것이 있었으며 천사는 고넬료에게 말했다.

사도행전 10:5 "네가 지금 사람들을 욥바에 보내어 베드로라 하는 시몬을 청하라."

천사는 설명을 잘 한다. 왜 그는 그 일을 마치고 복음을 설명하지 않았는가? 왜냐하면 주 예수는 단순히 각 개인을 구원하는 데서 그치지 않고, '교회를 세울 것' 이라고 말씀했기 때문이다. 하나님은 이 땅의 모든 백성들에게 그의 구원받은 '보이고 말하는' 공동체를 만들고 계신다. 하나님의 계획은 하나님의 백성들이 목양하고 서로를 가르치는 것이다. 고넬료와 베드로의 성장 과정의 일부는 그들이 ***다른 이들의*** 삶에 하나님의 도구가 되는 것이었다.

사도행전 10:22 "청하여 말을 들으려 하느니라." "그는 우리를 명하여 그 백성들에게 선포하라 명하셨다."

베드로는 천사가 고넬료에게 말한 것을 더 자세히 설명하였다. ***"너와 네 온 집이 구원받을 말씀을 네게 이르리라"***(행 11:14). 그 말씀은 무엇인가? 36절에 *"만유의 주 되신 예수 그리스도로 말미암아 화평의 복음을 전하사 이스라엘 자손들에게 보내신 말씀"*을 주목하라. 고넬료가 그러했듯이 구도자(seeker)로서만은 구원받기에 충분하지 않다.

사도행전 10:7-8 "고넬료가 집안 하인 둘과 부하 가운데 경건한 사람 하나를 불러 이 일을 다 이르고 욥바로 보내니라."

하나님은 그의 교회를 다른 사람을 포함시킬 줄 아는 장로 유형의 사람들을 통해 세우신다. 고넬료는 자기 '혼자서 하나님을 경험하는 것' 으로 만족하는 사람이 아니었다. 그는 만약에 그것이 사실이라면, ***모든 사람***이 관심을 가져야 한다고 생각했다. 이 사람은 하나님을 찾는 데 다른 사람을 포함시키는 지혜를 가진 자였다.

사도행전 10:9-20 "베드로가 기도하려고 지붕에 올라가니……황홀한 중에(환각에 빠지다) 하늘이 열리며……소리가 있으되."

하나님은 그가 구원할 이를 준비하실 뿐 아니라 그에게 말씀을 전할 자도 준비시키신다. 아마도 베드로는 하나님의 우선순위를 듣고 분별하는 데 우선순위를 두었기 때문에 '천국 열쇠'를 받았던 것 같다. 기존에 있는 믿는 성도들의 모임에 초점을 두는 것이 아니라 베드로는 복음을 듣지 못한 자들에게 복음 전하기를 기뻐했다. 그러나 어떤 은사를 가졌든지, 극적인 환상이든지, 아니면 "세미한 소리"(왕상 19:12)이든지 하나님의 메시지를 전하는 자는 진정으로 성령의 인도를 받아 하나님이 예비하신 사람에게로 가는 자가 되어야 한다. 이 일은 우리의 시간을 사람들로부터 구분하여 베드로와 같이 아버지와 홀로 시간을 보내며 듣는 일에 실패할 때에는 거의 일어나지 않는다.

사도행전 10:16 "이런 일이 세 번 있은 후."

앞서 베드로는 그가 이방인들 가운데 그리스도를 위해 맞설 기회가 있었을 때 주를 세 번 부인한 적이 있다(마 26:75). 하나님은 이번에도 '그의 믿음이 실패하지 않도록'(눅 22:32) 확실히 하고자 하시는 것 같다.

때로 우리는 하나님이 극복하기 원하시는 부분에서 넘어질 때가 있다. 사람을 두려워하는 것은 쉽게 극복되지 않는다. 시간이 없는 가운데 가정을 방문하는 것, 재정적인 여유가 없는데 기독교에 관심 있는 자들과 함께 시간을 보내는 것, 아이들에게 관심을 주는 것, 시간을 효율적으로 보내지 못하는 것, 비디오 게임이 있는데 그것을 놓아두고 주님과 충분히 시간을 보내며 그분의 인도를 받아 누구에게로 갈 것인지 인도하심을 받는 일 등이다.

사도행전 10:19 "성령께서 그에게 말씀하시되……."

당신은 마지막으로 *"여호와여 말씀하옵소서 주의 종이 듣겠나이다"*(삼상 3:9)라고 말한 적이 언제인가? 베드로는 적재 적시에 듣고 있었다. 당신은 하늘 아버지와 그분의 임재 앞에서 그분의 지도를 받는 친밀함을 갖고 있는가?

사도행전 10:23 "베드로가 불러들여 유숙하게 하니라."

베드로는 정통 유대인으로 죽은 동물을 만지는 무두장이의 집에 거할 뿐 아니라, 이제 거기서 더 나아가 불결한 이방인을 초대해 하나님의 인도를 받아 위험을 무릅쓰고 함께 먹으며 같은 지붕 아래에서 함께 잠을 잤다. 베드로는 지금 그의 가족의 안전한 지역을 넘어 주님의 종이 되는 법을 배우고 있는 중으로 그는 점점 하나님이 그들을 보는 방식으로 사람들을 보고 있는 중이다. *"하나님이 깨끗하게 하신 것을 네가 속되다고 하지 말라 하더라"*(행 11:9). 그들이 식사를 할 때 그들은 무슨 이야기를 주고받았을까? 신약성경에 나타난 사역은 일 주일에 한 번 90분 동안 만나는 것이 아니라 먹고, 마시고, 함께 거하는 것이었다.

사도행전 10:23 "욥바에서 온 어떤 형제들도 함께 가니라."

아무도 베드로에게 팀의 개념을 설명할 필요가 없었다. 그는 지혜롭게 다른 믿는 형제들을 위험한 상황 속에 함께 데리고 갔다. 만약에 이방인들이 그에게 그가 하지 말아야 하는 일을 강요한다면 어떻게 할 것인가? 누구와 의논을 할까? 그는 분명히 그가 이방인의 집을 방문한 것으로 인해 다른 유대인 기독교인들에게 비난을 받을 수 있음을 인식하고 있었다. 베드로가 왜 유대인의 전통을 어겼는지에 대해 설명할 때에 다른 동료들을 예루살렘에 데리고 갔음을 기억하라. *"이 여섯 형제도 나와 함께 가서 그 사람의 집에 들어가니"* (행 11:12).

사도행전 10:24 "고넬료가 그의 친척과 가까운 친구들을 모아 기다리더니."

"여러 사람이 모인 것을 보고"(27절). 어떤 종류의 구도자들이기에 그들이 하는 일을 중단하고 외국의 종교에 대한 설명을 듣기 위해 그의 친척들과 친구들을 모을 수 있었을까? 주님은 그들이 가정 교회와 같은 지지 모임이 될 수 있게 주님 자신에게로 전체 네트워크를 데려오기를 원하셨다. 분명히 고넬료는 이 사람들로 하여금 베드로가 말하는 것을 심각하게 생각해 볼 수 있게 하는 권위와 신뢰를 가지고 있었다. 당신이 아는 사람 중에서 누가 그의 친척과 가까운 친척들을 불러 당신이나 혹은 당신 팀에 있는 '베드로'의 말을 듣게 할 수 있는가?

사도행전 10:25 "마침 베드로가 들어올 때에 고넬료가 맞아 발 앞에 엎드리어 절하니."

이러한 행동을 통해 우리는 고넬료에 대해 더 많은 것들을 알 수 있다.

1. 그는 다른 사람이 그의 인생에 대해 어떻게 생각하는지 중요하게 생각하지 않는 사람이었다. 그는 하나님에 대해 더 알고자 하는 갈망이 있었다.

2. 그의 신학은 비교적 연약했다. 그는 사람을 숭배하지 말라는 말을 들을 필요가 있었다.

3. 그는 그의 위치에도 불구하고 하나님을 기쁘시게 하기 위해서는 어떤 것이든지 하려고 하는 겸손한 사람이었다.

사도행전 10:26 "(그러나) 베드로가 일으켜……."

몸을 엎드리거나 반지에 입을 맞추는 것은 허용되지 않았다. 베드로는 그가 첫 번째 교황이라는 사실을 의식하지 말아야 했다. 후에 특별한 옷을 입고 스스로 목사님, 혹은 신부님, 그의 거룩한 분(his Holiness)으로 불리기를 원하는 성직자와 얼마나 다른가?

사도행전 10:28 "이르되 유대인으로서 이방인과 교제하며 가까이 하는 것이 위법인 줄은 너희도 알거니와."

우리는 이제 ***왜*** 베드로에게 환상이 필요했는지를 깨닫게 된다. 유대인 가정이 이방인을 초대해 유대인들이 먹는 정결한 음식(kosher food)을 먹는 것도 합당하지 않을 뿐 아니라 더군다나 정통 유대인이 이방인의 집에 들어가서 먹는 일은 들어본 적이 없는 일이었다. 거기에는 ***이방인들***에 대해 깊은 영적, 민족적 우월의식이 자리하고 있었다.

베드로는 지혜롭게 모두가 어떻게 생각하고 있는지에 대해 소개함으로 이야기를 시작했다. 그들이 그의 말을 주의 깊게 듣게 하기 위해서는 먼저 그들 사이에 있는 장벽을 없앨 필요가 있었다. 나도 모스크에 초대를 받아 이야기를 할 때면 같은 원리를 이용한다. 영국에서 파키스탄 사람들이 어떻게 그들 자신이 '기독교인' 이라고 말하는 사람들로부터 잘못된 대접을 받는지에 대해 사과를 함으로 말을 시작한다.

사도행전 10:29 "무슨 일로 나를 불렀느냐."

가장 기본적인 지혜는 주제에 대해 이야기를 하기에 앞서 듣는 사람들이 무엇을 생각하고 있으며 무엇을 듣기 원하는지에 대해 결정하는 것이다. 대화가 독백보다 훨씬 더 설득력이 있다.

사도행전 10:33 "내가 곧 당신에게 사람을 보내었는데 오셨으니 잘하였나이다 이제 우리는 주께서 당신에게 명하신 모든 것을 듣고자 하여 다 하나님 앞에 있나이다."

이보다 더 나은 방법은 없을 것이다. 하나님이, 참되신 하나님이 말씀하고자 하는 내용을 듣고자 하는 친척과 가족들을 준비시키셔서 말씀을 전하는 자를 초청하도록 했다. 이바단과 이즈미르와 이란과 인도네시아에 있는 모든 전방 교회 개척 팀은 그들이 입양한 민족 가운데 이 구절을 가지고 간구해야 할 것이다.

당신이 있는 도시에 경건한 사람이라고 인정을 받는 사람이 있다. 그(그녀)는 매우 존경을 받는 인물이며 아마도 외적으로는 아닐지 모르지만 매우 종교적으로 신실한 사람으로 인정을 받는다. 그는 합리적인 사람이며 쉽게 말해 사람들 사이의 평화와 화합에 대해 관심을 갖고 있는 사람이다. 우리는 그 사람을 '평화의 사람'(마 10:11)이라고 부른다. 그는 폭력과 불의에 대해 슬퍼한다. 그는 또한 하나님이 죄를 심판하실 것이라고 믿는다. 그는 알라를 기쁘게 하기 원한다.

그 사람을 찾아가라. 만일 가능하다면 다른 사람이 당신을 소개하도록 하라. 그(그녀)에게 예언자 '이사 알 마시'(그곳에서 주 예수를 부르는 이름으로)가 그러한 남자들과 여자들을 찾아가서 만나라고 했기 때문에 그(그녀)를 만나고 싶다고 말하라. 만일 이것이 '주님이 예비하신 만남' 이라면 그는 ***당신의 말에 귀를 기울이며*** (만일 즉각적으로 진리로 받아들이지 않는다고 할지라도) 심각하게 받아들이고 깊이 생각할 것이다.

사도행전 10:34-43 "베드로가 입을 열어 말하되……."

다시 사도의 메시지를 분석할 필요가 있다. 우리는 여기서 무엇을 배울 수 있는가?

34절 그는 하나님으로부터 보냄을 받은 자로서 권위를 가지고 말하고 있다. 그는 하나님을 향한 경외심과 하나님이 말씀하시는 바를 행하고자 하는 것이 옳다는 것을 확인하고 있다.

35절 그는 그의 가족 중 한 무리가 하나님의 백성이 되기를 원한다는 사실을 확신했다.

36절 그는 자신이 하나님의 종으로서 하나님 자신으로부터 그들에게 줄 말씀과 메시지와 진리를 가지고 있음을 확인했다. 그가 전하는 말씀은 하나님이 그들을 위해 하나님과 화평할 수 있는 방법을 위해 준비한 한 사람, 하나님이 보내신 예수에 관한 것이다. 그들은 많은 다른 신들에 관한 이름에는 익숙했다. 그러나 베드로는 예수 그리스도가 그 모든 신들의 주님이시며 모든 사람의 주님이라는 사실을 주장했다. 예수 한 분만이 하나님께서 택하신 하나님과 사람 사이의 중보자이다(딤전 2:5).

37-41절 베드로는 역사적인 사실을 언급한다. 이것은 플라톤과 같은 철학이 아니다. 이것은 온 우주를 심판하시는 창조주가 온 세상에 행동을 취하시고 다가올 심판을 피할 방법에 응답하는 자만을 초대하신다는 내용이다. 흥미롭게도 베드로는 그가 유대인 청중들에게 강조했던 것처럼(비고: 눅 24:26; 행 3:18; 8:32) 그리스도의 속죄에 대해서는 강조하지 않았다.

38절 "하나님이 (그와) 함께하셨음이라."

베드로는 첫 번째 설교에서 그리스도의 신성이나 그가 하나님의 아들이라는 사실에 대해 강조하려 하지 않았다. 무슬림들과 유대인들과 같이 유일신을 믿는 자들에게는 디모데전서 2장 5-6절의 진리를 확인하는 것만으로도 충분하다. *"하나님은 한 분이시요 또 하나님과 사람 사이에 중보자도 한 분이시니 곧 사람이신 그리스도 예수라 그가 모든 사람을 위하여 자기를 대속물로 주셨으니"*(딤전 2:5-6).

41절 우리는 그분이 사망을 정복하시고 그 자신을 보내신 자들에게도 나타내신 분이라는 사실을 잘 알고 있기에 우리가 무얼 말하는지 알고 있다. 베드로가 주장하기를 우리는 그분을 만났으며 부활하신 그리스도와 함께 먹었다. 그러나 그리스도의 가족이 된 우리는 살아 계신 그리스도의 존재를 ***또한*** 경험하였다. 이것을 말하는 것을 잊지 말도록 하자(계 3:20; 요 14:21, 23을 보라.).

42절 "우리에게 명하사 백성에게 전도하되 하나님이 살아 있는 자와 죽은 자의 재판장으로 정하신 자가 곧 이 사람인 것을 증언하게 하셨고."

당신은 솔직하게 말할 수 있는가? 당신은 바울과 함께 다음과 같이 말할 수 있는가? "내가 내 자의로 이것을 행하면 상을 얻으려니와 내가 자의로 아니한다 할지라도 나는 사명을 받았노라 그런즉 내 상이 무엇이냐 내가 복음을 전할 때에 값없이 전하고 복음으로 말미암아 내게 있는 권리를 다 쓰지 아니하는 이것이로다"(고전 9:17-18).

베드로가 말하였다. "무례하고 배타적인 것처럼 보여서 죄송합니다. 하지만 우리의 사명은 하나님께서 심판자로 삼으신 부활하신 *주님*으로부터 온 것입니다.—그분은 사람이 마땅히 받아야 할 심판을 면죄 받도록(죄 용서 받도록) 하시는 유일한 소망(요 14:6; 행 4:4를 보라)이십니다."

우리 선교사들 또한 이것을 경고하는 자들이다. 우리는 반드시 사람들에게 이 그리스도 예수의 메시지를 만들어 낸 자들이 아니라는 사실을 되새겨 주어야한다. 우리는 사망을 정복하시고 그가 전에 누구이셨는가를 증명하신 분으로부터 들은 것을 전달하는 것뿐이다.

43절 "그에 대하여 모든 선지자도 증언하되 그를 믿는 사람들이 다 그의 이름을 힘입어 죄 사함을 받는다 하였느니라."

이 메시지가 바로 이슬람과 불교와 유교와 힌두교가 가지고 있지 않은 부분이다. 그들은 구세주를 줄 수 없으며 죄의 용서를 받는 그 어떤 방법도 제시할 수 없다. 우리는 종교를 그들에게 전해 주는 것이 아니라 그리스도 예수의 (이름을 가진) 인성과 권위를 전해 주는 것이다.

44절 "베드로가 이 말을 할 때에 성령이 말씀 듣는 모든 사람에게 내려오시니."

'아버지 하나님, 왜 이러한 실재가 우리 가운데 왜 그렇게 적게 일어나는 것입니까? 얼마나 오랫동안 당신이 ***우리***에게 임하시기를 기다려야 합니까?'

어떤 사도도 이 사람들의 머리에 안수하지 않았다(8:17). 그들이 세례를 받을 때(행 2:38) 성령께서 그들에게 임하신 것도 아니다. 사실 베드로와 그의 팀이 한 것은 아무 것도 없었다. 베드로는 그의 설교 중간에 그들을 초청하는 말을 한 적도 없었다. 우리의 완벽하고 상황화된 가르침에 대한 우리의 관심을 무엇이라고 설명할 수 있을까? 우리에게 필요한 것이 하나님의 '현현하심' 외에 무엇이란 말인가?

성령의 지혜가 그의 교회를 어떤 공식으로부터 보호하는 것이 아닌가? 또한 이것은 예루살렘에서 베드로가 다른 장로들에게 *"내가 누구관대 하나님을 막아서리요?"*라고 말하며 그 사건을 종결짓게 한 것이 아닌가? 이 최초의, 이방인들로 하여금 하나님의 왕국에 들어오게 하는 일에는 어떤 인간의 주도나 생각에서 나온 방법론 같은 것은 없었다.

수년 전 우리는 아내와 함께 믿음을 갖고 엄청난 고난을 받던 한 화물 자동차 운전사를 위해 기도하고 있었다. 일요일 아침, 그는 성령에 이끌리어 교회 문이 열리기도 전에 교회에 나왔다. 설교가 10분 정도 지났을 때 그는 통로로 나와 울며 죄를 자복했다. 그리고 설교를 중단시키며 목사에게 자신과 그의 죄를 위해 기도해 달라고 부탁했다.

45절 "베드로와 함께 온 할례 받은 신자들이 이방인들에게도 성령 부어 주심으로 말미암아 놀라니."

오 놀라운 주님! *"내가 주의 말씀에 요한은 물로 세례를 베풀었으나 너희는 성령으로 세례를 받으리라 하신 것이 생각났노라"*(행 11:16). 인간의 전략과 주님의 주권이 '그곳에 그의 교회' 를 세우겠다고 역사하실 때와 얼마나 다른가? *"노상에 있을 때 주님이 나를 인도하셨다."* 이러한 새로운 신자들은 방언으로 말하는 법을 배우지도 않았으며, 따라하지도 않았다. 이 유대인 신자들은 이것인 진짜로 된 것임을 알았다.

48절 "명하여 예수 그리스도의 이름으로 세례를 베풀라 하니라."

다시 우리는 기다리는 시간이 없었음을 보고 놀란다. 교리 문답도 없었으며, 최소한의 기록도 없었다. 그들이 세례 받기에 앞서 서로 다른 사람들과 올바른 관계를 맺는 것에 대한 지시를 받은 적도 없었다. 이것을 통해 우리가 이해해야 하는 것은 무엇인가? 베드로는 그들이 지금 세례를 받을 것인지, 아니면 나중에 받을 것인지에 대한 선택을 권유하지도 않았다. 그는 단순히 물로 세례를 받으라고 명령했다. 분명히 사도들은 물세례에 있어서 우리가 하는 것보다 더 심각하게 실행했다.

사도행전 10:48 "그들이 베드로에게 며칠 더 머물기를 청하니라."

며칠 혹은 몇 주 동안 주님을 믿고 경험한 자들을 떠나는 어리석음을 범하는가? 우리가 추측할 수 있는 것은 베드로와 다른 형제들은 많은 시간 가르침과 설명과 기도의 모범을 보였을 것이라는 점이다(행 9:19; 28:43을 보라.).

11장

사도행전 11:2 "베드로가 예루살렘에 올라갔을 때에 할례자들이 비난하여."

보통 타결이 있은 후 누군가는 좋아하지 않는다. 그들은 그들과 상의를 하지 않았으며 제외되었다고 느낀다. 그들은 당신이 잘못된 방향으로 갔으며, 잘못된 사람들과 어울렸고, 혹은 잘못된 장소로 갔다고 생각한다. 어떤 이들은 당신의 방법론(이방인과 먹는 것과 같은)이 '장점보다 위험 요소'가 더 많을 것이라고 결론을 내린다. 그러한 사람들은 불행하게도 일반적으로 위대한 우리의 하나님에 대한 이해도가 부족한 사람이다.

그러나 베드로는 비난을 피하지 않았다. 증인들과 함께 그는 그 딜레마를 지혜롭게 비난하는 사람들 뒤에 두었다. 그는 "***당신이*** 만약에 내가 본 환상을 보았다면 어떻게 했을 것 같습니까? 그리고 만약 하나님이 그에게 말씀하셨다고 말하는 사람이 보낸 사람을 맞았다면 어떻게 했겠습니까? 그리고 당신이 성령으로 충만하게 되는 초자연적인 경험을 체험했다면 어떻게 했겠습니까? 만일 당신이 어떤 사람을 비난한다면 그것은 그 모든 것을 행하신 하나님을 비난하는 것입니다."

베드로는 다음을 깨달았다.

1. 그가 행한 것은 교회를 분열시킬 잠재성을 지녔다.

2. 그는 모든 사람을 구원할 수 있는 주님의 명령을 경험했다. 그

러나 예루살렘에 있는 자들은 경험하지 못했다.

3. 때때로 어떤 사람은 교리를 비난하지만 그러나 그때 단순히 사건을 이야기하라.

우리는 어떤 특정한 방식(지식의 말씀과 같은)으로 주님의 초대를 받지 **않은** 형제자매들에 대해 인내할 필요가 있다. 당신이 있는 지역에서 서로 다른 경험 때문에 당신과 하나님께 부름을 받은 다른 사역자를 구분하지 말라.

사도행전 11:12 "성령이 내게 명하사 아무 의심(걱정, 불안) 말고 함께 가라 하시매."

우리는 이것을 통해, 주 예수를 알았던 내면의 갈등을 하던 한 사람이 위로를 받은 것을 감지할 수 있다. 그러나 베드로의 다음 숙제는 너무나 지나치고 다른 것이어서 성령께서는 그가 황홀경 가운데 있을 때에 분명한 환상을 보게 하셨다. 그것도 세 번씩이나……. 그런 다음 그의 문 앞에 사람들이 도착했을 때 주님은 베드로가 분명히 비유대인들 위에 하나님이 역사하고 계신다는 것을 확신하게 하셨다. 마침내 아침 베드로가 가이사랴로 떠날 즈음에 성령께서는 베드로가 하나님의 인도를 받는 것인지 아닌지 모호하고 의심에 가득 차 있었기 때문에 베드로를 더 강력하게 떠미셔야만 했다.

개인적으로 나는 지금의 내가 갖는 하나님의 관점을 갖기까지 얼마나 많은 시간이 걸렸는지를 생각하며 당혹하곤 한다. 워치만 니의 말을 들어보자. "당신은 당신의 만족을 늦출 수 있지 그것을 서두를 수는 없다."

사도행전 11:18 "그들이 이 말을 듣고 잠잠하여 하나님께 영광을 돌려."

우리 주님은 우리에게 말씀하신다. *"네 형제에게 원망 들을 만한 일이 있는 것이 생각나거든……먼저 가서 형제와 화목하고 그 후에 와서 예물을 드리라"*(마 5:23-24). 만일 우리가 베드로가 이때 했던 것과 같이 이 계명에 분명히 순종했다면 우리 사역자들과 더 적게 갈등이 생겼을 것이다. 만일 첫 번째 시도가 문제를 해결하지 못했다면 마태복음 18장 15-18절은 하나님의 백성들과 연합을 취하기 위해 다음 행동을 취하도록 격려한다.

18절 "하나님께서 이방인에게도 생명 얻는 회개를 주셨도다."

효과적으로 제자를 삼기 위해서는 ***어떠한 종류의*** 회개가 주 예수와 아버지가 그들 속에 거하여 *'그리스도 당신 속에 거하며 영광의 소망이 되시는'* 진정한 갱생과 영적 탄생과 세례를 낳는지를 이해하는 것이 필수적이다.

이것이 예루살렘에서 그가 전했던 첫 번째 메시지와 동일하다. *"이스라엘에게 회개함과 죄 사함을 주시려고 그를 오른손으로 높이사 임금과 구주로 삼으셨느니라"*(행 5:31).

그는 또한 주 예수로부터 회개의 중요성을 배웠다. *"또 그의 이름으로 죄 사함을 받게 하는 회개가 예루살렘에서 시작하여 모든 족속에게 전파될 것이 기록되었으니"*(눅 24:47).

세례 요한은 '생명에 이르는 회개' 에 대해 강조하였다. *"광야에 이르러 죄 사함을 받게 하는 회개의 세례를 전파하니"*(막 1:4).

"요한이 요단 강 부근 각처에 와서 죄 사함을 받게 하는 ***회개****의 세례를 전파하니"*(눅 3:3).

*"그러므로 **회개에 합당한 열매를 맺고** 속으로 아브라함이 우리 조상이라 말하지 말라 내가 너희에게 이르노니 하나님이 능히 이 돌들로도 아브라함의 자손이 되게 하시리라"*(눅 3:8).

성령이 주시는 진정한 회개는 죄 사함을 낳으며 *'그리스도 예수 안에 있는 새로운 피조물'*이 되게 한다(고후 5:17). 이것은 영원한 변화를 가져온다. 만일 당신이 지속적인 마음의 변화와 하나님의 기준에 맞추어 살지 못하는 것에 대한 자기혐오를 보지 못한다면 당신은 성령께서 주시는 (영원한) 생명으로 이끄는 회개를 ***주셨는가***에 대해 의심해야만 한다.

사도행전 11:19 "그때에 스데반의 일로 일어난 환난으로 말미암아 흩어진 자들이……."

그들은 도망가지 않았다. 그들은 ***흩어진 것이다***. 추방은 하나님의 계획으로 이루어진 것이다. 우리가 아프가니스탄과 몰디브와 이집트와 소말리아에서 쫓겨났다면 우리는 삼위일체 하나님과 함께 하루 종일 물러나도록 계획을 잡고 우리를 향한 하나님의 더 큰 계획이 무엇인지를 이해할 필요가 있다. 때때로 추수의 주님은 우리로 하여금 우리가 생각하지 못했던 다른 사람들과 함께 일하도록 하시는 때가 있다. 그들이 예루살렘에서 쫓겨나지 않았다면 안디옥 교회는 세워지지 못했을 것이다.

19절 "스데반의 일로 일어난 환난으로 말미암아."

때때로 우리의 문제에 대해 다른 사람이 어떻게 생각하는지 생각한다. 예를 들면 '만약에 스데반이 좀 더 주의를 했다면 어떻게 되었을까.' '그는 공중에서 설교를 하지 말았어야 한다.' '종교 지도자를 충동하기보다 삶으로 사는 것이 더 중요하다' 등등과 같은 생각을 하는 '어리석음' 에 빠질 때가 있다. 이런 것은 결국 역사 속에서 그의 목적을 성취하기 위해 요셉의 형들을 통해, 모세가 파라오를 충동함으로써, 다윗이 멈추어 들어가 ***음식을 얻은 것***으로 인해 85명의 제사장들과 그들의 아내와 자녀들이 죽은 것과 같은 일(삼상 22:21)에 대해 지혜로운 하나님을 욕되게 하는 것일 뿐이다.

19절 "말씀을……."

여기서 말하는 말씀은 다른 부분에서 나타난 전파하는 것과 다른 말이다. 그들은 자연스럽게 '복음에 대해 이야기하는 자들로서' 이야기를 나누면서 사람들에게 가장 신선하고 생각을 자극하는 사람과 사건에 대해 나누었다. 반면에 그들은 '말씀' 을 전하였다. 그들은 단순히 진실한 '사귐' 을 즐기거나 경험에 대해 이야기하지 않고 진실에 대해 이야기했다. 그들은 사람들로 하여금 생각하게 만드는 중요한 사실에 대해 이야기할 내용이 있었다.

만일 당신에게 복음의 가장 핵심이 되는 '말씀' 에 대해 두 페이지로 요약을 하라고 부탁을 받는다면 무엇을 쓰겠는가? 이번 주에 당신이 입양한 사람들의 언어로 써보는 것이 어떻겠는가? 성령으로 충만한 제자들은 하나님의 말씀(마 13장)인 복음의 씨앗을 뿌렸다.

사도행전 11:20 "(그러나) 그 중에 구브로와 구레네 몇 사람이 안디옥에 이르러 헬라인에게도 말하여 주 예수를 전파하니."

'전파하다' 라는 단어는 좋은 소식을 알지 못하는 자들에게 선포한다는 유앙겔리조(*εὐαγγελίζω*)이다. 예수 그리스도를 전하는 비유대인들을 대면할 수 있는 담대함을 가진 사람들은 외부인들이었다. 그들은 구브로(Cyprus)와 구레네(Libia)로부터 온 사람들이었다. 분명이 이들은 박해를 피하여 가다가 집으로 가는 배를 만나지 못하고 그 상황에서 그들이 할 수 있는 일을 했을 뿐이었다. 그들은 주님이 그들을 안디옥에 있게 하신 목적이 있다고 결론을 내리며 생각했다. '왜 이 이방인들에게 메시아에 대해 전하지 않으면 안 되는가?' 안디옥은 당시 첫 번째 로마와 두 번째 알렉산드리아, 그리고 그 다음으로 부유하고 웅장한 도시였다. 안디옥은 '중심가' 가 6.5 킬로미터나 되었다.

안디옥에는 많은 유대인 공동체가 있었으며, 그들은 최고조에 다다른 그리스 문화의 영향을 받고 있었고, 정치적으로는 로마의 지배를 받고 있었다. 이 도시는 영향력을 가지고 있었다. 소식이 이곳에서 퍼져나갔다. 그러나 주님은 안디옥에 '유명한' 대사를 보내지 않고 단순히 무명의 사람들을 보냈다. 그들은 준비할 시간적 여유도, 공식적인 지시도, 그들을 관할할 지도자도 없었다. 이것이 당신에게, 하나님은 자신이 무얼 하는지 알지 못하는 '아무 것도 아닌 자' 를 사용하기를 기뻐하신다는 사실로 격려가 되지 않는가?

그들은 유대파가 아닌 헬라파 유대인이었으며, 헬라어를 유창하게 구사할 수 있었다. 그리고 그 지역에서 이방인이었기에 그들은 추방이나 구브로나 구레네로 돌아갔을 때 가족들에 대한 보복을 두려워할 필요가 없었다. 이러한 현상은 수세기 동안 지속되어 온 일이었다. 이집트인들은 프랑스에서 더 담대했으며, 미국인들은 펜실베니아에서보다 파키스탄에서 추방되는 것을 쉽게 받아들였다. 영국인들은 영국의 브리스톨보다 봄베이의 시장에서 요한복음을 배포하려고 할 것이다.

20절 "주 예수를 전파하니."

[현대의 대사들(ambassadors)에게 조금은 낯선] 이 사건이 *"우리가 보고 들은 것을 전파하지 않을 수 없노라"*고 말했던 것과 같지 않은가? 우리는 항상 단순히 철학적으로나 학문적으로 말하려고 하는 유혹에 빠져서는 안 된다. 우리는 *십자가에 못 박힌 그리스도를 전한다"*(고전 1:23). 우리는 반드시 우리의 대화를 창조자가 이 땅에 찾아왔고, 왜 찾아왔는지에 대하여 놀라운 사건으로 가지고 와야 한다. 나는 무슬림들은 기독교의 믿음과 역사와 관련된 수많은 이슈들에 대해 오류를 찾아내려고 애쓰는 것을 발견해 왔다. 그러나 내가 선지자 나비(Nabi - 아랍어로 선지자) 이사(Isa - 예수)가 거짓말쟁이나 미치광이나, 혹은 (그가 주장하는 대로) 모든 이의 *"길이요 진리요 생명"*인지에 대해 물어보면 그들은 중심 되는 이슈를 대면하게 된다.

아직도 사도행전은 우리가 알고 싶어하는 모든 것을 말해 주지는 않는다. 우리가 어떤 방법을 써야 하는지, 그들이 그룹으로 이야기를 했는지, 그들은 어떻게 청중의 관심을 사로잡았는지…….

사도행전 11:21 "주의 손이 그들과 함께 하시매……."

어떤 면에서 우리가 항상 이루었던 것 이상을 하기 위해서는 어떻게 해야 하는가? 우리의 일반적인 방법론 이상은 무엇인가? 구브로와 구레네에서 온 이 사람들은 전에 그들이 시도하지 않았던 어떤 일을 주님이 그들을 이끄셔서 하기를 원한다는 사실을 깨닫고 그것에 순종했다. 누가는 우리가 그들이 '옳은 일을 했거나' 혹은 하나님이 그들의 방법에도 불구하고 역사하셨다는 사실을 깨닫게 되기를 원한다.

당신의 선교 팀이 가장 최근 지도에 없는 수역으로 출발을 하고 무언가 새로운 일을 한 적이 언제인가? 하나님이 원하시는 것보다 낮게 기대하는 것이 무엇인지를 생각하라. 불신앙은 쉽게 "주님은 주님의 때에 열매를 맺기 원하신다"와 같은 절반의 진리로 포장된 진부한 문구 아래 쉽게 숨겨질 수 있다. 당신은 지혜의 이름으로 주저하고 있지 않은지, 혹시 당신 자신을 보호하는 죄를 범하고 있지는 않은지 확인하라. 베드로가 만일 물 **속으로** 뛰어들지 않았다면 그는 결코 물 위를 걷지 못했을 것이다.

21절 "수많은 사람들이 믿고 주께 돌아오더라."

주님은 *'많은 자들이 주께 돌아오게 함으로써'* 믿는 자들로 하여금 '안전지대'(comfort zone)를 넘어 그들이 주도권을 쥐고 위험을 감수하는 신앙을 지니게 하셨다. 24절은 바나바가 믿는 자들 가운데 사역한 이후 *'수많은 무리가 주께 돌아왔다'*는 사실을 말하고 있다. 왜 두 번째 개종의 물결이 일어났는가?

때때로 더 신중하고 조심스럽고 사려깊은 사람들의 경우 전달되는 메시지가 참인지 아닌지를 더 깊이 생각하고 더 깊이 적용하는 경향이 있다. 주님께 돌아온 첫 번째 그룹의 간증은 외국인이 전한 메시지보다 다른 사람들의 이목을 집중시켰다. 계속해서 다른 사람들을 가르칠 수 있는(딤후 2:2) '충성된' 내부자를 만날 수 있도록 기도하라.

사도행전 11:22 "예루살렘 교회가 이 사람들의 소문을 듣고 바나바를 안디옥까지 보내니."

신약성경의 신자들은 '독립 교회'(independent churches)라는 개념이 없었다. 그리스도의 가족은 서로에게 양분을 공급하며 일주일에 7일을 서로 돌보는 데 헌신된 가족이다(행 2:44; 4:32).

교회들은 감독에 의해 ***다스림을 받고*** 있지 않다면 서로가 연결되어야 한다고 생각했다. 예루살렘 교회는 안디옥에 있는 새로운 신자들이 성경적인 기도와 교제와 예배와 *'자기 나라와 영광에 이르게 하시는 하나님께 합당히 행하는 것'*(살전 2:12)이 무엇인지, '사도의' 가르침을 배우고 강해지게 하기 위해 그들이 가족으로서의 책임을 가지고 있다고 느꼈다. 예루살렘의 신자들은 지역 교회의 지도자를 잃고 새로운 지교회를 돕기 위해 떠맡아야 하는 희생을 감수할 자세가 되어 있었다. 그러한 행동을 취하기 위해 몇 달간의 모임을 가진 것이 아니었다.

바나바는 감독이나 지역 지도자가 아니었다. 그는 단순히 '격려하는 남자'(Mr. encouragement, 4:36-37을 보라)였다(그가 얼마나 그의 시간을 헌신했는가 기억하라.). 그는 주님과 교회에 유익한 자였으며, 그의 지역에서 그의 은사인 권고의 은사를 사용하고 있었다. 그는 조직신학을 가르치지는 못했을지라도 어떻게 새로운 신자들이 교제를 나누어야 하며 어떻게 주님과 동행해야 하는지를 알고 있었다. 아마도 그는 높은 형이상학적 개념을 길거리에 있는 사람들에게 쉽게 가르칠 수 있는 사람 중의 한 사람이었을 것이다. 사람들이 살고 있는 수준으로 내려가라. 당신이 함께 살고 만나고 있는 사람들은 어떤 사람들인가?

사도행전 11:23 "그가 이르러 하나님의 은혜를 보고 기뻐하여……권하니."

바나바는 '하나님 중심'의 사람이었다. 그는 분명히 이 새로운 공동체의 문제를 보았으나 기뻐할 수 있었다. 왜냐하면 그는 사람의 실패에 초점을 맞추는 것이 아니라, 하나님이 하고 계신 일에 초점을 맞추었기 때문이다. 그러나 여기서 구체적으로 우리가 배울 점은 무엇인가?

바나바 자신이 동료 영적 순례자이며 새로운 신자들을 ***격려하는 데*** 성공한 자로서 *'세상과 육신과 사탄'*(요일 2:14-18)의 위험 – 예를 들면, 에베소서 6장의 영적 전투에 대해 경고해야만 했다. 그들은 그들이 새롭게 가진 생각을 지키는 데 도전을 받았다. 그들은 동족으로부터 거절을 당하며 그들의 이방인 가족들과 살면서 유대인의 율법을 지키는 것에 대한 강박으로부터 계속해서 두려워해야만 했다. 바나바는 율법주의에 빠지지 말고 '주께 붙어 있고' 타협하지 말아야 한다고 가르쳤다. 분명히 바나바 안에 있는 주님이 주시는 기쁨이 다른 이들에게도 전염이 되었을 것이다. 당신의 기쁨은 어떤가? 어느 정도 다른 이들의 기운을 북돋는가?

23절 "굳건한 마음으로 주와 함께 머물러 있으라 권하니."

"그들 모두에게 충실하고 강하고 견고한 마음으로 신실하고 주께 헌신하기를 지속하라"(Amplified Bible).

안디옥에서 주께 돌아온 자들은 그들이 단순히 종교를 바꾸거나 그들의 세계관을 바꾼 것이 아님을 깨달았다. 그들은 그들의 충성을 새로운 주인께 한 것이다. 주 예수의 제자는 매일매일 주님과 교제하는 사람으로서 그분의 약속을 묵상하고 그의 삶의 모든 측면에서 그분의 말씀에 마음으로 순종하기를 다짐하는 자이다. 나사렛 예수는 최종 결정을 하시는 ***주*** 예수가 되어야 하며, 그의 아버지나 가족의 가장보다 우선하는, 신자의 삶의 모든 결정권을 갖는 분이다.

이것은 당신의 도시에 있는 새로운 신자들에게 가르쳐야 하는 가장 우선하고 가장 필요한 지속하고 있는 설교인가? 만약에 이 목표를 향해 의식적인 열망을 품지 않는 자를 그리스도의 이름으로 부르는 것을 용납하지 말라. 아마도 바나바는 공식 예배에서 여호수아 24장 15절의 *"나와 내 집은 주 예수만을 섬기겠노라"*는 고백을 선포했을지 모른다. 이 다짐은 결코 돌아갈 수 없는 결정적인 것이다. 당신이 목양하고 있는 신자들이 주 예수 그리스도를 향한 충성의 제사를 취하고 있는가? 그렇지 않다면 그 모임은 성장의 희망이 아주 희박하다.

사도행전 11:24 "바나바는 착한 사람이요 성령과 믿음이 충만한 사람이라."

이것이 타직과 투르크와 투아레그와 티벳 인들이 당신과 당신의 배우자에 대해 이야기하는 바인가? 방글라데시에서 필 파샬의 집주인은 '하나님의 사람' 으로 복음을 전하는 간소하고 친절하고 행복한 하나님의 선교사를 존경했지만, 옷을 잘 차려 입은 파샬을 보고 단순히 미국인 사업가일 뿐이라고 생각했다고 고백했다.

바나바는 전도자를 넘어서서 닮아야 할 훌륭한 모델이다. 다소의 사울은 이 모범을 얼마 후에나 배울 수 있었는가?

당신의 동료가 당신에게 점수를 매긴다면 1부터 10까지 몇 점을 줄 것 같은가?

1. 착한 사람으로서
2. 성령이 충만한 사람으로서
3. 믿음이 강한 사람으로서

만일 그들이 우리가 선한 사람—하나님이 기뻐하시는 사람이라는 사실을 확신하지 못한다면 주님이 우리에게 보낸 사람들은 우리가 전하는 메시지를 심각하게 받아들이지 않을 것이다. *"인자와 진리가 네게서 떠나지 말게 하라"*(잠 3:3).

사도행전 11:25 "(그 후) 바나바가 사울을 찾으러 다소에 가서."

'성령이 충만한 이 사람' 은 과거에 사역을 했던 자들을 잊지 않았다. 성령은 바나바에게 주님께 헌신했던 한 젊은 청년을 생각나게 하셨다. 하지만 그 청년은 그 주위에 없었다. 성령께서 바나바로 하여금 그를 찾도록 하셨을까?

여기서 바나바의 지혜와 큰 관점에서 보는 시각을 놓치지 말라. 만일 어떤 사람이 너무 바빠서 멀리 있는 새로운 신자를 양육할 수 없다는 변명을 한다면 바나바도 그러했을 것이다. 바나바는 안디옥에 가르치고 양육해야 할 '큰 모임의 신자들' 이 있었다. 내가 생각하기에 그는 장기적 관점에서 사울과 함께 가르치는 일을 더 잘 할 수도 있었고(사실 그의 은사는 가르치는 것이 아니라 권면하는 것이었다), 사울을 데려온다면 그가 사울로 하여금 더 효과적인 사역을 하게 할 수 있었을 것이다.

'찾다' (ἀναζητέω)라는 단어는 요셉과 마리아가 예루살렘에서 열두 살이었던 예수를 잃어버리고 찾았을 때 유일하게 사용했던 단어이다. 다른 말로 하면 바나바는 사울을 찾기 위해 '배나 되는 수고를 해야 하는' , 예정된 그의 갈 길을 벗어나야만 했다. 이것은 또한 사울이 사역에 적극적으로 임하고 있지 않았다는 것을 암시한다. 그는 다소에서 아무런 격려를 받지 못한 채 낙심하고 좌절하고 있었던 듯하다.

사도행전 11:26 "만나매 안디옥에 데리고 와서."

"살롬, 사울 당신을 찾게 되어 반갑네. 당신은 왜 여기에 앉아 있는가? 안디옥에서 많은 이방인들이 주께 돌아왔네. 우리는 당신과 같은 배경이 있는 사람이 와서 그들을 가르쳤으면 하네."

"죄송합니다. 바나바 선생님, 저는 적합한 사람이 아닙니다. 저는 주님께 사용받지 못하고 있습니다."

"무슨 말인가, 사울?"

"저는 주님을 위해 살려고 노력할 때마다 실패하곤 합니다. 다메섹에서 사람들은 저를 죽이려고 했고, 예루살렘에서도 그랬습니다. 그리고 이제 제 고향에 돌아와서 회당 지도자들이 저를 이단자라고 몇 번이나 채찍질하였습니다(고전 11:24를 보라.). 이제 그들은 저를 아주 쫓아내었습니다. 주님은 저를 사용하기를 원하지 않으시는 것 같습니다. 저는 하나님이 제가 한 일 때문에 저를 벌하시는 것 같습니다."

분명히 그들은 논쟁했고, 바나바가 오랫동안 간청한 후 받아들였다. 두 번째로 격려하는 남자(Mr. encouragement)가 망각 속에 방황하던 하나님이 선택하신 종 사울을 구해냈다. 여기의 '데려오다' 라는 단어는 '그의 의지에 반대해서 사람을 감옥으로 끌고가다' 라는 의미를 지닌다. 여기에서 선배 선교사는 재능이 있는 비교적 젊은 한 신자가 하나님이 그의 인생을 통해 이루기 원하시는 것보다 낮은 기대를 하는 것에 대해 동의하지 않는 것을 보게 된다. 누가 여기에서 바나바가 역사를 바꾸는 중대한 양육을 하고 있다고 상상이나 했겠는가?

26절 "둘이 교회에 일 년간 모여 있어 큰 무리를 가르쳤고."

사울은 사역을 하고 자기 자신도 양육을 받는 교회 생활을 경험할 필요가 있었다. 언약 공동체로서의 교회 가족이 함께 모이는 것은 일주일에 한두 번 ***모임***을 갖는 것과는 매우 다르다. 사울은 거기에서 어떻게 신자들이 가족같이 사는지, '서로서로' 주님의 말씀 앞에 어떻게 순종하는지를 배웠다.

요한복음 13:34 - *"새 계명을 너희에게 주노니 서로 사랑하라 내가 너희를 사랑한 것 같이 너희도 서로 사랑하라."*

요한복음 13:35 - *"너희가 서로 사랑하면 이로써 모든 사람이 너희가 내 제자인 줄 알리라."*

로마서 12:10 - *"형제를 사랑하여 서로 우애하고 존경하기를 서로 먼저 하며."*

로마서 12:16 - *"서로 마음을 같이하며 높은 데 마음을 두지 말고 도리어 낮은 데 처하며 스스로 지혜 있는 체 하지 말라."*

로마서 13:8 - *"피차 사랑의 빚 외에는 아무에게든지 아무 빚도 지지 말라 남을 사랑하는 자는 율법을 다 이루었느니라."*

로마서 14:13 - *"그런즉 우리가 다시는 서로 비판하지 말고 도리어 부딪칠 것이나 거칠 것을 형제 앞에 두지 아니하도록 주의하라."*

로마서 15:7 - *"그러므로 그리스도께서 우리를 받아 하나님께 영광을 돌리심과 같이 너희도 서로 받으라."*

로마서 16:16 - *"너희가 거룩하게 입맞춤으로 서로 문안하라 그리스도의 모든 교회가 다 너희에게 문안하느니라."*

고린도전서 1:10 - *"형제들아 내가 우리 주 예수 그리스도의 이름으로 너희를 권하노니 모두가 같은 말을 하고 너희 가운데 분쟁*

이 없이 같은 마음과 같은 뜻으로 온전히 합하라."

갈라디아서 5:13 - *"그 자유로 육체의 기회를 삼지 말고 오직 사랑으로 서로 종노릇 하라."*

에베소서 4:2 - *"모든 겸손과 온유로 하고 오래 참음으로 사랑 가운데서 서로 용납하고."*

에베소서 4:32 - *"서로 친절하게 하며 불쌍히 여기며 서로 용서하기를 하나님이 그리스도 안에서 너희를 용서하심과 같이 하라."*

에베소서 5:19 - *"시와 찬송과 신령한 노래들로 서로 화답하며 너희의 마음으로 주께 노래하며 찬송하며"*

에베소서 5:21 - *"그리스도를 경외함으로 피차 복종하라."*

골로새서 3:13 - *"누가 누구에게 불만이 있거든 서로 용납하여 피차 용서하되 주께서 너희를 용서하신 것같이 너희도 그리하고."*

골로새서 3:16 - *"그리스도의 말씀이 너희 속에 풍성히 거하여 모든 지혜로 피차 가르치며 권면하고."*

데살로니가전서 5:11 - *"그러므로 피차 권면하고 서로 덕을 세우기를 너희가 하는 것같이 하라."*

히브리서 3:13 - *"오직 오늘이라 일컫는 동안에 매일 피차 권면하여 너희 중에 누구든지 죄의 유혹으로 완고하게 되지 않도록 하라."*

히브리서 10:24 - *"서로 돌아보아 사랑과 선행을 격려하며."*

히브리서 10:25 - *"모이기를 폐하는 어떤 사람들의 습관과 같이 하지 말고 오직 권하여 그날이 가까움을 볼수록 더욱 그리하자."*

야고보서 4:11 - *"형제들아 서로 비방하지 말라."*

베드로전서 1:22 - *"너희가 진리를 순종함으로 너희 영혼을 깨끗하게 하여 거짓이 없이 형제를 사랑하기에 이르렀으니 마음으로 뜨겁게 서로 사랑하라."*

베드로전서 3:8 - *"마지막으로 말하노니 너희가 다 마음을 같이 하여 동정하며 형제를 사랑하며 불쌍히 여기며 겸손하며."*

베드로전서 4:9 - *"서로 대접하기를 원망 없이 하고."*

베드로전서 5:5 - *"다 서로 겸손으로 허리를 동이라 하나님은 교만한 자를 대적하시되 겸손한 자들에게는 은혜를 주시느니라."*

베드로전서 5:14 - *"너희는 사랑의 입맞춤으로 서로 문안하라 그리스도 안에 있는 너희 모든 이에게 평강이 있을지어다."*

요한일서 1:7 - *"그가 빛 가운데 계신 것같이 우리도 빛 가운데 행하면 우리가 서로 사귐이 있고."*

요한일서 3:11 - *"우리는 서로 사랑할지니 이는 너희가 처음부터 들은 소식이라."*

요한일서 3:23 - *"그의 계명은 이것이니 곧 그 아들 예수 그리스도의 이름을 믿고 그가 우리에게 주신 계명대로 서로 사랑할 것이니라."*

요한일서 4:7 - *"사랑하는 자들아 우리가 서로 사랑하자 사랑은 하나님께 속한 것이니 사랑하는 자마다 하나님으로부터 나서 하나님을 알고."*

요한일서 4:11 - *"사랑하는 자들아 하나님이 이같이 우리를 사랑하셨은즉 우리도 서로 사랑하는 것이 마땅하도다."*

요한일서 4:12 - *"어느 때나 하나님을 본 사람이 없으되 만일 우리가 서로 사랑하면 하나님이 우리 안에 거하시고 그의 사랑이 우리 안에 온전히 이루어지느니라."*

26절 "제자들이 안디옥에서 비로소 그리스도인이라 일컬음을 받게 되었더라."

성경적으로 그리스도를 거절한 이들이 그분과 그의 제자들에 대해 긍정적이게 되기를 기대하기는 어렵다. 우리 주님은 우리에게 우리가 겪는 문제들 가운데 조롱과 모욕을 받는 것이 가장 일반적인 것이 될 것이라고 하셨다(마 5장). 제자들은 일반적으로 그들이 고백하는 이의 이름과 동일시되고 이름이 붙여진다. 그러므로 새로운 신자들은 그들 자신을 '그 도를 따르는 자들' 이라고 불리기를 바라지만 다른 이들은 그들을 '나사렛의 종파', 혹은 '작은 그리스도의 자들', 다시 말해 '그리스도인' 으로 조롱을 한다.

베드로는 후에 *"만일 그리스도인으로 고난을 받으면 부끄러워하지 말고 도리어 그 이름으로 하나님께 영광을 돌리라"*(벧전 4:16) 고 말했다. 이것은 아무래도 '그리스도인' 이라는 말이 조롱하는 용어로 사용되었으나 구원자 그리스도와 동일시된다는 점에서는 큰 특권이라고 할 수 있다.

그러나 기원 300년 이후 '그리스도인' 이라는 단어는 말뚝에 묶여 화형을 당하거나 이단자로 고문을 당하고, 십자가에 못박히고, 식민지 국가의 사람들을 착취하기 위해 온 서구와 타락한 문화를 전파거나, 가톨릭과 개신교 사이의 전쟁, 그리고 마리아와 다른 성인들에게 기도를 하는 것과 동일시하여 사용되었다.

우리가 레바논의 베이루트에서 사용하였을 때 우리는 '기독교인' (Maronites)이라는 단어가 '마피아' 였던 사람이라는 것을 발견했다. 그들은 카지노와 창녀촌, 마약 밀매 장소에 가는 사람들로, 혹은 그들을 반대하는 사람들을 죽이는 자들이었다. 따라서 때때로 참된 주 예수를 따르는 자들은 새롭게 된 자들이라는 다른 정체성을 만들어야 할 필요가 있다.

'기독교인' (Christians)이라는 단어는 이미 더렵혀졌다. 터키에서 '기독교인' (십자군을 포함한)은 서구인이거나 더 나아가, 역사적으로 적이었던 그리스인이나 아르메니아인을 의미한다. 따라서 터키인들에게 "주 예수께 돌아오라"고 하며 그들 자신을 '기독교인' 으로 부르라고 말한다면 합당하고 지혜로운 일이겠는가? 비슷한 장애물이 인도와 인도네시아와 아프리카에서 존재한다. 그들 가운데는 '기독교인' 이라고 부르는 원수지간의 이웃의 종족이 존재한다.

26절에서 누가는 제자들이 '기독교인들' 이라고 ***불렸음에도*** 불구하고 29절에서는 그들을 '제자들' 이라고 바꾸어 불렀다. '제자들' 이라는 말에는 우리가 어떤 사람의 명령을 따르는 적극적인 삶의 스타일을 가진 사람이라는 의미를 포함한다. 우리는 그리스도를 따르는 자들이지 '기독교국' (Christendom)의 대표가 아니다.

사도행전 11:27 "그때에 선지자들이 예루살렘에서 안디옥에 이르니."

누가는 오순절 이후 선지자들이 여전히 존재하는지 아닌지에 대해 논쟁을 하지 않는다. 그는 있을 것이라고 추측했다. 거기에는 또한 왜 예언의 은사를 가진 예루살렘 형제들이 안디옥에 와야 했는지에 대한 분명한 설명이 없다. 여기서 분명한 것은 그 도를 따른 자들이 그들의 여러 다른 제자들의 회중이 서로 연결되어야 한다고 믿었으며, 서로가 멀리 떨어짐으로써 다른 모임들간에 그들을 방문하기 위한 엄청난 시간과 물질이 소요된다고 할지라도 '서로가 서로를' 섬기는 사역을 해야 한다고 믿었다는 점이다.

이 경우 (미래에 대한 예언을 하는 은사를 가진) 아가보는 안디옥에 있는 신자들이 새로운 왕국의 가족으로 반드시 충족되어야 하는 필요를 채우기 위해 내려왔다. 그들이 느껴야 하는 책임감은 그들이 그리스도 예수의 가족의 일원으로서 혈족의 일원과 같이 위대한 것임을 인식하는 것이었다.

사도행전 11:29 "제자들이 각각 그 힘대로 유대에 사는 형제들에게 부조를 보내기로 작정하고."

이 구절이 그들 자신을 도울 길이 없는 모리테니아와 비하리(Biharis)와 파쉬투(Pushtu)와 수단인들에 대해, 특별히 이들 가운데 있는 믿음의 가족들에 대해 무엇을 말하고 있는가? 왜 아가보는 안디옥에 있는 교회에게 주님이 유대에 있는 자들이 더 나은 직장을 잡거나 그들의 사업을 시작할 수 있는 능력을 주시도록 기도하라고 하지 않았는가? 예루살렘에 있는 직장을 잃은 신자들이나 그들의 사업으로부터 쫓겨난 자들은 주님을 믿기 때문에 그런 일을 당한 것인가?

29절 "각각 그 힘대로" (혹은 정한 대로).

이것은 각각의 새로운 신자들이 다른 지역에서 어려움을 당한 형제, 자매들을 위해 단순히 '교회'라고 불리는 조직(분명히 정부가 아니었다.)에 대한 책임이 있을 뿐 아니라, 그들의 새로운 가족의 필요를 채우기 위해 '그들 자신을 부인' 해야 했음을 의미한다. 그들은 주님 앞에서 이러한 위기에 처해 있는 자들에 대해 그들 자신의 책임이 무엇인지를 결정해야만 했다. 우리는 고린도후서 8장에서 같은 원칙을 받았음을 예상할 수 있다.

고린도후서 8:2-4 - *"환난의 많은 시련 가운데서 그들의 넘치는 기쁨과 극심한 가난이 그들의 풍성한 연보를 넘치도록 하게 하였느니라 내가 증언하노니 그들이 힘대로 할 뿐 아니라 힘에 지나도록 자원하여 이 은혜와 성도 섬기는 일에 참여함에 대하여 우리에게 간절히 구하니."*

고린도후서 8:12-15 - *"할 마음만 있으면 있는 대로 받으실 터이요 없는 것은 받지 아니하시리라 이는 다른 사람들은 평안하게 하고 너희는 곤고하게 하려는 것이 아니요 균등하게 하려 함이니 이제 너희의 넉넉한 것으로 그들의 부족한 것을 보충함은 후에 그들의 넉넉한 것으로 너희의 부족한 것을 보충하여 균등하게 하려 함이라 기록된 것같이 많이 거둔 자도 남지 아니하였고 적게 거둔 자도 모자라지 아니하였느니라."*

사도행전 11:30 "이를 실행하여……보내니라."

오늘날 교회는 구제금을 기부하는 '도전'을 받아야 한다. 하지만 누가는 이것이 단지 고통을 겪는 것에 대한 토론이나 나쁜 느낌이어서는 안 된다고 주장한다. 그들은 실제로 어떤 것을 실행했다. 고린도후서 8장에서 바울은 고린도 성도들이 그들의 '선한 의도'를 넘어서도록 촉구하는 마게도냐인들의 예를 사용한다.

30절 "……바나바와 사울의 손으로 장로들에게 보내니라."

수세기에 걸쳐 횡령이 문제가 되어왔다. 오늘날 독자들은 만일 돈이 그들이 보낸 목적대로 쓰여지지 않는다면 어떻게 할 것인가에 대해 궁금해할 수 있다. 누가는 매우 실제적으로 염려에 대해 언급한다. 매우 신뢰를 받는 선임자 바나바도 그의 곁에 책무

(accountablity)를 갖는 사울을 동반하였다. 고린도서에 바울은 돈에 대한 잘못된 비방을 피하기 위해 어떻게 예방을 해야 하는지를 자세히 설명하였다.

"또 그와 함께 그 형제(디도)를 보내었으니 이 사람은 복음으로써 모든 교회에서 칭찬을 받는 자요 이뿐 아니라 그는 동일한 주의 영광과 우리의 원을 나타내기 위하여 여러 교회의 택함을 받아 우리가 맡은 은혜의 일로 우리와 동행하는 자라 이것을 조심함은 우리가 맡은 이 거액의 연보에 대하여 아무도 우리를 비방하지 못하게 하려 함이니 이는 우리가 주 앞에서뿐 아니라 사람 앞에서도 선한 일에 조심하려 함이라"(고후 8:18-21).

왜 안디옥에 있는 교회는 이 헌금을 가져가기 위해 두 명의 수석 지도자를 보냈을까? 이것은 선교사 바나바가 새로 임명된 교회 지도자들이 지도력을 행사할 시간을 주기 위해 몇 달간 그들을 떠나려는 의도적인 행동이었을까? 아니면 바나바와 사울 모두가 예루살렘에 있는 지도자들과 관계를 맺음으로 필요를 채우기에 적합한 행동이었을까? 우리의 놀라운 하나님은 여러 가지 목적을 가지고 행하신다.

당신은 아직도 바나바가 이 관계에서 지도자임을 보았는가? 사울은 아직도 훈련 기간에 있었다. 바나바는 그의 멘토로서 그를 ***데리고*** 다니면서 사역에 있어 매일매일 어떤 특정한 방식으로 행하는지, 그리고 특별히 다혈질인 사울에게 어떻게 사람들과의 관계를 효과적으로 맺는지에 대해 설명하였을 것이다.

30절 "장로들에게 보내니라."

어떤 사람이나 가족에게 유혹을 줄이기 위해서는 물질은 한 믿는 자들의 지도자에게서 다른 그룹의 장로들에게 전달하는 것이 유혹을 줄이는 지혜로운 일이다. 다른 지역에 있는 주의 종을 지원하려고 할 때에는 (특별히 다른 문화권에 있는 사역자를 위할 때에는 오해의 요소가 더 있으므로) 일반적으로 개인에게 전달하는 것이 아닌 장로들이 주축이 된 ***교회***에 돈을 전달하는 원칙을 실행하는 것이 필요하다.

만일 파송 교회(들)로부터 어떠한 감독 없이 개척 사역을 위한 것이라면 적어도 신뢰와 다른 사람에게 인정을 받는 성숙한 세 명의 사람이 돈을 받고 전달하며 어떻게 돈을 사용하였는지를 감독하는 절차가 필요하다. 어떠한 경우에는 물질이 한 사역자의 지원을 위한 것보다는 믿는 공동체에 지원함으로써 작은 사업을 할 수 있게 사용하는 것이 나을 수도 있다.

우리는 *"돈을 사랑함이 일만 악의 뿌리가 되나니 이것을 탐내는 자들은 미혹을 받아 믿음에서 떠나 많은 근심으로써 자기를 찔렀도다"*(딤전 6:10)라는 구절을 확실히 기억할 필요가 있다.

12장

사도행전 12:1 "그때에 헤롯 왕이 손을 들어 교회 중에서 몇 사람을 해하려 하여."

헤롯은 요한의 형제 (사도) 야고보를 사형시켰다. 야고보는 베드로와 요한과 더불어 교회의 최고 지도자로 인정을 받았던 자이다. 역사상 그리스도의 교회의 원수들은 교회의 지도자들을 체포하거나 죽임으로 교회를 파괴하려고 하였다(계 6:11; 7:14; 12:11; 13:10을 보라.). 야고보를 사형시킨 것은 정치적으로 지지를 받았으므로 헤롯은 베드로를 체포하여 그도 죽이려고 사형선고를 내렸다. 우리는 ***또한*** 사로잡힌 ***'교회에 속한 몇 사람'***에 대한 추가적인 어떠한 정보도 가지고 있지 않다(요한은 어디에 있었는가? 그는 마리아를 데리고 갈릴리로 돌아갔는가?) 지도자가 아닌 신자들은 풀려났는가? 아니면 베드로의 도망으로 나머지 신자들이 죽거나 수년간 옥에 갇혀 있었던 것일까?

사도행전 12:4 "……유월절 후에 백성 앞에 끌어 내고자 하더라."

모든 시대 모든 종교의 '바리새인들과 사두개인들'에 대해 주님이 얼마나 적절하게 묘사하였는가? *"맹인 된 인도자여 하루살이는 걸러내고 낙타는 삼키는도다"*(마 23:24). 그들은 선을 행하며 다른 이들을 도와왔던 경건한 사람의 삶보다도 사소한 종교법과 전통에 대해 더 많은 관심을 가지고 있었다. 우리 중 누가 이렇게 맹목적이고 왜곡된 종교적 전통을 보고 '그들의 종교가 그들에게 충분하다'고 **상상할** 수 있겠는가?

사도행전 12:5 "……교회는 그를 위하여 간절히(열심으로, 지속적으로) 하나님께 기도하더라."

하나님**은** 주권자이시며, 모든 것을 통제하시고, 어느 누구도 그의 목적을 방해할 수 없을 ***뿐 아니라*** 그가 그의 성도들의 기도를 통해 역사하시도록 예정되어 있다는 사실은 기독교 신앙에서 가장 큰 비밀에 속한다.

로마서 1:10 - *"어떻게 하든지 이제 하나님의 뜻 안에서 너희에게로 나아갈 좋은 길 얻기를 구하노라."*

고린도후서 1:11 - *"(이후에도 우리를 건지시기를 그에게 바라노라) 너희도 우리를 위하여 간구함으로 도우라 이는 우리가 많은 사람의 기도로 얻은 은사로 말미암아* ***많은 사람이 우리를 위하여 감사하게 하려 함이라.****"*

에베소서 1:16 - *"내가 기도할 때에 기억하며 너희로 말미암아 감사하기를 그치지 아니하고."*

에베소서 6:18 - *"모든 기도와 간구를 하되 항상 성령 안에서 기도하고 이를 위하여 깨어 구하기를 항상 힘쓰며 여러 성도를 위하여 구하라."*

빌립보서 1:19 - *"이것이* ***너희의 간구와*** *예수 그리스도의 성령의 도우심으로 나를 구원에 이르게 할 줄 아는 고로."*

디모데전서 2:1 - *"그러므로 내가 첫째로 권하노니 모든 사람을 위하여 간구와 기도와 도고와 감사를 하되."*

빌레몬서 1:22 - *"오직 너는 나를 위하여 숙소를 마련하라* ***너희***

기도로 내가 너희에게 나아갈 수 있기를 바라노라."

요한계시록 5:8 - *"그 두루마리를 취하시매 네 생물과 이십사 장로들이 그 어린양 앞에 엎드려 각각 거문고와 향이 가득한 금 대접을 가졌으니 이 향은 성도의 기도들이라."*

요한계시록 8:4 - *"향연이 성도의 기도와 함께 천사의 손으로부터 하나님 앞으로 올라가는지라."*

사도행전 12:6 "헤롯이 잡아내려고 하는 그 전날 밤에……."

얼마나 긴장감이 넘치는 영화 같은 이야기인가? 누가는 주님이 그가 하실 수 있는 것을 보여주시기를 기뻐하신다는 사실－너무나 믿기 힘든 일에 대해 말하는 데 참을 수가 없어하고 있다. 왜 하나님 아버지는 가장 마지막 순간에 구원을 하곤 하시는가? 이것이 그의 백성들에게 그를 온전하게 신뢰하도록 하기 위해서인가? 우리는 하나님이 우리 삶의 **모든** 사건을 주도하신다는 믿음을 너무나 빨리 잃어버리기 때문에 우리를 시험하시는 것인가?

6절 "……베드로가 두 군인 틈에서 두 쇠사슬에 매여 누워 자는데……."

죽기 바로 전날 밤에(?) 두 명의 냄새나고 코를 골고 있는 병사 사이에 쇠사슬에 묶여 있으면서 말인가? 벼룩과 이가 여기저기에 기어다니는데 그는 어떻게 자고 있을 수 있단 말인가? 베드로는 주님이 그에게 *"네가 늙어서는……"*라고 하신 말씀을 묵상하면서 잠이 들었을 것이다. 베드로는 아마도 디베랴 바닷가에서 그가 늙은이가 될 것이라는 말씀 때문에 다음날 죽지 않을 것이라고 믿었을 것이다. 베드로는 주님의 약속과 신실함 가운데 쉴 수 있었다.

"가서 너희도 이렇게 하라."

사도행전 12:12 "깨닫고 마가라 하는 요한의 어머니 마리아의 집에 가니 여러 사람이 거기에 모여 기도하고 있더라."

바나바의 여동생이나 사촌인 마리아는 분명히 넓은 집을 가지고 있었던 것 같다. 오순절 전에 120명이나 되는 이들이 그곳에 모여 있었다. 많은 이들이 감옥에 있는 동안 그렇게 잘 알려져 있는 곳에 모여 있는 것이 이상한 일인 것 같다. 왜 그들은 그들 ***자신의*** 안전에 대해 덜 염려하고 있었던 것일까? 베드로(17절)는 경찰이 찾으러 올지 모르는 장소에 그렇게 오래 있지 않을 것이었다. 성경적인 선례를 보건대 대적자들을 진정시킬 시간이 필요하기 때문이다.

사도행전 12:15-16 "그들이 말하되 네가 미쳤다 하나……그들이 문을 열어 베드로를 보고 놀라는지라."

신자들은 시대가 지나도 그렇게 많이 변하지는 않는 것 같다. 우리는 간절히 기도한다. 우리는 약속을 붙잡고 기도하지만 주님이 우리 기도에 응답하실 때면 우리는 놀란다. 우리는 *"제가 믿나이다. 저의 믿음 없음을 도와주옵소서"*라고 기도할 때에도 우리의 친절하신 아버지는 그의 목적을 성취하기 위해 '그의 뜻' 에 따라 우리의 기도에 응답하신다는 사실을 기억할 때면 감사할 뿐이다. "*그를 향하여 우리가 가진 바 담대함이 이것이니 그의 뜻대로 무엇을 구하면 들으심이라*"(요일 5:14).

사도행전 12:17 "베드로가……옥에서 나오게 하던 일을 말하고 또 야고보와 형제들에게 이 말을 전하라."

다른 지도자들은 기도회에 있지 않았다. 우리는 때때로 주님이 주님의 종들을 교회와 그의 왕국을 장기적으로 섬기게 하기 위해 대적들에게서 숨기신다는 사실을 추론할 수 있다. 우리는 또한 신자들이 지도자들 없이 (용기 있게) 효과적인 기도회를 가질 수 있다는 사실을 보게 된다. 그들은 필요하다고 하면 언제든지 연락을 할 수 있어야 하지만 베드로의 가르침은 의미가 없었던 것 같다.

주님의 형제 야고보는 반드시 세 명의 지도자 중 한 사람이었던 야고보를 대신해야만 했다. 기독교는 영적 재생산의 종교이다. '세상과 육신과 마귀' 가 교회의 지도력을 넘어뜨릴 때마다 언제나 새로운 남자와 여자들이 그들 뒤에 나타나 하나님의 양떼들을 먹이는 일을 하였다. 이것이 당신 팀에서 일하고 있는 방식을 묘사하는 것인가?

17절 "(베드로는) 떠나 다른 곳으로 가니라."

교황이 마르틴 루터를 죽이려고 하였을 때 그가 독일의 영주와 함께 숨어 있었던 것같이 베드로는 손이 닿지 않는 곳으로 피신하였다. 아마도 그의 친구나 제자의 집이거나 로마 장교였던 고넬료의 집이었을지도 모른다. 어떤 경우에든지 주님이 베드로를 죽이려는 헤롯 왕을 사용하는 동안 베드로는 새로운 신자들을 목양할 기회를 찾았다.

사도행전 12:19 "헤롯이 그를 찾아도 보지 못하매 파수꾼들을 심문하고 죽이라 명하니라."

헤롯의 병사들은 직업적인 병사라기보다 마피아의 청부 살인자와 같이 고용된 자들과 같았다. 그들이 죄 없는 남자나 여자를 해쳤는가? 그들이 죄인을 위해 일함으로 죄에 가담한 것에 대한 보상을 얻는가? 어떤 것이든지 그들에 대한 불공정한 재판에 대해 몸을 움츠리게 되고, 베드로가 그들에 대해 복음을 전하였다고 생각하기를 원할 뿐이다. 우리는 결코 살아 계신 하나님이 언제 우리로 하여금 곧 죽을 생명을 위해 일하게 하실지 알지 못한다.

사도행전 12:21-23 "헤롯이 날을 택하여 왕복을 입고 단상에 앉아 백성에게 연설하니…… 주의 사자가 곧 치니 벌레에게 먹혀 죽으니라."

성경은 주님께서 우리의 대적들을 심판하시기 직전까지 주님의 허락을 받아 그분의 종들을 핍박하는 느부갓네살과 바로 그리고 다른 왕들의 이야기가 아닌가?

> 큰 소리로 불러 이르되 거룩하고 참되신 대주재여 땅에 거하는 자들을 심판하여 우리 피를 갚아 주지 아니하시기를 어느 때까지 하시려 하나이까 하니 각각 그들에게 흰 두루마기를 주시며 이르시되 아직 잠시 동안 쉬되 그들의 동무 종들과 형제들도 자기처럼 죽임을 당하여 그 수가 차기까지 하라 하시더라(계 6:10-11).
>
> 그러므로 그들이 하나님의 보좌 앞에 있고 또 그의 성전에서 밤낮 하나님을 섬기매 보좌에 앉으신 이가 그들 위에 장막을 치시리니 그들이 다시는 주리지도 아니하며 목마르지도 아니하고 해나 아무 뜨거운 기운에 상하지도 아니하리니 이는 보좌 가운데에 계신 어린양이 그들의 목자가 되사 생명수 샘으로 인도하시고 하나님께서 그들의 눈에서 모든 눈물을 씻어

주실 것임이라(계 7:15-17).

하나님의 뜻은 이스라엘 백성들에게 결코 왕을 갖도록 하는 것이 아니었다. 이스라엘 백성들의 장로들이 사무엘 선지자에게 "*모든 나라와 같이 우리에게 왕을 세워 우리를 다스리게 하소서*"(삼상 8:5)라고 요청하였을 때 그것이 바로 그들이 가장 큰 실수를 범하는 순간이었다. 그때부터 이스라엘은 다른 나라들과 같이 비극적이 되었음을 쉽게 관찰할 수 있다. 그때 이후 느헤미야가 예루살렘을 재건하고 5세기가 지나 로마인들은 새로운 왕 헤롯을 세웠다. 헤롯은 그리스도 아기 예수를 죽이려고 결심했던 사람이었으며, 이후 헤롯의 아들은 그리스도의 교회를 파괴하려고 시도했다. 그러나 하나님은 언제나 마지막 결정권을 행사하신다(행 4:25-27).

사도행전 12:24 "(그러나) 하나님의 말씀은 흥왕하여 더하더라."

수년 후 헤롯 왕에게 어떤 일이 일어났는가 생각하면서 베드로는 다음과 같이 썼다. "*그러므로 모든 육체는 풀과 같고 그 모든 영광은 풀의 꽃과 같으니 풀은 마르고 꽃은 떨어지되 오직 주의 말씀은 세세토록 있도다 하였으니 너희에게 전한 복음이 곧 이 말씀이니라*"(벧전 1:24-25).

교회의 역사는 하나님의 말씀을 제거하고 부요한 '왕'이나, 혹은 지도자가 되려는 사람들의 반복적인 비극의 역사이다. 그러나 거대한 자아의 나무가 반복해서 '넘어지지만' 하나님의 말씀의 야생화는 겸손한 들에서 계속해서 피어난다. 그들은 교만한 개혁가들의 불도저에 의해 묻혀버리지만 조용히, 거의 눈에 띄지 않게 하나님의 말씀은 다시 제자리를 찾게 된다.

당신은 모든 영광이 위선이며 짧은 순간에 불과하고 그 인기는 가짜에 불과한 자아로 가득 찬 부요한 왕이 되기를 원하는가? 아니면 하나님의 말씀 곁에 서 있는 자가 되기를 원하는가?

사도행전 12:25 "바나바와 사울이 부조하는 일을 마치고 마가라 하는 요한을 데리고 예루살렘에서 돌아오니라."

그들은 예루살렘에 있는 성도들과 연결되어 있었다. 어쩌면 그들은 베드로가 옥에 갇혀 있을 때 성도들을 격려하며 기도회 모임에 있었을지도 모른다. 그런 그들은 그들의 사명이 예루살렘 교회를 ***넘어서는*** 것임을 알고 있었다. 그래서 그들은 그들을 '파송한 교회'로 돌아가서 하나님이 그들에게 주실 사명을 기다렸다. 의심할 바 없이 그들은 함께 여행했고 바나바의 고향인 구브로(Cyprus)와 사울의 고향인 소아시아의 필요에 대해 이야기를 나누었을 것이다. 두 개의 미전도 종족 가운데 한 개의 교회도 가지지 못하고 있었다.

'그들의 임무를 수행하는 것' 은 참된 제자들이 생각하는 길이었고 지금 해야 하는 일이었다. 당신이 성취해야 하는 당신의 임무는 어떤 것인지 기록해 볼 수 있겠는가?

25절 "마가라 하는 요한을 데리고……."

바나바는 만일 그가 사울을 양육한다면, 사울이 그의 조카 마가 요한도 똑같이 할 것이라고 생각했던 것 같다. 마가와 그의 어머니는 사도와 동행했던 자들이었다. 마가는 베드로가 옥에 갇혀 있는 동안 그의 집에서 기도회를 하고 있었을 때 그곳에 있었을 것이다. 그는 마가복음 14장 51-52절(*"한 청년이 벗은 몸에 베 홑이불을 두르고 예수를 따라가다가 무리에게 잡히매 베 홑이불을 버리고 벗은*

몸으로 도망하니라")에 언급된 청년이었다. 많은 학자들은 마가복음이 사실 "베드로복음"이었을 가능성이 높고, 헬라어에 보다 능숙한 마가가 썼을 것이라고 믿고 있다(벧전 5:13을 보라.).

이제는 마가가 그리스도의 사명을 잘 감당하는 대사로서 준비되는 수련과정을 겪을 차례였다. 그는 '미전도 종족'에 대한 이야기를 듣고 흥분했으며 선교여행에 함께 동참할 기회를 얻고 뛸 듯이 기뻐했다. 하지만 그에게 부족한 것은 고난의 신학이었다. 그는 그것이 '재미있는' 일이라고 생각했다.

13장

사도행전 13:1 "안디옥 교회에 선지자들과 교사들이 있으니."

초대교회 성도들이 이해한 '선지자' 의 개념을 살펴보자.

사도행전 11:27 - *"그때에* ***선지자****들이 예루살렘에서 안디옥에 이르니."*

사도행전 13:1 - *"안디옥 교회에* ***선지자****들과 교사들이 있으니."*

고린도전서 12:28 - *"하나님이 교회 중에 몇을 세우셨으니 첫째는 사도요 둘째는* ***선지자****요 셋째는 교사요 그 다음은 능력을 행하는 자요 그 다음은 병 고치는 은사와 서로 돕는 것과 다스리는 것과 각종 방언을 말하는 것이라."*

고린도전서 12:29 - *"다 사도이겠느냐 다* ***선지자****이겠느냐 다 교사이겠느냐 다 능력을 행하는 자이겠느냐."*

고린도전서 14:37 - *"만일 누구든지 자기를* ***선지자****나 혹은 신령한 자로* ***생각하거든*** *내가 너희에게 편지하는 이 글이 주의 명령인 줄 알라."*

고린도전서 14:29 - *"****예언하는 자****는 둘이나 셋이나 말하고 다른 이들은 분별할 것이요."*

고린도전서 14:32 - *"****예언하는 자****들의 영은* ***예언하는 자****들에게 제재를 받나니."*

에베소서 4:11 - *"그가 어떤 사람은 사도로, 어떤 사람은* ***선지자****로, 어떤 사람은 복음 전하는 자로, 어떤 사람은 목사와 교사로 삼*

으셨으니."

베드로후서 2:1 - *"그러나 백성 가운데 또한 거짓* ***선지자****들이 일어났었나니 이와 같이 너희 중에도 거짓 선생들이 있으리라 그들은 멸망하게 할 이단을 가만히 끌어들여 자기들을 사신 주를 부인하고 임박한 멸망을 스스로 취하는 자들이라."*

요한일서 4:1 - *"사랑하는 자들아 영을 다 믿지 말고 오직 영들이 하나님께 속하였나 분별하라 많은 거짓* ***선지자****가 세상에 나왔음이라."*

성경 자체만으로 내릴 수 있는 결론은 무엇인가? 북아프리카와 중동, 중앙아시아, 그리고 인도반도, 중국과 동남아시아에서 사역하는 당신에게 당신이 내린 결론을 어떻게 적용할 것인가?

1절 **"곧 바나바와 니게르라 하는 시므온과 구레네 사람 루기오와 분봉 왕 헤롯의 젖동생 마나엔과 및 사울이라."**

이스라엘 밖에 처음으로 나타난 교회 가운데서 우리는 '모든 리더십 팀들의 모형' 을 보게 된다. 한 방에 다섯 명과 함께 있는 당신 자신을 상상해 보라. 거기에는 테디 베어 스타일, 다른 이를 잘 공감하는 스타일, 모든 사람이 바나바(미스터 격려자)라고 부르는 부드러운 마음을 가진 구브로 출신의 요셉이 있다. 그 옆에는 모두가 '검둥이' (니게르)라고 **부르는** 아프리카 흑인이 있다. 분명히 그곳에는 친밀한 친구들로서 정치적인 구분의 필요가 없었다. 그 옆에는 베르베르 족이거나 로마로부터 이주한 자의 아들인 리비아 사람이 있었다. 이 루기오는 아마도 정치가로 당시 가장 유명한 의대를 나온 누가의 친구일 것이다. 다음은 고상한 예의를 갖춘 왕족 출신의 완고한 마나엔이 있다. 마지막으로 바리새파 중에 바리새인이며 가말리엘의 철학박사(Ph.D.) 학생으로 열정적인 변증론자이고 신학자였던 다소의 사울이 있다.

서로 다른 다섯 명의 사람이 교회를 이끈다는 것은 상상조차 할 수 없는 일이다. 교회 개척의 동질화의 원칙을 적용하기에는 너무 많다. 고넬료나 루디아 집의 교회와는 다르게 안디옥 교회 성도들은 잡다한 배경과 다양한 인종을 가졌다. 다시 우리는 성령께서 '원칙을 지키는 것' 이나 정통적인 지혜를 거부하신다는 것을 보게 된다.

사도행전 13:2 "주를 섬겨 금식할 때에."

어떻게 다섯 사람이 함께 '사역' 을 할 수 있었을까? 어떻게 그들은 어떤 사안에 대해 항상 동의를 할 수 있었을까? 그들의 부인들은 서로를 좋아했을까? 무엇이 그들을 '붙어 있게' 했을까? 그들은 정기적으로 기도했고, 예배했고, 함께 다른 이들을 목양했던 것 같다.

'주를 섬긴다' (Ministering to the Lord)는 것은 우리가 '기도문' 에서 사용하는 것을 제외하고 흔히 사용하는 용어가 아니다. 주님 마음속에 무엇이 있는가를 이해하기 위해 자세히 들여다보면 우리는 이것이 무엇을 의미하는지 배울 수 있다. 이것은 어떤 의미를 내포하는가? *"감독은 하나님의 청지기로서 책망할 것이 없고"*(딛 1:7). *"각각 은사를 받은 대로 하나님의 여러 가지 은혜를 맡은 선한 청지기 같이 서로 봉사하라"*(벧전 4:10).

1. 그들은 모두 먼저 성향이나 전통인 '그들 자신의 길을 부인하고', 주 예수 앞에 무릎을 꿇었다.

이들은 기도하며 실제로 *'자신의 뜻이 아닌 주의 뜻'* 을 구하며 주님이 마지막 결정권을 가진 자임을 인정하였다.

2. 영과 진리 가운데 예배하다(요 4:24).

그들은 부활하신 주님과 교제하며 그들 가운데 전능하신 그분의 임재를 느꼈다. 그들은 그들 모두가 ***그분의*** 제사장임을 이해했다(벧전 2:5, 9; 계 1:6). 따라서 개혁에 의해 모든 신자가 제사장권을 가진다는 신학이 부활했다. 당신을 양육하는 교회는 참으로 모든 이들이 사역하는 자임을 인식하고 실행하고 있는가? 초대교회는 오늘날과 같이 아주 소수의 사람을 고용하여 사역하고 다른 이들은 한 주에 한두 시간 와서 앉아 있는 것에 대해 전혀 알지 못했다.

3. 주님의 뜻을 구하다. "주여 내가 무엇을 하리이까?"(행 9:6; 22:10)

그들은 주님이 이 땅에 그들을 남겨 놓으신 이유가 평안하고 안전하게 살기 위함이 아니라 이 같은 주님의 목적(행 13:36)을 성취하게 하시기 위한 것임을 알고 있었다. ***이 상황에서 성도들을 위해*** 주님은 어떤 일을 맡겨 주시는가? 전체 공동체를 어떻게 그들의 주께 복종시켜 살게 할 것인가를 분별하는 것이 그들의 임무였다.

2절 "성령이 이르시되 내가 불러 시키는 일을 위하여 바나바와 사울을 따로 세우라 하시니."

그들은 진정으로 알기를 ***원했기*** 때문에 추수의 주님이 그분의 계획을 보여주셨다. 당신이 갖고 있는 최고의 사람을 교회가 없는 그곳에 교회가 시작되도록 놓아 보내라. 그러나 이때 주님은 빌립에게 그리하셨던 것처럼 그들을 갑자기 데리고 가시거나 핍박을 일으켜 그들이 원하지 않게 떠나가도록 하지는 않으셨다. 이제는 주님의 대위명령(행 1:8)을 순수한 순종을 통해 이룰 때였다. 주님은 장로들에게 그들 교회가 '다른 나라에 제자를 만들고' 주 예수를 경배하는 새로운 그룹을 만들기 위해 부름을 받았다는 사실을 일깨우셨다.

'따로 세우다' 라는 것은 어떤 일을 집중하기 위해 구분하여, 새로운 사역을 맡기시는 것을 의미한다. 그러나 바나바와 사울은 단순히 다른 임무를 위해서가 아니라, *'나를 위해'* 안디옥 교회의 목양의 책임에서 제외되었다. 그들은 구브로와 터키와 그리스의 사람들 가운데 '제자를 삼는 것' 을 위해 부름을 받기 이전에, '성령님과 교제와 사귐' (빌 2:10)을 위해 부름을 받았다. 당신은 주님을 ***위한*** 일을 위해 부름을 받은 것이 아니라 주님과 ***함께*** 일을 하기 위해 부름을 받았다(마 28:20; 행 18:10).

사도적 교회 개척가로서 그들은 성령의 뜻을 분별해야만 했으며 매일매일 그분의 인도를 받아야만 했을 것이다(롬 8:27). 바나바와 사울은 전방 교회 개척가로서 출발하며 그들은 이메일이나 전화를 통해 교회 본부로부터 그들이 매주 어디로 가야만 하는지 확인할 수 없었다. 파송 교회는 그들이 하나님과 동행하며 주님의 뜻을 분별하는 사람이라는 확신을 가지고 그들을 보냈다.

그들은 비록 열매가 없었으나 노인 에녹(창 5:22)과 같이 ***주님과 동행하는 데*** '바쁜' 이들이었다. *"믿음으로 에녹은 죽음을 보지 않고 옮겨졌으니 하나님이 그를 옮기심으로 다시 보이지 아니하였느니라 그는 옮겨지기 전에 하나님을 기쁘시게 하는 자라 하는 증거를 받았느니라"*(히 11:5).

"사람이 마땅히 우리를 그리스도의 일꾼이요 하나님의 비밀을 맡은 자로 여길지어다 그리고 맡은 자들에게 구할 것은 충성이니

라"(고전 4:1-2).

2절 "일을 위하여."

우리가 우리의 우선순위를 확실히 하였다고 아버지가 확신하실 때(하나님이 에덴동산에서 아담과 동행하셨던 것처럼 우리가 매일 주님과의 교제 가운데 우선적으로 동행하는 것처럼) 하나님은 어떤 특별한 *'사역'* 이나 그분이 그들과 우리 가운데 이루기 원하시는 임무를 맡기신다. 계속 읽다보면 우리는 그 일이 그들 자신의 지역 장로들과 함께 *'주의 이름을 알지 못하는 곳에'* (비고: 롬 15:20) 제자 공동체를 세우는 것임을 알게 된다.

2절 "내가 불러 시키는 일을 위하여."

어려움, 고난, 채찍질, 배의 파산, 도둑을 만나는 일, 이단 재판, 폭동, 옥에 갇힘, 복음을 듣게 하기 위해 겪는 눈물 나는 거절 등이 '시키는 일' 가운데 바나바와 사울 앞에 기다리고 있는 많은 것들이었다. 그들은 그들이 앞으로 인내해야 하는 것에 앞서 그것이 정말 하나님이 원하시는 생각인지를 확인해야만 했다. 그들의 '성령과의 교제' 를 통해 그들은 그들을 ***부르신*** 하나님의 생각임을 확신하게 되었다. 당신은 5년에서 8년 정도 라호르나 란조우나 룩나우나 루훔바수에서 살고 난 후 만약 당신이 하나님이 당신을 부르셔서 그곳에 있게 하셨다는 확신이 없다면 그만두고 집에 돌아갈 길을 찾는 것이 전혀 이상하지 않을 것이다.

사도행전 13:3 "이에 금식하며 기도하고 두 사람에게 안수하여 보내니라."

다른 장로들도 그것이 하나님 자신이 그들을 부르셨다는 사실임을 ***확인했다***. 두 번째로 추수의 주님이 당신을 부르셨다는 사실을 안 후에는 돌아보고 어떻게 당신의 ***교회 지도자들***이 당신의 소명에 동참할 것인지 기억할 수 있어야 한다. 그들은 하나님이 교회를 부르셔서 하나님의 어린양을 사랑하는 ***새로운*** 공동체를 재생산하는 것임을 깨달았다. 지도자들은 당신과 그들을 부르신다는 생각에 두려워했다. 그래서 그들은 *'주의 길을 예비하기'*(마 3:3) 위해 전체 공동체에 기도와 금식을 선포했다.

당신 교회의 하나님의 목자들이 ***당신에게*** 손을 얹어 하나님의 축복과 능력과 보호를 간구하던 그 순간을 기억해 보라. 주님의 말씀을 인용하였던 약속과 그의 은혜에 굳게 서 있으라. *"너희 안에서 착한 일을 시작하신 이가 그리스도 예수의 날까지 이루실 줄을 우리는 확신하노라"*(빌 1:6).

사도행전 13:3-4 "(그들을) 보내니라 두 사람이 성령의 보내심을 받아……."

성경의 다른 진실과 마찬가지로 (자유 의지와 선택, 하나님의 능력과 인간의 노력), 새로운 미전도 종족을 향한 하나님의 대사들은 파송 교회와 성령에 의해 ***동시에*** 보내심을 받는다.

사도행전 13:5 "살라미에 이르러 하나님의 말씀(8:4을 보라)을 유대인의 여러 회당에서 전할새."

우리는 때때로 초기 선교사들이 많은 지역에서 아무런 열매를

거두지 못하고 복음을 전하였는가를 인식하지 못하곤 한다. ***하나님의 말씀을 전한다(proclaim)***는 말은 무엇을 의미하는가? 선포한다, 선전한다, 공개적으로 밝힌다, 전한다, 가르친다, 유포한다, 알린다, 경고한다는 것이다.

'하나님 말씀을 전한다' 는 것에 관련해서 당신의 팀이 하고 있는 일이 무엇인지 정리해 보라.

마태복음 10:20 - *"말하는 이는 너희가 아니라 너희 속에서 말씀하시는 이 곧 너희 아버지의 성령이시니라."*

말씀을 전파한다는 의미는 들어야 하는 자들에게 하나님께서 당신에게 말씀하신 내용을 말하거나, 쓰거나, 방송이나 비디오를 통해 보여주거나, 카세트, 혹은 책과 CD 등을 통해 전달하는 것을 의미한다.

누가복음 4:41 - *"여러 사람에게서 귀신들이 나가며 소리 질러 이르되 당신은 하나님의 아들이니이다 예수께서 꾸짖으사 그들이 말함을 허락하지 아니하시니 이는 자기를 그리스도인 줄 앎이러라."*

말씀을 전파하는 것에는 누가 우주의 중심이시고, 그분이 생명으로 들어가는 문으로 삼았는지를 밝히는 것을 포함한다. 심지어 마귀도 그것을 알았지만 그는 그에게 충성을 바치는 대신 자기 ***자신의*** 목소리로 전파자가 되기를 거부하였다.

사도행전 4:29 - *"주여 이제도 그들의 위협함을 굽어보시옵고 또 종들로 하여금 담대히 하나님의 말씀을 전하게 하여 주시오며."*

하나님 말씀을 전파한다는 뜻은 자기 자신의 안전과 조용히 있기를 원하는 유혹을 선택하는 대신 다른 사람들의 필요에 대해 더 민감한 것을 의미한다. 이것은 ***단지*** 자신들의 사회사업을 통해 증인이 되려고 하는 자들에게 무엇을 말하고 있는가?

사도행전 8:25 - *"두 사도가 주의 말씀을 증언하여 말한 후 예루살렘으로 돌아갈새 사마리아인의 여러 마을에서 복음을 전하니라."*

복음을 전파한다는 말은 주님이 당신에게 행한 것과 주님이 모든 다른 이들이 알아야 할 것이 무엇이라고 생각하는지를 말하는 것이다.

사도행전 14:25 - *"말씀을 버가에서 전하고 앗달리아로 내려가서."*

말씀을 전하는 것은 사람들이 반드시 회개하기를 기대하는 것이 아니라 사람이 알아야 할 사실을 밝히는 것이다. 이것은 '제자를 만드는 것' 이 아니라 '씨를 뿌리는 것' 이다.

사도행전 16:32 - *"주의 말씀을 그 사람과 그 집에 있는 모든 사람에게 전하더라."*

말씀을 전하는 것은 자연스런 목소리로 거실에서 크리스마스와 부활절 이야기를 듣기 원하는 가족과 함께 조용히 앉아서 일어나는 일일 수도 있다.

사도행전 18:9 - *"밤에 주께서 환상 가운데 바울에게 말씀하시되 두려워하지 말며 침묵하지 말고 말하라."*

말씀을 전하는 것은 때때로 잠잠하기를 원하는 감정을 이기는 *'초자연적인'* 것일 때도 있다.

고린도전서 14:11 - *"그러므로 내가 그 소리의 뜻을 알지 못하면 내가 말하는 자에게 외국인이 되고 말하는 자도 내게 외국인이 되리니."*

하나님 말씀을 전하는 것은 단순히 복음적 양심의 가책을 덜기 위해 앵무새 소리를 하는 것이 아니다. 주님께 영광을 돌린다는 의미는 왜 그것이 기쁜 소식인지 이해할 수 있게끔 복음의 메시지를 청중에게 이해시키는 것을 의미한다.

마가복음 2:2 - *"많은 사람이 모여서 문 앞까지도 들어설 자리가 없게 되었는데 예수께서 그들에게 도를 말씀하시더니."*

하나님 말씀을 전한다는 의미는 기회를 포착하든지, 혹은 *아무도 멸망하지 않기를 원하시*는 하나님의 자비(벧후 3:9)를 통해 만들어진 문을 여는 것을 의미한다.

마가복음 4:33 - *"예수께서 이러한 많은 비유로 그들이 알아들을 수 있는 대로 말씀을 가르치시되."*

하나님 말씀을 전한다는 의미는 지속적으로 새로운 방법을 찾는 것이며, 특별히 문화적으로 적합한 방법으로 듣는 자들이 진리를 내면화할 수 있도록 돕는 것을 의미한다.

사도행전 2:11 - *"그레데인과 아라비아인들이라 우리가 다 우리의 각 언어로 하나님의 큰 일을 말함을 듣는도다 하고."*

하나님 말씀을 전파한다는 의미는 듣는 자들의 배경을 이해하고, 듣는 자들의 언어로 하나님이 누구이시고, 그분이 무슨 일을 하셨는지에 대해 흥분하게 만드는 일이다.

사도행전 11:14 - *"그가 너와 네 온 집이 구원 받을 말씀을 네게 이르리라 함을 보았다 하거늘."*

하나님 말씀을 전파한다는 것은 단순히 친근한 대화를 나누는 것이 아니다. 그것은 어떻게 영원한 사망으로부터 벗어날 수 있는지에 대해 가르치는 것이다.

사도행전 11:19 - *"그때에 스데반의 일로 일어난 환난으로 말미암아 흩어진 자들이 베니게와 구브로와 안디옥까지 이르러 유대인에게만 말씀을 전하는데."*

하나님 말씀을 전파하는 것은 어떤 장소와 어떤 때에 (삶과 죽음의) 생명의 궁극적 문제에 대해 특정한 종족 그룹과 심각한 대화를 나누는 것이라고 말할 수 있다.

고린도전서 2:6 - *"그러나 우리가 온전한 자들 중에서는 지혜를 말하노니 이는 이 세상의 지혜가 아니요 또 이 세상에서 없어질 통치자들의 지혜도 아니요."*

하나님 말씀을 전파하는 것은 우리의 철학적 지식을 가지고 청중을 감동시키려는 것이 아니고, 우리와 함께 자기 자신을 충분히 성찰할 수 있는 자들의 근본적인 필요에 대해 호소하는 것이다.

골로새서 4:3 - *"또한 우리를 위하여 기도하되 하나님이 전도할 문을 우리에게 열어 주사 그리스도의 비밀을 말하게 하시기를 구하*

라 내가 이 일 때문에 매임을 당하였노라.”

하나님 말씀을 전파하는 것은 마치 기술자가 자기 자신이 결코 발견할 수 없는 어떤 것을 누군가에게 설명하려고 하는 것과 같이 ‘열린 문’ 을 위해 하나님을 의지하는 것이다. 그 계시는 성경에 나타난 하나님의 선지자와 사도를 통해서만 ***유일하게*** 드러난 것이다.

데살로니가전서 2:2 - *“너희가 아는 바와 같이 우리가 먼저 빌립보에서 고난과 능욕을 당하였으나 우리 하나님을 힘입어 많은 싸움 중에 하나님의 복음을 너희에게 전하였노라.”*

하나님의 말씀을 전하는 것은 대중들이 원하지 않을 때에라도 목소리를 내는 것이다. 그것은 하나님을 향해 강하게 요새를 쌓은 자들을 향해 ‘용기를 내고’, ‘위험을 감수하는 것’ 이다.

사도행전 13:5 “요한을 수행원(수종자)으로 두었더라.”

‘훼페레테스’ (*ὑπηρετης*)는 종(요 18:18), 도우미, 수종드는 자(예를 들면 외과의사의 조수), 회당의 참석자, 두루마리 성경을 가져오는 자(눅 4:20) 등을 말한다.

하나님의 관점에서 볼 때 우리는 모두 섬기는 자(마 20:28)로서 같은 부르심을 받았다. *“인자가 온 것은 섬김을 받으려 함이 아니라 도리어 섬기려 하고 자기 목숨을 많은 사람의 대속물로 주려 함이니라.”*

“일어나 너의 발로 서라 내가 네게 나타난 것은 곧 네가 나를 본 일과 장차 내가 네게 나타날 일에 너로 종과 증인을 삼으려 함이니”(행 26:16).

"사람이 마땅히 우리를 그리스도의 일꾼이요 하나님의 비밀을 맡은 자로 여길지어다"(고전 4:1).

우리는 섬기는 자로서 서로가 다른 역할을 맡았을 뿐이다. 이 신입 선교사 젊은 마가 요한은 어떤 역할을 맡았을까? '주님의 종' 이라는 의미는 그에게 어떤 것이었을까? 내가 예측하기는 그는 그가 팀의 두루마리 성경을 지닌 자, 사서(librarian)가 될 것이라고 생각했을 것이다. 성경은 당시 출판되어서 제본되지 않았으므로 누군가 그것을 가지고 다녀야 했다. 아마도 마가 요한은 존경받는 그 역할을 맡을 것이라고 느꼈을 것이다(그의 이야기는 13절에 계속된다.).

사도행전 13:6 "온 섬 가운데로 지나서 바보에 이르러 바예수라 하는 유대인 거짓 선지자인 마술사를 만나니."

이 '방법론' 은 오늘날의 우정 전도와는 사뭇 다른 접근 방식처럼 들린다. 그들은 그물을 넓게 치고 많은 사람을 만나고 성령에 의지하며 '예정된 만남' 을 기대하였다. 그들은 하나님이 '지혜 있는 자' (분별력 있고, 분석적이며, 비판적 재능을 갖춘 사람)를 만나게 하셨을 때 그것이 하나님이 예비하신 만남이라는 것을 알았다. 그러나 그것은 그렇게 쉽지만은 않았다. 그들은 바예수라는 거짓 선지자를 만나야만 했다.

사도행전 13:7 "서기오 바울은 지혜 있는 사람이라 바나바와 사울을 불러 하나님의 말씀을 듣고자 하더라."

같은 성령께 당신에게도 같은 일을 하도록 간구하라. 서기오 바울은 단순히 방문자들에 대해 관심을 가지고 만나자고 했을 뿐 아니라 그들로부터 하나님의 말씀을 듣기 원했으며 이해하고 적용하기 원했다. 이 사람은 바울이 디모데후서 2장 2절에서 쓴 *'다른 사람을 가르칠 수 있는'* 사람이다.

어떻게 그는 하나님의 말씀에 대해 알게 되었는가? 결국 그들은 그들이 전하는 '하나님의 말씀' 을 단순히 회당 안에만 가두어 두지 않았다(5절). 그들은 어떠한 형태로 이 사람이 그들을 알고, 그들이 전하는 주제를 이해하고 심각하게 받아들일 수 있도록 하나님의 말씀을 전파했는가? 거기에는 문화적으로 적합한 방법이 있었을 것이다.

사도행전 13:8 "이 마술사 엘루마는(이 이름을 번역하면 마술사라) 그들을 대적하여 총독으로 믿지 못하게 힘쓰니."

다시 한 번 누가는 결코 승복하지 않으려고 하는 대적자가 있음을 우리에게 암시하고 있다. 당신은 오늘날의 엘루마를 위해 기도하고 있는가?

사도행전 13:9-10 "바울이라고 하는 사울이 성령이 충만하여 그를 주목하고 이르되 모든 거짓과 악행이 가득한 자요 마귀의 자식이요 모든 의의 원수여 주의 바른 길을 굽게 하기를 그치지 아니하겠느냐?"

기도를 제외하고, 당신은 복음의 원수를 대적하고, 그들이 사탄을 위해 일하고 있다고 강하게 경고한다. 그리고 그 결과 그것이 완전히 잘못되었다고 밝혀진다. 이것이 또한 신약성경의 기독교이다. 당신은 혹시 그리스도의 대사로서 이러한 요소를 간과하고 있지는 않는가?

사도행전 13:12 "이에 총독이 1) 그렇게 된 것을 보고 믿으며 2) 주의 가르치심을 놀랍게 여기니라."

우리는 왜 총독이 엘루마를 소경으로 만든 바울을 보며 놀랐는지, 또 왜 그 총독이 가르침에 '놀랐는지'를 알 수 있다. 그를 놀라게 만든 구원의 가르침은 버려졌는가? 바울과 바나바는 그 사람이 이전에 읽고 들었던 그 어떤 것보다 더 매력적이게 예수의 가르침을 가르쳤는가? 우리는 하나님이 우리의 대적들을 부수는 것이 구원을 가져오는 것은 아니지만, 정직한 사람들에게 주님의 가르침에 대해 매우 심각하게 받아들이도록 하기 위해 사용된다는 것을 보게 된다.

사도행전 13:13 "바울과 및 동행하는 사람들이 바보에서 배 타고 밤빌리아에 있는 버가(터키)에 이르니."

서로 다른 종류의 초자연적인 기적이 있다는 사실을 놓치지 말라. 바나바는 그의 성숙함과 '영적 재생산'의 비전과 바울에게 지도자로서의 은사가 있다는 사실을 깨닫는 지혜가 있었다. 이 나이든 사람은 교회 개척 팀을 젊은이에게 넘겨준다. 당신은 오늘날 이러한 일들이 얼마나 자주 일어난다고 생각하는가? 바나바는 "좋아, 바울! 이제 당신은 준비가 되었소. ***당신이*** 이제 팀 리더요. 나는 팀 ***멤버***가 될 것이오"라고 말할 수 있는 겸손함과 성숙함을 지녔다. 하나님은 분명 매우 기뻐하셨을 것이다.

13절 “(그러나) 요한은 그들에게서 떠나 예루살렘으로 돌아가고.”

그러나 분명 맘에 들지 ***않는*** 팀 멤버가 있을 것이다. 마가 요한은 은혜롭고, 목양적인 바나바 삼촌이 리더로 있는 것에 대해서는 문제가 없었으나 남에게 지시하며 ‘비이성적인 것에 대해 용납이 없고 일 중심적인 A형 타입’ 의 랍비 사울에 대해서는 그리 마음이 열리지 않았을 것이다. 아마도 마가 요한은 자신을 ‘화이트 컬러’ 형의 사역자로, ‘두루마리 성경’ 을 가져오는(당시 구약성경 양피지는 엄청난 양이었다) 사서(司書)로 생각했을 것이다. 바울이 팀 리더가 되었을 때 그는 마가에게 물과 필요한 물건들을 가져오라고 시켰으며, 배 티켓을 사기 위해 긴 줄에 서서 기다리는 일을 시키고, 짐을 싸는 일을 시켰을지도 모른다.

우리 자신은 모두 종이 되기를 원한다고 말을 하지만 그것은 우리가 그러한 취급을 받기 전까지의 말이다. 왜 관계가 깨어지고 잘못되어 가는가?

어떤 일이 일어났든지 마가는 좋아하지 않았다. 그래서 그는 끌리는 대로 집을 향해 떠났다. 혹시 예루살렘에 있는 약혼자로부터 편지를 받은 것은 아닐까? 아니면 그의 어머니가 그가 필요하다는 말을 전하지는 않았을까? 어쩌면 그는 타문화권 선교사가 그가 받은 은사가 아니라고 느꼈을지도 모른다. 어쩌면 예루살렘에 있는 젊은이들 그룹에서 리더가 될 수도 있었고, 그 그룹에서 더 많은 인정을 받았을 수도 있다.

우리는 바울과 바나바가 예루살렘에서 열린 신학회의에 가기 전까지 마가에 대해 다시 들을 수 없게 된다.

사도행전 15:37-39 - *“바나바는 마가라 하는 요한도 데리고 가고*

자 하나 바울은 밤빌리아에서 ***자기들을 떠나*** *함께* ***일하러 가지*** *아니한 자를 데리고 가는 것이 옳지 않다 하여 서로 심히 다투어 피차 갈라서니 바나바는 마가를 데리고 배 타고 구브로로 가고."*

이것은 (유다의 사건을 포함시키지 않는다면) 신약성경에 나타난 첫 번째 선교사 마찰을 일으킨 사건이다. 15장 37-39절의 사건을 보면 바울과 바나바가 서로 우호적이지 않게 갈라졌다는 사실은 분명하다. '버렸다' 라는 단어는 바울이 마가 요한을 용서하지 않았다는 느낌을 표현하고 있지만 바울은 바나바를 향해 '옳지 않다' (지혜롭지 않다)라는 표현을 하며 반대하였다.

어떤 한 가지 문제에 대해 동의하지 않는 것이나 교회 개척팀이 쪼개지는 것은 또 다른 문제이다. 어떻게 미스터 격려자(Mr. encouragement)와 고린도전서 13장을 쓴 저자가 그렇게 날카로운 불일치(말다툼, "심하게 다투었다")를 일으킬 수 있는가?

선교에 있어서 가장 큰 긴장은 생산성의 문제이다. 만일 어떤 이가 그들 파송 교회에 그들이 앞으로 나가서 무엇을 할 것인지에 대해 보고를 한다면 그것을 결정하는 기준이 무엇이겠는가? 만일 한 명의 팀 멤버가 계속해서 사역을 해야 하는지, 혹은 고국으로 돌아와야 하는지를 결정해야 할 때 어떻게 하겠는가? 왜 어떤 사람들은 선교사가 고국으로 돌아오는 것을 미성숙하게 보는가? 이것은 선교 운영을 잘못하기 때문이거나 기꺼이 '죽기까지' 하는 헌신의 부족 때문에 벌어지는 일인가? 혹은 새로운 문화에 적응을 못하였기 때문이거나 거절을 수용하지 못하기 때문인가? 극복하지 못한 여러 가지 두려움이 있지는 않은가? 마가 요한은 구브로에서 터키로 가는 것이 어떤 것을 의미하는지 갑자기 깨달았을지도 모른다.

고린도후서 6:4-5 - *"오직 모든 일에 하나님의 일꾼으로 자천하여 많이 견디는 것과 환난과 궁핍과 고난과 매 맞음과 갇힘과 난동과 수고로움과 자지 못함과 먹지 못함 가운데서도."*

고린도후서 11:23-27 - *"그들이 그리스도의 일꾼이냐 정신 없는 말을 하거니와 나는 더욱 그러하도다 내가 수고를 넘치도록 하고 옥에 갇히기도 더 많이 하고 매도 수없이 맞고 여러 번 죽을 뻔하였으니 유대인들에게 사십에서 하나 감한 매를 다섯 번 맞았으며 세 번 태장으로 맞고 한 번 돌로 맞고 세 번 파선하고 일주야를 깊은 바다에서 지냈으며, 여러 번 여행하면서 강의 위험과 강도의 위험과 동족의 위험과 이방인의 위험과 시내의 위험과 광야의 위험과 바다의 위험과 거짓 형제 중의 위험을 당하고 또 수고하며 애쓰고 여러 번 자지 못하고 주리며 목마르고 여러 번 굶고 춥고 헐벗었노라."*

아니면 그는 단순히 새로운 팀리더를 섬기는 게 마음에 들지 않았을 수도 있다.

사도행전 13:14 "(그러나) 더 나아가."

아마도 이것은 우리의 중요한 명언일 수도 있다. *"(그러나) 더 나아가……."*

'팀' 은 그들이 마찰을 겪음으로써 심각하게 실망했을 수도 있다. 팀의 3분의 1이 그만두고 집으로 떠났다. 이것은 다른 이들이 더 많이 일을 해야 한다는 것을 의미한다. 선교 역사는 아직까지 모든 불화와 장애물과 고통과 상실과 실망에도 불구하고 계속해서 전진하는 강한 의지를 가진 사람들의 역사이다. 그렇게 그들은 계속 전진했다.

14절 "비시디아 안디옥에 이르러 안식일에 회당에 들어가 앉으니라."

모든 도시에는 삶의 궁극적인 문제에 대해 생각하는 사람들이 모이는 장소가 존재한다. '왜 우리는 이 세상에 있는가?', '우리가 죽은 다음에는 어떻게 되는가?' 등 만일 우리가 이런 고민을 가진 사람과 관계를 맺고 구도자들을 찾아내기 원한다면 우리는 반드시 그들이 ***어디에*** 있으며, 이러한 주제를 언제 묵상하게 될 것인지에 대해 알고 있어야 한다. 분명히 회당에는 하나님을 기쁘시게 해드리고자 하는 자들이 있다. 이스탄불에서는 무슬림들이 가끔씩 카톨릭 성당에 앉아 있는 것을 발견한다. 당신은 그들의 전통에 따라 배운 가장 강한 능력을 가진 자를 기쁘게 하고자 하는 무슬림이나 힌두인이나 불교도를 어디에서 발견할 수 있겠는가?

사도행전 13:15 "율법과 선지자의 글을 읽은 후에……."

유대인들은 그들의 거룩한 책에 아주 깊이 집착하려고 하였다. 누군가로부터 듣기를 원한다면 그 사람은 반드시 그들의 책을 말할 수 있어야 하고 그들이 알고 있는 내용을 잘 설명할 수 있는 사람이어야 했다. 무슬림이나 불교도, 힌두교도나 중국인들은 그들의 거룩한 책과 전통에 대한 당신의 지식을 존중하는가?

15절 "형제들아 만일 백성을 권할 말이 있거든 말하라 하니."

바울과 바나바는 초대받은 손님의 위치에 서서 말하는 특권을 가지고 있었다. 서두가 끝나고 회당의 지도자들은 바울이 유명하고 존경을 받는 선생으로 그들 가운데 있다는 사실을 깨달았다. 바나바와 바울은 그들 자신이 다른 정통 유대인과 다르다는 사실을 즉각적으로 드러내지 않았다. 그들은 그들 예배에 완전히 참여했다.

초대를 받아 말하도록 하는 것은 우리가 반드시 기도해야 할 부분이다. 그렇게 할 수 있으면 그렇게 하도록 하라. 우정을 근거로 주의 종들은 지역 모스크에서 말할 기회를 갖기도 하였다. 서부 자바에 있는 한 사역자는 한 주에 몇 번씩 모스크에 갔고, 그들은 그에 대해 긴장을 늦추고 그에게 토라와 인질의 어떤 문제에 대해 어떻게 이야기하고 있는지 묻기도 하였다.

사도행전 13:16 "바울이 일어나 손짓하며 말하되."

바나바가 더 연장자인데 왜 바울이 일어났을까? 우리는 바울과 바나바가 그들의 은사를 알고 있었으며 그들을 통해 사역을 이루려고 노력했음을 추측할 수 있다. 바나바는 목자로서 새로 믿은 힘들어 하는 신자를 격려하는 사람이었다. 그는 아마도 연설을 하는 은사는 가지지 않은 듯하다. 따라서 확신하기를 구약과 논쟁과 논리에 대해 훈련을 받은 바울만큼 그 일을 잘 하리라는 확신이 없었을 것이다.

바울은 종교적인 유대인들에 대해 더 나은 자격을 가지고 있었다. 후에 바울은 그가 그리스 스타일의 웅변가로서(고후 2:1-4) 은사가 없다고 말했다(행 18:24-27에서 아볼로에 비해서). 중요한 것은 한 팀에서 어떠한 순간에 임무를 잘 수행할 만한 사람이 누구인가를 잘 알고 있는 것이다.

16-41절 기록된 바울의 최초 설교

역사적 접근을 유의하여 보라. 중요한 점은 우리의 메시지를 역사 가운데 하나님의 목적 가운데서 전달하는 것이다. 더불어서 이 접근은 이야기 말하기(story-telling)였다. 바울이 익숙한 내용을 다시 들려준 이유는 그의 청중들이 편안하게 느끼고 그가 '그들 중 한 사람' 이라는 사실을 받아들이게 하기 위해서였다. 모든 사람들은 ***그들의*** 소리를 듣는다.

주제는 유일한 참되신 하나님, 이스라엘의 하나님이다. 그 하나님은 우리의 선조를 선택하셨다. 그 하나님은 그의 백성을 이집트에서 구원하였다. 그 하나님은 그들의 행위를 인내하셨다(다른 본문에서는 "그들을 참으셨다"고 표현한다). 그 하나님은 가나안의 일곱 족속을 무찌르셨다. 그 하나님은 사사들과 사울을 왕으로 주셨다. 그 하나님은 사울 왕을 몰아내셨다. 그 하나님은 다윗을 세우셨다. 그리고 그 하나님이 구원자 예수를 ***'약속하신 대로'*** 주셨다. 그 하나님은 ***그를 죽은 자 가운데서 살리셨다.***

이것이 바로 하나님 중심의 설교이다. 우리의 청중들은 누가 절대 군주임을 알고 있어야 하고, 그분의 계획과 죄 사함을 받아들이고 의롭게 되어 어떻게 그분을 위해 살아야 하는지를 알아야 한다.

32절 "우리도 (하나님이) 조상들에게 주신 약속을 너희에게 전파하노니."

어떤 약속 말인가? 하나님이 그의 백성을 그들의 죄에서 구원하시기 위해 택하신 메시아를 보내기로 하신 것을 말한다.

바울은 그들이 소중하게 생각하는 믿음을 공격하지 않고 실제로 올 것에 대해 기다리는 것이 무엇인지를 확신시키려고 하였다. 당신이 이야기할 때 그것이 희소식으로 들리는가?

이것은 그들의 유익을 위해 그의 약속을 실현시키려는 엄청난 사랑의 하나님에 관한 내용인가? 누가 그러한 메시지에 관심을 기울이지 않겠는가? 당신은 친구에게 성경을 통해 그것을 보여줄 수 있는가? 어쩌면 당신은 그들의 언어로 된 성경을 전달하고 예쁜 카드를 선물할 수 있을지도 모른다.

13장 40절에 바울은 그들에게 이렇게 경고한다. ***"그런즉 너희는 선지자들을 통하여 말씀하신 것이 너희에게 미칠까 삼가라."*** 그는 하나님이 어떤 일을 행하셨는가와 하나님이 예비하신 문이 하나밖에 없음을 상기시켰다. 이것이 당신이 선포하는 메시지와 어떻게 다른가?

21-22절 **"하나님이……사울을……주셨다가 폐하시고."**

여기에는 메시지 안에 메시지가 존재한다. 바울은 사울 왕의 생을 언급하며 그가 '계승을 위해' 선택된 사람이었음에도 불구하고 사울은 '보류된 채' 하나님의 목적을 성취하는 데 쓰임을 받지 못했다고 한다. 왜 그런가? 사무엘상 13장 13-14절을 보라.

그는 시작은 잘 했으나 하나님의 분명한 지시를 자신의 생각으로 대체했으며, 그의 인생에서 어떤 한 시점에서 하나님께 불순종했다. 그는 불순종에 대해 회개하기보다 변명을 하며 하나님이 ***'그를 폐할 때까지"*** 육신과 세상과 사탄에 휩쓸려 다녔다. 우리는 경고를 받아야 하며 하나님의 말씀을 대충 받아들이는 하나님의 종들에게 경고를 해야 한다.

22절 "다윗을 왕으로 세우시고 증언하여 이르시되 내가 이새의 아들 다윗을 만나니 내 마음에 맞는 사람이라."

다윗의 모든 소망은 하나님을 기쁘시게 하고자 하는 것이었다. 그는 하나님이 원하시는 것을 하고자 했다. 그가 사랑하는 것은 하늘의 아버지를 통해 맞추어진 것이었다. 그가 고민하는 것은 하나님이 고민하는 것이었다. 다윗의 우선순위는 하나님의 것과 일치했다. *'하나님의 마음을 따르는'* 남자와 여자가 성취해야 할 것은 무엇인가?

22절 "……내 뜻을 다 이루리라 하시더니."

다윗은 죄 없는 자와는 거리가 먼 사람이었다. 밧세바와 동침한 사건은 수치스런 일이었으며 아마도 그의 자녀들을 타락하도록 만든 일이었을 것이다.

36절에서 ***"다윗은 당시에 하나님의 뜻을 따라 섬기다가"***라고 하였다. 여기에서 우리 모두에게 하나님의 뜻이 무엇인지를 정하고 있다. 이 세상에서 ***하나님의 뜻을 성취하기 위해*** 사는 날은 몇 년이 되지 않는다. 이제 '하나님의 나라를 구해야 할' 우리의 때이다. 우리의 열정이 추수의 주님이 원하시는 ***모든 것***을 짧은 우리의 순례의 인생 여정에서, 우리의 삶에서, 그리고 우리의 삶을 통해 이루시도록 하자(히 12:1-2을 보라.).

사도행전 13:42 "그들이 나갈새 사람들이(이방인들이) 청하되 다음 안식일에도 이 말씀을 하라 하더라."

어떤 사회를 향해 보냄을 받았다고 할지라도 하나님이 세우신 그곳에서 그들이 경험하게 될 반대에도 불구하고 하나님과 함께하고자 갈급해 하는 자들을 위해 깨어 있어야 한다. 우리는 선교사들에게 그들의 무관심한 친구나 이웃들이나 혹은 종교적 가르침을 앵

무새와 같이 따라하는 자들에게 도전을 주어 하나님을 진정으로 기쁘게 하고 그의 말씀 알기를 원하는 자들과 시간을 보내야 한다는 사실을 부드럽게 일깨워야 한다.

43절 "……유대인과 유대교에 입교한 경건한 사람들이 많이 바울과 바나바를 따르니 두 사도가 더불어 말하고……."

바울과 바나바는 다음 주 예배 때까지 기다리지 않았다. 아마도 그들은 다음 주 안식일이 되면 더 많은 반대자들이 생기리라는 것을 알았을 것이다. 그래서 그들은 ***날마다*** 구도자들과 아마도 그들 집에서 시간을 보냈을 것이다. 매주 한 번의 모임이 그들을 변화시키리라 생각하지 말라. 제자를 삼는 일은 특별히 가족과 일상의 삶을 사는 현장에서는 가족을 포함한 친밀한 관계 속에서 일어난다.

43절 "……하나님의 은혜 가운데 있으라 권하니라."

바울은 새신자들이 얼마나 쉽게 돌아서는지를 잘 알았다. 한 부족의 압박에 굴복하고자 하는 유혹은 너무나 커서 우리는 ***계속해서*** '약한 자와 두려워하는 자' 들로 하여금 지속적으로 그들의 주님이신 예수를 따르도록 설득해야 한다.

사도행전 13:52 "제자들은 기쁨과 성령이 충만하니라."

이 새신자들은 단순히 그들의 종교를 바꾸거나 공동체를 바꾼 것이 아니었다. 그들은 하나님과 함께하는 평화의 기쁨과 성령 안에서 교제를 경험했다. 그들은 단순히 새로운 사상에 대해 이야기하는 것이 아닌 ***갱생(regenerated)***했고, 진실로 '중생' (born again)을 경험했다. 이것은 데살로니가의 그리스도를 따르는 공동체에 대한 설명이 아닌가?(살전 1:3-10) 혹시 이것이 ***당신이*** 사역하는 지역의 대부분의 '기독교인' 이라 불리는 이들과 너무나도 다른 모습이 아닌가? 왜 그런가? 차이가 무엇인가?

44절 "온 시민이 거의 다 하나님의 말씀을 듣고자 하여 모이니."

어떻게 하나님이 보내신 곳에 이러한 일이 일어날 수 있을까 하며, 당신을 아프게 하고 고민하게 만들지 않는가? 당신과 당신의 동역자들이 과연 그러한 일이 일어나도록 2-3일간 기도한 적이 언제인가?

45절 "유대인들이 그 무리를 보고 시기가 가득하여 바울이 말한 것을 반박하고 비방하거늘."

반복해서 누가는 교회 개척의 사역에 좋은 소식과 나쁜 소식이 있다는 사실을 강조하고 있다. 하나님은 마음을 여신다. 그러나 반대자들은 빠르게 사역과 하나님의 말씀이 무효가 될 기회를 찾는다. 따라서 당신과 당신 사역에 그렇게 될 것이다. 당신이 공격을 당하고 당신의 사역이 아무 소용이 없는 동기를 가지고 있다고 공격을 받는다고 할지라도 반대자의 뒤에 있는 현실은 그들이 ***시기를*** 하고 있다는 사실이다. 하나님이 어떻게 당신에게 시기를 품는 사역을 하게 하신단 말인가?

46절 "바울과 바나바가 담대히(역주-담대하여져서) 말하여 이르되……."

이것이 대적을 향한 당신의 반응인가? 당신은 성령 안에서 예언을 할 준비가 되어 있는가? 당신은 언제 마지막으로 *'너희들은 우리*

의 말씀을 저버렸기 때문에 영생 얻기에 합당하지 않으므로 우리는 이제 너희들을 떠나 하나님 말씀을 듣기에 합당한 자들에게 가서 사역을 할 것이다' 라고 말하며 당신을 반대하는 자들에게 경고하였는가?

왜 우리는 ***이러한*** 능력을 구하지 않고 인간이 만든 마술적인 영적 도해도와 지역 영을 분석하고 성령이 불붙이시는 것과 담대함을 갖는 대신 필요 없는 일을 하고 있는 것일까?

사도행전 13:47 "주께서 이같이 우리에게 명하시되 '내가 너를 이방(미전도 종족)의 빛으로 삼아 너로 땅 끝까지 구원하게 하리라' 하셨느니라 하니."

"좋아! 당신들이 하나님의 말씀을 듣기 싫어하지. 우리는 이제 말씀을 들으려는 자들에게로 갈거야." 하지만 조심해야 할 것은 이 원리를 모든 사람들이 반응하지 않는다고 생각하고 적용해서는 안된다. 도널드 맥가브란이 '반응하는 종족'(responsive people)에 대해 강조하며 오해하였는데, 사실 우리는 하나님이 보내시는 종족이 ***어떤 종족***인지에 대해 알아야 할 뿐 아니라 그 사회의 ***계층***에서 ***그들 중*** 어떤 계층이 '반응하는 자들' 인지를 찾아야 한다. 바울과 바나바는 그들이 *'처음에 유대인들에게*로 간 것' 을 확인하고자 했으나, 그러나 나머지, 그리스도께서 그들을 위해 죽으신 나머지 99퍼센트의 사람들도 외면하지 않으려 하였다.

1998년 튀니지의 몇몇 사역자들은 그들이 그들 발에서 '먼지를 털고' 튀니지를 떠나야 할 것인지를 결정하기 위한 기도회를 하기 위해 모였다. 하나님의 종들은 120년 동안 뚜렷한 반응이 보이지 않는데도 사역을 해오고 있었다. 아주 소수의 사람들만이 그리스도를 받아들이게 되었고 그마저 유럽으로 떠나고 말았다.

누가복음 13장 6-9절의 말씀에 비추어 '열매 맺지 않는 무화과 나무에 거름을 주고자' 1년을 더 머물기로 결정하면서 그들의 친구와 아는 이들에게 그들 중에 아무도 *'그들의 주장이 사실인지를 알아보고자 성경을 연구하며'*(행 17:11) 하나님을 기쁘게 하고자 하는 자가 없기 때문에 그들이 떠날 것이라는 경고를 했다.

기도 요청이 방송을 통해 멀리 퍼졌으며 마지막 돌파구를 발견하기를 기대하며 관련된 모든 선교 단체에 전파하였다. 그런데 갑자기 수십 년 동안 보이지 않던 영적인 갈증이 보이기 시작했으며, 다음 몇 달 동안에 30년 동안 경험하지 못한 수많은 이들이 세례를 받았다.

당신은 경고자인가? (행 13:51을 보라.)

사도행전 13:48 "이방인들이 듣고 기뻐하여 하나님의 말씀을 찬송하며……."

여기에 '첫 번째 세대'의 신자들은 성경과 바울의 가르침이 참되며 창조자 자신으로부터 온 권위 있는 말씀인 것임을 알고 내면화하여 받아들인 것을 주목하라. 그들은 '성경'을 사모했으며 그 가르침을 흡수했다. 우리는 어떻게 이러한 종류의 묵상하는 태도와 주의 말씀에 집착하는 모습을 우리가 일하는 사람들 중에서 발견하는 현실이 펼쳐질 수 있게 할 것인가?

48절 "……영생을 주시기로 작정된 자는 다 믿더라."

나는 밖에 *"누구든지 오라"*고 쓰여져 있고 그 문을 지나고 나서 그 문 안쪽에 *"만물이 만들어지기 전에 예정된"*이라고 쓰여져 있는 천국문의 그림을 정말 좋아한다.

로마서 8:29 - *"하나님이 미리 아신 자들을 또한 그 아들의 형상을 본받게 하기 위하여 미리 정하셨으니 이는 그로 많은 형제 중에서 맏아들이 되게 하려 하심이니라."*

로마서 8:30 - *"또 미리 정하신 그들을 또한 부르시고 부르신 그들을 또한 의롭다 하시고 의롭다 하신 그들을 또한 영화롭게 하셨느니라."*

에베소서 1:5 - *"그 기쁘신 뜻대로 우리를 예정하사 예수 그리스도로 말미암아 자기의 아들들이 되게 하셨으니."*

에베소서 1:11 - *"모든 일을 그의 뜻의 결정대로 일하시는 이의 계획을 따라 우리가 예정을 입어 그 안에서 기업이 되었으니."*

사도행전 2:21 - *"누구든지 주의 이름을 부르는 자는 구원을 받으리라 하였느니라."*

사도행전 2:39 - *"이 약속은 너희와 너희 자녀와 모든 먼 데 사람 곧 주 우리 하나님이 얼마든지 부르시는 자들에게 하신 것이라 하고."*

우리가 그의 도구라고 불림을 받지만 마지막 날에 하나님이 우리 눈을 뜨게 하셨다는 것을 기억하면 큰 위로가 되지 않는가? 우리가 주 예수를 찬양하고 복음을 전파하지만 그분 자신이 그분께로 남자들과 여자들을 이끄셔야 한다.

"내가 땅에서 들리면 모든 사람을 내게로 이끌겠노라"(요 12:32).

"나를 보내신 아버지께서 이끌지 아니하시면 아무도 내게 올 수

없으니 오는 그를 내가 마지막 날에 다시 살리리라"(요 6:44).

사도행전 13:49 "……주의 말씀이 그 지방에 두루 퍼지니라."

하나님은 자기 자신을 우리가 만든 신학적 상자 안에 가두어 두시는 것을 허락하지 않으신다. 주 예수를 향한 강한 열정을 가진 사람들과 그들의 구원에 대해 감사하며 영생을 얻기 위해서는 주님의 모든 예정 가운데 있어야 한다는 것을 아는 이들은 가만히 예배당에 앉아 하나님이 사람들을 구원하기를 기다리고 있지 않고 세상을 다니며 주의 말씀을 전파하는 자들이다. 이것이 성경적인 모습을 보여주는 것이다.

어떻게 말씀이 전파되었는가? 어떤 요소가 그렇게 만들었는가? 누가는 사실적으로 복음은 거의 자동적으로 전파된다고 말하는 유혹에 쉽게 빠지는 것 같다. 그러나 이 결과가 매일매일 삶을 살아가는 우리의 ***현실***에서 왜 이루어지지 않는 것인가? "주여, 우리의 눈을 여소서." 우리에게는 무엇이 빠져 있는가?

사도행전 13:50 "이에 유대인들이 경건한 귀부인들과 그 시내 유력자들을 선동하여 바울과 바나바를 박해하게 하여 그 지역에서 쫓아내니."

50절의 어려움을 준비해야만 49절의 성공(breakthrough)을 거두는 것이 가능할까? 직선적이고 담대함을 버리고 민감하고 '조심스럽게' 우리는 우리 자신을 구원하면서 그리스도 없이 죽어가는 사람들을 버려둘 것인가? 많은 사역자들이 무의식적으로 그들의 주된 목적이 추방을 당하지 않는 사고방식으로 빠져들어가곤 한다. 그들은 언어를 배우는 투자와 문화에 적응해서 '편안하게 느끼고' 비자 문제에 어려움을 느끼지 않는 것이 우리의 주된 목표가 되기 싶다.

비극적으로 그러한 사고방식이 때때로 '보이지 않는' 그리스도의 대사가 되게 한다. 만일 우리가 입양한 사람들 가운데 수많은 사람들이 영생을 얻지 못한다면 우리의 거주 문제가 안정되고 시간과 돈을 투자하는 것이 과연 무슨 의미가 있겠는가?

사도행전 13:51 "두 사람이 그들을 향하여 발의 티끌을 떨어 버리고 이고니온으로 가거늘."

만일 당신이 사도들처럼 행동하면 어떻게 될까? 그리스도의 말씀을 거절한 자들에게 경고를 하고 다른 이들에게 갈 시점은 언제가 되어야 하는가? 당신은 이 점에 대해서 생각하고 있어야 한다. 역사적으로 가장 성공한 석유회사는 가장 큰 회사가 아니었고 가장 많은 구멍을 판 사람들이었다.

많은 주의 종들은 몇 년이 지나도 영적으로 반응하지 않는 하나, 둘, 세 가정과 충성스럽게 교제하는 실수를 범하곤 한다. 당신은 어쩌면 하나님을 기쁘시게 하고자 하는 자들이 있다고 정직하게 말하는 충격을 주어야 할 필요가 있을지도 모른다. 당신은 반드시 당신 자신을 그들에게 헌신해야 한다. 무관심해하는 자들에게 그들이 언제나 당신에게 연락을 해서 어둠의 나라를 떠나 하나님의 나라로 들어올 수 있다고 말하라.

14장

사도행전 14:1 “두 사도가 함께 유대인의 회당에 들어가…….”

예수께서 둘씩 짝지어 그의 메신저들을 보내셨던 것을 결코 잊어서는 안 된다(막 6:7). 남편과 아내는 두 사람으로 취급하지 않는다. 성경은 그들은 하나라고 말씀하신다(막 10:8; 고전 6:16). 두 남자, 아니면 두 여자, 혹은 두 커플이 하나님의 사도적인 팀으로서 구성되어야 하는 최소한의 숫자이다. 한 가정만 선교지로 보내는 교회나 단체들은 성경적이지 않고 어쩌면 잔인하기까지 하다고 할 수 있다.

두 번째로 그들이 가졌던 패턴, 혹은 계획을 보라. ‘평상시’ 처럼 ***함께*** 동행하는 의도성이 분명히 있다. 당신이 ‘좋은 소식’ 을 갖고 ‘만나왔던’ 무슬림, 힌두교도, 불교도 친구, 혹은 아는 사람들이 성령의 감동으로 하나님을 찾고자 했을 때 당신을 언제 어디서 만나는가가 중요하다. 니고데모는 심지어 밤중에 어떻게 예수를 만날 수 있는지 알고 있었다.

1절 “말하니 유대와 헬라의 허다한 무리가 믿더라.”

“그와 같은 방식으로”[1] 누가는 여기에서(전 복음서에서와 동일하게) 진리를 제시하는 우리의 방식이 차이를 만든다는 것을 암시

1) 한글성경에는 번역되어 있지 않은 부분이다.

하고 있다.

13장 48절의 말씀이 '결정적 결론'(*'영생을 얻도록 부르심 받은 많은 사람들이 믿었더라'*)일지라도 하나님께서는 다른 것보다 어떤 방법이나 수단을 선택하신 것을 분명히 알 수 있다. 하나님께서는 내용면에서뿐 아니라 방법과 방식(담대함, 행 13:46)과 관용을 중요하게 여기신다. *"너희 관용을 모든 사람에게 알게 하라"*(빌 4:5). *"주의 종은 마땅히 다투지 아니하고 모든 사람에 대하여 온유하며 가르치기를 잘하며 참으며"*(딤후 2:24). 추수의 주인으로 현명한 주권자이신 주님께서 온전한 인간이 되셨고, 그리고 여전히 사람들, 그 사역자들, 그들의 독특한 문화를 통해서 사역하고 계신다. 우리는 로봇이 아니며, 사람들을 체면술을 통해서 왕국으로 인도하지도 않는다.

사도행전 14:2 "그러나 순종하지 아니하는 유대인들이 이방인들의 마음을 선동하여 형제들에게 악감을 품게 하거늘."

사도행전이 당신의 상황에 얼마나 멋있게 연관된 것인가를 보라. 당신이 *'사도적 계승 반열' 에 있다는 것으로 기뻐하라! 너희 전에 있던 선지자들도 이같이 박해하였느니라* (마 5:12; 23:37).

대다수의 사람들이 주 예수와 선지자들과 사도들이 그렇게 되리라고 말씀하신 대로 정확히 대응했을 때 우리가 상처를 받고 낙담하는 이유가 무엇인가? 어둠의 권세가 우리로 하여금 포기하게 하려고 끊임없이 노력하고 있다는 진리에 대한 이해를 상실했단 말인가? *"근신하라 깨어라 너의 대적 마귀가 우는 사자같이 두루 다니며 삼킬 자를 찾나니"*(벧전 5:8; 요 16:2).

당신이 섬기려고 하는 사람들은 왜 그렇게 꽉 막혀 있는가? 그들의 마음은 ***망가져*** 있다. 그 폐해의 희생자가 당신 앞에서 연기를 한다면 당신은 화가 나고 속상해하는가? 당신은 길 잃고 방황하며, 거짓말의 우두머리 사탄과 그의 졸개들에 의한 공작의 희생제물이 된 영혼들을 향한 *'긍휼한 마음을 지니신'* 주님(마 9:36, 14:14)을 닮아가도록 부르심을 받은 사람들이 아닌가?

사도행전 14:3 "(그러므로) 두 사도가 그곳에 오래 있어……."

나중에 살펴보겠지만, 피해야 할 때도 있고, 그리고 견고하게 서 있어야 할 때도 있다. 그들의 생명이 절체절명의 위기에 처했을 때에만 바울과 바나바는 (때론 다른 신자들의 권고로) 다른 도시로 피신했다. 이 구절의 경우에는 새로운 신자들이 반대의 타깃(target)이었기에 바울과 바나바는 피신하지 않고, 대신 새로운 신자들을 위해서 그곳에 *'오랜 시간 머물렀던'* 것이다. 선교사로서, 그들의 첫 교사로서, 해방자로서 그들은 없어서는 안 될 존재였다.

공격이 그들의 마음을 해하는 것이기에 사도들은 새로운 신자들이 믿음과 진리로 견고해질 수 있는, 상당히 오랜 기간 동안 있어야 할 필요를 알고 머물기로 결심한 것이다. 또한 의심 없이 하나님 말씀이 반대에 대한 모든 답을 갖고 있다는 것을 믿지 못하고 있는 청취자들에게 도전했던 것이다(고후 10:5; 벧전 3:15).

3절 "주를 힘입어 담대히 말하니……."

신약성경시대의 하나님의 메신저들은 '권위를 갖고 말씀하시는' 주님의 모습을 닮으려고 했다. 대화방식이 아닌 선포의 방식이었다. 예수를 '나누는' 것이 아니라 '장차 임할 진노를 피하라' 고 사람들에게 간청하는 것이었다(롬 5:9; 살전 1:10, 2:16).

사도들은 우정 전도가 아니라 친근한(때론 그렇게 친근하지는 않았지만) 전도를 했다. 그들의 관점은 다음과 같다. *"우리는 주의 두려우심을 알므로 사람들을 권면하거니와……우리가 그리스도를 대신하여 사신이 되어 하나님이 우리를 통하여 너희를 권면하시는 것같이 그리스도를 대신하여 간청하노니 너희는 하나님과 화목하라"*(고후 5:11, 20).

3절 "……주께서 그들의 손으로 표적과 기사를 행하게 하여 주사 자기 은혜의 말씀을 증언하시니"(4:30; 5:12; 8:6; 9:40을 **보라**).

캠벨 모건은 이 구절에서 성령의 사역적 방법의 다양성을 언급하고 있다. 때론 하나님께서 기적을 허락하신다. 그리고 허락하시지 않을 때도 있다. 때론 그 기적이 말씀을 확증한다. 가끔 기적이 무시되기도 한다. 기적을 허락하시도록 주인 되신 주님께 간구하라. 그러나 그의 은사보다 그의 깊은 지혜를 구하고 의지하라.

사도행전 14:4 "그 시내의 무리가 나뉘어……."

만약 어떤 이가 세상의 구주에게 관심을 보이는 것이 있다면 우리는 사역을 잘했다고 볼 수 있을 것이다. 그는 *멸시받고 거절당하셨다.* 우리의 존재가 사람들을 그렇게 '나누지' 못한다면 우리가 하나님께서 생각하시는 사역을 하고 있는지 물어봐야 할 것이다. *"내가 세상에 화평을 주러 온 줄로 생각하지 말라 화평이 아니요 검을 주러 왔노라"*(마 10:34).

"장차 형제가 형제를, 아버지가 자식을 죽는 데에 내주며 자식들이 부모를 대적하여 죽게 하리라"(마 10:21).

사도행전 14:5 "……두 사도를 모욕하며 돌로 치려고 달려드니."

폭력, 혹은 심지어 폭력에 대한 위협은 극단적으로 경험하기 어려운 것들이다. 죽음보다 더 두려운 것이다. 선교사들은 교회가 약하거나 존재하지 않는 많은 지역에 있는 광신적이고 분노하는 무슬림들, 힌두교도(그리고 어떤 힌두, 불교집단들)에 의해서 절도, 공격, 방화, 납치, 강간, 그리고 살해에 대한 위협에 직면해 있다.

우리는 심지어 마두라, 민다나오, 무시라바드, 혹은 말레이시아에 살기 전에 폭력에 대한 가능성을 반드시 점검해야 한다. 그것은 우리로 하여금 하나님의 교회가 탄생하고 성장하는 것을 경험하기 위해서 역사 가운데 하나님의 종들이 어떤 고난을 감수해야 하는지를 가늠할 수 있도록 하는 데 도움을 제공해 준다. 왜 여러분의 시대와 다른 모습을 띠고 있는 것일까?(계 6:9)

그러므로 그러한 위협은 신약성경이 말하는 사역을 감당하는 사람들에게는 정상적인 것이라는 사실을 깨닫는 것이 도움이 된다. *"사랑하는 자들아 너희를 연단하려고 오는 불 시험을 이상한 일 당하는 것같이 이상히 여기지 말고 오히려 너희가 그리스도의 고난에 참여하는 것으로 즐거워하라 이는 그의 영광을 나타내실 때에 너희로 즐거워하고 기뻐하게 하려 함이라"*(벧전 4:12-13).

사도행전 14:6 "그들이 알고 도망하여……."

이 경우에는 성령(그리고 형제들)께서 잠시 그들이 도시를 떠나 있도록 명령하셨다. 두려움이 그들 속에 있었다거나 못하게 했다는 증거는 보이지 않는다. 덜 적대적인 곳에서 복음을 전하기로 결정하고, 그래서 ***"루가오니아, 루스드라, 더베와 그 근방으로 가서"*** 복음을 전했다.

사도행전 14:7 "거기서 복음을 전하니라."

어쩔 수 없이 그 도시를 떠나고 난 후에(점심도 거른 채, 그들의 세탁물이 마르기도 전에) 사도들이 얼마나 복음 증거를 하고 ***싶었을까?*** 우리 경우와 같이 그들의 구원의 기쁨이 그렇게 쉽게 사라졌는가? 분명히 그들은 제자훈련을 멈추어야 한다는 인도를 받지 못했고, 단순히 방법을 바꾸는 것을 생각했을 것이다. *'구원받은 자가 그렇게 말씀하도록 했던 것'* 과 같이 그들도 그렇게 계속 말씀을 전했다.

당신의 생애에 지금 하는 것보다 더 많이 크리스마스와 부활절 이야기를 말할 기회를 찾았던 때가 있는가? 하나님께서 당신에게 인도하신 사람들에게 누가 주 예수인가를 나눌 기회를 달라고 한 주 동안 얼마나 자주 구하고 있는가? 혹은 당신이 주 예수를 얼마나 사랑하는가를 말하려고 하는가? 또 왜? 언제 마지막으로 하늘 아버지 하나님께서 당신과 당신의 가족들에게 해주신 일 때문에 얼마나 감사하는지에 대해서 예수 믿지 않는 사람에게 말했는가?

사도행전 14:8-18 "루스드라에 발을 쓰지 못하는 한 사람이 앉아 있는데……."

"평생 걷지 못한 사람이 뛰고 걷게 되었다!" 이 머릿글 기사가 기도 편지를 위한 막강한 촉진제가 될 수 있는가? 우리 중 얼마나 많은 사람들이 주님께서 우리를 통해서 그런 일을 하시기를 기대하고 있는가? 정말 그렇게 될 때 회의주의자들이 '앉아서 듣게' 될 것이다.

그리고 정말 그들이 그렇게 했다! 듣는 것 이상으로 그들은 바울과 바나바가 신이라고 생각하고 그들에게 희생제사를 드리기 시작했다. 그러나 그것은 '이적과 기사'를 위해서 기도하고 난 후에 나타나기를 기대하는 결과는 단연코 아니다.

사도행전 14:15 "여러분에게 복음을 전하는 것은 이런 헛된 일을 버리고……그 가운데 만물을 지으시고 살아 계신 하나님께로 돌아오게 함이라."

대부분의 사람들은 루가오니아 사람들과 같이 '긍휼 사역'에 고마움을 느낀다. 그러나 그들이 고마워하지 않는 것은 그들의 종교적인 전통들과 전제들이 무의미하다는 것을 지적하는 것이다. 대부분의 사람들이 선지자로서의 예수를 관대하게 존경하지만 천국을 향한 유일한 길이라는 것에는 동의하지 않는다.

곧 당신은 그들이 잘못된 것에 자신의 삶을 의지하고 있다는 사실에 직면할 수 있도록 해야 한다. 그들이 '헛된 우상들'이나 종교행위에서 돌아서야 한다. 그러한 반응을 기대하라.

사도행전 14:11 "루가오니아 방언으로……."

"겨우 무리를 말려 자기들에게 제사를 못하게 하니라"(18절).

신약성경에서 우리 사역자들이 매일 직면하는(또는 직면했던) 언어와 의사소통의 어려움을 사도들이 경험하는 것을 보여주는 유일한 곳이다. 영적인 능력을 갖고 있었지만 어디서든 복음이 이해될 수 있도록 전달한 것은 아니었다! 루가오니아 방언을 알았더라면 안디옥과 이고니온에서 온 광신주의자들이 그렇게 쉽게 *'많은 군중들을 얻지'* 못했을 것이고 돌로 바울을 쳐 죽이도록 폭도들을 부추기지 못했을 것이다.

사도행전 14:19 "그들이 돌로 바울을 쳐서 죽은 줄로 알고 시외로 끌어 내치니라."

도대체 누가는 있는 그대로를 진술하고 있는가? 이것은 성경에서 가장 간결하게 삼가서 말하는 것들 가운데 하나일 것이다. *"태양이 그래도 멈추어 있다!"*와 같은 구절을 보면. 이 일은 다메섹에서 바울이 세례를 받기 전에 주께서 하신 말씀의 실현임을 알 수 있다. *"그가 내 이름을 위하여 얼마나 고난을 받아야 할 것을 내가 그에게 보이리라"*(행 9:16).

스데반이 돌로 쳐 죽임을 당하는 것도 다시 서술이 되어 있다. 그러나 왜 그렇게 덤덤하게 서술하였을까? 바울이 하나님께서 자신이 ***스데반의*** 돌에 맞아 죽는 죽음에 주도적인 역할을 했던 것 때문에 자신을 겸손하게 한다는 것을 알았기에 그랬을까? 가능할지도 모르겠다. 바울이 누가에게 자기보다 앞선 선진이었던 스데반을 방어하는 입장에서 그것을 그렇게 부각시키지 말라고 부탁했을까? 바울은 젊은 선교사의 용기를 북돋우기 위해서 디모데에게 언급한 적이(딤후 3:11) 있었다. 그리고 고린도 교회에도 말한 적이 있다(고후 11:25).

반대가 일어날 때 당신은 '아버지의 전능한 손'에 의해서 보호를 받고, 천사에 둘러싸이게 되고, 그의 존재로 강건해지고, 당신의 손은 변함없고, 사랑스럽고, 통치하는 능력에 의해서 부드럽고, 확고하게 붙들리게 될 것임을 마음에 확신하라. 그리고 때를 얻든지 못 얻든지 계속해서 복음을 증거하도록 하라.

사도행전 14:20 **"제자들이 둘러섰을 때에 바울이 일어나 그 성에 들어갔다가……."**

이 간결한 두 구절 사이에서 우리는 무엇을 발견하는가? 이 제자는 어떤 제자들인가? 루가오니아 인들 가운데 예수 믿은 지 이틀 된 신자들인가? 이고니온에서 쫓겨날 때에 함께 동행했던 신자들인가? 혹은 두 도시 사이에서 예수 믿게 된 신자들인가? 아니면 다른 제자들인가?

어떤 경우든 당신의 상황과 유사하게 가능한 것은 그들 가운데 '전적인 책임' 을 지는 지도자는 없었던 것 같다. 피로 물들여진 바울을 어떻게 해야 할지 알지 못하는 제자들이 *"빙 둘러 서 있었다."* 제자들이 어찌할 바를 알지 못했던 것 같은데, 그렇지 않았다면 왜 아무것도 하지 못하고 상하고 비틀어진 바울의 몸과 피로 물든 머리, 그리고 성 밖으로 끌려나오면서 묻었던 흙을 쳐다보고만 있었을까?

그런 후에 바울은 눈을 뜨고 신음소리를 내면서 안정되게 일어나서 제자들에게 연약한 미소를 띠면서 말하였다. "형제들이여, 내가 목욕을 해야 할 것이라고 생각하는데, 이 도시의 누구 집에 갈 수 있을까요?"

성령에 이끌려서 우리에게 *"그리스도 예수의 좋은 병사로 나와 함께 고난을 받으라"*(딤후 2:3), 또한 *"그리스도를 위하여 너희에게 은혜를 주신 것은 다만 그를 믿을 뿐 아니라 또한 그를 위하여 고난도 받게 하려 하심이라"*(빌 1:29-30)고 말하는 바울을 생각하면서 우리의 부르심을 붙들 수 있는가?

하나님의 왕국을 위해서 그가 겪었던 일을 우리도 경험한 적이 있는가? 기억하라, 바울은 지금도 살아 있는데, 오늘도 ***당신***을 격려하기 위해서 하늘 스타디움에서 *'허다한 증인들'* 중에 서 있다는 것이다(히 12:1).

20절 "이튿날 바나바와 함께 더베로 가서."

우리는 몇 주 동안 우리의 병을 치료하고자 했으나, 곧 고향으로 가서, 그곳에서 **"그리스도를 위해 죽기까지 돌에 맞은"** 우리의 극적인 이야기를 나누지만, 바울은 *"때가 되었을 때"*도(문이 분명히 열렸을 때), *"때가 아닐 때"(초청받지 못했을 때)*도 복음을 전하기 위해서 자신의 상관(딤후 2:4)에게서 위임받은 사명이 흔들리지 않는다.

그는 분명한 명령을 갖고 있었으며 당시 집으로 돌아갈 이유를 찾지 못했다.

그런데 바울이 돌아갈 '고향'은 어디였을까? 바울은 머리 둘 곳이 없다고 말씀하셨던 주님을 따르고 있었다. 왕의 이름을 드높일 수 있는 등대가 세워져야 하는 많은 도시들이 있었다. 하루도 쉬지 못하고 ***다음날도*** '일하러 돌아가는' 바울이었다.

당신이 캘커타, 칸다하르, 카르툼, 치타공에서 그 지역 사람들의 격렬한 반대와 거부, 속임수, 그리고 착취를 경험할 때 하늘 아버지께서는 당신으로 무엇을 하게 하실까? 대개는 '다시 일어나서' 상처를 훌훌 털고, '적'의 면전으로 다시 걸어서 들어가는 당신에게 은혜와 힘을 주고 싶어하실 것이다.

죄가 있어 매를 맞고 참으면 무슨 칭찬이 있으리요 그러나 선을 행함으로 고난을 받고 참으면 이는 하나님 앞에 아름다우니라 이를 위하여 너희가 부르심을 받았으니 그리스도도 너희를 위하여 고난을 받으사 너희에게 본을 끼쳐 그 자취를 따라오게 하려 하셨느니라 그는 죄를 범하지 아니하시고 그 입에 거짓도 없으시며 욕을 당하시되 맞대어 욕하지 아니하시고 고난을 당하시되 위협하지 아니하시고 오직 공의로 심판하시는 이에게 부탁하시며(벧전 2:20-23).

사도행전 14:21 "복음을 그 성에서 전하여……."

사도의 사역의 4단계를 주목하라. 첫째, 그들은 하나님께서 준비하신 사람들을 찾아가는데 가능하면 광범위하게 복음을 전파해 간다. 그러나 언제 "그들이 복음을 전했다"고 말할 수 있는가? (그들이 갖고 있지 않는) 전도지나 성경을 배포하는 것으로 충분한가? 그냥 도시 광장에 서서 사람들이 관심을 갖든, 갖지 않든(그렇지 않으면 당신이 말하는 것을 이해할 수 없는) 메시지를 전하는 것으로 충분한가?

두 가지 일이 발생하고 난 후에야 ***'복음 전파'***에 최선을 다했다고 이야기할 수 있다.

1. 당신은 그곳에서 하나님의 메신저로서 기대되는 모습을 닮아 가는 데 ***좋은 사람***으로서 인식되기 위해서 무엇이든지 해 나간다. 사람들이 거짓말쟁이나 나쁜 동기를 가진 위선자라고 생각되는 사람에게서는 진리를 기대하지는 않는다.

2. 당신에게서 듣는 메시지는 실제로 '복된 소식' 으로 이해되고 ***들려야*** 한다. 그들의 고귀한 가치와 가족의 일치에 위협을 받고 있다고 느낀다면 그것은 '복된 소식' 이 아니라 '나쁜 소식' 으로 들릴 것이다. 그래서 그들은 좋은 사람이 되기 위해서 그들이 당신과 당신의 메시지를 듣지 않게 될 것이다.

내가 무슬림들로 하여금 주님께로 나아오길 권면했던 수년 동안 그들은 기쁜 소식이 아니라 '나쁜 소식'을 듣고 있었던 것이다. 나는 그들에게 하나님의 5계명인 *"너의 아비와 어미를 존경하라"*는 말씀을 어기도록 권면했던 것이다. 그것이 그들이 이해했던 것이다.

'복음을 전파'하는 것은 하나님의 왕국의 메시지를 표현하는 것인데, 그것은 그들 자신이 후회하고 있는 것으로부터 해방될 수 있는 ***길***이 있다는 것을 이해할 뿐 아니라 그들이 전에는 결코 해본 적이 없었던 십계명을 ***지킬*** 수 있도록 사랑이 풍부하시고 돌보시는 창조주로부터 힘을 얻을 수 있다는 사실을 이해하는 것이다.

당신은 당신의 존재와 의사소통이 당신이 사역하는 종족들 안에서 어떻게 ***이해되고*** 있는가를 알기 위해서 어떤 일을 하고 있는가? 이 영역에서 탁월한 조언을 받는 일에 결코 실패하지 않길 바란다. 적절한 피드백 과정을 개발해 보라.

21절 "……(그리고) 많은 사람을 제자로 삼고……."

우리는 '사람들에게 접근하고,' 또한 아웃리치 ***하도록*** 명령받은 것이 아니라 ***'제자훈련을 하도록'*** 명령받은 것이다(마 28:19). 제자란 누구인가? 예수 그리스도의 제자는 회개하고—예를 들면, 자신이 가던 곳에서 방향을 선회하는—돌아서서 마음으로 예수께 *무릎을 꿇는*(빌 2:10) 것—예수 그리스도의 주권에 순종하는 것이다.

시작부터 제자는 하나님과 그의 길, 그리고 그의 말씀을 잘 이해하는 성숙한 자들이 ***아니다.*** 그러나 그의 충성을 이전 것에서부터 바꾸지 않는다면, 그리고 최종권위를 주 예수 그리스도께 드리지 않는 사람은 제자라고 할 수가 없다. 그러한 사람의 태도와 새로운 추구는 다메섹 도상에 있는 바울과 같을 것이다. *"주여, 내가 무엇을 하리이까?"*(행 22:10)

우리가 그의 계명을 지킬 때 우리는 제자로서 증명된다.

요한복음 14:21 - *"나의 계명을 지키는 자라야 나를 사랑하는 자니 나를 사랑하는 자는 내 아버지께 사랑을 받을 것이요 나도 그를 사랑하여 그에게 나를 나타내리라."*

요한복음 15:10 - *"내가 아버지의 계명을 지켜 그의 사랑 안에 거하는 것같이 너희도 내 계명을 지키면 내 사랑 안에 거하리라."*

요한일서 2:3 - *"우리가 그의 계명을 지키면 이로써 우리가 그를 아는 줄로 알 것이요."*

요한일서 2:4 - *"그를 아노라 하고 그의 계명을 지키지 아니하는 자는 거짓말하는 자요 진리가 그 속에 있지 아니하되."*

21절 "(그리고) 루스드라와 이고니온과 안디옥으로 돌아가서."

최근에 폭행을 당하고 쫓겨났던 이 도시들로 ***돌아가는*** 것은 분명히 두려운 일임에 틀림이 없다. 루스드라에서는 이고니온과 안디옥에서 몰려온 폭도들로 말미암아 죽음에 직면하기도 했다. 이 사건은 '자신에 대해서 죽는' 것에 오히려 예외적인 의미를 부여하는 것 같다.

이들 개척 선교사들은 오늘날 '안락함', '자존감'과 '성취'라고 하는 단어에 익숙한 이 시대의 선교사들보다 이전 세대에 아프리카, 아시아, 그리고 라틴아메리카로 간 이전 세대 선교사들과 더 많이 유사한 것 같다. 초대교회 사도들은 *"두려워 말라 내가 너와 함께 함이라"* 그리고 *"주의 은혜 안에서 담대하라"*는 말이 무엇을 의미하는지 잘 이해했다. 그들은 타자 중심적이었다. 자신의 안위보다 새로운 신자와 제자들의 안위가 ***더 중요했다***(빌 2:3). 이것이 바울이 *"내가 매일 죽노라"*고 말한 의미인가?(고전 15:31)

"우리가 살아도 주를 위하여 살고 죽어도 주를 위하여 죽나니 그러므로 사나 죽으나 우리가 주의 것이로다"(롬 14:8).

"내가 생각하건대 하나님이 사도인 우리를 죽이기로 작정된 자 같이 끄트머리에 두셨으매 우리는 세계 곧 천사와 사람에게 구경거리가 되었노라"(고전 4:9).

"너희가 우리 마음에 있어 함께 죽고 함께 살게 하고자 함이라"(고후 7:3).

그들이 성공할 수 있었던 것이 결코 이상한 일은 아니다.

사도행전 14:22 "제자들의 마음을 굳게 하여(용기를 북돋는 것?)이 믿음에 머물러 있으라 권하고……."

그리스도에게 새로운 헌신을 드리는 '제자훈련' 은 충분한 것이 아니다. 새롭게 헌신하고 주님을 따르는 '어린 영혼들' 은 영적으로 양육을 받고 또 강해져야 한다. 그들은 주님을 확실히 '알 때' 까지 굳건하게 '서' 있을 수가 없다. 주님께서 말씀하신 것같이 습관적으로 '주님의 말씀에 거하는' 삶을 살아야 한다(요 15:7). 신자들은 '우리를 떠나거나 결코 버리지 않으실' 하늘에 계신 ***아버지로서*** 한 분이신 참 하나님께 마음을 열 수 있는 기쁨을 경험해야만 한다.

22절 "또 우리가 하나님의 나라에 들어가려면 많은 환난을 겪어야 할 것이라 하고."

왜 중국에 수많은 교회가 있지만, 서아시아, 아랍 혹은 말레이시아 세계의 무슬림들에게는 그렇게 적은가? 그것은 중국의 교회 지도자들이 죽음을 두려워하지 않으며, 20년 이상 감옥에 갇히는 고난을 겪고, 예수의 이름으로 매를 맞았기 때문인가?

무슬림들 가운데 복음을 위해서 고난받을 준비가 되어 있는 기독교인들은 극소수에 불과하다. 목회자들과 장로 지도자들이 서구로 이민갈 수 있는 기회를 갖게 된다면 그것은 어떤 메시지를 의미하는 것일까?

우리의 제자들이, 이러한 일세기의 신자들이 바울과 바나바의 삶 속에서 간증된 것과 같이 우리가 무엇을 지불하든지 간에 기쁘게 고난받는 것을 보는가? 우리는 새로운 신자들에게 ***이론***을 나누고 있고, 바울과 바나바는 고난의 신학을 ***보여주고 있는*** 차이가 있는가? 바울이 그러한 본을 보이고 있는 선교사에 대해서 데살로니가 교회에 쓴 것을 주목해서 보라.

> 또 너희는 많은 환난 가운데서 성령의 기쁨으로 말씀을 받아 우리와 주를 본받은 자가 되었으니 그러므로 너희가 마게도냐와 아가야에 있는 모든 믿는 자의 본이 되었느니라……우리가 먼저 빌립보에서 고난과 능욕을 당하였으나 우리 하나님을 힘입어 많은 싸움 중에 (심한 반대 속에서도) 하나님의 복음을 너희에게 전하였노라(살전 1:6-7; 2:2).

예수 그리스도를 위해서 살아갈 때 수반되는 피할 수 없는 고난을 위해서 어떻게 여러분의 사람들을 훈련시키고 있는가?

사도행전 14:23 "각 교회에서 장로들을 택하여……."

신약의 사역은 각 교회들이 자신들의 감독자, 목자, 장로로 세워지는 사역이다. 매주 매일 서로를 돌아보는 새로운 신자의 ***공동체들***을 볼 수 없다면 지상대명령의 순종에서 하나님이 생각하시는 것을 놓치는 것과 같다고 볼 수 있다.

새로운 신자들이 목자로 인식하는 ***장로들***(처음에는 선교사들에 의해서 세워지지만)과 함께 새로운 왕국공동체에서 모이지 않는다면, 우리는 하나님의 목적을 성취할 수 없을 것이다. *"내가 명한 대로 각 성에 장로들을 세우게 하려 함이니"*(딛 1:5).

우리가 사역하는 문화권에서 사람들은 종종 확대 가족과 공동체로서의 구실을 다하였다. 레바논에서 한 무슬림이 "이사갈 새 집을 갖고서야 비로소 내가 살던 옛 집을 떠날 수 있어요"라고 내게 말해주었듯이 아웃리치나 단순히 "미팅"을 갖는 것만으로는 서로에 대해 "서로 간" 계명을 지키기로 서약하는 믿음의 신자들을 낳을 수 없을 것이다. 무슬림들은 서로의 필요에 대해 책임을 지며 돌보고 지지하는 확대 *가족*으로의 역할을 신통하게 해내는 키타비 자마아트(Kitabi Jamaat, 거룩한 책을 추종하는 무슬림의 공동체: 역주)를 경험하기 원한다.

하나님이 미소 짓는 교회는 사도들의 교리, 기도, 예배, 회개가 동반된 성경적인 교제, 서로 죄를 고백하는 화해가 있는 곳이다. 참된 성경적 공동체는 그 필요가 배우자, 집, 직업, 치료 혹은 여러 속박에서의 자유가 되었든 간에 각자의 필요를 위해서 ***함께*** 하나님을 온전히 신뢰하는 것을 책임으로 느끼는 곳이기도 하다.

23절 "각 교회에서 장로들을 택하여 금식 기도하며 그들이 믿는 주께 그들을 위탁하고."

이러한 행동은 새신자들이 직면하게 될 시험들을 포함한 악한 자들의 간교를 선교사들이 아주 신중하게 알고 있다는 것을 말해주고 있는가? 다시, 그들이 하나님을 피난처로 삼아 신자들이 ***어떻게***

고난을 극복해야 하는지를 모델로 보여주고 있다. 우리는 어떻게 우리가 섬기는 종족들이 '하나님의 존전을 경험하도록' 가르칠 것인가? 금식과 두 시간 동안 함께 주님께 간구하는 것이 우리가 그들과 함께 있지 않을 때에도 그들이 무엇을 해야 하는지를 보여주는 것이다.

사도행전 14:24-25 "비시디아 가운데로 지나서 밤빌리아에 이르러 말씀을 버가에서 전하고 앗달리아로 내려가서."

왜 사도들이 어떤 도시에서는 '말씀' 으로 그들을 대면하기도 하고 어떤 도시에서는 그렇게 하지 않기로 했을까? 사도행전의 '둘-다' 의 정신(축복과 시험, 믿음과 불신의 반응)에서 그들이 성령과 동행하는 모습을 보게 된다. *"만일 우리가 성령으로 살면 또한 성령으로 행할지니"*(갈 5:25). 그것은 그들이 성령께서 문을 여실 때와 여시지 않을 때를 잘 분별했다는 것인가?

"내가 오순절까지 에베소에 머물러 함은 내게 광대하고 유효한 문이 열렸으나 대적하는 자가 많음이라"(고전 16:8-9).

"내가 그리스도의 복음을 위하여 드로아에 이르매 주 안에서 문이 내게 열렸으되"(고후 2:12).

"또한 우리를 위하여 기도하되 하나님이 전도할 문을 우리에게 열어주사 그리스도의 비밀을 말하게 하시기를 구하라 내가 이 일 때문에 매임을 당하였노라"(골 4:3).

사도행전 14:26 "거기서 배 타고 안디옥(에 있는 교회)에 이르니 이곳은 두 사도가 이룬(성취한) 그 일을 위하여 전에 하나님의 은혜에 부탁하던 곳이라."

그들을 보낼 책임을 다한 교회에서 파송을 받은 혹은 보냄을 받은 성경적 선교사로서 당신은 무슨 일이 일어났는지 그들에게 알릴 권리가 있다. 그 교회는 당신의 '출발역' 과 같은 곳이고, 또한 여러분의 필요가 채워졌는지를 확인할 책임을 가진 후원자들이기도 하다.

당신의 사역적인 진보를 알고 있어야만 한다. 당신은 당신 자신과 그들이 하나님께서 당신에게 이루라고 보내신 그 일을 성취하고 있는가? 비전을 이루고 있는가? 당신은 이루어져야 할 일을 완수하는 데 어떤 일들을 포함하고 있는가?

사도행전 14:27 "그들이 이르러 교회를 모아 하나님이 함께 행하신 모든 일과 이방인들(힌두교도, 무슬림, 불교도, 부족들)에게 믿음의 문을 여신 것을 보고하고."

많은 선교사들이 교회 목회자나 선교위원회가 선교사로 하여금 사역보고를 할 수 있는 충분한 시간을 주지 않는다고 불평을 하곤 한다. 그러나 바울과 바나바는 '교회를 모아 보고하는 일' 을 주도하고 있다는 것에 주목하라. 당신은 예수 그리스도의 사도이다. 사도처럼 행동하라. 당신이 권위를 갖고 이야기하고 당신이 하고 있는 일이 어떻게 교회의 우선순위가 되는가를 소통하게 될 때 대개 교회는 적절하게 상응하는 반응을 하게 될 것이다. 열정적인 대신에 수동적이라면 교회는 당신이 하고 있는 일이 덜 중요한 일이라고 생각하게 될 것이다.

우리 중 많은 선교사가 어떻게 하나님께서 문을 여시고 또는 열지 않으시고 그리고 사람들을 그에게로 이끄시는지에 대해서 파송교회에 보고하지 않는 것은 참으로 놀라운 일이다. 우리는 많은 발

달된 통신세계에 살고 있지만 선교지에서 무슨 일이 일어나고 있고, 그리고 일어나야 하는지에 대해서 교회에 계속 알리는 훈련과 인내가 없는 시대에 살고 있다.

사도행전 14:28 "제자들과 함께 오래 있으니라."

종종 교회는 그들 선교사를 볼 수 없다고, 혹은 빨리 왔다 떠나는 바람에 충분한 시간을 가질 수 없다고 불평한다. 교회로 하여금 당신의 노력과 사역을 통해서 교회가 없었던 차드나 이라크나 아제르바이젠이나 수마트라에 '자매' 교회가 생겨날 것이라는 소식을 교회가 알아들을 수 있을 때까지 오래 머물도록 계획하라.

많은 선교사들이 그들의 기도 파트너가 기도하지 않는다거나, 혹은 그 기도가 정말 필요한지에 대해서, 실은 믿지 않는 경향이 있다. 조언은 어떠한가? 정말 교회 안에 당신이 조언을 구할 현명하고 거룩한 남녀가 없단 말인가? 아주 극소수의 사역자들이(오랜 사역 동안) 돌보고 조언하는 그리고 깊고 의미 있는 수준에서 삶을 나누는 목자가 없을 수 있다.

교회 지도자들 역시 은혜의 수단이 될 수 있다. 그들은 하나님께서 우리를 위해 예비해 두신 사람들이다. 그런 파송 교회가 없다면 그런 교회를 주시도록 하나님께 구해야 한다.

15장

사도행전 15:1 "어떤 사람들이 유대로부터 내려와서 형제들을 가르치되 너희가 모세의 법대로 할례를 받지 아니하면 능히 구원을 받지 못하리라."

아마도 모든 곳, 모든 세대의 신자들의 삶에 스며든 첫 번째이자 가장 일반적인 이단은 경악을 금치 못한 바울이 갈라디아인들 가운데 외친 경고라고 할 수 있을 것이다. *"그리스도의 은혜로 너희를 부르신 이를 이같이 속히 떠나 다른 복음을 따르는 것을 내가 이상히 여기노라 다른 복음은 없나니 다만 어떤 사람들이 너희를 교란하여 그리스도의 복음을 변하게 하려 함이라"*(갈 1:6-7).

우리의 '육체'는 하나님과 그의 명령에 불순종하는 우리의 한 부분이다. 그 육체는 우리의 길을 원하고, 그 길은 우리의 자존심을 세우는 것이다. 우리 육체는 우리가 선하고, 때론 남보다 우월하다고 느끼게 하는 방식으로 우리가 우리 구원에 참여한다고 주장한다. 소수 그룹에 속하는 어떤 복음주의자들은 무슬림이나 힌두교도, 혹은 다른 전통을 가진 기독교인보다 더 많은 '해야만 하는 것'을 더 하고 있다. 아무튼 사람이 만든 더 많은 원칙들은 우리로 하여금 더 '의롭게' 그리고 하나님을 더 기쁘시게 한다고 느끼게 만든다. 그래서 바울과 바나바는 어떻게 그러한 생각들이 십자가와 그 능력을 부인하게 하는지를 보여주면서 십자가에 ***더하여*** 모세의 율법을 지킬 것을 주장하는 그런 형제들을 대면하고 있다.

1절 "…… 모세의 법대로……."

문제는 다음과 같다. 그들의 전통적 권위에 대한 충성은 예수에 대한 충성보다 더 크다. 그들은 모세를 따르는 자들이다. 너무 많은 기독교인들이 아직도 주님이신 예수와 그의 제자들에게보다 그들의 목사에게, 혹은 좋아하는 저자들에게, 때론 스승들에게, 마리아에게, 또는 교회의 전통에 더 큰 권위를 두고 있다. 그러나 베뢰아 사람들은 바르게 이해하고, 하나님께서 원하시는 것을 찾기 위해서 성경을 연구했다(행 17:11을 보라).

사도행전 15:2 "바울 및 바나바와 그들 사이에 적지 아니한 다툼과 변론이 일어난지라."

분명히 제자들이 "문제가 되는 것이 신학이 아니라 사랑이다"라고 말하지 않았다. 성경은 *사랑 안에서 진리를 말하라*고 가르치고 있다(엡 4:15). 복음의 종들은 자신들의 양 떼를 잘 돌봐야 한다. 어딘가에서 위험한 가르침이 나눠진다면 과감하게 대적해야 할 것이다. 의논하고 논쟁하는 것, 그리고 진리가 위험에 처할 때 과감하게 문제를 직시하는 것은 잘못된 것이 아니라 정당한 것이다. 우리 모두는 진리를 수호하도록 부르심을 받았다. *"내가 복음을 변증하기 위하여 세우심을 받은 줄 알고"*(빌 1:16).

그러나 잘못을 대적하는 것은 성령의 충만함과 통제 안에서 거룩한 방법으로 이루어져야 한다.

> 주의 종은 마땅히 다투지 아니하고 모든 사람에 대하여 온

유하며 가르치기를 잘하며 참으며 거역하는 자를 온유함으로 훈계할지니 혹 하나님이 그들에게 회개함을 주사 진리를 알게 하실까 하며 그들로 깨어 마귀의 올무에서 벗어나 하나님께 사로잡힌 바 되어 그 뜻을 따르게 하실까 함이라(딤후 2:24-26).

2절 "바울 및 바나바와 그들 사이에 적지 아니한 다툼과 변론이 일어난지라 형제들이 이 문제에 대하여 바울과 바나바와 및 그 중의 몇 사람을 예루살렘에 있는 사도와 장로들에게 보내기로 작정하니라."

모든 교회 지도자들이 진리를 추구해야 한다는 것에 주목하라. 그들이 의견의 일치를 보지 못할 때 공동체가 함께 존경하는 교회 지도자들에게 청원하는 의뢰를 해야 한다. 장로교인들은 이것을 교회법정, 연결주의(connectionalism)라고 부른다.

당신은 분쟁을 해결할 수 있는 공의회 같은 시스템이 당신의 사역지에 있는가? 갈등이 일어나기 ***전에*** 의견 불일치를 해결하기 위한 단계들에 의견일치를 본다면 더 적은 불일치와 분열을 경험하게 될 것이다. 말리에 있는 교회 개척 팀이 자신의 선교 단체의 지도자들이나 동료들에게서 멀리 떨어져 있었는데, 멕시코에 살고 있는 그 팀의 감독관(overseer)이 팀에게 그 팀이 있는 곳에서 두 시간 떨어진 곳에서 살고 있는 다른 단체의 두 가정에게 팀 멤버가 자신들의 문제를 해결할 수 없거나 무슬림 배경의 신자들 가운데 생길 수 있는 분열이 있을 때 도와달라고 부탁하도록 했다. 교회 개척 팀 가운데 이슬람으로 개종한 사람을 '무슬림 배경 신자'(Muslim Background Believers)라고 불러야 할지, 아니면 '무슬림 신자'라고 불러야 할지에 대해서도 의견의 불일치가 있다.

사도행전 15:3 "그들이 교회의 전송을 받고 베니게와 사마리아로 다니며 이방인들의 주께 돌아온 일을 말하여."

교회가 이 문제에 깊이 연루되어 있다. 무엇이 중요한(중요하지 않은) 이슈인지, ***그리고*** 신자들 가운데 다름을 어떻게 해결해야 할지에 대해서 배워가는 성장과정의 일부이기도 하다. 그래서 안디옥 교회는 기도했고, 해결책을 갖고 돌아오길 기대하며 바울과 바나바를 예루살렘으로 보내게 되었다.

바울과 바나바는 '모든 기회를 활용해서,' '때가 오길' 기대를 갖고 선교여행 중에 각 도시에 있는 주님의 제자들을 방문하면서 터키에서 태동하는 새로운 자매공동체를 위한 기도제목과 새로운 뉴스를 나누었다.

"그러므로 우리는 기회 있는 대로 모든 이에게 착한 일을 하되 더욱 믿음의 가정들에게 할지니라"(갈 6:10). *"세월을 아끼라*(우리가 살고 있는 세상이) *때가 악하니라"*(오염되고, 서로 상처를 주는: 엡 5:16).

3절 "이방인들이 주께 돌아온 일을 말하여 형제들을 다 크게 기쁘게 하더라."

사탄의 계략 가운데 하나는 신자들을 격리시키는 것이다. 어떤 지역에 믿는 이들이 몇 명이 있는데, 특별히 이들이 다른 사회적 경제적 배경, 혹은 가문에서 왔다면 그들이 혹시 이사 알마시(예수 그리스도)의 제자가 되는 것이 그들로 하여금 가족의 지원을 받지 못하게 하거나 외로움을 초래할 수 있을 것이라는 생각을 갖게끔 유혹한다. 그들이 이제까지 관계해 왔던 ***사람들***에게 따돌림을 당하게 될까봐 새로운 종교를 포기하거나 그들의 옛적 길로 다시 돌아가고픈 큰 시험을 당할 수 있다는 것이다.

그래서 그들이 그런 패배나 제물이 되지 않도록 방문하는 것은 중요한 일이다. 모든 신자들은 많은 도시나 그 나라에 같은 믿음을 가진 형제자매들이 있다는 사실을 깨달을 필요가 있다. 모든 신자들이 성숙하고 경험 가운데 본받을 만한 목자의 사역 속에 있는 것이 중요하다. 종종 그러한 사역을 통해서 그리스도와 그의 공동체에 속했다는 것이 얼마나 큰 특권인가를 새롭게 깨닫게 되는 전기를 맞게 된다.

사도행전 15:4 "……교회와 사도와 장로들에게 영접을 받고 하나님이 자기들과 함께 계셔 행하신 모든 일을 말하매."

다시(행 14:27을 보라) 선교사가 책임감 있게 사역하고, 그리고 그들이 무슨 일을 했고, 어디서, 그리고 ***하나님***이 어떻게 ***그들과*** 사역하시는 일을 기뻐하시는지에 대해서 설명하는 것을 보라. 그러나 그들은 파송 교회들과 연관된 이들로서뿐 아니라 ***함께*** 일하시는 주님의 존전의 실재를 알고 있는 사람으로서 보고하고 있다.

당신은 '***하나님과*** 동역자' 라는 놀라운 경이를 느끼고 있는가? *"우리는 하나님의 동역자들이요……"*(고전 3:9). *"우리가 하나님과 함께 일하는 자로서 너희를 권하노니 하나님의 은혜를 헛되이 받지 말라"*(고후 6:1; 마 28:19를 보라).

사도행전 15:5 "바리새파 중에 어떤 믿는 사람들이 일어나 말하되 이방인에게 할례를 행하고 모세의 율법을 지키라 명하는 것이 마땅하다."

이 바리새인들이 믿는 사람들이라는 사실에 주목하라. 그들은 구원을 받았지만, 하나님 구속에 대한 이해는 부족한 상태이다. 주님께서 브라만들이나 물라[2]들이나 피르(Pir)들을 자신에게로 이끌 것이라고 우리에게 말씀하신다. 그렇지만 교회의 시작부터 다른 배경의 지도자들은 교회 속으로 자신들의 옛 믿음과 전통을 들여놓으려는 경향이 있다. 이 선한 바리새인들은 그들이 '오직 믿음을 통한 칭의' 를 부정하고 있다는 사실을 깨닫지 못한 채 구원을 위한 성경적 요구에 '필수' 와 '의무' 를 더하고 있는 것이다.

인간의 속죄를 돕게 된다는 의미에 부합하는 '율법' 에 진리를 섞는 것은 다분히 인간적인 것이다. 총체적인 은혜는 우리가 자격이 있을 때에만 우리가 그것을 ***얻을*** 수 있다는 생각에 익숙한 이에게는 이해하기 어려운 것이다. 오늘날 대다수의 기독교인들은 기독교의 기본 진리에 그들 하부 문화의 관습을 첨가한다. 기독교인은 모든 교회의 예배에 참석해야 하고, 어떤 것을 먹거나 마시지 말아야 하고, 십일조를 내고, 그리고 어떤 사람들이나 영화를 피해야 하고, 그리고 어떤 지도자를 위한 투표, 그리고 다른 신자들에게 왕따 당하는 위험을 피해야 한다고 말한다.

열심히 노력하는 믿는 사람들은 어떤 과외의 요구사항들을 순수한 기독교의 진리에 첨가해야 하는가? 그들은 어떤 것은 하나님께로부터 왔고, 그리고 어떤 것은 자신들이 선호하는 기호(종종 육신

2) 물라는 무슬림의 지도자들을 일컫는다.

을 기쁘게 하는)라는 것을 아는가? 당신들 가운데 '바리새인' 같은 사람은 누구인가? 당신은 그들의 가르침에 대해서 지역의 상호 신뢰가 있는 장로들과 의논할 필요가 있겠는가?

사도행전 15:6 "사도와 장로들이 이 일을 의논하러 모여."

왜 의논이 그렇게 중요한가? 왜 그것이 성경에서 그렇게 방대하게 기록되어 있는가? 연합의 중요성, 혹은 최고의 가치로서 이 세대의 인내를 함양하는 큰 영향력에 초점을 둔 사람들 가운데 그 풍조가 주어지면 우리는 '사도의 교리' 와 같은 ***진리***의 중요성을 최소화하는 중대한 위험에 처해 있는 것이다.

감사하게도, 하나님은 용감하게 잠시 멈춰서 비성경적인 신앙, 공식들, 혹은 가치들이 어떤 의미를 갖는지를 생각하는 이들에게 위험한 잘못을 분별할 줄 아는 은사를 주셨다. 모세의 율법을 지킬 필요를 가르쳤던 사람들을 무시했다면 일세기 교회에 무슨 일이 있어났을까 곰곰이 생각해보라!

프랜시스 쉐퍼 박사는 성경을 알고, 수년 동안 하나님과 동행하는 참으로 구원받은 신자들이 말씀 공부와 강해적인 가르침을 등한시한다면 대개 그들은 이제까지 '그들 마음에 축적해 두었던' 하나님의 말씀을 갖기에 연명한다는 것을 경고한 적이 있다. 그러나 그들은 '자신의 경험을 구하고' 혹은 '사소한 일에 목숨을 거는 일'을 다음 세대에 계승하는 일을 깨닫는 것에 실패하게 된다. '사도의 가르침' 을 깊이 깨닫지 못하는 사람은 한 발은 공중에, 다른 한 발은 바나나 껍질 위에 있는 것과 같다.

사도행전 15:7 "많은 변론이 있은 후에……."

어떤 기독교인들은 두려움 혹은 확신을 표현하는 데에 격앙된 목소리로 논쟁이나 직접적인 토론을 하는 데에 불편함을 느끼기도 한다. 시대마다 문화마다 각양의 모습으로 토론을 한다. 모든 문화에서는 의견을 나누고 관심을 표명하는 자신들만의 '자연스러운' 방법을 갖고 있다. 그래서 '변론' 은 문화마다 적절한 방법으로 이루어져야 한다. 여기서 요점은 *"너희 말은 옳다 옳다, 아니다 아니다 하라"*(마 5:37; 잠 4:25-27)고 함으로써 열린 토론을 하는 것이 성경적인 태도라는 것이다. "그의 뜻에 확실히 반대하는 사람은 아직 같은 의견을 갖고 있는 것과 같다." ***이*** 교회 ***지도자들***은 의견일치를 볼 때까지 계속 말하지 않는다면 교회에 두 가지 다른 가르침 때문에 분열되는 위험에 처하게 될 것이다(슬프게도 정확하게 사도들이 죽고 난 후에 분열이 일어났다.).

사도행전 15:8 "또 마음을 아시는 하나님이 우리에게와 같이 그들에게도 성령을 주어 증언하시고."

그러나 결국 이러한 일은 교리를 완벽하게 암송하는 이들이 아니라 하나님을 향한 참된 마음과 온전히 하나님의 자비로운 구속에 의지하는 사람들은(성령의 인치심을 확증한) 살아 계신 하나님의 자녀들이 하는 것이다. 아래의 영광스러운 구절들을 묵상하라.

로마서 2:29 - *"오직 이면적 유대인이 유대인이며 할례는 마음에 할지니 영에 있고 율법 조문에 있지 아니한 것이라 그 칭찬이 사람에게서가 아니요 다만 하나님에게서니라."*

로마서 5:1 - *"그러므로 우리가 믿음으로 의롭다 하심을 받았으니 우리 주 예수 그리스도로 말미암아 하나님과 화평을 누리자."*

로마서 6:17 - *"하나님께 감사하리로다 너희가 본래 죄의 종이더니 너희에게 전하여 준 바 교훈의 본을 마음으로 순종하여."*

로마서 7:6 - *"이제는 우리가 얽매였던 것에 대하여 죽었으므로 율법에서 벗어났으니 이러므로 우리가 영의 새로운 것으로 섬길 것이요 율법 조문의 묵은 것으로 아니할지니라."*

로마서 8:2 - *"이는 그리스도 예수 안에 있는 생명의 성령의 법이 죄와 사망의 법에서 너를 해방하였음이라."*

로마서 8:4 - *"육신을 따르지 않고 그 영을 따라 행하는 우리에게 율법의 요구가 이루어지게 하려 하심이니라."*

로마서 8:16 - *"성령이 친히 우리의 영과 더불어 우리가 하나님의 자녀인 것을 증언하시나니."*

로마서 14:17 - *"하나님의 나라는 먹는 것과 마시는 것이 아니요 오직 성령 안에 있는 의와 평강과 희락이라."*

그러므로 우리가 다른 기독교인들에 대해서 의심이 생길 때 하나님께서 우리에게 주신 동일한 성령을 주셨는지를 물어보도록 하자.

사도행전 15:9 "믿음으로 그들의 마음을 깨끗이 하사 그들이나 우리나 차별하지 아니하셨느니라."

왜 우리는 '좋은 가정' 이나 기독교인 가정에서 양육된 사람들보다 전과자, 무슬림, 혹은 우상숭배자들이 '자신을 증명하는' 것이 더 필요하다고 가정하는가? 이러한 바리새인적인 신자들은 교회에서 우상숭배나 혐오스런 관습을 가진 새로운 이방인 기독교인들이 교회에서 동등하기 위해서 더 많은 '좋은' 실천을 할 필요가 있다고 생각한다. 그들은 분명히 신자들 사이에 *'차별을 두고'* 있다.

베드로는 하나님께서 자신에게 그렇게 하는 것이 하나님의 의도가 아니라는 것을 얼마나 분명히 보이셨는지를 지적하고 있다. '그 속에 간사함이 없는 참 이스라엘 사람' 나다나엘을 받으셨던 것과 같이 십자가에 달리신 예수 옆의 강도도 예수에 의해서 온전히 용납되었다.

사도행전 15:10 "그런데 지금 너희가 어찌하여 하나님을 시험하여……."

여기 두 가지 문제가 있다. 하나는 당신의 지혜가 정확하게 하나님께서 말씀하신 것보다 더 실제적이라고 가정하는 '하나님을 시험하는 것' 이다. 여기서 야고보는 사도행전 5장 9절에서 베드로가 *"너희가 어찌 함께 꾀하여 주의 영을 시험하려 하느냐"*라고 삽비라에게 말한 것을 암시하고 있는가? 우리가 하나님 말씀하는 것 외에 다른 자세를 취한다면 바로 그를 ***대적하는*** 것과 같다. 우리가 주어진 주제에 대해서 주님의 말씀에 근거한 '최종 결론' 을 드리지 못할 때 하나님의 지혜에 의문을 던지는 것과 같다. 우리는 *'모세의 자리에 앉은 서기관과 바리새인들'*(마 23:2)과 같이 되고, 사탄과 같이 하나님의 길을 폄하하는 최악의 경우가 된다(마 4:7을 보라.).

10절 "……너희가 어찌하여……우리 조상과 우리도 능히 메지 못하던 멍에를 제자들의 목에 두려느냐?"

"그러므로 무엇이든지 그들이 말하는 바는 행하고 지키되 그들이 하는 행위는 본받지 말라 그들은 말만 하고 행하지 아니하며 또 무거운 짐을 묶어 사람의 어깨에 지우되 자기는 이것을 한 손가락으로도 움직이려 하지 아니하며"(마 23:3-4).

주님께서 우리 선교사들에게 "화 있을진저 또 너희 성경을 가르치는 선교사여, 자기 어려운 짐을 사람에게 지우고 자기는 한 손가락도 이 짐에 대지 않는 자들이여"라고 말하지 않으시길 바란다(눅 11:46).

우리가 새 무슬림 신자에게 자신의 가족과 공동체의 분노가 임할 어떤 것을 하도록 권면한다면 우리가 새신자였을 때 같은 결과를 초래하도록 행동했거나 직면했던 것인가? 우리는 그들에게 5계명을 어겨가면서 아비와 어미를 공경하지 않아도 된다고 요구하고 있는가? 마태복음 15장 6절과 마가복음 7장 13절의 주님의 경고를 진지하게 받아들이자.

우리가 그랬던 것같이 그들에게도 용감하게 자신의 신앙을 나누라고 요구하고 있는가? 고향에서는 예수 믿는 것이 때론 조그만 희생만 치르고도 우리를 배신자가 아닌 영웅으로 만들어주지만, 무슬림 신자에게는 자신의 비즈니스, 유산, 그리고 직업을 희생하길 기대하고 있지는 않은가? *'힌두교도, 무슬림, 불교도, 부족들 가운데 하나님께로 돌아오는 자들을 괴롭게 하지 말고'*(행 15:19).

자신의 가족을 부양하기 위해서 밤낮 일하고 있는 사람들에게 모든 교회 모임에 참석하도록 요구하는 '멍에'는 어떤가?

사도행전 15:11 "우리는 그들이 우리와 동일하게 주 예수의 은혜로 구원 받는 줄을 믿노라."

때로는 우리가 은혜를 가르치지만, 오래된 신자들은 새로운 신자들과 율법주의로 어려움을 겪곤 한다. 이슬람에서 새롭게 개종자가 된 불가리아의 어떤 집시 신자들은 자신들이 무슬림이었을 때 자신들이 했던 것보다 더 심하게 다른 신자들에게 '해서는 안 될'

것을 더하곤 한다. '장로' 들은 개종자의 목과 팔에서 장신구를 낚아채고 담배를 피면 지옥에 간다고 위협하곤 한다.

혹은 그 반대로 모로코에서 오래된 신자들은 새로운 무슬림 배경의 신자들이 가족들과 함께 라마단 금식을 지키는 것에 대해서 비판을 한다. 어떻게 그런 것들이 성령의 나타나심이라고 할 수 있는가? 우리가 '더 큰 기쁨' 을, 아니면 새로운 족쇄를 가져다주는가? 바울은 골로새에 있는 새로운 신자에게 묻는다.

> 너희가 세상의 초등학문에서 그리스도와 함께 죽었거든 어찌하여 세상에 사는 것과 같이 규례에 순종하느냐 (곧 붙잡지도 말고 맛보지도 말고 만지지도 말라 하는 것이니 이 모든 것은 한때 쓰이고는 없어지리라) 사람의 명령과 가르침을 따르느냐 이런 것들은 자의적 숭배와 겸손과 몸을 괴롭게 하는 데는 지혜 있는 모양이나 오직 육체 따르는 것을 금하는 데는 조금도 유익이 없느니라(골 2:20-23).

당신의 가르침이 그들을 자유롭게 하는 그리스도의 약속을 경홀히 여기는 것이 되는가? *"진리를 알지니 진리가 너희를 자유롭게 하리라"*(요 8:32). *"살리는 것은 영이니 육은 무익하니라 내가 너희에게 이른 말은 영이요 생명이라"*(요 6:63). *"내가 온 것은 양으로 생명을 얻게 하고 더 풍성히 얻게 하려는 것이라"*(요 10:10).

이른바 신학자라고 하는 사람들은 바울의 교리가 주 예수와 12명의 제자들의 가르침과는 다르다고 주장한다. 그러나 15장 11절에서 우리는 베드로가 바울이 아니라 예수의 말씀을 인용하는 것을 보는데, 그것은 바울 서신과 종교개혁의 가르침을 설명한 것이다.

오직 은혜로만(우리에게 내려진 말할 수 없는 은혜; 조금이라도 자격이 있거나 얻을 만하지 않은) '다가올 진노에서 구원' 을 얻을 수가 있다.

11절 "……그들이 우리와 동일하게……."

우리는 탈레반, 마피아, 물라(이슬람학자), 혹은 살인자에게 다른 요구사항이나 기준을 따로 만들 수 없다. 우리 모두는 '동일하게 구원' 을 받았다. 예를 들면, "우리 손에 가진 것 없고, 십자가만 붙드네" 라고 한다. 베드로가 왜 "***그들이*** 우리와 동일하게 구원받은 줄을 믿노라" 고 말하는가? 문제가 되는 것이 '그들의 구원' 이기에 그렇다.

사도행전 15:12-13, 19 "온 무리가 가만히 있어."

모든 사람들이 어떻게 자신들의 우려, 확신, 논의 중에 있는 주제에 대한 그들이 알고 있는 성경의 가르침에 대해서 의견을 피력하고 있는지를 살펴보라. 그들 가운데 배우려고 하는 겸손한 영이 있는 것이 보인다. 그들은 진실로 하나님께서 원하시는 것을 이해하기를 원했다.

12절 "바나바와 바울이……말하는 것을 듣더니."

그러나 얼마 후에 경건한 지도자들은 그 문제에 대해서 분명한 ***결론***을 내린다. 토의를 통해서 문제가 되었던 것이 하나님의 사역이라고 생각하게 하는 기회도 있다(*"그들이 그들로 말미암아 하나님께서 하신 일을 연관시키고 있다."*).

이 경우에는 아마도 마지막 기록이 되겠지만 바나바가 먼저 이야기를 시작한다. 의심의 여지 없이 예루살렘에서 바울은 초대 신자들 앞에서 바나바에게 존경을 표함으로써 (나이나 신앙 면에서) 더 오래된 신자들을 존중하고 있음을 나타내고 있다. 당신이 사역하는 곳에서 당신보다 더 오래 믿었거나 사역했던 연장자들에게 존경을 표하고 존중하면서 대화하는 것은 중요하다. 특히 그들이 교회나 세상에서 특별한 지위가 없을 경우에 그렇다.

12절 "자기들로 말미암아 이방인 중에서 행하신 표적과 기사에 관하여."

*"자기들로 말미암아"*라는 표현이 바울과 바나바가 참으로 사도들이고 그래서 이방인 가운데 ***사도들의 교리의 가르침과 사역이*** 진실로 하나님께로 말미암았다는 것을 예루살렘의 지도자들이 확신하는 데 도움이 되는가? 표적과 기사가 예루살렘 교회의 매일 일상의 경험에 반대되는 예외가 아니라면 이 보고가 신빙성 있는 증거가 되지 못할 것이다. *"사도의 표가 된 것은 내가 너희 가운데서 모든 참음과 표적과 기사와 능력을 행한 것이라"*(고후 12:12).

사도행전 15:13, 19 "야고보가 대답하여 이르되 형제들아 내 말을 들으라……그러므로 내 의견에는……."

순교당한 제자 야고보를 대신해서 예수의 형제였던, 성경에 비추어 공의회에 상정되었던 의제의 결론을 내리고 실천 방안으로 구체적인 행동을 제시하게 된다.

모든 그룹의 신자들은 문제에 대한 최종적인 결론을 내리고 그리고 실천에 옮길 수 있는 책임 있는 사람들이 누구인지를 인식할 필요가 있다. 얼마나 많은 교회가 그런 리더십의 부재로 인해서 갈라지고 불구가 되어가고 있는가? 우리는 종종 너무 자주 구체적인 적용의 실천 없이 토론만 하고 있는지도 모르겠다.

사도행전 15:14 "하나님이 처음으로 이방인 중에서 자기 이름을 위할 백성을 취하시려고 그들을 돌보신 것을……."

하나님이 직접 '나타나셔서,' 우리를 보내신 그 사람에게 자신을 드러내시지 않았다면(행 10:44을 보라), 그가 내려오셔서 발룩, 바쉬키르, 부기스, 혹은 벵갈로 족에게서 남은 자를 구별하지 않으셨다면 우리의 선포는 그 세대를 향한 노아의 경고 이상의 효과를 거두지 못했을 것이다.

14절 "……자기 이름을 위할……."

우리 교단의 회원을 증가시키거나, 우리 노고의 보상을 목적으로 하는 것이 아니라, 그가 기도에 응답하시는 하나님이라는 것을 보여주기 위한 것이 아니라, 왕의 왕께서 자신에게 충성을 맹세할 사람들을 부르고 계신 것이다. 하나님은 *"자기 이름을 위할"* 사람들을 입양하신다.

우리 선교사의 노고는 우리나 우리 파송 교회를 위한 것이 아니라 하나님의 영광을 위한 것이다. *"모든 나라와 족속과 백성과 방언"*(계 7:9)에서 좋으신 목자의 구원받은 추종자들에 의해서 경배와 찬양을 받으시기에 합당한 모든 창조의 하늘 하나님에 관한 것이다.

사도행전 15:15 "기록된 바."

하나님께서 당신이 속한 사회 곳곳에서 어떤 이들을 택하시고 구원하신다는 그의 신실한 약속을 지키고 계신지 어떻게 알 수 있는가? 그렇게 ***기록되었기*** 때문이다. 하나님은 그의 계약을 '문자로 기록' 하셨다. 우리는 우리의 희망을 어떤 교회 지도자의 '자신감'의 확증이나 회중 가운데 한 사람의 지식이나 예언의 말이 아니라 ***기록된 하나님의 말씀*** 안에 있는 우리의 확신에 근거를 둔다. *"그 보배롭고 지극히 큰 약속"*(벧후 1:4)을 우리에게 주셨다.

시편 85:8 - *"내가 하나님 여호와께서 하실 말씀을 들으리니 무릇 그의 백성, 그의 성도들에게 화평을 말씀하실 것이라 그들은 다시 어리석은 데로 돌아가지 말지로다."*

시편 106:12 - *"이에 그들이 그의 말씀을 믿고 그를 찬양하는 노래를 불렀도다."*

시편 119:140 - *"주의 말씀이 심히 순수하므로 주의 종이 이를 사랑하나이다."*

시편 119:148 - *"주의 말씀을 조용히 읊조리려고 내가 새벽녘에 눈을 떴나이다."*

시편 145:13 - *"주의 나라는 영원한 나라이니 주의 통치는 대대에 이르리이다."*

마태복음 4:4 - *"예수께서 대답하여 이르시되 기록되었으되 사람이 떡으로만 살 것이 아니요 하나님의 입으로부터 나오는 모든 말씀으로 살 것이라 하였느니라 하시니."*

누가복음 3:4 - *"선지자 이사야의 책에 쓴 바 광야에서 외치는 자의 소리가 있어 이르되 너희는 주의 길을 준비하라 그의 오실 길을 곧게 하라."*

로마서 10:15 - *"보내심을 받지 아니하였으면 어찌 전파하리요 기록된 바 아름답도다 좋은 소식을 전하는 자들의 발이여 함과 같으니라."*

누가복음 18:31 - *"예수께서 열두 제자를 데리시고 이르시되 보라 우리가 예루살렘으로 올라가노니 선지자들을 통하여 기록된 모든 것이 인자에게 응하리라."*

누가복음 22:37 - *"내가 너희에게 말하노니 기록된 바 그는 불법자의 동류로 여김을 받았다 한 말이 내게 이루어져야 하리니 내게 관한 일이 이루어져 감이니라."*

요한복음 20:31 - *"오직 이것을 기록함은 너희로 예수께서 하나님의 아들 그리스도이심을 믿게 하려 함이요 또 너희로 믿고 그 이름을 힘입어 생명을 얻게 하려 함이니라."*

사도행전 24:14 - *"그러나 이것을 당신께 고백하리이다 나는 그들이 이단이라 하는 도를 따라 조상의 하나님을 섬기고 율법과 선지자들의 글에 기록된 것을 다 믿으며."*

데살로니가전서 2:13 - *"이러므로 우리가 하나님께 끊임없이 감사함은 너희가 우리에게 들은 바 하나님의 말씀을 받을 때에 사람의 말로 받지 아니하고 하나님의 말씀으로 받음이니 진실로 그러하도다 이 말씀이 또한 너희 믿는 자 가운데에서 역사하느니라."*

로마서 14:11 - *"기록되었으되 주께서 이르시되 내가 살았노니 모든 무릎이 내게 꿇을 것이요 모든 혀가 하나님께 자백하리라 하였느니라."*

로마서 15:4 - *"무엇이든지 전에 기록된 바는 우리의 교훈을 위하여 기록된 것이니 우리로 하여금 인내로 또는 성경의 위로로 소망을 가지게 함이니라."*

로마서 15:9 - *"이방인들도 그 긍휼하심으로 말미암아 하나님께 영광을 돌리게 하려 하심이라 기록된 바 그러므로 내가 열방 중에서 주께 감사하고 주의 이름을 찬송하리로다 함과 같으니라."*

로마서 15:21 - *"기록된 바 주의 소식을 받지 못한 자들이 볼 것이요 듣지 못한 자들이 깨달으리라."*

고린도전서 4:6 - *"형제들아 내가 너희를 위하여 이 일에 나와 아볼로를 들어서 본을 보였으니 이는 너희로 하여금 기록된 말씀 밖으로 넘어가지 말라 한 것을 우리에게서 배워 서로 대적하여 교만한 마음을 가지지 말게 하려 함이라."*

갈라디아서 4:27 - *"기록된 바 잉태하지 못한 자여 즐거워하라 산고를 모르는 자여 소리 질러 외치라 이는 홀로 사는 자의 자녀가 남편 있는 자의 자녀보다 많음이라 하였으니"*

유다서 1:3 - *"사랑하는 자들아 우리가 일반으로 받은 구원에 관하여 내가 너희에게 편지하려는 생각이 간절하던 차에 성도에게 단번에 주신 믿음의 도를 위하여 힘써 싸우라는 편지로 너희를 권하여야 할 필요를 느꼈노니."*

사도행전 15:16 "다윗의 무너진 장막을 다시 지으며."

장막(Tabernacle)은 참된 하나님의 사람들이 진리 되신 하나님을 예배하는 곳이다. 이 '장막' 은 팀북투, 아덴, 카르타고(튀니지), 앙카라, 쉬라즈, 사마르칸트, 그리고 교회가 ***사라진*** 그 땅의 많은 도시들 가운데 '산 돌' (벧전 2:5)로 다시 '지어져야' 한다.

우리가 부르심을 받은 것은 무익한 가운데 연습을 하는 것이 아니라 하나님의 현존이 그분의 백성들과 함께 거하시는 곳인 한 처소를 ***지으실*** 하나님과 동역자가 되기 위함이다.

왜 폐허가 된 곳을 보수하고 하나님을 예배하는 곳을 다시 세워야 하는가?

사도행전 15:17 "남은 사람들과……주를 찾게 하려 함이라."

요약하면 하나님께서 그들 세대 가운데 하고 계신 일을 설명하기 위해서 야고보는 하나님의 백성들에게 역사 가운데 있는 하나님의 프로그램을 상기시키기 위해 아모스 9장 12절을 인용하고 있다. 우리로 하여금 그가 인간과 함께 거하실 수 있는 장막, 가족을 다시 세우기 위해서 우리를 그의 동역자로 하나님께서는 우리를 부르고 계신다.

우리가 그의 날개 아래로 사람들을 모으시는 그분을 향한 종족 운동이 점화되고 촉진되고 운동이 되는 그 일에 어떻게 우리를 동역자로 부르시는가? 그것은 '(현재)그리스도의 이름이 불려지지 않는 곳(믿지 않는)' 에서 그분을 예배하는 ***회중들***이 다시 생길 ***때까지*** 순종과 기대로 기록된 약속을 굳게 붙드는 것으로 가능하다.

믿지 않던 자들(대개 그들 가운데 생겨날 새로운 교회를 저지할 분노의 노력을 기울인 후에)이었으나 내주하시는 그리스도가 새로 믿게 된 이들의 삶 속에 일으키는 변화를 관찰할 필요가 있다.

이제 '그리스도 안에 거하고,' '나보다 남을 더 낫게 여기고' (빌 2:3-4) 이사 알마시의 언약의 백성으로서 '서로' 를 위하여 사는 공동체를 보는 것보다 더 강력한 '전도' 는 없다고 본다. 공허한 생각인가? 믿음이 없다면 그럴 것이다. "예로부터 이것을 알게 하시는 주의 말씀이라"(18절).

사도행전 15:18 "예로부터 이것을 알게 하시는……."

'성경' 에 이미 기록되었다는 것은 나에게 큰 힘이 된다. 하나님***께서는*** 자신의 목적을 성취하고 계신다(행 13:36). 하나님***께서는*** 성공적으로 모든 족속 가운데 자신에게로 남은 자들을 불러 모으시는 일을 이루실 것이다. 그분께서는 또한 사람들을 사용하셔서 눈을 열어 자신에게로 부르시는 일을 하실 것이다(행 26:28).

우리의 선택은 단순히 얼마나 하나님께서 하시는 일에 우리가 개입할 것인가에 있다. 하나님의 공동 상속자로서 우리의 특권(즉, 구속받은)을 얼마나 사용하고 있는가?(살전 2:19; 빌 4:1을 보라.) 확실히 우리는 *'잠자고 있는'* 사람들 가운데 들기를 원치 않는다(살전 5:6). *'성령과 함께하는'* 사람들과 함께 있기를 원한다(엡 4:3; 6:18).

사도행전 15:20 **"다만……편지하는 것이……."**

왜 편지를 하는가? 이런 편지가 '서양식의 폐기물' 은 아닌가? 그냥 말로 교회들에게 선포하면 안 되는가? 이천 년 전 교회 지도자들을 살펴보자.

1. 믿는 자들은 글을 읽을 줄 알게 하는 자들이었다.

2. 후에 일어날 오해를 최소화하기 위해서이다. 참석한(그리고 참석하지 않은) 자들을 위해 문서화된 선언을 만들어서 다시 공의회를 소집해야 할 필요를 유발할 수 있는 소란을 만드는 것을 방지하기 위해서다.

그래서 그들은 원칙을 최소화하기로 결정했다.

1. 혼합주의와, '다른 신' 에게 존경을 표하고 경배하는 것을 피하기 위해서 "우상의 제물을 삼가라."

2. 십계명을 지키고 그리스도 예수 안에서의 순결을 증거하기 위해서 "음행을 피하라."

3. 건강상의 이유와 유대인 형제들에게 걸림돌이 되는 것을 피하

기 위해서 "목메어 죽인 것을 피하라."

4. 위의 모든 이유 때문에 "피를 마시지 마라."

다음의 것은 왜 더하지 않았을까?

매일 기도하는 것, 성경을 읽는 것, 모든 교회 예배에 참석하는 것, 증거 등을 첨가하지 않았다. 초대교회 기독교인들은 훌륭한 복음주의자들이 아니었던가?

사도행전 15:21 "각 성에서 모세를 전하는 자가 있어 안식일마다 회당에서 그 글을 읽음이라 하더라."

예루살렘 공의회는 구약에 기록된 대로 선지자를 통해서 하나님 말씀의 중요성을 최소화하지 않았기에 이방인들에게 ***최소한의 것***을 적용할 수 있었다.

그러나 정확하게 우리가 ***완전한*** 하나님의 말씀을 ***가지고 있기에*** 새로운 신자들이 하나님의 뜻을 알거나 그 뜻을 따라 살 수 없다고 두려워하지 않는다. 구원론보다 더 중요한 많은 이슈가 있다. 참된 신으로부터의 의사소통의 진위-즉 정경(canon)은 중요하다. 오늘날 구약은 우리에게 있어서 하나님의 말씀이다.

> 이러한 일은(구약의 기록) 우리의 본보기가 되어 우리로 하여금 그들이 악을 즐겨 한 것같이 즐겨 하는 자가 되지 않게 하려 함이니……그들에게 일어난 이런 일은 본보기가 되고 또한 말세를 만난 우리를 깨우치기 위하여 기록되었느니라(고전 10:6, 11).

그리스도 안에 있는 자유는 다른 배경에서 예수를 믿게 된 ***새로운*** 신자들을 오래된 신자들이 괴롭게 하는 것 이상으로 확신을 가진 오래된 신자들을 괴롭혀서는 안 된다는 것을 명심하라(롬 14장을 보라).

사도행전 15:22 "이에 사도와 장로와 온 교회가 그 중에서 사람들을 택하여 바울과 바나바와 함께 안디옥으로 보내기를 결정하니."

편지와 함께 바쁜 사람들을 보내는 시간과 비용의 수고를 왜 해야 하는가? 교회간의 질적인 신뢰관계가 의사소통의 효율성보다 더 중요한 목표라는 것을 감지하지 않는가? 사람들과 얼굴을 맞대고 시간을 보내는 것이 상호 신뢰의 관계를 공고히 한다는 사실을 잊어버릴 때가 자주 있다(예: 주의하지 않고 성급한 결정으로 모래 위에 집을 짓는 것보다 반석 위에 집을 짓는 것). 그들은 '원리와 실천사항' 의 매뉴얼대로 보내지 않았다. 그들은 새로운 교회 지도자들이 관계를 견고히 할 만큼의 시간을 보내도록 지도자들을 보낸 것이다.

'지도하는 자들' 은 신자들이 교리 안에서 참으로 견고해지길 원하고 그래서 그것에 따라 살도록 '강건해지길' 원했기에, 그들은 단순히 칙령을 선포하는 것만으로는 부족하다는 것을 깨달았다. 실제적 실천적 적용이 필요하다면 일을 추진할 사람을 보내는 것은 중요하다. 그런 사람은 신뢰할 만하고, 영적인 권위가 있고, 의사소통의 능력이 있는 사람이어야 한다. 그런 사람들은 예수 그리스도의 ***은혜***와 ***진리***의 살아 있는 본이 되는 사람들이다(요 1:14).

사도행전 15:24 "우리 가운데서 어떤 사람들이……."

(무리) 즉, 초대교회가 그냥 있는 단순한 리더를 보낸 것이 아니라 의심하는 사람들에게 확신을 줄 수 있는 모세의 율법에 능통한 ***히브리인*** 리더를 보냈다. 그것은 분명 세계 교회 중에 '초대교회'인 예루살렘의 '모(mother)교회' 로부터의 승인을 받는 것은 안디옥 교회나 다른 도시 교회들에게 중요한 일이다. 그들의 지도자들이 거룩한 모습으로 차이를 해결하고 '같은 마음' 을 갖는 것을 보는 것은 새로운 신자들에게 중요한 일이다. 고린도 교회에서 나중에 일어난 분열을 피하기 위해서 허비한 과외의 노력, 시간, 비용(말하자면 그런 뜻이라고 보이는)을 주목해 보라.

"형제들아 내가 우리 주 예수 그리스도의 이름으로 너희를 권하노니 모두가 같은 말을 하고 **너희 가운데 분쟁이 없이 같은 마음과 같은 뜻으로 온전히 합하라** *내 형제들아 글로에의 집 편으로 너희에 대한 말이 내게 들리니 곧 너희 가운데 분쟁이 있다는 것이라 내가 이것을 말하거니와 너희가 각각 이르되 나는 바울에게, 나는 아볼로에게, 나는 게바에게, 나는 그리스도에게 속한 자라 한다는 것이니 그리스도께서 어찌 나뉘었느냐 바울이 너희를 위하여 십자가에 못 박혔으며 바울의 이름으로 너희가 세례를 받았느냐"*(고전 1:10-13).

교회 분열을 피하기 위해서 공의회 사람들은 목적을 가지고 최대한의 신뢰를 만들 수 있고, 거짓 교리에 의해서 흔들리는 사람들을 예수의 방법 안에서 잘 순종할 수 있도록 확신하게 할 수 있는 능력이 있는 사람들과 함께 후속조치를 취한 것이다.

23-29절 *서신에서 주의깊게 선택된 단어들을 주목해 보라.*

1. 그것은 사도들과 예루살렘의 장로들이 서신의 결정사항들에 있어서 온전히 하나가 되어서 지지하는 것이다.

2. 그것은 새로운 신자들이 온전히 그들과 '형제'가 되는 것을 확인하고 있다. 가족의 일원이 되는 것이다.

3. 그 서신은 예루살렘에서 온 사람들도 ***잘못된 일을 했다는 것을*** 인정했다.

4. 그것은 그 이방인 신자에게 잘못된 것을 가르친 사람들을 사도나 장로들이 인정하지 않았다는 것도 확증했다.

5. 그것은 ***'이방 신자들의 영혼이 평안하지 않았다는 것'***을 인식함으로써 목회적으로 민감하다.

6. 그것은 이방인 교회 설립자인 바울과 바나바를 '사랑하는' 사람이라고 인정하고 있다.

7. 그것은 그들은 ***'그 이름을 위해서 자신의 생명을 감수'***했다는 명성이 있는 두 지도자를 소개하고 있다.

8. 무엇이 중요하고 무엇이 중요하지 않은지에 대해서 명확한 결론을 갖고 있다.

9. 그들은 문서로 된 서신뿐 아니라 구두로 된 리포터, 즉 둘 다 사용하고 있다.

여기에 명시된 원리를 생각해보라. 어떻게 우리 상황에 적용해 볼 수 있을까?

사도행전 15:30 "그들이 작별하고 안디옥에 내려가 무리를 모은 후에……."

도시에서 나온 형제들이 수요저녁예배가 되기까지 기도모임을 기다린 것 같지 않다. 사람들이 흩어져서 살고 있었다. 어쨌든 현대 통신기술의 도움 없이 중요한 일을 위해서 모임이 있을 때에 알릴 수 있는 시스템을 개발했던 것 같다. 그 모임은 가정교회의 가족모임과는 다른 것이었다. 그 모임은 함께 일하고 반응할 수 있는 큰 규모의 공동체이다.

사도행전 15:31-32 "읽고 그 위로한 말을 기뻐하더라 유다와 실라도 선지자라 여러 말로 형제를 권면하여 굳게 하고."

그것은 안디옥의 신자들이 바울과 바나바가 하나님의 모임에서 가르쳤던 것을 확증하기 위해 (단순한 안부와 편지가 아닌) '긴 메시지' 를 주는 일에 다른 사람들이 있는 것은 도움이 된다. 그들은 그들이 '선지자들' 이라는 것을 어떻게 증명해 보였는가?

이성적으로 추론할 수 있는 것은 이방인 신자들이 모세의 율법을 따를 필요가 없다는 것을 명백히 한 후에 격려의 은사를 가진 이들 선지자들은 살아 있는 그리스도를 따르는 자들이 해야 할 일들에 대해서 많은 것을 알고 있었다. *"먼저 그의 나라와 그의 의를 구하라"*는 명령을 실천하는 것은 율법의 요구에서 벗어나기 위해서 일주일에 한 번씩 모여서 종교적인 일을 하는 수동적인 일이 될 수 없다.

기독교인의 삶에서 단조로운 일도 부정적인 '해야 할 일 혹은 해서는 안 될 일' 이 아니라 반대로 역사의 하나님이 동행하는 일은 원대한 피날레가 있고 웅장하고 흥분되는 모험이다. 이것을 잘 묘사해 줄 은사 있는 지도자가 없었다면 신자들은 기뻐할 수도 없고 격려받을 수도 없었을 것이다(살전 1장이 그날에 그들이 전한 메시지와 가깝다고 본다.).

사도행전 15:33 "얼마 있다가 평안히 가라는 전송을……자기를 보내던 사람들에게로 돌아가되."

왜 하나님 말씀에 그런 일상적인 삶의 일정이 기록되었는가?

우리는 신약과 구약이, '편집자' 로서 거룩한 기록이 무엇이고, 무엇이 하나님의 선택된 정경으로 남아야 되고, 무엇이 기록되지 않아야 하는지를 결정하는 창조주로부터의 정확한 말씀이라고 믿는다. 그러므로 우리는 *"여호와의 율법을 연구하여 준행하며 율례와 규례를 이스라엘에게 가르치기로 결심하였었더라"*(스 7:10)는 에스라의 본을 따를 수 있다.

그래서 하나님의 말씀, 즉 가장 중요한 것을 알고 있었던 사람들인 선지자들의 방문을 통해서 가장 많은 유익을 받았던 것이다. 또 하나님으로부터 보내심을 받고 예루살렘에서 높은 존경을 받는 사람으로 영접했던 것이다. 누가는 하나님께서 우리로 어떻게 우리의 가족, 교회가 비록 전 세계에 흩어져 있지만, 서로 격려하는 하나님의 도구라는 것을 깨닫게 하시는지를 바라볼 수 있도록 돕고 있다. **다른** 곳에서 정상적으로 살고 있는 하나님의 종들을 사용할지에 대해서, 당신은 어떻게 당신 지역의 신자들을 도울 수 있는가?

사도행전 15:35 "바울과 바나바는 안디옥에서 유하며 수다한 다른 사람들과 함께 주의 말씀을 가르치며 전파하니라."

우리는 초대교회 시대의 선교사들이 기존의 교회를 세워가는 때와 떠나서 그들이 '자립해 갈' 수 있는 때를 주님으로부터 주의깊게 분별할 줄 알았을 것이라는 인상을 받는다.

바울과 바나바는 교리적 분열과 이단의 위험이 끝난(당분간은) 당시, 신자들이 사도들의 가르침을 바르게 이해하고 지역의 교사와 설교자들을 훈련하는 디모데후서 2장 2절의 사역으로 돌아가고 있다.

'다른 사람들' 은 사도들이 하나님의 말씀을 가르치는 사람들이다. 여기서 우리는 선교사들이 '지역 교회 밖에서' 하나님의 일을 하는 것을 본다. 18장 22-23절에서 언급된 '최종 점검' 을 위한 시간을 제외하고 바울과 바나바가 안디옥 교회에서 많은 시간을 투자했다고 하는 마지막 언급으로 여겨진다.

사도행전 15:36 "며칠 후에 바울이 바나바더러 말하되 우리가 주의 말씀을 전한 각 성으로 다시 가서 형제들이 어떠한가 방문하자 하고."

이 개척자들은 그들의 부르심을 알고 있었다. 그 부르심은 한 교회만을 위한 것이 아니라 *'그리스도의 이름이 알려지지 않은'* 곳에서의 교회의 배가를 위한 것이다(롬 15:20). 그들이 개척했던 다른 교회들을 돌아볼 시간이 되었던 것이다. 이제 바울이 교회 개척의 지도자가 된 것을 주목해서 보라. 언제 팀이 다음 사역을 위해서 움직여야 할지에 대해서 주도적인 자세를 갖고 있다.

사도행전 15:37 "바나바는 마가라 하는 요한도 데리고 가고자 하나."

개개인 성도를 위한 목자와 개발자로서 바나바는 로마제국 전체에 대한 교회 개척의 큰 그림에 관심이 있기보다 그가 신뢰하는 한 젊은이에게 더 큰 관심을 보이고 있다. 바나바는 자신의 조카인 마가라 하는 요한을 잊은 적이 없다. 아마도 실라가, 마가가 미성숙하게 '사역지를 이탈' 한 것에 대해서 후회하고 있고, 삼촌인 바나바에게 편지를 보내서 자신이 '다시 사역에 복귀' 하고 싶다고 하는 소식을 바나바에게 가져오지 않았을까?

사도행전 15:38 "바울은 밤빌리아에서 자기들을 떠나 함께 일하러 가지 아니한 자를 데리고 가는 것이 옳지 않다(NIV: 현명하지 않다) 하여."

아직 완전하지 않고 흠잡을 것이 없는 바울의 통찰력을 보라(빌 3:13-15). 바울이 마가에게 두 번 기회를 주는 일에 준비가 되어 있지 않다. 바나바가 바울에게 지도력을 이양하자마자 요한이라고 하는 마가가 그의 리더십을 거부한 것에 대해서 바울이 상처와 모욕을 받은 것 같아 보인다. 우리 모두와 같이 바울도 그것을 쉽게 받아들일 수가 없어서 감정적인 판단으로 보이는 '버렸다' 는 단어를 사용하고 있다.

38절 "……함께 일하러 가지 아니한……."

여기에서는 바울이 일 중심적이고 요한이라는 마가가 주님을 섬기려고 하는 노력에 대해서 관심을 보이지 않는 모습을 보여준다. 하나님께서 바울을 'A타입', 즉 저돌적이고, '결과를 중시하는 경영' 의 지도자로서 창조하지 않으셨다면 그렇게 위대한 선교사가 되지 못했을 것이다. 그러나 모든 은사에는 다른 은사에 의해서 균형이 잡아져야 하는 '불리한 면' 이 있다.

이 시점 바울의 순례에서 *'그리스도 예수의 좋은 병사'*(딤후 2:3)로서 고난을 견딜 수 없고 견고한 직업윤리를 갖고 있지 않은 젊은 선교사와 함께 일할 수 없었다. 그래서 황당한 마음으로 사악한 이가 그 기회를 악용하고 있는 것을 보게 된다. 서로의 장점을 보완하기보다는 함께 고난과 수고를 했던 두 동역자 친구들이 그들의 다른 은사와 부르심으로 말미암아 다른 이의 부담과 관심을 보는 것에 눈이 가리워졌다.

사도행전 15:39 "서로 심히 다투어 피차 갈라서니."

여기에서 '불화' 라는 헬라어는 그 갈라섬이 '성령 안에' 있지 않다는 것을 나타내고 있다. 이것은 '불일치에 동의' 하는 부드러운 것이 아니라 아주 몰상식한 태도를 나타낸다. 상상해보라! '격려자' 바나바와 위대한 사랑의 장인 고린도전서 13장의 저자가 서로를 향하여 화를 내고 있는 것을 보라. 여기에서 우리는 첫 선교사 팀이 깨어지는 것(분리)을 보고 있다. 하나님께서는 왜 이것을 성경에 기록하도록 허락하셨을까? 무슨 일이 일어났을까?

우리는 쉽게 다음과 같은 대화가 오갔을 것으로 상상할 수 있다.

바울 : "바나바, 안디옥에 있는 신자들은 잘 지내고 있는 것 같아 보이니 우리가 개척한 교회들이 어떻게 지내고 있는지 내려가 보세나."

바나바 : "좋은 생각이네. 그리고 내 조카 마가를 데리고 갑시다."

바울 : "당신 말은…… 우리 팀을 버리고 떠났던 그 젊은 친구?"

바나바 : "어, 그래. 마가를 기억하는구만. 이제 다시 선교사역을 할 준비가 된 것 같아."

바울 : "나와는 안 돼. 그는 아니야."

바나바 : "무슨 뜻이지?"

바울 : "우리는 우리를 떠났던 사람을 데려가지 않을 것이네."

바나바 : "바울, 내가 말하지 않으려고 그랬는데, 당신도 처음 시

작할 때는 그렇게 위대한 사람은 아니었어."

바울 : "물론 그렇지 않았겠지. 그래도 난 **그** 정도는 아니었지. 난 중도탈락자는 아니었어."

바나바 : "바울, 이 부분도 말하지 않으려고 했지만, 당신은 까다로운 사람이었어."

바울 : "그랬을 수도 있겠지. 그렇지만 무용지물은 아니었어."

바나바 : (목소리를 더 높이며) "이봐, 사울! 누구도 당신과 함께 할 사람이 없을 거야! 마가보다 더 큰 위험 인물이 되고 말거야."

바울 : "아니야, 난."

바나바 : "마음대로 하게나. 난 당신과 가지 않겠네."

39절 "바나바는 마가를 데리고 배 타고 구브로로 가고."

어떻게 이러한 일이 있을 수 있는가?

충격을 가라앉힌 후에 바울과 바나바가 우리와 마찬가지로 인간이라는 것을 깨달을 때 위안을 얻게 된다. 이 두 위대한 사도들이 갈라서게 되었다면 아마도 우리 선교에서 이런 일이 일어났다면 우리도 견딜 수 있을 것이다.

누가 옳았던가? 아마도 그들의 실패의 원인은 먼저 팀 멤버가 되기 위한 기준의 차이였던 것 같다. 바나바는 팀을 훈련 단위로 본 반면, 바울은 팀을 이미 증명된 선교사로 구성하는 것으로 보았다. 그들의 철학적 차이도 그들의 은사의 차이를 보여주는 것이 아닌가? 바나바가 젊은이들을 멘토링하지 않았다면 그는 그의 부르심대로 사역하지 않는 것과 같은 것이다.

사도행전 15:40 "바울은 실라를 택한 후에 형제들에게 주의 은혜에 부탁함을 받고 떠나."

여기서도 누가는 계속해서 '내려놓음'(trade-off)이라는 자신의 주제를 놓지 않고 있다. 보기에는 나빠 보이는 이 환경에서 좋은 것을 발견하게 된다. 바울은 바나바로부터 기본이 되는 좋은 것을 배웠다. 나중에 그것을 다음과 같이 요약할 수 있었다. *"내게 들은 바를 충성된 사람들에게 부탁하라 그들이 또 다른 사람들을 가르칠 수 있으리라"*(딤후 2:2).

바울은 주님께서 사도들을 두 명씩 짝지어(부부는 한 몸이므로 둘이 아니라 하나임) 최소한의 팀으로 보내셨다는 사실을 깨달았기에 즉시 교회 지도자를 만나서 실라가 자신의 새로운 파트너가 될 수 있도록 결정을 내렸다. 분명히 교회는 이 두 교회 개척 팀을 지원했던 것이다.

40절 "주의 은혜에 부탁함을……."

서로 의견이 불일치할 때 어떤 일들이 나타나야 하는가? 주의 은혜는 *"하나님을 사랑하는 자 곧 그의 뜻대로 부르심을 입은 자들"*(롬 8:28)을 대신해서 하나님의 더 큰 목적을 위해서 하나님께서 즐겁지 않은(달갑지 않은 사람들) 사건들을 사용하신다는 것을 믿는 것이다. 우리가 은혜가 충만하신 하늘 아버지를 섬기는 사람들이라는 생각은 우리를 위로해 준다.

사도행전 15:41 "수리아와 길리기아로 다니며 교회들을 견고하게 하니라."

바울과 바나바가 적어도 동일한 교회에 다시 가지 않는 것에 동의했다는 것을 주목해 보라. 바나바는 자신이 문화적으로 더 익숙하고 잘 아는 구브로로 갔고, 바울은 실라와 함께 터키의 북쪽으로 나아갔다.

16장

사도행전 16:1 "바울이 더베와 루스드라에도 이르매."

이 두 도시에서 전에 어떤 일이 벌어졌는지 기억하는가? 당신이라면 돌아왔겠는가? 대부분의 사역자들이 왜 전에 자신이 핍박을 받고 추방을 당한 곳에는 다시 돌아갈 수 없다고 생각하는가?

1절 '그리고 보매(And behold!).'

그 도시로 다시 돌아갈 용감한 순종으로 인해서 하나님께서는 그들을 위해서 놀라운 것을 예비하고 계셨는데, 선교사로 그들과 함께 동역할 준비가 되어 있는 디모데라고 하는 한 제자였다. 바울이 잔인하게 돌에 맞는 것을 목격한 이가 디모데가 아니었던가? 돌아온 바울의 용기가 디모데로 하여금 자신도 역시 그리스도를 위해서 ***그의*** 목숨을 내놓을 수 있도록 결단하도록 하지 않았겠는가?

사도행전 16:2 "……형제들에게 칭찬 받는 자니."

각 선교사는 개인뿐 아니라 부르심을 신뢰해 줄 수 있는 파송 교회가 반드시 있어야 한다. 선교단체는 단체가 아니라 교회가 그들을 파송한다는 사실을 이해해야 한다. 교회는 그 선교사에 대한 그들의 권위를 선교단체 리더에게 위임하는 것이다. 바울은 그 교회지도자들이 디모데를 보낼 준비가 되어 있지 않았다면 디모데를 데려가지 않았을 것이다.

사도행전 16:3 "바울이 그를 데리고 떠나고자 할새."

선교사들에게는 서로 다른 부르심이 있다. 어떤 이는 특정한 나라와 종족을 위해 부름받기도 했고, 주께서 교회에 이끄신 파송 교회의 비전을 위해서 부름받기도 했다. 또 디모데와 같이 어떤 이들은 팀 리더의 인도 아래 그와 함께 동역하는 팀 멤버로 부르신 사람들도 있다.

3절 "그 지역에 있는 유대인으로 말미암아 그를 데려다가 할례를 행하니."

먼저 우리에게 이 사실은 충격이기도 하다. 바울과 실라가 할례도, 그리고 모세의 율법을 지키는 것도 필요하지 않다는 것(4절)을 선포한 비유대인 교회를 방문하고 있지 않은가?

하나님께 받음직한 것이 되기 위해서 우리가 해야 하는 것 한 가지가 있다. 할례를 통해서 하나님의 신뢰를 확보할 수가 없다. 우리로 사역하도록 부르신 그 종족을 위해서 효과적인 사역에 치러야 할 대가는 종종 다른 것이다.

> 내가 모든 사람에게서 자유로우나 스스로 모든 사람에게 종이 된 것은 더 많은 사람을 얻고자 함이라 유대인들에게 내가 유대인과 같이 된 것은 유대인들을 얻고자 함이요 율법 아래에 있는 자들에게는 (내가 율법 아래에 있지 아니하나) 율법 아래에 있는 자같이 된 것은 율법 아래에 있는 자들을 얻고자 함이요 율법 없는 자에게는 (내가 하나님께는 율법 없는 자가 아니요 도리어 그리스도의 율법 아래에 있는 자이나) 율법 없는 자와 같이 된 것은 율법 없는 자들을 얻고자 함이라

약한 자들에게 내가 약한 자와 같이 된 것은 약한 자들을 얻고자 함이요 내가 여러 사람에게 여러 모습이 된 것은 아무쪼록 몇 사람이라도 구원하고자 함이니 내가 복음을 위하여 모든 것을 행함은 복음에 참여하고자 함이라(고전 9:19-23).

사도행전 16:5 "이에 여러 교회가 믿음이 더 굳건해지고 수가 날마다 늘어가니라."

숫자를 외면하는 질적인 성장도, 또한 질을 외면하는 수적 성장도 성경적이지 못하다. 하나님께서는 성숙한 제자들***뿐만 아니라*** 교회의 수적 증가**도** 원하고 계신다. 하나나 둘 다 부족하다는 것이 우리를 힘들게 하는가? 여기 기록된 사역적 부흥이 우리 가운데 실현을 위해 하나님께서 우리에게 원하시는 것을 발견하기 위해서 ***매일*** 팀으로 하나님의 얼굴을 구하고 있는가?

사도행전 16:6-8 "……브루기아와 갈라디아 땅으로……무시아 앞에……비두니아로……무시아를……드로아……마게도냐……."

어떤 일이 일어나고 있는가? 위대한 사도 바울의 팀이 어디서 사역을 해야 하는지에 대해서 어려움을 겪고 있다. 지도에서 이 지역들을 찾아보라. 아마도 4-6주 정도의 시간을 이 지역에서 보냈을 것이다. 왜 처음부터 주님께서 그들에게 당신의 계획을 보여주시지 않았을까? 드로아의 한 숙소에서 실라와 함께 앉아 있는(아마도 바울은 윗층에서 기도했을 것 같다) 팀원들이 실라에게 다음과 같이 물었을지도 모른다. "팀 리더가 하나님의 마음을 얻을 수 있을까요?" "주님께서 그에게 왜 우리의 사역지를 보여주시지 않죠?" 그리고 "다리가 많이 아프네요"라고 했을 것이다.

사도행전 16:9 "밤에 환상이 바울에게 보이니 마게도냐 사람 하나가 서서……마게도냐로 건너와서 우리를 도우라."

이제 흥분해서 잠에 취해 있는 팀 동료를 깨우고 있는 바울을 그려보라. "자, 이제 일어납시다. 주님께서 제게 비전을 주셨어요." 의심스런 눈치로 디모데가 누가와 실라를 보며 말했을 것이다. "와! 이제 비전을 받으셨군요!"

마게도냐는 꽤 큰 지역인데, 마게도냐에서도 구체적으로 어디를 말하는지 의문이 생겼을지도 모른다. 디모데가 팀에 합류한 것이 3개월이 채 안 되기에 당시 그 어디서도 팀이 복음을 전한 적이 없었다.

사도행전 16:11-12 "우리가 드로아에서 배로 떠나 사모드라게로 직행하여 이튿날 네압볼리로 가고 거기서 빌립보에 이르니……이 성에서 수일을 유하다가."

하나님께서 교회를 개척하기 원하지 않으시는 곳을 더 방문해야 해서 더 지체되었다. 이 말씀으로 여러분들이 현재 기다리고 있는 노동과 거주 허가 및 비자에 관련해서 더 큰 믿음과 인내를 하게 되는가? 많은 선교사들이 부르신 그 지역에서 영적 수확을 하기 전에 여러 도시나 지역에서 일하게 될 경우가 있다.

사도행전 16:12 "빌립보에 이르니 이는 마게도냐 지방의 첫 성이요 또 로마의 식민지라."

어떤 이는 하나님께서 그들을 빌립보가 영향력 있는 중심도시이고 복음을 전 지역에 전파할 수 있는 베이스이기에 그곳에서 사역하도록 인도하셨다고 생각한다. 아마 그 지역의 사람들이 자신들의 삶에 대해서 더 진지했을지도 모를 일이다. 여러 사람이 왕래하는 큰 도시라서 새로운 생각에 열려 있기도 하고, 그 생각을 사람들을 통해서 전파할 수 있는 이점이 있었을 것 같다.

12-13절 "이 성에서 수일을 유하다가 안식일에 우리가 기도할 곳이 있을까 하여 문 밖 강가에 나가 거기 앉아서 모인 여자들에게 말하는데."

이것은 그들의 정상적인 접근법이 통하지 않는 첫 사례이기도 하다. 빌립보에는 회당이 없었다. 적어도 11명의 유대인 ***남자들***이 있어야 회당을 시작할 수가 있다. 그래서 우리는 이것이 유대인이 없는 도시에서 시도하는 첫 시도라는 것을 결론지을 수 있다.

11명이 없으면 유대인 관습에 의하면 기도 처소를 세울 수가 있다(어떤 이유인지 기도 처소는 강가에 위치했다). 교회 개척 팀은 '수일 동안' 어떻게 시작해야 할지를 확신하지 못했을 것이다. 그래서 강가에 가서 몇몇 유대인 신자들을 찾고자 했던 것이다. 거기에서 자신들을 소개하는 여인들을 만났고, 율법선생을 통해서 가르침을 받는 것을 고대하는 여성 모임에서 말씀을 나누도록 초청받게 된 것이다.

다시 한 번 하나님께서 그들을 이끄시고 '어떤 사람'을 준비시키셨다. 그러나 이번에는 그 도를 따르는 제자도 아니고, 심지어는 남자도 아니었다. 그것은 두아디라(팀이 가는 것이 허용이 안 된 아시아의 도시)에서 온 부유한 비즈니스우먼이었던 루디아였다(6절).

루디아는 아마도 죽은 남편의 자주(황실) 옷감 사업을 물려받은 과부였을 것이다. 고넬료와 같이 루디아도 참 하나님을 향한 열망이 있어서 그녀의 유대인 친구들과 함께 기도했던 것이다. 바울이 메시아에 대한 복음을 나누었을 때 그녀는 매료되어 즉각 반응했다. 이것이 바로 우리가 기도해야 하는 '신적 만남' 이라는 것이다.

사도행전 16:14 "주께서 그 마음을 열어……따르게 하신지라."

우리는 다른 문화, 종교, 그리고 철학적 배경을 가진 종족들에게 복음이 어떻게 의미있게 되는지를 열심히 연구하지만, 매일 주님께서 준비된 심령들에게 이끄셔서 그들의 마음을 여실 수 있도록 기도해야 한다. 우리는 궁극적으로 열매를 맺기 위해서 우리 속에 착한 일을 시작하신 그분을 의지해야 한다(빌 1:6).

사도행전 16:15 "그와 그 집이 다 세례를 받고……."

나는 이 사건을 최전방 교회 개척 팀에게 신약성경의 가장 좌절되는 문장이라고 부른다. 누가는 그들이 "주께서 눈을 열어주시는" 단계에서 그녀의 모든 가족들(친척들, 아이들, 종들, 그리고 고용인들)이 기독교인이 되고 세례를 받기까지의 과정이 어떻게 진행되었는지에 대해 상세한 정보를 제공하지 않는다. 갑작스럽게 가정교회가 생긴 것이다. 이것이 성령께서 우리로 하여금 주 예수께서 '자신의 교회를 세워가는' 데에는 한 가지 공식만 있는 것이 아니라는 것을 보여주기 위한 방법인가?

15절 "강권하여……(강요하고, 유도하고 설득하는)."

이 여인은 도대체 어떤 여인인가? 분명히 '맡아서 일하는 데' 익숙한 여인, 즉 행동하는 여인이라고 볼 수 있다. 그리스도가 그녀를 위한 분이라면 동일하게 모든 사람에게도 적용된다는 것을 루디아가 깨달은(아니 배웠던?) 것이다. 그녀는 가족 모두를 위해서 그런 결단을 내린 것이다. *"오직 나와 내 집은 여호와를 섬기겠노라"*(수 24:15).

그래서 바울, 실라, 그리고 디모데가 루디아의 집에 머물기를 꺼렸음에도 불구하고 루디아가 '강권했던' 것이다. 자기 가족들 모두 주님을 따르도록 강권했을 뿐 아니라 사도 바울도 강권했다면 루디아는 과연 어떤 여인이었을까? 분명히 루디아는 하나님께서 자신의 교회를 세우게 될 ***여인***이었던 마태복음 10장 11절의 평화의 사람이었음에 틀림이 없다.

선교사들을 자신의 집 혹은 공장에 모심으로써 그녀의 사람들이 가르침을 충분히 받아서 결국에는 바울이 세운 교회 가운데 가장 심오하고 기쁨이 넘치는 교회가 된 것이다(바울의 빌립보 서신을 보라.).

사도행전 16:16 "우리가 기도하는 곳에 가다가……."

루디아 집에서 신자들을 양육하던 기간에도 바울 일행들은 그녀를 처음 만났던 기도 처소의 그 시간 그 장소를 아웃리치의 '접촉점' 으로 사용했는가?

16절 "……점치는 귀신 들린 여종 하나를……."

진리를 분별할 줄 아는 초자연적인 능력이 하나님만이 아니라 악한 세력에게도 주어질 수 있다는 사실을 이 구절을 통해서 알게 된다.

사도행전 16:17 "바울과 우리를 따라와 소리 질러 이르되 이 사람들은 지극히 높은 하나님의 종으로서 구원의 길을 너희에게 전하는 자라 하며."

왜 악한 영이 진리를 말하고 하나님의 종들에 대해서 확증해 주고 있는가? 물론 그 여자는 아마도 진리가 *아닌* 많은 말들을 했을 것으로 추정된다. 오늘날 우리 역시 우리를 보증해 주지만 듣는 이로 하여금 혼돈되도록 복음의 진리에 말도 안 되는 것들을 보태는 많은 사람을 만나게 된다. 예를 들면 "우리 모두는 예수의 **영**을 믿는다"고 한다.

사도행전 16:18 "바울이 심히 괴로워하여……."

바울은 왜 악한 영을 대면하기 전에 여러 날을 기다렸는가? 왜 심히 괴로워해야만 했는가?(행 16:16-24)

아마도 교회 개척 팀이 하나님께서 개입하셔서 실제로 '지극히 높으신 하나님' 께 관심을 돌리도록 여인을 사용하고 계신지를 분별하기 위한 노력을 기울인 것인데, 한편으로 바울은 복음에 불명예를 가져올 수 있는 교활한 뱀이었던 악한 영에 의한 음모가 있다는 것을 깨닫게 되었다.

자기를 광명한 천사로 가장하는(고후 11:14) 사탄이 사도들의 신빙성을 실추시키기 위한 계략을 도모했을 수도 있다. 우리는 자주 우리 선교사들이 그 여종과 그녀로 돈을 벌게 하는 사람들과 같은 일에 종사하는 사람이라도 되는 양 "모든 종교는 동일한 곳으로 도달하게 한다"고 주장하는 사람들의 소리를 듣는다.

바울은 근심했다. 진리와 거짓을 섞어서 사람들을 기만하는 사탄의 도구로 사용되는 여종을 보는 것은 바울로 하여금 번민하게 했던 것이다. 거룩한 진리의 말씀이 모욕을 당하고, 좋은 말씀이 악한 음모 가운데 더러운 입에서 나오는 것을 참을 수가 없었다. 그래서 며칠 후에 바울은 진리와 거짓을 구분해야겠다는 결단을 내리게 된 것이다.

18절 **"……돌이켜 그 귀신에게 이르되 예수 그리스도의 이름으로 내가 네게 명하노니 그에게서 나오라 하니 귀신이 즉시 나오니라."**

여기서 적어도 바울이 주 예수와 같이 사역하는 한 사건을 볼 수 있는데, 귀신들림 현상은 현실이고, 그 귀신들림에서 비신자를 구출하는 예수의 종의 사역에 관한 것이다. 그가 예수의 이름으로 조심스럽게 귀신에게 명하고 있다는 것을 주목해서 보라.

사도행전 16:19 **"여종의 주인들은……바울과 실라를 붙잡아 장터로 관리들에게 끌어갔다가."**

다시, '기사와 기적' 이 꼭 긍정적인 결과를 초래하는 것은 아님을 볼 수 있다. 그 여종의 주인과 '능력 전도' 를 목격한 사람들이 왜 회개하지 않고, 주 예수께 복종하지 않는가? ***전도***가 일어나기는 한 것인가?

'잡아가지고 끌어가는' 것이 무엇인지 생각해 보기 바란다. 하나님의 지혜에서는, 귀신을 쫓아낼 수 있는 권세를 가진 선교사가 단지 사람에게서 굴복당하고 지배당하도록 허락하신다. 왜 그러한가?

사도행전 16:19-20 "…… 관리들에게 끌어갔다가 상관들 앞에 데리고 가서……."

분명히 이것은 신속한 과정은 아니다. 하나님의 종들이 먼저 지역 경찰서에 끌려가고 밀침을 당하고, 협박을 당하고, 소리지르는 상황을 쉽게 상상할 수 있을 것이다. 그러고 나서 몇 시간을 기다리고 그들에 대한 모든 분노의 거짓말을 듣고, 다른 고위 간부들에게 인수인계되는 상황이 연출이 된다. 무슨 생각을 할까? 그들 자신에 대해서는 어떤 생각을 할까? '체포되기 전에 탈출할걸' 하고 생각하고 있었을까?

사도행전 16:20-21 "……이 사람들이 유대인인데 우리 성을 심히 요란하게 하여 로마 사람인 우리가 받지도 못하고 행하지도 못할 풍속을 전한다 하거늘."

복음을 대적하는 자들이 우리가 '구원의 도를 선포' 하고 있었다고 선언함으로써 귀신의 예를 따르는 것은 좀처럼 드물다. 선교사들과 자비량 사역자들이 비난을 사서(예를 들어, 이슬람을 모욕하거나 질서를 어지럽히거나 청년들을 교란한 것으로) 체포된다. 만일 우리가 갱생하지 않은 사람들이 진리를 말하거나 '공정' 할 거라고 기대한다면 성경을 주의깊게 읽어오지 않은 것이다.

사도행전 16:22 "무리가 일제히 일어나 고발하니 상관들이 옷을 찢어 벗기고 매로 치라 하여."

얼마나 치욕스러운 일인가! 나는 파키스탄의 교회 개척 사역자가 일단의 호전적인 무슬림 젊은이에 의해서 수모, 모욕, 그리고 위협을 당했을 때 얼마나 치욕적인 경험을 했을지 알고 있다. 그와 그의 가족은 아직도 그때의 충격적인 사건에서 회복되지 못하고 있다.

사도행전 16:23 "많이 친(심하게 친) 후에 옥(깊은 옥)에 가두고……."

우리가 매를 심하게 많이 맞는 것을 집주인이 우리를 속이는 것이나 이민국 직원이 무례하게 대하는 것과 어떻게 비교할 수 있겠는가! 그들이 방문했던 한 도시에서 초대 선교사들의 핍박은 오늘날 잘 팔리는 책을 쓰기에 충분한 것임에 틀림없다.

누가가 왜 '던져졌다' 라는 표현을 사용했을까? 누가는 다른 종교에 의해서 속고 있는 사람들을 직면해야 하는 초기 개척 선교사를 위해서 아주 정상적인 것처럼 그러한 폭력적인 핍박에 대해서 기록하고 있다. 그럼에도 불구하고 바울은 심하게 돌에 맞아서 거의 죽을 지경에 이른 루스드라(행 14:19)의 경험만큼 나쁘지 않은 것에 대해서 감사했을지도 모른다!

사도행전 16:24 "발을 차꼬에 든든히 채웠더니……"

당신은 심하게 피를 흘리고, 맞아서 머리 끝에서 발 끝까지 고통을 느끼고, 형편없고, 아마도 비위생적이고, 처참한 차꼬에 갇혀 있는 두 형제들의 고통을 느낄 수 있는가? 당신과 내가 그 순간에 어떻게 주님을 향할 수 있겠는가? 자기연민은 또 얼마나 크겠는가?

사도행전 16:25 "한밤중에 바울과 실라가 기도하고 하나님을 찬송하매 죄수들이 듣더라."

여기 또 다른 '기사와 이적' 이 있다. 이들에게서 볼 수 있는 자기연민도 있다. 그들의 영적인 하나님 아버지를 위한 사랑이나 그들의 신뢰가 크고 실제적이어서 그들의 차꼬가 찬송 중에 깨어질 수 있다. 그러한 사례가 당신으로 하여금 주님과의 친밀함이 자라야 할 필요가 있는가를 보여주지는 않는가? 이러한 믿음과 신실함의 증거가 *"주 안에서 항상 기뻐하라"*(빌 4:4)고 하는 바울의 명령에 무게를 실어주지 않겠는가? 그래서 *"내게 배우고 받고 듣고 본 바를 행하라"*(빌 4:9)고 하지 않았겠는가?

그들이 그와 같은 처참하고 심히 고통스러운 상황에서 어떤 희망을 가질 수 있었겠는가? 거기에서는 국제사면위원회(Amnesty Int' l)도 없고, 루디아의 가정의 신자가 상소할 수 있는 정치인도 없고, 변호사에게 전화할 기회도 없었다. 밖에서 필사적으로 정의감을 갖고 있는 사람을 찾으려고 동부서주하면서 뛰고 있을 디모데와 의사 누가를 상상해 보라.

사도행전 16:26 "이에 갑자기 큰 지진이 나서 옥터가 움직이고 문이 곧 다 열리며 모든 사람의 매인 것이 다 벗어진지라."

갑작스러웠다. 우리 삶 속에서 얼마나 많이 출구가 보이지 않는는 상황에 직면했던가? 그 상황 속에서는 주님께서 우리를 ***어떻게*** 구출해내실 수 있는지 상상하기 어렵다. 그리고 *"알라, 내가 항상 너희와 함께 하겠다"*라고 약속하신 그분이 갑자기 상황을 역전시키신 것 같다. 나중에 베드로가 *'감옥에서 풀려난 것'*(행 12:11)과 바울의 경우를 비교했을 때 믿음 안에서 강건해졌음에 틀림이 없다.

추수의 주인 되신 주님께서 우리로 하여금 일시적으로 고난을 받고, 그렇지만 지금 우리에게 일어나고 있는 일들이 모든 민족 가운데 그의 교회를 세워가는 그의 통합적 계획의 한 부분이라는 것을 깨닫는 것이 얼마나 깊은 위로가 되는지를 깨닫도록 선택하셨던 것이다. 그리스도 안에서 당하는 고난에는 분명한 목적이 있다는 것이 사도행전의 중심 주제이기도 하다.

사도행전 16:27 "죄수들이 도망한 줄 생각하고 칼을 빼어 자결하려 하거늘."

사도행전 12장 18절에서 우리는 죄수가 탈출하도록 했을 때 받는 처벌이 사형이라는 것을 알 수 있다. 분명히 그 간수는 수치와 처벌을 견딜 수가 없었거나 그의 동료들이 가할 다가올 고문과 처형을 이겨낼 수 없었을 것이다(마태복음 7:2 "*너희가 비판하는 그 비판으로 너희가 비판을 받을 것이요 너희가 헤아리는 그 헤아림으로 너희가 헤아림을 받을 것이니라.*").

사도행전 16:28 "네 몸을 상하지 말라 우리가 다 여기 있노라 하니."

주님의 권능은 도시 전체가 아니라 ***감옥***만 파괴하는 '초고성능 폭탄' 지진을 일으키심으로 분명하게 드러났다. 그 지진은 죄수들에게 피해를 주지 않고 차꼬를 벗겨냈다. 더 중요한 것은 은혜로우신 하나님께서 그의 메신저들이 감방에 있는 다른 죄수들에게 영적인 권위를 가질 수 있게 하실 뿐 아니라 동시에 간수의 안위에 대해서도 관심을 갖도록 하게 하실 주님의 권능이 바울 가운데 나타난 것을 주목하라!

피가 흐르는 그들의 육체에 고통을 가할 정도로 냉담했던 간수에 대해서 보여주고 있는 바울의 열정을 보면 감동이 되지 않는가? 그때 1세기 간수가 어떤 종류의 사람이라는 것을 상상은 해보았는가? 분명 수많은 죄수들을 고문하며 욕하고 화내고 전혀 사랑이라고는 찾아볼 수 없는 그런 사람이었을 것이다. 아마도 다른 죄수들은 그 간수가 칼로 ***망하기를*** 바랐을 것이다.

사도행전 16:29 "그가 등불을 달라고 하며……."

물론 이 감옥에 많은 간수들이 있었을 것이다. 나중에 그의 가정교회에 얼마나 많은 간수들이 동참했을까?

29절 "무서워 떨며 바울과 실라 앞에 엎드리고."

이 간수가 자신이 처한 현실에 직면하기 전에 먼저 선교사들은 평화, 찬양, 그리고 승리감 안에서 많은 고난을 거쳐야 했다. 마찬가지로 여러분 주위에 그와 같은 사람들이 여러분들에게 도움을 구하기 전에 충격을 경험하게 될 것이다. 그들은 구세주의 필요를 느끼기 전에 자신들의 교만과 안락함이 깨어지는 경험을 하게 될 것이다.

사도행전 16:30, 33 "그들을 데리고 나가 선생들이여 내가 어떻게 하여야 구원을 받으리이까."

거리에서 하는 설교(21절)는 확신을 갖게 해 주지 못한다. 감옥에서의 찬양도 마찬가지이다. 자기가 붙들고 있는 것이 무너지는 (문자 그대로) 경험은 자살할 생각을 갖게 한다. *'서로를 온전히 세우고'*(롬 12:10)와 *'남을 자신보다 낫게 여기는'*(빌 2:3-4) 자세는 마음 깊은 곳을 관통해서 거칠고 무감각하고 비도덕적인 간수에게 중생의 확신과 구도자의 마음을 갖게 한 것이다.

사도행전 16:31 "주 예수를 믿으라 그리하면 너와 네 집이 구원을 받으리라."

프랜시스 쉐퍼는 "사람이, 자신이 잃어버린 사람이라는 것을 깨닫기만 하면 구원에 이르는 것은 쉽다"고 말한 적이 있다. 간수가 바울과 바나바가 체포되기 전에 그들의 설교로부터 크리스마스와 부활절의 이야기를 들었을 것이라고 가정할 수 있다. 갑자기 그것은 더 이상 많은 곳에 펴져 있는 이상한 유대인 사교가 아니라 그의 존전 앞 창조주의 개인 특사가 있다는 것을 깨달은 것이다.

바울은 "주 예수를 믿으라"는 명령을 함으로써 '모든 무릎을 꿇게 하시는' 분의 ***주님 되심***을 강조하고 있다. 그들을 향한 고소를 기억해보라. *"로마 사람인 우리가 받지도 못하고 행하지도 못할 풍속을 전한다 하거늘"*(21절). 다른 말로 하면 예수가 왕 중의 왕이라고 그들이 말했다. *'길과 진리요 생명이신'* 주 예수를 믿는 것은 자신의 삶과 가족 모두를 향한 그분의 *'모든 권세'*(마 28:18)를 인정하는 것이다.

사도행전 16:32-34 "주의 말씀을 그 사람과 그 집에 있는 모든 사람에게 전하더라 그 밤 그 시각에 간수가 그들을 데려다가 그 맞은 자리를 씻어주고 자기와 그 온 가족이 다 세례를 받은 후 그들을 데리고 자기 집에 올라가서 음식을 차려주고 그와 온 집안이 하나님을 믿으므로 크게 기뻐하니라."

서구인들은 분명히 성경을 개인주의적인 한 사람의 시각에서 한 투표식으로 문화적인 면에서 본다. 서구인들은 세계의 대부분의 사람들이 여호수아가 했던 것처럼 ***가족***적인 결정을 내린다는 사실을 망각한다. *"나와 내 집은 여호와만 섬기겠노라"*(수 24:15).

고넬료나 루디아, 혹은 이 간수가 개인으로서 살아 계신 그리스도를 따르는 것을 고려했을 것이라는 생각은 할 수 없다. 예수가 길이시라면 그는 내 가족의 주님도 되신다. 그래서 모든 가족이 믿고 '그 도를 따르는 사람' 으로서 세례를 받는 것이다.

터키의 이즈키미르, 이르빌, 인도레, 혹은 이슬라마바드에서 하나님의 교회를 개척하려고 하는 당신의 사역에 어떤 의미를 갖고 있는가?

사도행전 16:35-40 "……로마 사람인 우리를……."

여기에서 어떤 일이 일어나고 있는가? 왜 바울이 지방관리들에게 협조하는 것을 거부하고 있는가?

그들이 공중 앞에서 심하게 맞고, 폭도들의 분노 때문에 거리로 강제로 끌려갔고, 감옥에 넘겨졌다. 그런 일련의 사태를 본 사람들이라면 분명히 바울과 바나바는 다른 사람들을 착취하고 그래서 죄가 반드시 드러나야 하는 아주 나쁜 사람들이라고 생각했을 것이다. 그렇게 되면 그들의 간증과 예수의 이름에 손상이 갈 것이 분명했다.

이때쯤 해서 관리들이 공정한 재판도 없이 로마 시민을 때리고 감옥에 수감하는 실수를 범했다는 사실을 깨닫게 되었다. 그들은 로마 관리가 부당한 일을 했다는 사실이 알려지기 전에 그 전도자들을 도시 밖으로 보내기를 원했다. 그러나 그들의 행위가 공적이었기에 사도들은 ***예수의 이름으로*** 불의가 행해졌다는 것을 공적으로 알리고 사람들이 명확하게 알기를 원했다. 관리들과 이러한 일로 시간을 보내는 동안 아마도 바울은 도시를 떠나기로 동의하고 그리고 새신자들을 괴롭히지 않는다는 조건으로 더 이상 법정으로 가지 않기로 했을 것이다. 그래서 이러한 고난을 통해서 다시 한 번 하나님께서 목적을 이루시는 것이다.

사도행전 16:39-40 "……루디아의 집에 들어가서 형제들을 만나보고 위로하고 가니라."

사도들이 위엄을 갖고 지방관리들을 만나서 그들의 사과를 수용하고 또한 도시를 떠나달라는 그들의 요구에 순복하기로(롬 13장을 보라) 했다. 그들은 왜 추방 명령을 뒤집을 수 있는 그 시대의 '강대국의 힘' 을 가진 시민권을 사용하지 않았을까? '어린양을 따르는 자' 들이 된다는 것은 무엇을 의미하는가? 그들은 나중에 바울이 빌립보에 있는 신자들에게 쓴 것과 같이 그들이 설교한 대로 행하지 않았는가?

> 그러므로 나의 사랑하는 자들아 너희가 나 있을 때뿐 아니라 더욱 지금 나 없을 때에도 항상 복종하여 두렵고 떨림으로 너희 구원을 이루라 너희 안에서 행하시는 이는 하나님이시니 자기의 기쁘신 뜻을 위하여 너희에게 소원을 두고 행하게 하시나니 모든 일을 원망과 시비가 없이 하라 이는 너희가 흠이 없고 순전하여 어그러지고 거스르는 세대 가운데서 하나님의 흠 없는 자녀로 세상에서 그들 가운데 빛들로 나타내며 생명의 말씀을 밝혀 나의 달음질이 헛되지 아니하고 수고도 헛되지 아니함으로 그리스도의 날에 내가 자랑할 것이 있게 하려 함이라 만일 너희 믿음의 제물과 섬김 위에 내가 나를 전제로 드릴지라도 나는 기뻐하고 너희 무리와 함께 기뻐하리니 이와 같이 너희도 기뻐하고 나와 함께 기뻐하라 내가

디모데를 속히 너희에게 보내기를 주 안에서 바람은 너희의 사정을 앎으로 안위를 받으려 함이니 이는 뜻을 같이하여 너희 사정을 진실히 생각할 자가 이밖에 내게 없음이라 그들이 다 자기 일을 구하고 그리스도 예수의 일을 구하지 아니하되 디모데의 연단을 너희가 아나니 자식이 아비에게 함같이 나와 함께 복음을 위하여 수고하였느니라 그러므로 내가 내 일이 어떻게 될지를 보아서 곧 이 사람을 보내기를 바라고 나도 속히 가게 될 것을 주 안에서 확신하노라(빌 2:12-24).

그들이 도시를 떠나기 전에 바울과 바나바는 '그 도를 따르는 자들' 을 만나야 한다는 것을 설명했다.

신자들을 모으는 데에 시간이 걸릴 수 있는 것을 주목하라. 그래서 *'많은 환난 가운데'*(행 14:22)에서도 신실하게 주께 거하라고 격려하고 권면하는 시간은 아마도 함께 주말 리트릿을 가는 식으로 했을 것이다. 적어도 그때 신약성경에서 가장 모범적인 교회인 빌립보 교회를 위해서 한두 명의 장로를 세우는 것이 가능했을 것이다.

그리고 그들이 떠나갔다. 다시 여행할 ***기분***이 났을까? 구타나 차꼬에서 얼마나 심한 아픔을 느꼈을까? 그들이 빌립보로 가라는 '마게도냐의 부르심' 을 받았던 것이 아닌가? 만약 낙담했다면 어떻게 형제들을 위로하고 격려할 수 있었을까? 다시 한 번 추방의 치욕을 느꼈다. 그러나 다시 돌아갈 것이라는 사실을 알고 있었다.

17장

사도행전 17:1 “그들이 암비볼리와 아볼로니아로 다녀가 데살로니가에 이르니 거기 유대인의 회당이 있는지라.”

‘그들’ 은 빌립보로부터 추방당한 바울과 실라를 말한다. 그들의 다른 팀원인 누가와 디모데는 어디에 있었는가? 우리는, 디모데와 누가가 실라와 바울이 떠나라는 명령을 받은 후에 새로운 신자들을 가르치기 위해 빌립보에 머물러 있었다고 추측할 수 있다.

‘현재에 살아가는 것’ 은 하나님의 뜻이다. 그들은 트라우마에 대해서 다루며 그들이 장로들을 임명하기 전에 가능한 빌립보를 떠나야 하는 강요를 받는 것에 대해서 후회하면서 며칠 또는 몇 주를 ‘회복’ 하는 데 시간을 썼을 것이다. 그러나 우리는 그들이 단순히 그들에게 다음 임무를 보여달라고 하나님께 주목하고 있었음을 감지한다. 그들은 주의 종들이다. 그리고 만약 그들이 데살로니가로 이동했다면 사도들이 하나님이 그곳에서 하기 원하시는 것을 볼 준비를 했을 것이다.

검증되지 않은 방법들이나 행사들을 실험하고 시도하는 시간이 있거나, 주님께서 어떻게 최상으로 당신을 사용하실 것인지를 살펴볼 시간이 있다. 바울은 분명히 성경을 알았던 그리고 아마도 메시아를 찾고 있었을 것으로 추정되는 유대인들에게 사역하려는 경향이 강하게 보인다(행 17:10을 보라.).

그래서 3절에 ‘그의 자료’ 로 돌아가서, 바울은 마침내 오신 메시아를 찾고 있는 정통 유대인들에게 성경을 선포한다. 그리고 그것을 증명해낸다.

행17:2-3 "바울이 자기의 관례대로 그들에게로 들어가서 세 안식일에 성경을 가지고 강론하며 뜻을 풀어 그리스도가 해를 받고 죽은 자 가운데서 다시 살아나야 할 것을 증언하고 이르되 내가 너희에게 전하는 이 예수가 곧 그리스도라 하니."

이것은 ***당신이*** 하는 일인가? 이것은 기초적인 선교 사역의 간결한 요약이다. 당신은 집에서, 레바논에서, 리비아에서, 롬복에서 기회가 주어질 때 성경으로부터 창조자께서 인간을 구원하시기 위해 메시아를 보낼 것을 약속하셨고, 그 구원자가 *"길이요 진리요 생명"*이 되시는 나사렛 예수였던 것을 보여줄 준비가 되어 있는가?

우리 주님이 엠마오로 가는 길에서 하셨던 일을 기억하라.

> 이르시되 미련하고 선지자들이 말한 모든 것을 마음에 더디 믿는 자들이여 그리스도가 이런 고난을 받고 자기의 영광에 들어가야 할 것이 아니냐 하시고 이에 모세와 모든 선지자의 글로 시작하여 모든 성경에 쓴 바 자기에 관한 것을 자세히 설명하시니라(눅 24:25-27).

사도행전 17:3 "……이 예수가 곧 그리스도라 하니."

다음 주 안에 앉아서 참고 리스트를 만들고, 그러고는 다음을 설명하는 성경구절을 프린트할 것을 결정하라.

1. 인간의 타락과 하나님으로부터의 분리
2. 메시아를 보내겠다는 하나님의 약속

3. 그 메시아는 반드시 고난받고 인간들을 대신해서 죽어야 할 것

4. 그는 죽은 자들로부터 살아나실 것

5. 예수가 바로 그 메시아가 됨을 선포하는 것

6. 예수는 인간과 하나님 사이에 유일한 통로로 중재자가 되신다는 것

7. 이러한 것을 본 사람들에게 반응을 요청한다는 것

사도행전 17:4 "그 중의 어떤 사람……권함을 받고……."

때때로 하나님 또는 다른 것들이 씨를 뿌리고 물을 주는 것을 행했다. 그래서 우리가 '고넬료' 또는 '루디아'를 만났을 때, 주께서 이미 그들의 마음을 여셔서 반응하도록 하셨다(행 16:14). 더 보편적으로 우리는 그리스도의 대사와 함께 가족의 첫 접촉자일 수 있다. 그들은 성경을 듣고 읽고 설명하고 유일하게 지혜로우신 하나님, 모든 남자와 여자를 심판하실 창조자로부터 온 진짜 메시지임을 증거할 필요가 있을 것이다.

4절 "……곧 경건한 헬라인의 큰 무리와……."

여기에서 어떠한 일이 벌어졌는가? 예수님이 길이시라는 것을, 권함을 받은 자들이 예수를 따라가는 자들의 새로운 공동체의 일원이 되었다는 것을 이해했다. 그래서 그들은 회당에서 나와서 ***에클레시아*** 모임 안으로 바울과 실라를 따랐다.

'큰 무리?' 운동 차원에서 생각을 하는 것은 21세기가 아니라 1세기에서의 표현이다. 바울은 유대인과 헬라인의 큰 무리를 권하려고 시도하고 있었다. 헬라인들은 반응이 제일 좋았다. 교회의 새로운 역사가 펼쳐지고 있었다. 교회와 사도들이 '이방의 빛'이 되었

을 때, 유대인들은 하나님의 교회 안에서 소수의 무리가 되어가기 시작했다.

4절 "……적지 않은 귀부인도……."
12절 "……또 헬라의 귀부인과 남자가 적지 아니하나."

누가는 ***여성들만*** 그리스도의 교회에 ***들어올 뿐만 아니라***, 그 여성들이 뛰어나고 귀부인이었다는 사실을 강조한다. 누가에게는 그러한 여성들이 들어왔다는 사실을 그 편지의 수신자에게 말하는 것을 아주 중요하게 여겼던 것으로 보인다. 이 여성들은 아마도 철학을 잘 교육받은 사람이거나 종을 거느린 귀족 여성, 종을 거느렸기에 여가 시간에 강의를 들을 수 있었던 사람들일 수 있다. 당신의 사역지에 대해서 어떤 암시를 주는가?

사도행전 17:4 - *"그 중의 어떤 사람 곧 경건한 헬라인의 큰 무리와 적지 않은* ***귀부인도*** *권함을 받고 바울과 실라를 따르니."*

사도행전 1:14 - *"****여자들과**** 예수의 어머니 마리아와 예수의 아우들과 더불어 마음을 같이하여 오로지 기도에 힘쓰더라."*

사도행전 2:18 - *"그때에 내가 내 영을 내 남종과* ***여종****들에게 부어 주리니 그들이 예언할 것이요."*

사도행전 5:14 - *"믿고 주께로 나아오는 자가 더 많으니* ***남녀****의 큰 무리더라."*

사도행전 8:3 - *"사울이 교회를 잔멸할새 각 집에 들어가* ***남녀****를 끌어다가 옥에 넘기니라."*

사도행전 8:12 - *"빌립이 하나님 나라와 및 예수 그리스도의 이름에 관하여 전도함을 그들이 믿고* ***남녀가 다*** *세례를 받으니."*

사도행전 9:2 - *"다메섹 여러 회당에 가져갈 공문을 청하니 이는*

만일 그 도를 따르는 사람을 만나면 ***남녀를 막론하고*** *결박하여 예루살렘으로 잡아오려 함이라."*

사도행전 13:50 - *"이에 유대인들이* ***경건한 귀부인들****과 그 시내 유력자들을 선동하여 바울과 바나바를 박해하게 하여 그 지역에서 쫓아내니."*

사도행전 16:13 - *"안식일에 우리가 기도할 곳이 있을까 하여 문밖 강가에 나가 거기 앉아서 모인* ***여자들****에게 말하는데."*

어느 종교에서 그리스도의 복음처럼 여성들을 존중하고 높여주는가? 당신의 팀 내 사역에서 이러한 부분이 어떻게 반영되는가? 당신의 주변 사람들이 이사 알마시 공동체에 '들어온' 여성들과 차이를 인식하는가? 여성들이 믿는 자들의 공동체에 이끌림을 받는가? 어떤 부분에서는 무슬림 여성들이 "기독교인 남자들은 부인과 이혼하지 않는다"는 말을 주워듣고 서로 동경해왔을지 모른다.

사도행전 17:5 "그러나 유대인들은 시기하여 저자의 어떤 불량한 사람들을 데리고 떼를 지어 성을 소동하게 하여……."

여러분 중 많은 분들이 위의 성처럼 불안한 도시에서 살아가고 있는 것처럼 보인다. 여러분은 우리에게 모델이 되는 바울의 팀과 함께 동일시함으로 자신을 격려하겠는가? 왜냐하면 바울과 그 팀은 '*끄트머리*'에 있었다고 느끼고 있었기 때문이다(고전 4:9-13). 당신은 그리스도를 따르는 작은 교회의 시작에 대한 과격한 반응이, 그들이 포기하게 되거나 '생명을 보존하는' 것에 유혹을 받지 않았을까 생각하는가? 왜 하나님은 그들을 '평범한' 신자들에게 조언을 주도록 하지 않으셨을까: *"또 너희에게 명한 것같이 조용히 자기 일*

을 하고 너희 손으로 일하기를 힘쓰라"(살전 4:11).

사도행전 17:6 "……천하를 어지럽게 하던 이 사람들이 여기도 이르매."

이러한 선교사들은 현지인들의 전통과 관습을 완전히 뒤엎는다. 우리는 거칠고 분명하지 않고 놀라운 소명을 가졌는가! 그래서 우리를 좋은 사람으로 보기 위해서 그들의 삶 가운데 하나님의 통치를 거부하는 회심하지 않는 사람들을 기대하지 말라. 우리는 마치 좁고 편견이 심하고 오만하고 관용이 없는 첩자, 거짓말쟁이, 심지어 사람들의 삶과 공동체를 파괴하고 있는 사탄의 부하처럼 묘사될 것이다.

6절 "……야손과 몇 형제들을 끌고 읍장들 앞에 가서……."

그들은 그 선교사들을 찾을 수가 없었다. 그래서 그들은 바울을 자기 집에 맞아들인 자를 체포했다. 그들은 노예처럼 야손과 형제들을 묶고 이웃들 앞에서 그들을 모욕하며 거리로 끌고 왔다. 그런 다음, 그들은 풀어주기 전에 야손에게 바울과의 관계를 추궁했다. 우리는 야손이 낸 보석금(9절)이 야손의 몇 달치의 수입이었을 것이라고 추측할 수 있다. 이런! 야손과 그의 친척들은 새로운 종교에 동일시하는 것에 대하여 어떻게 느꼈을까?

한번은 아내가 나에게 이렇게 질문했다. "우리는 왜 다른 사람들을 곤경에 빠뜨리는 일을 할까요?"

> 내가 온 것은 사람이 그 아버지와, 딸이 어머니와, 며느리가 시어머니와 불화하게 하려 함이니 사람의 원수가 자기 집

안 식구리라(마 10:35- 36).

전날에 너희가 빛을 받은 후에 고난의 큰 싸움을 견디어 낸 것을 생각하라 혹은 비방과 환난으로써 사람에게 구경거리가 되고 혹은 이런 형편에 있는 자들과 사귀는 자가 되었으니 너희가 갇힌 자를 동정하고 너희 소유를 빼앗기는 것도 기쁘게 당한 것은 더 낫고 영구한 소유가 있는 줄 앎이라(히 10:32-34).

"내가 어쩌면 이를 알까 하여 생각한즉 그것이 내게 심한 고통이 되었더니 하나님의 성소에 들어갈 ***때에야*** *그들의 종말을 내가 깨달았나이다"* (시 73편 전체를 읽어보라.).

사도행전 17:7 "……이 사람들이 다 가이사의 명을 거역하여 말하되 다른 임금 곧 예수라 하는 이가 있다 하더이다 하니."

당시 퍼져 있던 메시지는 단순히 예수님이 (여러 선택 중에 할 수 있는 다른 종교에 있는) 구원자가 아니라, 모든 사람들이 무릎을 꿇고 경배해야 하는 만왕의 왕이라는 사실을, 이 고소를 통하여 추론할 수 있다(빌 2:10). 예수님은 우리의 ***최종*** 권위이다. 우리 부모님이 원하시는 것 위에, 또는 우리 공동체의 동료의 압박 위에 있는, 또는 우리의 통치자 위에 있는, 또는 세상에서 가장 힘 있는 사람—가이사보다 위에 있는 권위이다. 초기 기독교인들이 고문을 받고 반역죄로 처형을 당했던 것은 당연하다. *"나라가 임하시옵고 뜻이……땅에서도 이루어지이다"*는 그들의 매일의 기도였다.

당신과 당신의 동역자들은 당신 주변에 있는 사람들이 하는 똑같은 고소에 어떻게 민감하겠는가?

사도행전 17:10 "밤에 형제들이 곧 바울과 실라를 베뢰아로 보내니……."

우리는 언제 사역지를 떠나야 하는가? 우리가 섬겨온 형제들이 우리가 떠나야 한다는 동의를 가질 때가 아닌가 한다. 우리는 우리의 왕이신 주님께서 그들을 통하여 우리에게 말씀하실 수 있다고 신뢰할 수 있는가? 그러나 양들이 적절한 섬김을 한다는 것을 보는 것은 여전히 우리의 책임이다.

바울과 실라가 빌립보를 떠나야만 했을 때, 그들은 누가를 장기 사역자로, 디모데를 단기 사역자로 남겨두었다. 그 후 디모데도 베뢰아에서 바울과 실라와 합류할 때, 목양적 돌봄을 누가의 손에 남겨두고 떠나왔다(행 17:14). 디모데는 '남은 일을 정리하기 위해서'(딛 1:5를 보라) 데살로니가에서 처음으로 남겨져 '후속조치' 에 대한 책임을 맡게 되었다. 왜냐하면 그곳에서는 디모데가 바울 팀의 한 일원으로서 지역 경찰에게는 알려지지 않았기 때문이었다.

사도행전 17:11 "베뢰아에 있는 사람들은 데살로니가에 있는 사람들보다 더 너그러워서 간절한 마음으로 말씀을 받고 이것이 그러한가 하여 날마다 성경을 상고하므로."

바울이 디모데에게 '충성된 사람들을 맡긴다' 고 권했을 때, 그는 그들이 베뢰아에서 발견한 것처럼 사람들을 의도했다. 너그럽다는 것은 '옳은 것에 대한 강박' 편견으로부터 자유롭다는 것이고, 진리가 인도하는 곳이라면 어디든 진리를 따르기로 준비된 것이다. 너그럽다는 것은 진심으로 하나님을 사랑한다는 의미를 포함하는데, 그래서 우리는 어떤 사람의 주장을 성경의 분명한 가르침과 자세히 비교할 것을 주장한다.

이것은 교회가 모이는 장소에다가 붙여놓아야 할 말씀이다. 당신은 "하나님의 말씀, 성경이 이 주제에 대하여 무엇을 말하고 있는가?" 라고 먼저 질문하기보다, 더 중요한 어떤 습관을 신자들에게 심어줄 수 있는가? 심지어 선교사들은 종종 권위 있게 말하는 '유명한 복음주의자' 의 가르침보다 더 성경이 우리의 처음이자 마지막 권위가 됨을 보여주는 것을 잊어버린다.

사도행전 17:12 "그 중에 믿는 사람이 많고……."

베뢰아 사람들은 성경에서 배워온 것을 보았기 때문에 하나님께서 그들에게 믿음을 허락하셨다. "*그러므로 믿음은 들음에서 나며 들음은 그리스도의 말씀으로 말미암았느니라*"(롬 10:17).

사도행전 17:13 "그러나……."

누가는 믿음의 돌파를 해야 할 때마다, 우리의 대적이 반대를 '조장하고 휘젓는다' 는 것을 우리에게 계속해서 상기시킨다.

사도행전 17:14 "……실라와 디모데는 아직 거기 머물더라(베뢰아에)."

다시 눈에 띄는 리더 바울은 '형제들' 에 의해 추방당한다. 이때 바울은 디모데와 실라가 새 교회를 세우기 위해 베뢰아에 남아 있어야 한다고 결정했다.

사도행전 17:15 "바울을 인도하는 사람들이 그를 데리고 아덴까지 이르러 그에게서 실라와 디모데를 자기에게로 속히 오게 하라는 명령을 받고 떠나니라."

바울은 분명히 계속 성장하는 새 교회를 위한 충분한 도움을 뒤로 하는 것과 홀로 사역하지 **않는** 것 사이에서 고민했다. 그는 아마도 아덴에서 홀로 사역하는 것에 대해서 위험에 처하기 쉽겠다고 느꼈을 것이다. 바울이 아덴을 홀로 여행하지 않았음을 보는 것은 흥미롭다. 적어도 베뢰아에서 온 두 형제는 바울과 동반했다(누구의 비용으로?). 당신은 바울이 그들을 제자화하기 위해서 며칠 더 여행할 기회를 가졌다고 생각하는가?

분명히 사도들은 최소 둘씩 보내셨던 주님의 명령을 진지하게 받아들였다. 왜 우리는 한 가정으로 사역을 하도록 격려하는가? 남편과 아내는 하나다. 성경은 가르치기를 둘이 아니라고 한다. 많은 사람들이 위험할 정도로 이 원리를 무시해왔다.

마가복음 6:7 - *"열두 제자를 부르사 둘씩 둘씩 보내시며 더러운 귀신을 제어하는 권능을 주시고."*

누가복음 10:1 - *"그 후에 주께서 따로 칠십 인을 세우사 친히 가시려는 각 동네와 각 지역으로 둘씩 앞서 보내시며."*

사도행전 17:16 - "바울이 아덴에서 그들을 기다리다가 그 성에 우상이 가득한 것을 보고 마음에 격분하여."

다시 안식일날 사역하기 위해서 바울이 회당에 있었다(17절). 그러나 혼미한 상태 가운데 벌어지고 있는 시장들을 배회하면서 바울은 팀원이 없이 유명한 도시 아덴에서 도시의 헬라인들에게 도전하는 것에 대해 꺼렸겠는가? (행 18:9를 보라.) 우리는 바울이 여러 감정으로 두려워했다는 것을 잊어버린다. *"내가 너희 가운데 거할 때에 약하고 두려워하고 심히 떨었노라"*(고전 2:3).

그러나 바울이 아덴에서 "그의 눈을 들어 수확할 곳을 보면 볼수록," 바울은 이른바 철학적이고, 논리적인 사람들이 사탄에게 속은 것을 보고 분노했다. 분명히 바울은 아무리 경건한 사람들에 의한 종교라 할지라도 '그들에게는 충분' 하다고 생각하지 않았다. 그가 생각한 첫 번째 말씀은 "나 외에 다른 신을 네게 두지 말지니라"였다.

그래서 바울은 두려움을 극복할 수 있도록 하나님의 은혜를 구하며 주님을 바라보기로 결심했다. 바울은 *"회당에서는 유대인과 경건한 사람들과 또 장터에서는 날마다 만나는 사람들과 변론"*(17절)하기 시작했다.

역사에서 기독교인들이 교회 건물을 세우고 예배를 시작해서 마치는 데까지 60분에서 90분까지 하며, 그냥 점잖게 들어오고 앉아서 듣는 사람들에게만 사역하는 것을 언제부터 시작했는가? 그런 방식이 어떻게 '세상의 빛' 이 될 수 있는가?

빌립보서 2:15 - *"이는 너희가 흠이 없고 순전하여 어그러지고 거스르는 세대 가운데서 하나님의 흠 없는 자녀로 세상에서 그들 가운데 빛들로 나타내며."*

내 주변의 이웃들이 내가 ***그들이*** 정하는 어떤 시간, 어떤 장소에서건 이사 알마시 그분과 그분이 하신 일에 대하여 분명히 말할 준비가 되었는지 어떻게 아는가?

사도행전 17:18 "어떤 에피쿠로스와 스토아 철학자들도 바울과 쟁론할새……."

사랑한다는 것은 그들이 공산주의자건, 시아파이건, 수니파이건, 수피건, 브라만이건, 불교도이건, 뉴에이지이건 간에 당신의 얘기를 듣는 청중과 공통으로 나눌 수 있는 데서부터 시작할 준비를 한다는 것이다. 그리고 사랑한다는 것은 차근차근 오직 성경만이 인간의 궁극적인 질문에 대해서 충분히 답해 줄 수 있다는 것을 보여주는 방향으로 사람들을 이끌어가는 것이다. 당신이 품기로 한 사람들에게 '예수님과 부활'의 메시지에 대한 생각이 이해가 되는지 안 되는지 물어보라. 그들이 '예수님과 부활'의 메시지를 그들의 필요와 관련이 있다고 보는가?

사도행전 17:19 "그를 붙들어 아레오바고로 가며 말하기를 네가 말하는 이 새로운 가르침이 무엇인지 우리가 알 수 있겠느냐."

많은 민감하고 예의바른 주의 종들이 복음을 나눔으로 사람들을 이해하며 힘들게 하고 싶지 않아하거나, 사생활에 대한 사람들의 권리를 방해하거나 한다. 사실 우리는 우리가 믿고 있는 바를 알려주도록 ***청함을 받기*** 위해, 상황을 조정하기 위해 문을 여시는 하나님을 볼 때 우리는 상당히 강한 위치에 있다.

주목해 보라. 바울은 로마제국에서 가장 유명한 '연설대' 가운데 하나인 아레오바고에서 얘기하도록 초대를 받았다. 그곳은 가장 그리고 최고로 신뢰할 수 있는 웅변가들이 자신의 생각을 나누는 장소였다. 무엇이 당신의 상황과 비슷한가? 당신의 팀에서는 바울과 같이 구도자들에게 청함을 받고 그들의 집에서건 그들의 캠퍼스에서건 나눔을 할 수 있도록 기도하고 있는가? (34절을 보라.)

터키에 있는 한 사역자는 무슬림의 신학교에서 가르칠 뿐만 아니라, 자유로운 무슬림 잡지에 그리스도의 가르침에 대해서 아티클을 여러 번 쓰기도 하며, 초대를 받았다. "*……너희가 얻지 못함은 구하지 아니하기 때문이요*"(약 4:2)라는 말씀과 같지 않기를…….

사도행전 17:21 "……듣는 것 이외에는 달리 시간을 쓰지 않음이더라."

우리가 접촉하는 사람들의 아주 적은 퍼센트가 진실한 구도자이다. 그런 사람들은 어디에서건 진리가 이끌어 진리를 원하는 사람들이다. 그런데 당신을 단지 흥미의 대상으로, 미래의 가능성 있는 도움을 받을 대상으로, 또는 지루한 삶에서 벗어나 외국인과 우정을 나누기 원하는 대상으로 인식하는 사람들에 의해서 시간을 소모하지 않도록 조심하라.

어떤 시점에서, 우리는 하나님의 말씀을 '옥토'(마 13:8)에 가져가기 위해서, 사람을 구조하기 위해서 하나님으로부터 보냄을 받은 자라는 사실에 대해서 분명히 해야 한다. 당신은 창조자이자 심판자이신 하나님과 화목하기를 원하는 사람들이 있을 때마다 기꺼이 자신을 내어줄 수 있다는 것을 이해하도록 도와주라. 그들도 메시아를 무시함의 결과를 느낄 수 있다는 것을 그들의 언어로 그러한 방법으로 30-31절 아래로 전개시켜라.

아덴에서는 사도들이 행한 '기적과 이사'가 없었다는 보고에 주목하라. 이것은 '진리 대결'이 '능력 대결'보다 아덴의 철학자들에게는 더 필수적이었기 때문인가?

사도행전 17:23 "그런즉 너희가 알지 못하고 위하는 그것을 내가 너희에게 알게 하리라."

"율법 없는 자에게는……율법 없는 자와 같이 된 것은"(고전 9:21)이라고 쓴 바울은 아덴에서 진리를 고민하는 것 때문에 그들에게 익숙한 모양을 이용함으로써 어떻게 듣는 자에게 맞추었는지 보여주고 있다. 바울은 시장에서 철학자들을 만났다. 그는 각자의 철학의 선포로 세상에서 가장 유명한 무대인 아레오바고로 가는 문을 열어달라고 주님을 바라보았다. 그는 아덴 사람들의 제단 중의 하나인 '알지 못하는 신' 을 시작으로 아덴 사람들의 시인들 중의 한 사람으로부터 한 구절을 인용했다(28절).

아랍의 한 친구가 우리는 우리가 품고 있는 사람들의 지역 속담과 격언과 그것을 통해서 구속적 유사를 표현하도록 배워야 한다고 가르쳤다. 이 방법은 '이상한 가르침' 을 이상하지 않게 들리도록 하는 것이지만, 그들의 전통이 바라는 것을 우리가 가지고 있다는 것을 보여주는 것을 목표로 한다.

사도행전 17:24 "우주와 그 가운데 있는 만물을 지으신 하나님께서는……."

가능한 한 빨리 바울은 삶과 신에 대한 속담 또는 철학적인 개념으로부터 그들이 심판날에 개인적으로 직면해야 하는 분이시자 그곳에도 계신 한 분이시자 참 신이신 창조자 하나님께 초점을 맞추도록 넘어가길 원했다.

27절 핵심과 목표는 ***'그들이 한 분이신 하나님을 구하여야 한다"***는 것이다. 심지어 ***"하나님을 더듬어"***(아덴 사람들이 흑암 중에 있다는 것을 암시) 그리고 ***'그분을 찾아'*** 야 한다는 것이다. 바울은 단순히 비인격적인 생각 또는 사상의 분파들과 토론하려고 하지 않고 살아 계신 하나님을 ***만나도록*** 했다.

사도행전 17:25 "또 무엇이 부족한 것처럼 사람의 손으로 섬김을 받으시는 것이 아니니……."

여기에 아덴 사람들을 위한 엄청난 변화가 있다. 그들의 신들은 섬김을 받고 조직화되는 것이 필요했고, 신들을 위해 지어진 제단과 사원이 필요했다. 한 분이신 하나님은 모든 사람들이 그들의 길에서 멈추도록 부르고 계신다. 그리고 ***그들의*** 종교적인 개념과 예술(29절)을 그들의 라이프스타일에 맞추는 것을 멈추도록 그리고 하나님이 누구신지, 하나님이 원하시는 것과 순종하는 것이 무엇인지 알도록 부르고 계신다.

사도행전 17:26 "인류의 모든 족속을 한 혈통으로 만드사 온 땅에 살게 하시고 그들의 연대를 정하시며 거주의 경계를 한정하셨으니."

바울이 우리는 모두 한 조상으로부터 왔다고 주장함으로써, 헬라인이 소중히 여겨온 '민족주의', '엘리트주의' 의 종교를 한방에 무너뜨렸다. 그러므로 우리는 모두 동일하다. 게다가, 그들의 서사시에서 묘사된 '영광스런' 승리와 패배들은 (누구든 자랑하지 못하게 하려고) 단지 하나님의 목적에서부터 나온 창조자의 일하심을 반영한다. 역사는 하나님의 이야기이다.

사도행전 17:30 "알지 못하던 시대에는 하나님이 간과하셨거니와 이제는 어디든지 사람에게 다 명하사 회개하라 하셨으니."

누가는 메시지의 요약을 주고 있다. 하나님은 그들이 어둠과 무지에서 사는 것을 허락하셨다(그들이 세계에서 누구보다 더 빛을 가지고 있다고 믿었던 사람들에게는 어려운 메시지). 그러나 하나님은 더 이상 어둠과 무지를 허락하지 않으실 것이다. 빛이 왔다. 단지 유대인과 정령신앙자만 아니라 **모든** 사람들이 지금 멈출 때이다. 그리고 그들은 잘못된 정보를 받았다는 것(무지했다는 것)을 깨달아야 할 때이고, 창조자에게 초점을 맞추고 그에게 "당신은 나에게 무얼 하기 원하시는가?" 라고 물어야 할 때이다(행 9:6; 22:10). 교육을 받고 세련된 헬라인들은 그들 자신의 철학자들과 전통을 따르는 것과는 반대가 되는 그리스도 안에서 하나님께 순종하도록 부름을 받았다.

사도행전 17:31 "이는 정하신 사람으로 하여금 천하를 공의로 심판할 날을 작정하시고……."

역사는 순환적인 것도 아니고, 의미가 없는 것도 아니다. 역사는 우리가 얼굴과 얼굴을 맞대어 우주의 심판자, 창조자를 만나야 하는 때 그날에 마친다. 이것은 우리가 동의하지 않는 것을 기분 좋게 동의하는 철학적인 토론이 아니라, 극도로 심각한 일이다.

31절 "정하신 사람으로……."

바울은 *'길이요 진리요 생명'* 이라고 주장하는 그리스도를 나타내는 일을 했다. 아무도 그리스도를 통하지 않고서는 아버지이며 창조자이신 하나님께 나올 수 없다(요 14:6; 딤전 2:5-6). 아덴 사람들은 절대적으로 이 사람이 누구인지 아는 것을 필요로 했다.

31절 "……이에 그를 죽은 자 가운데서 다시 살리신 것으로 모든 사람에게 믿을 만한 증거를 주셨음이니라 하니라."

증거는 이렇게 사고하는 사람들에게 매우 중요한 것이다. 오순절날 사도들처럼 바울은 동의했다. 그리고 우리는 그것을 가졌다. 수천 명의 사람들이 예수님이 죽으신 것을 보았다. 500명 넘는 사람들이 예수님이 죽음을 정복하신 후 40일 동안 예수님과 함께 먹고 이야기했다(고전 15:6).

당신은 왜 예수님이 하나님께 가는 유일한 길이라고 믿는지 아는가? 당신은 어떻게 당신이 품은 사람들에게 그것을 잘 설명해줄 수 있는가? 당신은 변증학을 더 손질할 필요가 있는가? 조쉬 맥도웰이 쓴 Evidence That Demands a Verdict《평결을 요하는 증거》를 통해 일하라. 프랜시스 쉐퍼의 작품들은 많은 사람들에게 아주 도움이 될 만하다. 당신은 왜 예수님이 죽으셨고 죽은 자 가운데서 살아나셨는지 그 이유를 적어도 네 가지를 준비해라. (벧전 3:15를 보라.)

사도행전 17:32-34 "……어떤 사람은 조롱도 하고 어떤 사람은 이 일에 대하여 네 말을 다시 듣겠다 하니."

사람들은 자기 문화 아래에 (성경에 의해 묘사된 것처럼) 아주 동일하다. 어떤 사람은 조롱한다. 어떤 사람들은 진리와 그것의 의미에 대하여 심각하게 의도함 없이 친구로서 머물기도 한다. 그러나 왕은 ***몇몇을*** 그의 잔치에 얻을 것이다. 그는 모든 ***민족***에서뿐만 아니라, 모든 ***도시***에서 '남은 자'를 부르고 계신다. 아덴에서 교회의 탄생을 만나라.

32-34절 "……몇 사람이 그를 가까이하여 믿으니 그 중에는 아레오바고 관리 디오누시오와 다마리라 하는 여자와……."

당신을 디오누시오와 또는 다마리에게로 인도할 아버지 하나님을 계속해서 신뢰하라. 마태복음 7장 7절은 말한다. "*구하라 그리하면 너희에게 주실 것이요 찾으라 그리하면 찾아낼 것이요 문을 두드리라 그리하면 너희에게 열릴 것이니.*" 디오누시오는 여러 주 동안 아레오바고에서 그리스도를 선포하는 것을 계속한 웅변가의 특별한 그룹의 멤버였는가?

18장

사도행전 18:1-3 "그 후에 바울이 아덴을 떠나 고린도에 이르러 아굴라라 하는 본도에서 난 유대인 한 사람을 만나니 글라우디오가 모든 유대인을 명하여 로마에서 떠나라 한 고로 그가 그 아내 브리스길라와 함께 이달리야로부터 새로 온지라 바울이 그들에게 가매 생업이 같으므로 함께 살며 일을 하니 그 생업은 천막을 만드는 것이더라."

바울은 '세속 직업' 과 '전임 사역' 사이에 자세한 설명을 하지 않았다. 대부분의 랍비들처럼, 그는 무역을 했다(가죽으로 일을 했다?). 그래서 그의 수입이 바닥날 때, 그는 일을 찾았다. 같은 업종의 길드 사람들은 지금도 같은 이웃 근처에 모여 있고, 보통 그들의 가정에 연결된 방에서 일을 한다. 그래서 사람들은 같은 업종이 어디에 있는지 알아볼 수 있다.

누가는 아굴라와 브리스길라의 그리스도께로의 회심을 언급하지는 않는다. 그러나 우리는 바울과 그들이 가죽제품을 만듦으로써 그의 전반적 삶의 이유가 *"십자가에 못 박힌 그리스도를 전하는"* 것이었음을 설명하는 것이 아주 자연스러움을 추측할 수 있다(고전 1:23).

사도행전 18:4 "안식일마다 바울이 회당에서 강론하고 유대인과 헬라인을 권면하니라."

바울은 팀원으로부터, 동료에게 받는 압박이 전혀 없음에도 불구하고, 지속적이면서, 성실하게 보이는 전도를 하며 *'달려갔음'*에 주목하라(빌 3:14). 5절과는 대조적으로, 바울은 홀로 있을 때는 제자 삼는 일을 하고 싶어하지 않았던 듯하다. 그는 꽤 지쳤을지도 모른다. 우리는 9절에서 다시 두려움과 싸우고 있는 것을 보게 된다. 그러나 그는 고린도전서 9장 16-17절에 설명한 삶을 살아간다.

"내가 복음을 전할지라도 자랑할 것이 없음은 내가 부득불 할 일임이라 만일 복음을 전하지 아니하면 내게 화가 있을 것이로다. 내가 내 자의로 이것을 행하면 상을 얻으려니와 내가 자의로 아니 한다 할지라도 나는 사명을 받았노라."

분명히 아굴라와 브리스길라는 설득함을 받은 자 가운데 있었다. '중요' 또는 '전략적'으로 보이지 않는 이 부부는 바울이 하나님께서 그들을 그의 사역의 지경에 함께 일하게 하셨다고 믿었기 때문에 *"우리가 그를 전파하여 각 사람을 권하고 모든 지혜로 각 사람을 가르침은 각 사람을 그리스도 안에서 완전한 자로 세우려"*(골 1:28)는 목표를 가진 자에 의해 제자화되었다.

사도행전 18:5 "실라와 디모데가 마게도냐로부터 내려오매 바울이 하나님의 말씀에 붙잡혀 유대인들에게 예수는 그리스도라 밝히 증언하니."

그러나 바울이 그의 팀 동료의 새롭게 된 교제로 담대하게 되었을 때, 그는 단순히 이성과 설득 이상으로 권하려고 부자연스러움을 느꼈다(나는 바울이 단지 복음 *'나누는'* 것을 고려하고 있었다는 것에 의문이 든다.).

성령의 능력의 새로운 호흡과 함께 바울은 갑자기 자신을 훨씬 더 예언자적 자세로 선포할 수 있도록 그를 사로잡는 긴박감을 느꼈다. 이것은 바울이 '지혜의 우월성' 과 '예수 그리스도와 그가 십자가에 못 박히심 외에는 아무것도 알지 않기로 결정함' 으로부터 전환하기로 결정한 때인가? 아마도 "보라 지금은 은혜 받을 만한 때요 보라 지금은 구원의 날이로다"(고후 6:2)라는 생각과 함께, 바울은 예수님이 유일한 소망이요, 유일한 구원자임을 유대인에게 경고한 것인가?(고후 2:1-2)

당신을 시험하여 보라. 당신은 당신의 말을 듣는 자에게 똑똑해 보이기를 시도하고 있는가? 당신은 듣는 자가 *"또 하나님과 사람 사이에 중보자도 한 분이시니 곧 사람이신 그리스도 예수라"*(딤전 2:5)는 것을 알도록 깨워주는 것보다 그들이 당신을 존경하는지 아니면 당신을 거절하는지에 더 관심을 두는가?

사도행전 18:6 "그들이 대적하여 비방하거늘 바울이 옷을 털면서 이르되 너희 피가 너희 머리로 돌아갈 것이요 나는 깨끗하니라 이후에는 이방인에게로 가리라 하고."

다른 철학들 또는 종교들을 따르는 사람들은 종종 이야기를 듣는 것과 방문한 당신을 흥분하게 하는 것에 관심을 갖는다. 그러나 당신이 그들의 전통은 쓸모없다고 가르치는 것이 그들에게 분명해질 때, 분노와 보복이 일반적인 반응이다. 회당의 지도자들 중 몇몇은 나사렛 예슈아(Yeshua)는 가짜이고 사기꾼이고, 그는 구원자가 된다는 외침을 하지 않았다고 주장하기 시작했다. 그들은 역시 회개할 필요도 없다고 보았다. 그들은 의로운 자들이었다.

6절 "……이 후에는 이방인에게로 가리라 하고."

부정적이고, 반대하고, 닫혀 있고, 자기 의를 가진 마음을 위해 할 수 있다고 하지만 진리를 찾는 자들에게 눈을 돌리고 거룩하신 하나님이 받아들이기를 바라는 자는 더 이상 없었다.

이것은 그동안 바울이 일부 이방인들을 포함하여 주로 유대인들 가운데서 교회 개척자 역할을 했지만 이제는 주류의 사람들에게 초점을 두게 함으로써 유대인들을 위해 열린 문을 떠나도록 바울의 마음을 바뀌게 한 전환점이었는가?

사도행전 18:7 "거기서 옮겨 하나님을 경외하는 디도 유스도라 하는 사람의 집에 들어가니 그 집은 회당 옆이라."

마태복음 10장 11절을 실천하면서 바울은 찾는 자들에게 자신의 집을 여는 존경받는 사람을 찾았다. 우리는 바울의 새 가정교회가 ***회당 바로 옆에*** 세워졌다는 것에 바울의 얼굴에서 작은 미소를 볼 수 있는가? 도보로 갈 수 있는 거리 안에서 모임 장소를 갖는 것은 탁월한 원리이다.

아마도 바울은 그리스도의 나라의 새로운 공동체에 접근하기 위해서 말하기는 두렵지만 비밀리 믿는 유대인들을 원했다. '비밀 구도자들' 은 새로운 문제가 아니었다. 지금도 아니다. 요한복음 9장 22절을 보자. *"그 부모가 이렇게 말한 것은 이미 유대인들이 누구든지 예수를 그리스도로 시인하는 자는 출교하기로 결의하였으므로 그들을 무서워함이러라."*

사도행전 18:8 “또 회당장 그리스보가 온 집안과 더불어 주를 믿으며…….”

소수의 정직한 유대인 지도자들을 계속 접촉하며 일하는 것이 바울의 계획인 것처럼 보인다. 오늘날 무슬림, 불교도 또는 힌두교도의 상황에서처럼, 그리스보의 생명 또는 가족들이 위험에 처했는가? 바울은 그리스보에게 그리스보가 그의 온 가족을 데리고 오기까지 그 길(예수 그리스도)을 확인하지 않도록 훈계했는가? 그리스보는 어떻게 그의 가족을 데리고 오도록 계획했을까?

8절 “……수많은 고린도 사람도 듣고 믿어 세례를 받더라.”

“유대인은 표적을 구하고 헬라인은 지혜를 찾으나 우리는 십자가에 못 박힌 그리스도를 전하니 유대인에게는 거리끼는 것이요 이방인에게는 미련한 것이로되 오직 부르심을 받은 자들에게는 유대인이나 헬라인이나 그리스도는 하나님의 능력이요 하나님의 지혜니라”(고전 1:22-24).

아직 복음에 반응하지 않는 사람들 가운데 일하는 우리 모두는 8절을 읽을 때 좌절감이 아니라면 부러움을 느끼게 되는 유혹을 받는다. 하나님은 그때 더 자비로우셨는가? 그때 고린도인들은 왜 지금 당신이 품고 있는 사람들보다 더 반응을 잘 하는가?

우리가 ‘십자가에 못 박힌 그리스도를 전하고’ 있다고 해보자. 그것이 의미하는 바가 무엇인지 여러분 가운데 토론해보라. 하고 있는 것이 당신의 한가운데에 무엇처럼 보이는가? 당신의 팀보다 세례에 더 큰 반응을 가지는 것처럼 보이는 사람들이 당신의 지역에 있는가? 당신은 왜 그렇다고 추측하는가?

사도행전 18:9-10 "밤에 주께서 환상 가운데 바울에게 말씀하시되 두려워하지 말며 침묵하지 말고 말하라 내가 너와 함께 있으매 어떤 사람도 너를 대적하여 해롭게 할 자가 없을 것이니……."

여기 고린도에서 우리는 반대세력을 본다. 그러나 반대는 말로만 그랬다. 바울은 왜 극심한 공포심을 가졌을까? 바울은 왜 주님의 위로함을 받는 특별한 방문이 필요했는가?

우리는 바울이 두려움과 싸우고 있었고, '모든 사람들에게 경고하는 것' 으로부터 조심해야 한다는 유혹을 받았다고 추정할 수 있다. 은혜로우신 하나님은 바울의 발걸음 안에서 따라갈 모든 선교사들에 대하여 생각하고 계셨다. 선교사들이 갑자기 두려워하고 관점을 잃어버리고 '그냥 생존하는 데' 의미를 두도록 유혹받거나 그들의 가르침에 대한 부정적 반응을 피하는 것은 아주 일반적이다. 바울은 여러 번 공격을 받아왔는가? 그는 단지 다른 맹공격에 대처할 수 없다는 것을 느꼈는가?

우리 역시 우리 삶의 한가운데에서 주님이 우리 바로 옆에 계시다는 것을 확신하면서, 바로 그 순간 바른 인도하심으로 그리고 최선으로 우리에게 말씀하실 주님을 의지할 수 있다. 적어보라. 그리고 우리와 함께하시고 구원하실 것이라는 그분의 많은 약속들 안에 머물라.

열왕기하 17:39 - *"오직 너희 하나님 여호와만을 경외하라 그가 너희를 모든 원수의 손에서 건져내리라 하셨으나."*

시편 50:15 - *"환난 날에 나를 부르라 내가 너를 건지리니 네가 나를 영화롭게 하리로다."*

예레미야 42:11 - *"여호와의 말씀이니라 너희는 너희가 두려워하는 바벨론의 왕을 겁내지 말라 내가 너희와 함께 있어 너희를 구*

원하며 그의 손에서 너희를 건지리니 두려워하지 말라."

아마도 이번 주 당신의 두려움에 대한 최고의 해결책은 하늘에 계신 아버지 하나님과 당신이 신뢰하는 동역자들과 그것을 나누는 것일 것이다. 그런 다음 당신이 충분히 하나님이 위로하는 임재를 알 때까지 주님과 함께 홀로 조용한 시간을 가지는 것이다. 하나님의 확신으로 북돋우면서, 다음 48시간 안에 누군가에게 십자가의 이야기를 나눌 기회를 달라고 주님께 구하라.

10절 "……이는 이 성중에 내 백성이 많음이라 하시더라."

이 진리는 인도에서, 아랍 세계에서, 영국에 있는 파키스탄 가운데, 우리가 살고 있는 말레이시아에서 수년 동안 나를 북돋워주었다. 우리는 계속해서 전진하고, 계속해서 선포한다. 왜냐하면 하나님이 우리를 지금 이곳에 두셨기 때문이다. 우리는 하나님이 어둠의 권세에서 건져내어 그의 사랑의 아들의 나라로 옮기시기 위해서 ***이미*** 고린도에서 ***'많은 사람' 을 선택***하셨다.

아랍 세계 사역 단체의 아베 위베(Abe Wiebe)가 우리에게 상기시켜 주곤 했던 것처럼, 당신의 임무는 헛고생이 아니다. 당신이 살고 있는 도시에서 일반 대중 가운데서 볼 때, 우리 자비로우신 구원자가 그들 가운데로부터 하나님을 위하는 남은 자를 부르고 계시다는 것을 스스로 상기시켜라. 그것을 믿어라.

사도행전 18:11 "일 년 육 개월을 머물며……."

바울은 왜 아덴 또는 그가 떠나는 날짜를 ***선택***할 수 있었던 다른 도시에서 (즉 바울이 추방으로 고생하지 않았어도 되는 도시) 가졌던 시간보다 고린도에 훨씬 더 오랫동안 머물렀을까? 고린도에 더 머무르는 것이 주님을 ***특별히*** 만난 것으로 감지된 방향의 일부인가? 때때로 주님은 우리의 계획이 설명할 수 있는 전략이 아니라, 단순한 순종에 근거한 방향의 분명한 확신과 함께 우리의 선택에 대한 경중을 깨뜨리신다.

11절 "……그들 가운데서 하나님의 말씀을 가르치니라."

구약성경에서 다윗처럼, 바울은 하나님의 약속들에 의해서 강화되었다. 그래서 *"그들이 또 다른 사람들을 가르칠 수 있으리라"*(딤후 2:2)고 이끌면서, *"경계에 경계를 더하며, 교훈에 교훈을 더하여"* 인내하며 계속 나아가도록 힘을 받았다.

남녀가 구원받는 것은 충분하지 않다. 그들은 효과적으로 하나님의 말씀을 다른 사람에게 전하여 주면서, 하나님의 말씀의 보관소와 같은 신뢰받는 자가 되어야 한다. 당신은 설명적인 가르침에 능숙한 장로들을 계발하고 있는가? 당신은 믿는 자를 ***먼저,*** 하나님의 말씀이 어떤 주어진 주제와 문제에서 무엇을 말씀하시는지 물어보았던 베뢰아 사람들처럼 되도록 도와준 적이 있는가? 열두 사도가 모든 제자를 불러 이르되 *"우리가* ***하나님의 말씀을 (전하는 일****을) 제쳐 놓고 접대를 일삼는 것이 마땅하지 아니하니"*(행 6:2)라고 하였다.

사도행전 12:24 - ***"하나님의 말씀은 흥왕하여 더하더라."***

에베소서 6:17 - *"구원의 투구와 성령의 검 곧* ***하나님의 말씀****을 가지라."*

골로새서 1:25 - *"내가 교회의 일꾼 된 것은 하나님이 너희를 위하여 내게 주신 직분을 따라* ***하나님의 말씀****을 이루려 함이니라."*

히브리서 13:7 - *"**하나님의 말씀을 너희에게 일러 주고** 너희를 인도하던 자들을 생각하며 그들의 행실의 결말을 주의하여 보고 그들의 믿음을 본받으라."*

사도행전 18:12-13 "……유대인이 일제히 일어나 바울을 대적하여 법정으로 데리고 가서 말하되 이 사람이 율법을 어기면서 하나님을 경외하라고 사람들을 권한다 하거늘."

그러나 어둠의 나라에서 온 반대는 조만간 끈질기게 돌아온다. 다른 독립체들이 보통은 서로서로 미워하다가도 빛의 사자들을 대항해서는 동맹을 이루는 것이 흥미롭다. 경찰서에 가서는 변덕스럽다.

사도행전 18:14 "바울이 입을 열고자 할 때에……."

바울은 도시의 권세자들을 다루는 데 많은 경험을 가졌다. 주 예수를 전하려는 그의 말은 (행 9:15를 보라) 비록 그가 이번 기회에 전하는 기회를 얻지 못할지라도 준비가 되었다. 우리가 직면하게 될 때, 우리는 '그들의 귀에 울림이 되는 말' 을 남기기 원하는 말씀과 함께, 더 준비하고 더 사려 깊어져야 한다.

사도행전 18:17 "모든 사람이 (모든 헬라인들이) 회당장 소스데네를 잡아 법정 앞에서 때리되……."

바울의 하늘 아버지 하나님은 '바울에게는 충분하다' 고 생각하셨음에 틀림없다. 그래서 하나님은 군중을 바울이 아니라 그의 대적, 닫힌 마음을 가졌던 유대인 회당장에게로 원인을 돌리도록 하셨다. 이러한 약속의 말씀을 묵상하고 많이 기뻐하라.

시편 6:10 - *"내 모든 원수들이 부끄러움을 당하고 심히 떪이여*

갑자기 부끄러워 물러가리로다."

시편 7:6 - *"여호와여 진노로 일어나사 내 대적들의 노를 막으시며 나를 위하여 깨소서 주께서 심판을 명령하셨나이다."*

시편 18:48 - *"주께서 나를 내 원수들에게서 구조하시니 주께서 나를 대적하는 자들의 위에 나를 높이 드시고 나를 포악한 자에게서 건지시나이다."*

시편 31:15 - *"나의 앞날이 주의 손에 있사오니 내 원수들과 나를 핍박하는 자들의 손에서 나를 건져주소서."*

시편 56:9 - *"내가 아뢰는 날에 내 원수들이 물러가리니 이것으로 하나님이 내 편이심을 내가 아나이다."*

시편 108:13 - *"우리가 하나님을 의지하고 용감히 행하리니 그는 우리의 대적들을 밟으실 자이심이로다."*

시편 118:7 - *"여호와께서 내 편이 되사 나를 돕는 자들 중에 계시니 그러므로 나를 미워하는 자들에게 보응하시는 것을 내가 보리로다."*

시편 119:98 - *"주의 계명들이 항상 나와 함께 하므로 그것들이 나를 원수보다 지혜롭게 하나이다."*

시편 143:9 - *"여호와여 나를 내 원수들에게서 건지소서 내가 주께 피하여 숨었나이다."*

시편 143:12 - *"주의 인자하심으로 나의 원수들을 끊으시고 내 영혼을 괴롭게 하는 자를 다 멸하소서 나는 주의 종이니이다."*

사도행전 18:18 "바울은 더 여러 날 머물다가……."

우리의 하늘 아버지는 때때로 우리를 옮기신다. 그리고 때때로 반대에도 불구하고 우리가 있을 곳을 바른 길로 계속해서 인도하시기 위해 우리를 위하여 그 길을 깨끗하게 하신다. *"주신 이도 여호와시요 거두신 이도 여호와시오니 여호와의 이름이 찬송을 받으실지니이다"*(욥 1:21). 휴식을 가져라. 만약 당신이 전적으로 당신의 삶에서 그에게 '마지막 말씀' 을 인정하는 것을 받았다면, 당신이 거기에 있기로 하는 한, 당신이 있기로 한 당신의 아버지는 그곳에 당신을 두실 것이다.

18절 "……형제들과 작별하고 배 타고 수리아로 떠나갈새 브리스길라와 아굴라도 함께 하더라……."

바울이 다른 사람들과 함께 새로운 신자들을 남겨두고 떠나는 것에 확신을 가지자마자, 그는 하나님의 목적이 성취되기 위해서 사도가 하나님의 교회가 없는 나라를 향해 가서 교회가 반드시 있어야 할 것을 구하며, 누군가가 거저 주었던 것처럼 복음을 전하러 갔다.

바울은 사역이 배가 되고 제자 삼는 자를 계속 재생산해내는 것에 대한 필요를 느끼면서, 바울은 브리스길라와 아굴라가 자신의 교회를 심는 개척 작업과 강화하는 사역에 연관짓게 하기 위해 도전했다. 그들은 가정을 세우고, 괜찮은 삶을 영위하는 것이 아니라, 하나님의 교회를 위해, 하나님의 목적을 성취하기 위해 지구상에 있었다. 그래서 하나님에 의한 배고픔에 이골이 나 있는 상태에서, 그들은 그들의 가족과 다음 사역지인 에베소로 이사했다.

18절 "……바울이 일찍이 서원이 있었으므로 겐그레아에서 머리를 깎았더라."

예루살렘에서 '법 아래' 있는 자들에게 사역을 기대하면서(고후

9:20), 바울은 그들에 의해 청문회로 가게 될 것이라는 사실을 알았다. 진짜 선교사로서 바울은 문화 안팎으로 드나들 수 있었다. 적절한 표현, 옷, 머리모양, 성경의 사용 그리고 그들이 진리를 받을 사람에게 중요한 사람이 되어 무엇이라도 취할 수 있었다. 바울은 그들이 시작하는 고민이 무엇이라 할지라도 어떻게 성경이 그들의 기본적 탐구(궁금증)에 답할 수 있는지 보여주기 원했다.

사도행전 18:19 "에베소에 와서 그들을 거기 머물게 하고 자기는 회당에 들어가서 유대인들과 변론하니."

어떻게 이 선교사가 생각하고 있는지 이해하도록 노력해보라. 물론 바울은 새롭고 전략적인 도시, 에베소에서 교회가 심겨지는 것을 보기 원했다. 반면에 성령은 바울이 영적으로 목마른 자들이 가장 열릴 것이라고 믿을 때, 특별한 거룩한 날을 위해 바울을 예루살렘에 있도록 이끌어 가셨다. 그래서 바울은 신실한 제자들, 브리스길라와 아굴라가 자신이 돌아올 때까지 '전시적 생활방식' (그들은 장막을 짓는 자들*이었다*)으로 그들의 가족과 새로운 도시로 이사와서 사역의 시작을 위해 훈련시켰다. 바울이 도시를 떠나기 전, 새 선교사 부부가 '유대인들과 변론하는 것' 을 하기 원함을 모델로 보여주었다. 만약 당신이 그것을 어떻게 하는지 그들에게 보여주지 않았다면, 당신의 제자들이 효과적으로 사역하기를 기대하지 말라.

사도행전 18:20-21 "여러 사람이 더 오래 있기를 청하되 허락하지 아니하고 작별하여 이르되 만일 하나님의 뜻이면 너희에게 돌아오리라 하고 배를 타고 에베소를 떠나."

바울은 여기에서 좀 아이러니한 것을 느꼈음에 틀림없다. '주님이 나를 움직이실 때 사람들은 왜 마음이 열리는가? 그리고 내가 주님의 이름을 선포할 시간이 있을 때 권세자들이 왜 나를 움직이는가?' (비자를 취소하는 등) 그러나 바울은 하나님이 에베소에서 첫 교회가 개척되기를 원하셨다는 것을 여전히 알고 있었다. 그래서 그는 비록 경험이 없는 자일지라도 거기에 몇 명의 팀원, 브리스길라와 아굴라를 남겨두었다.

브리스길라 부인이 처음으로 언급되었다는 사실에 주목하라. 부인이 신약성경에 언급되는 것은 흔하지 않은 일이다. 그래서 브리스길라가 언급되었다는 것은 주목할 만한 표시이다. 브리스길라는 리더십의 은사와 함께 더 외향적이고, 사려 깊은 자였을 것이다. 주님이 그들을 어떻게 쓰셨는지 아래를 보라.

사도행전 18:22 "가이사랴에 상륙하여……."

가이사랴에 믿는 자의 공동체가 어떻게 시작되었는지 기억하는가? 먼저 빌립이 거기에서 복음을 전하고(행 8:40), 그런 다음 베드로가 고넬료의 집안에서 교회를 개척했다(행 10장). 그래서 바울은 다른 사람들을 통하여 그리스도께로 온 사람들 몇 명을 세울 수가 있었다. 빌립의 그룹과 베드로의 그룹이 섞여서 서로서로가 섬겼다고 생각하는가?

당신은 진정 하나님 나라의 마음을 가지고 있는가? 신자들을 그리스도 안에서 또 다른 깊이의 수준으로 데리고 가는 은사를 가졌을지 모르는 ***다른*** 단체나 교회로부터 일꾼들을 쓰는 것에 실패하는 것을 조심하라. 또는 하나님의 교회의 주인께서 당신의 팀에 그리스도께로 온 신자를 세우도록 다른 사람을 보내실 수도 있다.

22절 "……올라가 교회의 안부를 물은 후에……."

바울은 예루살렘에서 절기를 지키려는 계획을 계속 가지고 있었다. 왜 '교회의 안부를 묻는 것' 이상으로 바울의 활동 기록이 없는가! 바울은 거기에서 사역의 열매를 가졌는가? 이것은 하나님의 때가 종종 우리의 때와 어떻게 다른지 보여주는 예인가? 바울은 바른 생각을 가졌지만 바른 때는 몰랐는가? 또는 이것은 열매를 보는 것 없이 씨를 뿌리는 우리의 수많은 날들을 언급할 가치가 있는가에 대한 예로서 일어난 것인가? 또는 바울이 단순히 예루살렘에 있는 ***교회와*** 계속 연결되는 것이 중요하다는 것인가?

하나님이 보도록 그를 감동 주셔서 바울의 마음 안에 있었던 한 사람(또는 한 가족)이 있었다고 해도 과언이 아니다. 그것은 매우 개인적이었을 수 있다. 그래서 누가가 '기록' 에서는 언급하지 않았을 수 있다. 종종 하나님은 보기에 '전략적' 이지 않은 어떤 사람을 우리의 마음에 두신다. 그리고 우리는 단지 우리가 가기로 되어 있고, 그 또는 그녀와 함께 시간을 보내기로 되어 있음을 안다. 아마도 그 사람은 바울의 친척들 가운데 한 사람이었을까? 어떤 경우에서건, 하나님의 영으로부터 오는 것에 항상 순종하라.

사도행전 18:22-23 "……안디옥으로 내려가서 얼마 있다가……."

바울이 거기에서 ***얼마나 많은*** 시간을 보냈는지 아는 것은 어렵다. 바울은 안디옥에서 그의 '고향(파송) 교회' 와 계속 연결되고, 격려하고, 교제를 누리는 모든 기회를 찾았다. 당신은 성도들이 당신의 열망, 장애물, 필요들을 '잘 추적하는' 것을 느끼는 것과 함께 당신이 '이 일에' 계속 있도록 하는 성도들과 함께 질적으로 충분한 시간을 가지는가? 언제 마지막으로 그들과의 만남을 가졌는가?

그들은 당신과 함께 빌립보서 4장 15-17절의 파트너십을 어느 정도 느끼고 있는가?

사도행전 18:23 "얼마 있다가 떠나 갈라디아와 브루기아 땅을 차례로 다니며 모든 제자를 굳건하게 하니라."

바울의 파송 교회에서 그의 친한 친구들과 기분전환을 하고, 새로워진 후에, 바울은 3차로 교회 개척 작업과 세워진 교회에 후속 조치를 하려고 출발한다. 그는 다시 에베소로 향했다. 그러나 바울로 하여금 다소(그의 고향), 더베, 루스드라, 이고니온, 안디옥에서 신자들을 돌아오게 하는 길로 갔다(신자들을 강하게 하기 위해).

'강하게 하는 것' 은 약함을 의미한다. 바울은 유혹과 압박(성, 돈, 핍박, 분리, 소외, 거짓 교사들)이 그들의 문화, 친구, 확대가족으로부터 오는 것을 깨달았다. '전적으로 주님을 따라가기' (왕상 8:61, 11:4, 15:4) 위해서 옛 삶에서 '하나님의 말씀으로 묶는' (요 15장) 삶으로 바뀌는 것이 얼마나 근본적으로 다른가!

하나님께서 당신에게 돌보도록 하신 신자들이 강해지고 있는가? 어떻게 당신은 그들의 과정을 평가하는가? 당신은 어떤 기준을 쓰는가? '강화시키는 것' 에 대해 여기에서 쓰인 단어는 건축에서도 쓰인다. 즉, 강한 기초를 놓는다거나 반석 위에 집을 세운다는 데에 사용된다. 그러므로 폭풍이 닥쳐도, '믿음의 사람들은' 결코 무너지지 않을 것이다(눅 6:48-49).

사도행전 18:24 (그 무렵) **"알렉산드리아에서 난 아볼로라 하는 유대인이 에베소에 이르니 이 사람은 언변이 좋고 성경에 능통한 자라."**

이것은 엄청난 이야기이다. 하나님의 비밀스런 계획을 따르는 것에 실패하지 말라. 바울은 고린도에서 기초를 놓았다. 에베소에서 신자들의 교제를 세워야 하는 짐을 지었지만 순종함으로 예루살렘과 안디옥에 먼저 가야 했다(행 18:18-22). 그런 후, 그는 ***이미*** 개척한 교회들에 후속 조치를 하는 데 시간을 보내야 한다고 느꼈다(행 18:23).

바울은 에베소에 아굴라와 브리스길라를 남겨두었다. 아굴라는 외향적이고 솔직한 리더는 아니었지만, 그럴 수 있는 사람이었다. 아굴라의 부인은 은사가 많았고, 바울이 그곳으로 돌아오기까지 가정 성경공부를 하러 기꺼이 오는 에베소에 있는 유대인들에게 적어도 빛이 되었다. 의심할 것도 없이 바울은 그가 '본국 사역'을 하는 동안 에베소에 있는 '사역'과 아굴라와 브리스길라를 위해 기도했다.

사도행전 18:25 "……열심으로……."

그러나 하나님의 일은 결코 보류되지 않는다. 에베소에서 구도자에 대한 하나님의 대답은 또 다른 은사가 있고, 사려깊고, 기름부음을 받고(롬 12:11을 보라. ***영으로 끓는***), 열정적인 선지자요, 인상 깊은 자격을 갖춘, 구약에 흠뻑 젖은 성경교사, 아볼로가 있었다.

헬라신의 이름을 따서 유대인이 되는 것은, 아볼로가 폭넓은 청중이 자신을 주목하도록 하는 방법을 알았다는 의심을 하게 한다. 누가는 캠브리지, 하버드, 레이덴이 지금 우리 귀에 주는 이미지처럼 같은 마술(효과)을 가지기에 아마도 알렉산드리아를 언급했을 것이다.

25절 "그가 일찍이 주의 도를 배워 열심으로 예수에 관한 것을 자세히 말하여 가르치나 요한의 세례만 알 따름이라."

역사가들은 기독교가 아주 초기에 이집트로 퍼져나갔다는 주장에 동의한다. 여전히 아볼로는 은혜로 구원을 받으며, 주 예수의 이름으로 세례를 받는 오순절 이후의 이해를 가지지 못했다. 그는 나사렛 예수가 메시아였음을 깨달았다. 그리고 그는 그것을 구약성경에서 증명해낼 수 있었다. 당신은 할 수 있는가?

유대를 방문하는 동안, 아볼로는 세례 요한에게 직접 세례를 받고, 가르침을 받았을지 모른다. 그는 요한의 정확한 메시지를 선포했다. 그는 마치 요한의 선지자적 외침의 스타일을 가진 것처럼 보인다. 그는 요한으로부터 메시아가 오셨고, 구약성경에서 나사렛 예수가 참된 메시아임을 증거하는 것을 알았다.

분명히, 아볼로는 예수님이 십자가에 못 박히심, 부활의 교리, 성령의 임재와 내주, 그리고 교회에 대하여는 잘 알지 못했다.

사도행전 18:26 "그가 회당에서 담대히 말하기 시작하거늘……."

다양한 은사를 가진 이 사람은 지식과 통찰력을 가지고 있었다. 아볼로는 또한 선지자적 복음전도자였다. 그는 자신 있게 누구든 채용할 준비가 되었다. 그는 바울이 디모데에게 신실한 사람을 찾고 기도하라고 한 (그리고 아마도 브리스길라와 아굴라에게 그렇게 가르친) '신실한 사람' 이었다(딤후 2:2를 보라.).

26절 "……브리스길라와 아굴라가 듣고 데려다가 하나님의 도를 더 정확하게 풀어 이르더라."

아볼로가 선포하는 중에 회당의 예배에서의 속삭임을 상상해 보라:

"브리스길라, 들어보시오. 아볼로는 바울보다 훨씬 더 나은 설교자인데요."

"그래요, 아굴라. 그런데 그는 바울이 우리에게 가르친 것의 절반도 이해하지 못하고 있어요."

"당신은 너무 비판적이 되지 마시오."

"아굴라, 점심에 그를 우리 집으로 데려옵시다. 그리고 우리가 그를 바르게 알도록 도와줍시다."

"농담이지? 그는 알렉산드리아에 있는 대학에서 강의하는 유명한 교수인데, 어떻게 우리 집에 오겠어요?"

"그에게 물어보세요."

분명히, 아굴라는 그의 부인으로부터 성령의 인도를 예감하면서 주의를 기울였다. 그들이 베란다에 앉아 있는 동안, 아굴라는 그들이 바울에게서 배운 것을 (그가 할 수 있는 최선으로) 결부시키고 있었다. 브리스길라는 재빠르게 음식과 마실 것을 준비하면서 아굴라에게 계속 말했다. "아볼로에게 그 구절을 보여줘요." 또는 "믿음으로 의롭다 함을 받는 것에 대해 말해줘요." 그녀는 성경을 설명하는 것에 큰 영향을 주었음에 틀림없다. "그들은 아볼로를 데리고 와서, 그에게 설명해 주었다."

26절 "……더 정확하게……."

당신에게는 뚜렷한 복음전도자로서의 은사 또는 확신을 주는 설교자로서의 은사가 없을지도 모른다. 교회 개척 시 당신의 은사는 엄청난 잠재력을 가진 남자나 여자와 함께 오게 하고, 그들에게 하나님의 말씀을 어떻게 정확하고 바르게 이해하는 것인지 보여주었을지 모른다. 그것보다 더 중요한 것이 무엇인가? 전 세계에 좋은 뜻에서의 신자들에 의해 퍼져 있는 터무니없는 생각 또는 말의 대부분은 성경이 실제로 가르치는 것이 무엇인지 이해하지 못하는 은사를 가진 설교자나 글을 쓴 자들에 의해 이루어졌다.

사도행전 18:27 "아볼로가 아가야로 건너가고자 함으로 형제들이 그를 격려하며 제자들에게 편지를 써 영접하라 하였더니……."

그래서 선교사 마을로 돌아오기 전에, 하나님은 내성적인 아굴라와 그의 활기 있는 아내를 새로운 사도를 제자화하는 데 사용하셨다(얼마나 많은 아내들이 신약성경에 언급되는가?). 확실히 아볼로는 예수의 이름으로 세례를 받고, 성령으로 충만해졌다. 왜 그것은 언급되지 않았는가? 누가 아볼로를 고린도로 가도록 격려했는가? 아굴라와 브리스길라가 그랬거나, 그들의 집에서 성경공부를 할 때 있었던 다른 신자들인가? (롬 16:3-5를 보라.)

만약 그들이 아볼로를 그러한 공부로 초대했다면, 그들은 메시아를 찾고 있었던 다른 사람들도 초대했을 것이다. 또는 고린도에서 온 몇몇의 신자들은 방문해서(또는 에베소에서 아볼로의 사역에 대하여 들었다), 그리고 그에게 고린도에 가서 사역을 하도록 부탁했다.

27절 "…… 그(아볼로)가 가매 은혜로 말미암아 믿은 자들에게 많은 유익을 주니."

"주님, 당신이 그들의 눈을 여시고, 우리는 그들이 어떻게 당신을 따르는지를 알도록 도울 것입니다." 하나님께서 사람들이 '그리스도의 영광'을 그들의 유일한 소망과 구원자 메시아이신 *'보이지 않는 하나님의 이미지'*(고후 4:4)로서 인식하는 은혜를 허락하신 후, 하나님은 우리를 그의 새롭게 믿게 된 아기 같은 신자를 그리스도***를 위한*** 신실한 순례자가 되도록 돕는 일로 부르신다.

이것을 생각해보라. 만약 아굴라와 브리스길라가 고린도에 머물렀다면, 그들은 아마도 아굴라의 제한된 은사 때문에, 거기에서 큰 영향을 주지 못했을지 모른다. 그러나 그들이 전적으로 바울의 선교팀에 있을 수 있었기 때문에, 그들은 주님께 복종했고, 하나님이 고린도에서 다시 일할 *'믿은 자들에게 많은 유익을 준'* 사람을 준비시키기 위해서 그들을 사용하신 에베소로 짧은 시간 안에 그들의 ***두 번째*** 주요 이동을 했다(행 18:2를 보라.).

그래서, 아굴라와 브리스길라는 ***두*** 도시에서 하나님에 의해 매우 중요하게 쓰임을 받는 일을 마쳤다. 아마도, 그들은 왜 하나님이 그들을 고생시키고, 처음에는 로마에서 추방당하고, 두 번째로는 고린도에서 다시 이사할 필요를 주셨는지를 깨닫기 시작했을 것이다. 여기에서 당신의 순례에 적용할 것이 있는가?[(나중에 그들은 로마로 다시 이사갔다(롬 16:3-5)]. ***우리는*** 그럴 준비가 되어 있는가?

우리는 고린도에서 중간에서 연결해 주는 사업으로서 교회 개척을 볼 수 있는가? 바울의 팀은 가서 심었고(바울에게 보고하지 않으면서), 아볼로는 물을 주었다(고전 3:5-9를 보라.).

사도행전 18:28 "……공중 앞에서 힘 있게 유대인의 말을 이김이러라."

아볼로는 세상 학문적으로 연설을 훈련받지 않은 바울과는 다르게, 헬라 고린도가 인정한 연설가 중의 한 부류였다. 고린도전서 1장 17절과 2장 1절과 4절에 바울은 자신을 고린도 문화에서 높이 평가를 받은 웅변술의 종류로 알렉산드리아에서 훈련받은 아볼로와 대조한 것처럼 보인다.

당신의 제자가 당신이나 당신의 팀보다 일꾼들에게 더 알려지는 것을 조심해라. ***그들이*** 주 예수를 따라간다는 것이 무엇을 의미하는지 더 충분히 이해하기 위해서 다른 은사 그리고 인격의 예를 필요로 할지 모른다. 그들의 은사와 부르심은 당신의 것과는 꽤 다를지도 모른다.

고린도는 그들이 자신의 토론방식으로 훈련된 아볼로 유형의 변증학자를 필요로 했다고 느꼈다. 누가는 바울의 설교보다 여기에서 더 강한 말을 사용한다. 아볼로는 '격렬하게 완전히' 유대인의 말을 이겼다.

28절 "이는 성경으로써 예수는 그리스도라고 증언하여……."

그러나 잘 표현하는 것, 또는 권위적인 화술로는 충분하지 않다. 아볼로는 성경이 그가 가르친 것을 가르치고 있다는 것을 보여주었기 때문에 효과적이었다. 아굴라와 브리스길라에게 고맙다.

아굴라와 브리스길라와 바울은 결국 아볼로***를 통하여*** 고린도에서 많은 열매를 맺는 사역을 하게 되었다. 선교사가 되는 가장 큰 기쁨 중 하나는 당신의 삶이 그리스도를 위한 '등대'가 되어 거기에서 영향을 주고 떠나는 삶***을 통해*** 당신이 더 길게 사역을 하지 않아도 되는 장소에서 여전히 인정받는 것이다.

19장

사도행전 19:1 "바울이 윗지방으로 다녀 에베소에 와서……."

바울은 루가오니아 도처에 있는 신자들이 인격과 능숙함 둘 다 자라나고 있으며, ***그리고*** 배가 되고 있는 것을 확실시하는 시간을 가졌다. 지금 바울의 초점은 자신의 원래 부르심으로 돌아오는 것이다: *'그리스도가 알려지지 않은 곳에서'*(롬 15:18-23) 교회를 개척하는 것이다.

몇몇은 바울이 에베소(서쪽으로 100마일 떨어진)로 가는 주요 무역로 중 골로새와 라오디게아에서 교회들을 세우고 에베소를 향하여 되돌아가는 여행중이었다고 생각한다. 하지만 골로새인들에게 보내는 바울의 편지는(약 10년 후에 쓰여졌는데 라오디게아 사람들에게도 읽혀야 한다고 바울이 지시한) 개척된 교회들이 개인적으로 바울에 의한 것이 아니라, 교회를 세우라고 바울이 제자훈련을 시켰던 에바브라에 의해 세워진 것임을 암시한다(골 1:7을 보라.).

골로새서 2:1 - *"내가 너희와 라오디게아에 있는 자들과 무릇 내 육신의 얼굴을 보지 못한 자들을 위하여 얼마나 힘쓰는지를 너희가 알기를 원하노니."*

골로새서 4:13-16 - *"그가 너희와 라오디게아에 있는 자들과 히에라볼리에 있는 자들을 위하여 많이 수고하는 것을 내가 증언하노라 사랑을 받는 의사 누가와 또 데마가 너희에게 문안하느니라 라오디게아에 있는 형제들과 눔바와 그 여자의 집에 있는 교회에 문*

안하고 이 편지를 너희에게서 읽은 후에 라오디게아인의 교회에서도 읽게 하고 또 라오디게아로부터 오는 편지를 너희도 읽으라.”

바울은 당시 3년간 에베소에 머물고 있었다. 이것은 그가 내내 한 장소에 머물렀던 가장 긴 기간(보고된)이다. 왜 그렇게 하는가? 바울은 분명히 어느 회중이라도 그를 목회자로서 보도록 놔두지 않았다. *“그리스보와 가이오 외에는 너희 중 아무에게도 내가 세례를 베풀지 아니한 것을 감사하노니……내가 또한 스데바나 집 사람에게 세례를 베풀었고 그 외에는 다른 누구에게 세례를 베풀었는지 알지 못하노라”*(고전 1:14, 16).

바울은 가정교회들로서 그가 모은 그룹들 가운데 어느 그룹도 그의 지도력에 의존하게 되는 것을 허락하지 않는 데에 의도가 있었다. 우리는 그들이 진리로부터 빗나가지 않는 것을 보기 위해 후속적인 방문들이 있는 한 성령과 하나님의 말씀에 대한 알맞은 공부가 참으로 그 회중들을 계발할 수 있다고 바울이 확신하게 되었다고 추론할 수 있는가? 신약성경에는 교회들이 그들 자신의 회중 바깥으로부터 ‘목사를 불러올’ 필요를 느꼈다는 아무 기록도 없다.

에베소는 침니로 막힌 하항(河港) 앞의 주요 상업항구였다. 바울의 시대까지 사역 이슈들에 더 관련하여, 그 도시의 경제생활은 다이아나(Diana)의 숭배자들(Artemis)을 위한 순례지로 이어졌다.

사도행전 19:1-2 “아볼로가 고린도에 있을 때에 바울이 윗지방으로 다녀 에베소에 와서 어떤 제자들을 만나 이르되 ‘너희가 믿을 때에 성령을 받았느냐?’”

이 ‘제자들’은 바울의 짧은 방문과 그리고 아볼로에게서 들은 공동의 첫 결실이었는가? 그들은 주님을 간절히 따르고 싶었으나 분명히 아굴라와 브리스길라(아마도 이들의 성경공부 모임에 왔던 사람들에게만 사역했을)와 접촉을 하지 않았다. 구도자들을 찾고 성경공부에 그들이 오도록 동기를 부여해 줄 사람은 달리 은사를 받은 자이다.

이 '신자들' 은 아굴라와 브리스길라에게 배우기 전에 아볼로가 알았던 것을 아는 것 같았다. 요한은 예수께서 '성령으로 세례를 주실' 것이라고 가르쳤기에 그들은 성령***에 대해*** 알았으나 영적인 출생을 일으키는 그분의 새롭게 하심과 내주하심의 경험을 가지고 있지 않았다.

바울은 이 '신자들' 이 신실하다는 것을 재빨리 깨달았다. 아마도 그들은 기쁨과 성령의 열매 없이 혹독하고 침울한 금욕주의자들로 살면서 요한을 흉내내려 했을 것이다. 그들은 자신의 힘으로 의롭게 살려고 결심하였다. 그와 같은 '신자' 는 보통 믿음의 자포자기로 이끄는, 오로지 치명적인 율법주의만 경험한다.

너무 많은 선교사들이 "당신은 성령을 받았는가?" 라는 지극히 중요한 질문으로 예수의 추종자들을 만나는 데 실패했다. 얼마나 무수하게 많은 형식적이고 무력하며 추한 죄를 깨끗이 하고 진정한 중생으로 사람을 변화시키는 '성령 세례' 의 원동력에, 힘을 부여하는 것에 대해 아무것도 모르기 때문에 무슬림들, 힌두교도들, 불교도들에게 복음을 믿을 수 없는 것으로 만들고 있는 것은 아닌가?

사도행전 19:3 "너희가 무슨 세례를 받았느냐……요한의 세례니라."

그들은 (지상에서의) 메시아의 통치에 대해 그들의 마음을 준비하기 원했기 때문에 세례를 받았다. 그들은 하나님을 기쁘시게 해드리기 원했다. 그 같은 사람들이 우리의 우선순위가 되어야 한다. 당신의 양자 삼은 사람들 가운데 누가 그분을 아는 대로 창조주를 기쁘게 해드리기 원하는지 보여주고 있는가?

사도행전 19:4 "……회개의 세례를 베풀며 백성에게 말하되 내 뒤에 오시는 이를 믿으라 하였으니……예수라."

그 (지망생) 제자들은 나사렛 예수가 하나님의 어린양 메시아를 ***가리킨 것***뿐만 아니라 속죄(즉, 그들의 죄를 대신하여 위대한 희생을 치르시고 사망에서 일어나심으로 사망의 능력을 깨뜨리신!)를 완성하신 분이었다는 것을 분명히 깨닫지 못했다.

사도행전 19:5 "그들이 듣고 주 예수의 이름으로 세례를 받으니."

성경적 세례는 사도행전 4장 12절(*"다른 이로써는 구원을 받을 수 없나니 천하 사람 중에 구원을 받을 만한 다른 이름을 우리에게 주신 일이 없음이라"*)에서 깨닫게 하고, 마태복음 28장 19절에 요약되어 있다: *"그러므로 너희는 가서 모든 민족을 제자로 삼아 아버지와 아들과 성령의 이름으로 세례를 베풀고."*

그들의 더 이른 세례는 십자가에서의 그리스도의 과업에 의존하였던 고백이 아니었고, 그들 자신의 죄에 대한 죽음, 그리고 하나님 아버지의 우편에서 그들을 위해 중보하시는 내주하시는 부활하신 그리스도의 능력에 의한 새로운 삶으로의 부활을 뜻하는 것도 아니었다.

사망과 부활의 세례에 있어서(롬 6장) 상징적 의미는 왜 많은 선교사들이 침수로 행하는 물세례를 더 좋아하는지에 대한 이유이다.

그러나 거룩하고 경건한 대로 그것을 당신이 채택한 문화에 속한 사람들이 경험한 방식으로 세례 주는 것을 주의하라. 화장실 근처에 있는 욕조를 사용함으로써 참관자들을 메스껍게 하거나 혹은 '그 사람을 밑에 처하도록' 하기 위해 우스운 극단적인 행위로 치닫기보다는 물을 사용하지 않는 것이 더 낫다.

사도행전 19:6 "바울이 그들에게 안수하매 성령이 그들에게 임하시므로 방언도 하고 예언도 하니."

이것은 또한 사도들(즉, 주 예수의 최초의 동반자들)이 사마리아인 신자들에게 안수했을 때 일어났다(행 8:17).

두 장소에서 행한 마술에 비추어 볼 때, 성령은 특정한 사람들의 필요에 맞는 방식으로 어떤 상황에서 그분 스스로를 초자연적으로 나타내 보이기를 선택하시는 것처럼 보인다. 하나님은 항상 복합의 의제를 갖고 계신다. 후에 일부 고린도인 지도자들은 사도로서의 바울의 자격증명서에 대해 질문했을 것이다. 따라서 하나님은 초자연적인 증거에 의하여 바울이 최초의 사도들과 동일했다는 것을 논증하고 계셨던 것인가?(고전 9:1-2)

성령께서 사역하시려고 택하시는 것은 얼마나 다른가? 때때로 초자연적인 *'하나님의 큰 일을 말함'*(행 2:11)으로, 때로는 *'하나님을 높이며'*(행 10:46), 때로는 고넬료와 그의 친구들의 세례 ***전에*** 때로는 이 경우에서처럼 세례 ***후에*** 그분의 현존을 나타내 보이신다.

진정한 거듭남의 모든 경우에 공통적인 것은 *'영과 진리로'*(요 4:23) 순종과 예배로 나타난 하나님과의 관계를 귀결 짓는 하나님과의 경험적인 만남이다. '우리로부터 흘러나오는 생수'의 실제를 우리가 알 때까지 우리 스스로 만족해하거나 우리의 제자들로 만족하지 말자. 하나님은 우리가 '자연인' (고후 2:14)에 의해 닮을 수 없는 삶을 살아가도록 우리를 부르고 계신다. 참으로 하나님의 아들께 찬송과 영광을 가져오는 삶의 방식이 역사할 것이다(고후 4:1-7).

사도행전 19:7 "모두 열두 사람쯤 되니라."

바울은 그가 그 이야기를 누가에게 했을 때가 언제인지 기억할 수 없었다. 이것은 바울이 정확한 숫자에 관해 얼마나 무관심했는지에 대해 어떤 것을 말해 주는가? 혹은 그들이 그리스도를 고백했고 두 번 세례를 원하여 받았다 할지라도 그들 가운데 얼마나 많은 숫자가 진실로 거듭났는지 그가 확실히 알 수 없었다고 말하는 것인가? 우리는 얼마나 시험적으로 정확한 숫자가 '구원받았다' 고 주장할 때가 필요하겠는가. *"많은 사람들이 '주님, 주님' 이라고 말하겠지만 '나는 너희를 결코 모른다' 라고 말할 것이다."*

마태복음 7:21-22 - *"나더러 '주여, 주여' 하는 자마다 다 천국에 들어갈 것이 아니요 다만 하늘에 계신 내 아버지의 뜻대로 행하는 자라야 들어가리라 그날에 많은 사람이 나더러 이르되 '주여, 주여, 우리가 주의 이름으로 선지자 노릇 하며 주의 이름으로 귀신을 쫓아내며 주의 이름으로 많은 권능을 행하지 아니하였나이까?' 하리니."*

누가복음 6:46 - *"너희는 나를 불러 '주여, 주여' 하면서도 어찌하여 내가 말하는 것을 행하지 아니하느냐?"*

사도행전 19:8 "바울이 회당에 들어가 석 달 동안을 담대히 하나님 나라에 관하여 강론하며 권면하되."

우리는 왜 그렇게 자주 새로운 방법을 찾는가? 선교사들의 모든 세대가 '영적 힘의 비밀' 을 찾아 헤맨다. 여기에서 '몸짓으로 계속하여 말한 것' 으로서 묘사된 명백한 고된 과업을 무시하는 것은 흔하다. 여기에서 우리의 모범 선교사는 단순히 '일하러 돌아간다!'

그는 우리가 해야 하는 것을 하고 있다. 이것은 바울이 고린도후서 10장 4-5절("*모든 이론을 무너뜨리며 하나님 아는 것을 대적하여 높아진 것을 다 무너뜨리고 모든 생각을 사로잡아 그리스도에게 복종하게 하니*")에서 '영적 전투' 를 정의하는 방법이다.

그들의 형제들에, 그리고 그들을 하나님의 나라에 관한 이슈들에 초점을 유지하라. 그들이 하나님을 알고 '그분의 나라의 설립을 먼저 구하는 것' 이든지 혹은 그들이 어떤 다른 사람의 왕국에 초점을 두는 것이든지 말이다.

하나님이 당신을 위해 선택하신 사람들 가운데서 각 연도에 더 효과적으로 설득력 있게 주장할 수 있는가? 이 설득력 있는 선포의 영역에서 당신의 진보를 검토하기 위해 누구에게 당신 스스로를 설명할 수 있게끔 하는가?

사도행전 19:9 "어떤 사람들은 마음이 굳어 순종하지 않고 무리 앞에서 이 도를 비방하거늘 바울이 그들을 떠나 제자들을 따로 세우고 두란노 서원에서 날마다 강론하니라."

메시아, 즉 그리스도로서의 예수의 인격과 사역에 대한 믿음에 의한 의인(justification)은 유대인의 전통들을 간직했던 '선택된 백성' 을 위한 자동적인 구원을 침식하는 것이었다고 인식되고 회당에서 유대인 통치자들에게 분명해졌을 때 바울은 내쫓겼다.

그래서 그는 제자들을 데리고 '성경과 교회 설립 학교' 를 두란노의 강연홀에 세웠다. 그 고장 사람들은 이른 아침에 강연을 가지는 것이 관례였기 때문에 바울은 '낮잠 시간' (즉, 오전 11시-오후 4

시)에 그 홀을 점거했을 것이다.

바울은 어떤 일이 일어날 것인지 사람들이 기대했던 곳인 두란노 강연홀에서 문화적으로 수용될 만한 공개적인 교육 모임을 계속 유지하는 유형을 찾았다. 무엇이 당신과 같은가? 성령께서 잠재적인 제자 안에 갈급함을 지어내실 때 당신의 팀은 쉽게 마련될 필요가 있다.

우리가 '접촉하는 자들' 이 완고하다는 것(즉, 열려 있지 않은)과 심지어는 주 예수의 탁월하심을 공격하는 것을 깨달을 때 하나님의 말씀은 우리로 하여금 무엇을 행하도록 가르치는가? 우리는 옮겨간다. 그분께 '무릎을 꿇기' 를 ***원하는*** 사람들을 찾으라. 하지만 당신의 팀은 구도자들이 어떻게 그분과 그분의 방식들을 아는 것에 기초하도록 매일의 기회들을 제공하려고 하는지 완전한 계획을 세우도록 확실히 하라.

사도행전 19:10 "두 해 동안 이같이 하니 아시아에 사는 자는 유대인이나 헬라인이나 다 주의 말씀을 듣더라."

우리는 얼마나 오래 한 도시나 마을 혹은 지역에 거하는가? 그들이 계속하여 더 오고 있는 한, 혹은 적절하게 재능을 받고 동기를 부여받은 지역 사람들이 그 사역을 이어가도록 뒤에 남겨두고서 우리 스스로를 재연할 때까지이다.

기막힐 정도로 바울은 ***그의*** 제자들을 인근 도회지와 마을로 파송함으로 불과 2년 후에는 메시아 예수 그리스도의 주장과 사역에 관해 오늘날의 터키의 전 남서지역을 얻는 기쁨을 가졌다. 요한계시록 2장과 3장에 다뤄진 일곱 교회들이 설립되었다.

당신의 사역지 인근 지역에 대해 계획이 있는가? 당신은 기도하는 사람들 가운데 폭넓게 그 꿈을 퍼뜨렸는가?

사도행전 19:11-12 **"하나님이 바울의 손으로 놀라운 능력을 행하게 하시니 심지어 사람들이 바울의 몸에서 손수건이나 앞치마를 가져다가 병든 사람에게 얹으면 그 병이 떠나고 악귀도 나가더라."**

사도행전 20장 33-34절에서 바울은 장로들에게 에베소의 교회들을 상기시킨다: *"내가 아무의 은이나 금이나 의복을 탐하지 아니하였고 여러분이 아는 바와 같이 이 손으로 나와 내 동행들이 쓰는 것을 충당하여."*

캠벨 모건과 브루스는 바울의 나날이 이른 아침부터 약 오전 11시까지 피혁사업으로 자활하기 위해 그의 팀과 나뉜 것 같다고 우리에게 말했다. 그렇게 많은 사람들이 종교적인 마술로 찬 인구를 '사취함' 으로써 그들의 생계를 꾸렸던 도시에서 바울은 복음과 그의 섬김을 값없이 해주기로 결심했다. *"내가 너희를 높이려고 나를 낮추어 하나님의 복음을 값없이 너희에게 전함으로 죄를 지었느냐"*(고후 11:7).

어떤 사람(새신자들?)이 '능력 대결' (power encounters)을 하고자 피혁작업 중에 있는 바울에게서 그의 땀을 받아내는 띠와 두른 앞치마를 빼앗았다[비고: 릭 러브(Rick Love)의 《에베소서: 진리와 능력 대결》*(Ephesians: Truth and Power Encounter)*에 관한 글]. 이것은 베드로를 통하여 하나님이 사람들을 특별히 어떻게 만지시기로 선택하시는지에 관한 회고이다. *"심지어 병든 사람을 메고 거리에 나가 침대와 요 위에 누이고 베드로가 지날 때에 혹 그의 그림자라도 누구에게 덮일까 바라고"*(행 5:15).

베드로와 바울을 통해서 이뤄진 '표적과 기사들' 의 비밀은 무엇이었는가? 바울이 ***어떻게*** 기적을 행하는지를 배웠는지, 혹은 그들에 대한 중대성에 있어서 그가 점차적으로 진보한 것에 대해 힌트가 없다.

왜 누가는 이 기적을 '비상하다' (extraordinary)고 하는가? 그는 여기에서 일어나고 있던 것이 규범적이지 ***않았다고*** 말하고 있는가? 그것이 언급하는 것은 너무 색다르다. 우리가 '가서 똑같이 해야' 한다는 아무 명령이나 힌트조차 없다. 그 암시는 하나님이 하나님의 시기를 기대하는 것이고 그분이 그분의 사도로서 당신을 배치하는 위치나 장소가 어디에 있든지 간에 필요한 것을 제공하시기를 위탁하는 것이다.

그러면 왜 하나님은 이러한 ***비상한*** 것을(다른 도시들에서 바울을 통해서 행하지 않으신 것을) 에베소에서 행하고 계시는가? 에베소의 인구는 거대한 여신 다이아나의 특별한 수위들이었다고 생각하기에 이르렀다. 우리가 아래 본문에서 관찰하듯이 마술과 초자연적인 능력은 에베소의 특징이었다. 거기에 있는 사람들은 마치 그들이 대부분의 다른 사람들보다 더 우세한 것처럼 특별한 자부심과 위상을 느꼈다. 이와 같이 거기에서 바울의 사역은 바알의 선지자들과 맞섰던 엘리야를 닮지 않았다.

사역에 대부분 적절하게, ***참으로*** '비상한 것' 이 이전의 구절에 나온다. *"아시아에 살았던 모든 사람은 주님의 말씀을 들었다."* 그것이 목표이고 영적 세력은 단지 수단이다.

사도행전 19:13 "이에 돌아다니며 마술하는 어떤 유대인들이 시험삼아 악귀 들린 자들에게 주 예수의 이름을 불러 말하되 '내가 바울이 전파하는 예수를 의지하여 너희에게 명하노라' 하더라."

'민간유대교' 와 지역 마술의 융합이 무엇이란 말인가! 우리 중의 대부분이 정통 무슬림, 도덕상의 불교도, 혹은 철학적인 힌두교도보다도 더 정령숭배적이고 마술적인 사람들에게 사역한다고 명심하면 지혜롭다.

지금과 같이 그 시대에 소수의 유대인들이 능력 공식처럼 히브리 사람의 성육신을 사용한 것이 아니다. 이 소년들은 그들이 '예슈아' (Yeshua) 안에서 새로운 마술 재주를 익혔다고 생각했다. 그들의 능력 도구들에 예수의 이름을 보태기 원하는 사람들을 주의하라. 정령숭배와 성경의 진리들을 섞고 있는 오컬트에 깊이 빠진 사람들에게 사역하기 위해 당신은 어떻게 준비되었는가?

13절 "바울이 전파하는 예수……."

적어도 우리는 바울에게 결정된 '이름' 혹은 풍채가 알려지고 기억되고 존중될 것이라는 데에 아무 의심의 여지가 없다.

사도행전 19:14-16 "유대의 한 제사장 스게와의 일곱 아들도 이 일을 행하더니 악귀가 대답하여 이르되 내가 예수도 알고 바울도 알거니와 너희는 누구냐 하며 악귀 들린 사람이 그들에게 뛰어올라 눌러 이기니 그들이 상하여 벗은 몸으로 그 집에서 도망하는지라."

당신은 여호와 신앙을 지닌 대제사장이 귀신 축출을 시도하면서 주변에 일하는 아들들을 가질 것이라는 사실을 믿을 수 있는가? 아마도 그들은 다이아나의 추종자들과 겨루기 위해 유대인 랍비 사울이 이 도시에 가져온 마술이 그들로 더 강력하게 해줄 것이라고 믿고 있었을까? (행 8:19를 보라.)

우리는 그들이 바울을 통하여 사역하면서 증거했던 하나님의 진짜 능력으로 감명을 받았다고 추론할 수 있다. 그러나 그들은 삶 가운데 최후의 권위를 그분에게 기꺼이 드림이 없는 '예수의 축복' 을 원하는 많은 사람들의 예들이다. 누가는 하나님의 보호 없이 마귀의 세력과 맞서는 것의 위험을 지적하고 있다. 부활하신 살아 계신 주 예수 안에 의지하고 거함으로써 오는 그리스도의 보호 없이 귀신 축출을 시도하지 말라.

15절 "악귀가 대답하여 이르되 내가 예수도 알고 바울도 알거니와 너희는 누구냐 하며."

마귀들은 우주의 심판자를 알아보고 깨닫는다.

마태복음 8:29 - *"이에 그들이 소리질러 이르되 '하나님의 아들이여 우리가 당신과 무슨 상관이 있나이까? 때가 이르기 전에 우리를 괴롭게 하려고 여기 오셨나이까?' 하더니."*

마가복음 1:24 - *" '나사렛 예수여 우리가 당신과 무슨 상관이 있나이까? 우리를 멸하러 왔나이까? 나는 당신이 누구인 줄 아노니 하나님의 거룩한 자니이다!' "*

마가복음 5:7 - *"큰 소리로 부르짖어 이르되 '지극히 높으신 하나님의 아들 예수여 나와 당신이 무슨 상관이 있나이까? 원하건대 하나님 앞에 맹세하고 나를 괴롭히지 마옵소서!' 하니."*

바울이 진짜로 사람들을 마귀 홀림으로부터 구속하자 마귀들이 그를 인정하였다(12절).

하지만 영적 방비 없이는(엡 6장 적용) 우리는 어둠의 세력들의 상대가 되지 않는다. 비록 바울이 마귀들을 축출하도록 이끌었을지라도 우리는 그의 팀 동료들이나 제자들이 그렇게 하는 것의 많은 부분을 알아차리지 못했다는 것을 주목하는 것이 중요하다. 그것은 이 은사나 사역(고전 12장을 보라)이 주님의 종들 모두에게 주어지지 않는다는 것을 암시하는 것인가? 사실 귀신 축출이나 마귀 홀림으로부터의 구속은 바울이 고린도인들 가운데서 활동하는 것으로서 인지하고 있었던 은사들 중의 하나로 분명히 목록에 실리지 않는다.

하지만 만일 당신이 그 은사와 소명을 ***가지고*** 있다고 믿고 당신이 이 지역에서 사역하도록 하나님이 이끄시고 있다고 믿는다면, 당신은 순결하고 능력이 주어지며 그리스도 안에 거한다는 것을 확실히 하라. 아니면 당신은 스게와(Sceva)의 아들들과 같이 분쇄될 것이다.

사도행전 19:17 "에베소에 사는 유대인과 헬라인들이 다 이 일을 알고 두려워하며 주 예수의 이름을 높이고."

다른 종류의 사역은 다른 사람들을 감동시킨다. 에베소에서 마귀를 지배하는 능력이 특별히 중요했고 여기에 실제적인 필요(felt needs)와 관련이 있었다. 가족들이 통렬하게 소원하게 된 곳에서, 예를 들면 쿠르드인들(Kurds) 가운데서, 화해의 사역은 주 예수 그리스도로 하여금 마귀들로부터의 구속보다도 더한 높은 영예 가운데 품게 할 것이다. 그 목표는 ***주 예수 그리스도의 이름이 높은 영광 가운데 품어지는 것***을 보는 것이다. 당신은 주님이 배치하는 곳에서 그것이 취하는 것이 무엇인지 찾아내라.

사도행전 19:18 "믿은 사람들이 많이 와서 자복하여 행한 일을 알리며."

구속받았을 뿐만 아니라 변화된 신자들로 구성된 회중에 남기 위해서는 '세상, 육신, 그리고 마귀' 와의 관계를 끊어야 한다.

공개적인 자백은 사탄이 옛 생활로 되돌리려고 끌어당기는 것을 더 어렵게 만들고, 더 연약한 형제들과 자매들로 하여금 그 모본을 따르도록 격려한다.

사도행전 19:19 "또 마술을 행하던 많은 사람이 그 책을 모아 가지고 와서 모든 사람 앞에서 불사르니 그 책값을 계산한즉 은 오만이나 되더라."

일부 학자들은 이러한 '주님께 희생' 이 사백만 파운드 영화(英貨)와 동등한 것이었다고 믿는다. 새롭게 구속된 이 에베소인들은 그리스도 주님을 발견하는 것에 대해 진지하였다. 실재가 값비싼 *'뉘우침의 열매'* (마 3:8)로 증명되었다. 오늘날 그리스도의 새로운 추종자들의 많은 수가 그들의 일자리들, 고객들, 그리고(혹은) 유산을 잃을 것이다. 그럼에도 그들이 뉘우치지 않는다면 사탄의 역사들을 깨닫고, 주 예수께서 약속하신 자유와 풍성한 삶을 그들이 결코 경험하지 못할 그와 같은 실제상의 것들과 관계를 끊어라.

사도행전 19:20 "이와 같이 주의 말씀이 힘이 있어 흥왕하여 세력을 얻으니라"(널리 보급되었다.).

누가는 직면한 어려움을 독자가 인식하도록 하기 위해 어떤 중추적이고도 눈에 띄는 사건들을 강조한다: *"내게 광대하고 유효한 문이 열렸으나 대적하는 자가 많음이라"*(고전 16:9).

하지만 하나님의 말씀으로 정복하는 능력인 하나님의 전투의 무기가 적대세력을 정복했다. 그들은 하나님의 말씀이 점점 더 많은 사람들의 주의를 끌 때까지 말씀을 계속적으로 선포하였다. 왜냐하면 '이렇게 하여' 내국인들은 하나님의 말씀을 지킨 사람들의 삶 안에 변화를 보았다. 그리스도와 그분의 나라를 위해 그 도시에 엄청난 영향이 있었다. 바울은 어둠의 나라를 (하나님의 나라에) 무릎 꿇게 할 하나님의 나라에 초점을 두었다(행 20:25). 이와 같이 ***"두려워하며 주 예수의 이름을 높이고"***(행 19:17).

아무 놀람도 없이 바울은 에베소 성도들에게 답장을 썼다.

> 마귀의 간계를 능히 대적하기 위하여 하나님의 전신갑주를 입으라 우리의 씨름은 혈과 육을 상대하는 것이 아니요 통치자들과 권세들과 이 어둠의 세상 주관자들과 하늘에 있는 악의 영들에게 상대함이라. 그러므로 하나님의 전신갑주를 취하라 이는 악한 날에 너희가 능히 대적하고 모든 일을 행한 후에 서기 위함이라(엡 6:11–13).

그의 저작들이 끊임없이 암시하는 마귀의 영역인 'the hidden middle' 에 대해 바울 선교사가 풍부하게 인식하게 된 것은 에베소에서였다. 우리는 마귀의 궤계와 가르침에 대해 경계하도록 지시를 받았다. 그렇지만 마귀와 같이 어지럽혀진 도시의 중심부에서 바울이 솔선하는 교회 개척에 관한 그와 같이 잠잠하고도 보통 일하러 가는 정신이 실제 있었다. 바울이 느낀 압박과 그가 실천한 직업 윤리를 이해하기 위해서는 참으로 에베소의 장로들에게 그의 마음을 여는 모습을 우리가 살짝 엿볼 필요가 있다(아래 행 20:18-35를 보라.).

사역의 목표는 단지 더 큰 능력을 보여주는 것뿐만이 아니라 *'나의 민족들로 가게 하기'* 위해 모세와 파라오와도 함께하는 것임을 주목하라. 더 큰 초자연적인 능력에 사람들이 변화되고 새로 순응하는 것이 아니라 강력하고 실제적인 하나님의 말씀으로서 성경에 의한 것이어야 한다는 것이 하나님의 바람이다. 성경이 새신자들이 살고 호흡하는 것에 초점을 맞추지 않으면 우리는 하나님의 뜻을 이루지 않은 것이다.

사도행전 19:21 "이 일이 있은 後에 바울이 마게도냐와 아가야를 거쳐 예루살렘에 가기로 작정하여 이르되 '내가 거기 갔다가 後에 로마도 보아야 하리라' 하고."

교회 개척 선교사 바울은 '떠날 계획' (exit plan)을 늘 그의 마음에 품었다. 그는 끊임없이 그의 세 겹 사역에 대해 마음에 새기고 있었다.

1. 보내는 교회들
2. 새롭게 개척된 교회들
3. 하나님의 백성이 아직 '제자들을 만들지' 않은 곳

여기에 큰 공상가 선교 지도자의 전형이 보인다. 그는 아직도 '생명의 말씀' (빌 2:15-16)을 내밀기 시작해야 하는 곳을 '넘어서는 지역들' (고후 10:16)에 주의하고 있다. "모든 길들이 로마로 이르게 한다"는 것이 그의 생각에 크게 자리잡고 있었음에 틀림없다. 만일 교회가 거기에 강하다면 알려진 세계 전역에 배가할 것이다. 하지만 그가 최종적으로 로마에 이르기 전에 거기엔 많은 인내와 믿음을 건설하는 도전들이 있을 것이다.

하지만 우리는 전략상의 중요한 계획을 세우는 것보다도 여기에 한층 더한 것을 갖고 있다. *'must' 라*는 단어에서 잠시 멈추라. *'must'* 는 불확실한 상대주의의 넓은 공간들을 통하여 권위의 장엄한 위엄을 지니고 움직이는 단어이다. 바울은 하나님의 높은 권고에 있어서 하나의 왕의 홀(sceptre)을 암시하고 있다. *'must'* 는 최상의 정도에 절대 필요한 것이다. 하나님 자신이 그의 사랑스러운 선택된 직임자들 가운데 하나인 바울 개인의 명령 가운데 있다는 것을 전하는 말이다.

이러한 회고들이 행해진 대부분은 하나님에 의해 비슷하게 '파악되어' 왔다. 우리는 바울의 생각을 그대로 되풀이한다. *"만일 내가 복음을 전하지 아니하면 내게 화가 있을 것이다."* 바울은 *"내가 이르되 주님 무엇을 하리이까?"*(행 22:10)라고 부르짖은 후에 다메섹 도상에서 결정적인 소명을 받았다.

한번은 높은 왕의 부름을 받은 하인이 그분의 보이지 않고 알려지지 않은 최종적인 권위를 받아들였을 때 그(그녀)는 그의 영혼의 적이 그(그녀)를 하나님이 그들의 마음에 둔 꿈을 신봉자로부터 따돌리려고 하는 것을 깨달을 것이다. 하나님의 그 *'musts'* 는 전혀 꺾이지 않고 굉장히 절박하지만 또한 영예롭다! 그리고 늘 영원히 의미가 있다.

우리 주님은 '그분이 사마리아를 지나가야 했을' 때 동일한 실재를 알았고, 궁극적으로 십자가로…….

사도행전 19:22 "자기를 돕는 사람 중에서 디모데와 에라스도 두 사람을 마게도냐로 보내고 자기는 아시아에 얼마 동안 더 있으니라."

하지만 우리의 사역의 ***궁극적인 성과***에 대한 영광에 넘치는 비전을 가진 이후에 우리 사역의 범위, 운영의 계획, 그리고 착수의 순서에 관해 매일 발견하는 것은 신실하신 성령께서 우리를 이끄시는 대로 분별되어야 한다. 16장 6-7절로 돌아가서, 우리는 '아시아' 를 바울의 마음에 두시는 동일하신 하나님이 거기에서 그가 교회들을 개척하는 것을 ***동시에*** 금하시는 것을 본다. 자, 완성의 하나님은 바울의 마음 안에 성취하려고 그분이 두신 것을 이행하고 계신다.

그래서 바울은 그의 팀 구성원들 중의 둘을 빌립보와 베뢰아에 돌려보내어 거기에서 신자들을 양육하게 하고, 반면에 그는 전적으로 그 사역을 물려받기 위해 에베소에서 제자들을 준비시킨다. 오늘날, 하나의 장소로 '부름받은' 것을 너무 많이 강조한다. 자명한 일로서 선교사는 올바른 일들이 일어나도록 행동에 있어서 세워질 촉매자이다. 우리는 끝마친 산물의 부분이 되어서는 안 된다. 당신의 소명에 있어서 선교사로서 당신의 거주지를 여러 번 이동할 필요가 있다고 아는 것에 대해 당신은 그 값어치를 받아들였는가?

사도행전 19:23 "그때쯤 되어 이 도로 말미암아 적지 않은 소동이 있었으니."

우리의 시간표는 종종 주님의 시간표가 아니다. 바울은 다이아나의 거짓 종교에 그가 행한 사역이 행한 손상에 대해 응수해 온 주요 반대 앞에서 그가 도시를 떠나지 않은 것을 필시 스스로 감사하고 있었을 것이다. 캠벨 모건은 '그 시기' 는 주변 지역들로부터 에베소로 오는 수천 명의 순례자들과 함께 아데미스/다이아나의 특별 의식이 있었던 때인 5월이었다고 생각한다(비고:메카에서 행해지는 라마단 의식.). 종교적인 충절과 감동은 그와 같은 시기 동안에 높아져 있었다.

사도행전 19:24 "즉 데메드리오라 하는 어떤 은장색이 은으로 아데미의 신상 모형을 만들어 직공들에게 적지 않은 벌이를 하게 하더니."

종종, (높은 음조로 종교적인 함성을 지르며) 반대하는 쪽으로 이끌어가는 것은 실제로 종교와 거의 관련이 없었다. 우리는 그리스도를 알리려고 하지만 화난 반응들은 원래 우리가 주 예수를 높여드리고 있는 것 때문에 빈번하게 반응한 것이 아니었다. 종종 정부나 혹은 사업가들은 우리의 현존과 메시지의 예상되는 결과에 의해 위협을 받는다고 느낀다. 에베소에서 현실주의의 이슈는 경제적이다! (예를 들면, 인도에서 힌두인 일행들은 만일 부족 사람들이 기독교인이 되면 표를 잃을 것이라고 두려워한다).

사도행전 19:26 "이 바울이 에베소뿐 아니라 거의 전 아시아를 통하여 수많은 사람을 권유하여 말하되 사람의 손으로 만든 것들은 신이 아니라 하니 이는 그대들도 보고 들은 것이라."

여기에 비기독교인들로 인해 증명된 바울 팀의 풍성한 결실의 증거가 있다. 또한 바울의 메시지는 명료하게 구원이 예수 그리스도가 아닌 다른 어느 것을 통해서도 오지 않는다는 것을 증명한다.

요한복음 14:6 - *"예수께서 이르시되 '내가 곧 길이요 진리요 생명이니 나로 말미암지 않고는 아버지께로 올 자가 없느니라.'"*

사도행전 4:12 - *"다른 이로써는 구원을 받을 수 없나니 천하 사람 중에 구원을 받을 만한 다른 이름을 우리에게 주신 일이 없음이라 하였더라."*

우리는 단지 아주 많이 상황화할 수 있다. 성경적인 사역은 거짓에 반대하여 언젠가는 말해야 하고 하나님의 유일한 참 길을 선포해야 한다. 바울과 그의 팀은 아데미 신전으로 쏟아지는 순례자들을 그들이 붙잡아야 하는 기회로 보았을 것이다.

사도행전 19:27-28 **"우리의 이 영업이 천하여질 위험이 있을 뿐 아니라 큰 여신 아데미의 신전도 무시당하게 되고 온 아시아와 천하가 위하는 그의 위엄도 떨어질까 하노라 하더라 그들이 이 말을 듣고 분노가 가득하여 외쳐 이르되, '크다 에베소 사람의 아데미여!' 하니."**

하지만 우리가 경험하는 대로(예를 들어, 파키스탄, 아프가니스탄, 소말리아, 인도네시아, 말레이시아, 그리고 수단에서), 적그리스도 지도자들이 그 반대세력을 다시 모을 때 그들은 감정에 호소하고 간청한다. 그리스도를 위한 사역자들이 이슬람이나 무함마드를 모욕했다는 거짓 소문이 얼마나 자주 일어났는가? 또 다른 한편으로는 그리스도의 경쟁 상대 누구나(우리가 섬기는 곳에서) 어떠한 '여신'이 '거룩한 주권자로서 예배를 받든' 간에 믿을 수 없는 것으로 보는 것이 우리의 틀이다.

사도행전 19:29 **"온 시내가 요란하여 바울과 같이 다니는 마게도냐 사람 가이오와 아리스다고를 붙들어……."**

사역을 고되게 만드는 것은 당신의 '충성스런 남자들/여자들'이 당신 대신에 고통을 겪는 것을 볼 때이다. 이 시점에서 가이오와 아리스다고는 '주님을 섬기는 데' 무엇을 하였는가? 떠들어대는 한 폭도가 믿을 수 없을 정도로 흠칫 놀라게 하고 있다.

사도행전 19:30-31 "바울이 백성 가운데로 들어가고자 하나 제자들이 말리고 또 아시아 관리 중에 바울의 친구 된 어떤 이들이 그에게 통지하여 연극장에 들어가지 말라 권하더라."

바울은 그가 도주하는 동안에 그의 팀원들이 상처를 입는 것을 허락하지 않을 작정이었다. 하지만 그는 극장으로 가는 것에 있어 그에게 말을 건 새신자들을 따를 만큼 겸손했다. 바울이 일부 정부 관료들(그에게 극장에 가지 말라고 경고하기 위해 성가시게 했던 '높은 위치에 있는 친구들')과 그렇게 친했다는 것은 주목할 만큼 훌륭하다. 사실 그들은 그에게 '청했다!'

당신의 가장 좋은 친구들 중의 일부는 '그리스도께 무릎을 꿇지' 않을 것이지만 하나님은 당신이 도움을 구하지 않을 때조차 사역에 있어서 당신을 돕도록 그들을 사용하실 것이다.

사도행전 19:32 "사람들이 외쳐 어떤 이는 이런 말을, 어떤 이는 저런 말을 하니 모인 무리가 분란하여 태반이나 어찌하여 모였는지 알지 못하더라."

이것은 당신이 섬기고 있는 곳의 잃어버린 집단을 잘 요약해주고 있지 않은가? 당신은 이 구절을 당신의 파송 교회들에게 보내는 기도편지에 인용할 수 있다.

하지만 그와 같은 경험에 대한 공포를 경시하지 마라! 사도 바울은 그와 그가 전파한 그리스도의 복음에 대적한 맹수들처럼 사납게 싸운 이 대적들에 대한 은유로서 **"내가 사람의 방법으로 *에베소에서* 맹수와 더불어 *싸웠다면*"**(고전 15:32)이라고 기록하였다. 성경 기자들은 종종 상징적이거나 비유적인 방식들로 '짐승'(beast)이라는 단어를 사용한다. 예를 들어, 시편 기자는 그의 어리석고 무식하고 야만적인 행위를 말하면서 *"내가……주 앞에 짐승이오나"*(시 73:22)라고 썼다.

야생의 짐승은 또한 이기적이고, 포악하며 군주국들의 상징으로 말해진다. 다니엘서 7장 3, 17, 23절의 네 짐승들은 네 왕국들을 나타낸다(겔 34:28; 렘 12:9). 그의 삶과 사역의 끝단에, 로마 황제(Caesar; 즉 네로 자신)에게 유일한 구세주로서 그리스도를 선포하는 그의 목표를 최종적으로 성취한 후에, 바울은 **그** 경험을 "사자의 입에서 건짐을 받았느니라"(딤후 4:17)고 기술하였다.

베드로는 아래와 같이 당신이 사역하는 곳에서 종종 부딪히는 것을 기술한다.

> 육체를 따라 더러운 정욕 가운데서 행하며 주관하는 이를 멸시하는 자들에게는 특별히 형벌할 줄 아시느니라 이들은 당돌하고 자긍하며 떨지 않고 영광 있는 자를 비방하거니와 더 큰 힘과 능력을 가진 천사들도 주 앞에서 그들을 거슬러 비방하는 고발을 하지 아니하느니라 그러나 이 사람들은 본래 잡혀 죽기 위하여 난 이성 없는 짐승 같아서 그 알지 못하는 것을 비방하고 그들의 멸망 가운데서 멸망을 당하며 불의의 값으로 불의를 당하며 낮에 즐기고 노는 것을 기쁘게 여기는 자들이니 점과 흠이라 너희와 함께 연회할 때에 그들의 속임수로 즐기고 놀며 음심이 가득한 눈을 가지고 범죄하기를 그치지 아니하고 굳세지 못한 영혼들을 유혹하며 탐욕에 연단된 마음을 가진 자들이니 저주의 자식이라 그들이 바른 길을 떠나 미혹되어……(벧후 2:10-15).

사도행전 19:33 **"유대인들이 무리 가운데서 알렉산더를 권하여 앞으로 밀어내니 알렉산더가 손짓하며 백성에게 변명하려 하나."**

회당에서 바울을 내쫓은 유대인 지도자들은 에베소에서의 당혹하게 하는 바울의 사역을 좌절시키기 위해 그들의 적들인 그리스인들과 연합할 기회를 만났다. 그들의 대리인이 바울의 적 구리세공인 알렉산더였는가? *"구리 세공업자 알렉산더가 내게 해를 많이 입혔으매 주께서 그 행한 대로 그에게 갚으시리니"*(딤후 4:14).

만일 그렇다면 그리스도로부터 배반자, 배교자로서 그의 옛 종교의 도구가 되기 위해 본래 종교로 귀의하면서 한때 그의 친구요 제자를 보기 위해 어떻게 바울을 해하였음에 틀림없는지 생각하라! 우리가 의아하게 여기기로는 어떻게 한때 '그리스도를 경험했던' 남자 혹은 여자가 '유다' 와 같이 될 수 있는가 하는 것이다. 당신은 당신의 '충성스런 자들' 이 되돌아가는 것을 보면서 형언할 수 없는 실망을 잘 견디기 위해 그리스도 안에 충분히 거하고 있는가? "그 *가운데 후메내오와 알렉산더가 있으니 내가 사탄에게 내준 것은 그들로 훈계를 받아 신성을 모독하지 못하게 하려 함이라"*(딤전 1:20).

사도행전 19:34 **"그들은 그가 유대인인 줄 알고 다 한 소리로 외쳐 이르되 크다 에베소 사람의 아데미여 하기를 두 시간이나 하더니."**

유대인들과 아데미 숭배자들의 친화관계는 결코 잘 되어가지 않았다. 그들 자신의 계시를 진실로 믿지 않는 사람들만이 "모든 종교들이 좋아" 라고 말하면서 관대하게 행동할 수 있다. 늘 ***그분의*** 방식대로 오직 한 분 참 하나님만 알 수 있다는 것을 ***온화하게*** 분명히 하자.

사도행전 19:35 “서기장이 무리를 진정시키고…….”

주님은 응답하는 기도에 관한 그분의 방식들을 갖고 계신다. 종종 그것은 더 높은 원칙들을 가지고 있는 불신자를 일으켜 세우는 것에 의해서, 혹은 그가 오로지 ‘그 자신의 목숨을 구하려고’ 애쓰고 있을지라도 우리에게 도움이 될 만하다.

사도행전 19:37 “신전의 물건을 도둑질하지도 아니하였고 우리 여신을 비방하지도 아니한 이 사람들을 너희가 붙잡아 왔으니.”

이 선교사들 팀이 다이아나에 반대하여 큰소리로 직접 이야기를 했는지에 대해 아무 증거도 없다. 흥미롭다. 어떤 사람이 당신에게 무함마드에 대해 어떻게 생각하느냐고, 혹은 누구든지 그들의 구루(looked-to guru)이냐고 물을 때 마태복음 10장 16절(“*보라 내가 너희를 보냄이 양을 이리 가운데로 보냄과 같도다 그러므로 너희는 뱀같이 지혜롭고 비둘기같이 순결하라*”)에 나오는 주님의 지시를 기억하라.

시리아 출신으로 나의 친구인 마즈하르(Mazhar)가 당신은 그들의 종교에 대해 어떻게 생각하느냐고 물을 때 그들의 종교에 대해 겸손하게 ‘그 종교의 교사들 가운데 한 사람으로부터(당신은 내부자가 아니기 때문에 당신으로부터가 아니라) 배우는 것이 더 낫다’고 고백해야 한다고 가르친다. 당신이 그들의 종교에 대해 팬이 아니라는 것은 그들의 주목을 피하려는 것이 아니라, 데메드리오가 행했던 것같이 그것의 ***함축***에 대해 말할 수 있는 사람들에 의한 것 이외에는 당신은 그것에 ***반대하여*** 말하는 것으로 고소될 수 없다.

사도행전 19:38-39 "만일 데메드리오와 그와 함께 있는 직공들이 누구에게 고발할 것이 있으면 재판 날도 있고 총독들도 있으니 피차 고소할 것이요 만일 그 외에 무엇을 원하면 정식으로 민회에서 결정할지라."

당신은 그분의 주권 안에 하나님이 세상의 정부들 중에서 그렇게 많은 수에 그리스와 로마법 체제가 스며들도록 허용했다고 해서 그것이 완전히 폭력적인 것으로부터 세상을 지키는 데에 만든 차이가 무엇인지 깊이 생각해 본 적이 있는가? 우리 모두가 칭기즈칸과 소름끼치는 이반, 히틀러, 스탈린 치하에서(혹은 일본인들이 제2차 세계대전에서 승리했다면) 살면서 선교사역을 하려고 애쓰고 있었다고 가정해보라.

사도행전 19:40 "오늘 아무 까닭도 없는 이 일에 우리가 소요 사건으로 책망 받을 위험이 있고 우리는 이 불법 집회에 관하여 보고할 자료가 없다."

우리는 박해와 압제가 재빨리 알려지는 "지구촌"의 인터넷 "정보 시대"에 있는 것에 희망을 걸 수 있다. 무슬림 국가들이 위치한 곳은 역사적으로 "퇴화한 교회가 자리잡고 있었던 지역"이다. 하지만 오늘날은 사우디아라비아도 한 사람에게 사형을 집행하는 일에 대해서도 신문으로 전세계에 알린다. 이것은 이전에 "닫혔던 지역"에 있는 신생 교회로 하여금 이 시대에 출현하고 생존하게끔 하시려는 하나님의 계획의 한 부분인가?

사도행전 19:41 "(이렇게 말하고서) 이에 그 모임을 흩어지게 하니라."

슬프게도 에베소 교회는 살아남지 못했다. 바울은 그들에게 "*끝으로 너희가 주 안에서와 그 힘의 능력으로 강건하여지고……하나님의 전신갑주를 입으라……하나님의 전신갑주를 취하라……성령의 검 곧 하나님의 말씀을 가지라*"(엡 6:10-17)고 경고했다. 하지만 몇 해 후에 동일한 교회에 "*너의 처음 사랑을 버렸느니라*"고 *말씀하셨다*. 왜냐하면 그들은 "*어디서 떨어졌는지를 생각하고 회개하여 처음 행위를 가지라 만일 그리하지 아니하고 회개하지 아니하면 내가 네게 가서 네 촛대를 그 자리에서 옮기리라*"(계 2:4-5)는 말씀에 따라 회개하지 않았으므로 실로 '무'로 사라지게 된 것이다.

오늘날의 에베소는 어떠한가? 최근까지 한 무슬림 도시가 하나님의 양을 따르는 한 그룹도 가지고 있지 않았다. 그들이 로마법과 그 도시의 집권자들과 보호자의 보호를 더 바라봄으로 주님을 향한 교회의 사랑이 식어진 것인가?

이 경우에 세속적인 권세자들을 사용하시는 하나님의 손에도 불구하고, 캠벨 모건은 이 세상의 '읍사무소 서기들'의 도움에 의지하는 위험에 대해 우리에게 경고한다. 영국의 기독교인들은 엘리자베스 여왕의 보호 아래 있었던 것보다도 마리아 여왕의 박해 아래에서 훨씬 더 활기찼다. 우리가 우리의 힘을 들이지 않고 신실하신 하늘에 계신 아버지께보다는 국가의 보호를 더 바라봄으로 십자가의 길을 놓치지 않도록 주의를 기울이자.

핍박을 받은 교회(적어도 그것이 중대한 다수의 집단일 때)는 가장 순결하고 강력한 교회였다. 보호된 교회는 보통 위험에 처해 있는 교회이고 매우 자주 타협에 의해 무력하게 되었다. 소리지르는 군중들을 두려워하지 말고, 우리가 성경의 진리를 더 이상 주장하지 않아서 '읍사무소 서기'가 우리를 돌보기 시작할 때를 경계하자.

20장

사도행전 20장 1-16절은 ***주님의 말씀***이라기보다는 여행 일지처럼 보인다. 아마 신약성경의 저자, 성령님은 이제 복음서 저자의 사건에 대한 세부적 사항들을 떼어 버리고 새로 믿게 될 자들 [*'이 사람들의 말을 듣고 나를 믿는 사람들을 위해서도 빕니다(예수님의 12사도들)'* (요 17:20)]을 위한 암시와 적용점들에 힘쓰고 있다.

하나님 자신이 사람이 되셨을 뿐 아니라 하나님의 말씀이 육신이 되셨음을 기억(그리고 가르치는 것)하는 것은 중요하다. 하나님은 우리들의 소통 수단으로 우리들에게 소통하실 것을 결정하셨다. 편지, 일지, 노트, 시, 서사시적 믿음의 조상들의 이야기 등. 하나님 알기를 갈망하는 자는 신구약 성경말씀의 각 부분의 'What' 그리고 'Why' 에 대해 곰곰이 생각하기 위해 잠시 멈춰야 한다. 우리는 모든 부분에서 귀중한 보화 같은 하나님의 말씀에 깊이 파고들기를 절대로 중단하지 말아야 할 것이다.

사도행전 20:1 "소요가 그치매 바울은 제자들을 불러 권한(권면, 경고, 위로. 참조: 14:22) 후에, 작별하고……."

'그리스도가 알려지지 않은' 지역에서 수고하는 자들은 정기적인 '소요' (소동)를 계획할 수 있어야 한다. 종종 이것은 정치적일 수 있고, 그리고 선교사는 단순히 '잘못된' 여권을 소지할 수 있다. 그래서 우리는 낮은 자세로 충분한 안정이 되찾아 오면 믿음의 가족들을 만날 수 있을 것이고, 그들의 필요가 채워진 것을 보고, 그리고 그들이 사전에 미리 준비되었는지를 확인한다.

다른 제자들에게 각기 다른 시기에 다른 메시지가 필요하다. 어떤 사람에게 권면이 필요하다면 행함이나 경건한 태도를 당부하지 않겠는가? 주의를 주거나 위로하거나 도전은 그때에 각 사람이 그리스도의 마음을 갖게 하는 것이다(고전 2:16). *"만일 우리가 성령으로 살면 또한 성령으로 행할지니"*(갈 5:25). 그는 기묘자라.

> 내가 아버지께 구하겠으니 그가 또 다른 보혜사를 너희에게 주사 영원토록 너희와 함께 있게 하리니……보혜사 곧 아버지께서 내 이름으로 보내실 성령 그가 너희에게 모든 것을 가르치고 내가 너희에게 말한 모든 것을 생각나게 하리라(요 14:16, 26).

1절 "……작별하고 떠나 마게도냐로 가니라."

왜 다시 마게도냐로 돌아가는가? 바울은 어떻게 그의 계획을 수행하려 하는가? 모든 바울의 심정은 에베소에서 일어났던 것과 꼭 같이 고린도, 아덴, 데살로니가, 베뢰아, 그리고 빌립보 교회들에서도 믿음의 자매 공동체들이 세워지기를 바랐음을 상기시킨다. *"아시아에 사는 자는 유대인이나 헬라인이나 다 주의 말씀을 듣더라"* (19:10, 26).

사도행전 20:2 "그 지방으로 다녀가며 여러 말로 제자들에게 권하고."

'많은 권면 - 여러 말.' 바울은 이들 회중의 만남이 마지막 방문

이 될 것임을 느낀 것 같다. 그의 강도 높은 에베소 장로들과 함께 하는 '수련회' 에서 우리는 힌트를 얻을 수 있다.

"이제는 여러분이 다 내 얼굴을 다시 보지 못할 줄 아노라"(행 20:25).

당신이 믿는 자들에게 가르칠 기회가 주어지면 긴급성, 위험성, 그들의 신중한 상황, 당신이 그곳에 항상 있지 못할 심정으로 끊임없이 말씀을 전하는가? 그래서 그들이 듣기를 배워야만 하고 이기는 자로서 하나님과 동행해야 한다.

'권면' (exhortation)이라는 단어는 ***파라클레테(Paraclete)***에 뿌리를 두고 있다. 그들은 사악한 자가 그들의 각 도시에서 '그들의 등불을 끄려는' 모든 계책에 당면할 때 보혜사의 실상을 알아야 한다. *"우리가 사탄에게 속아넘어가지 않으려 하였습니다. 우리는 사탄의 속셈을 모르는 것이 아닙니다*(고후 2:11). *악마의 간계에 맞설 수 있도록, 하나님이 주시는 온몸을 덮는 갑옷을 입으십시오"*(엡 6:11).

2절 "그 지방."

누가는 그들이 무엇을 했다는 많은 자료를 제공하지 않는다. 이것은 바울 일행이 마게도냐 북서부 지역의 일루리곤(알바니아)에 믿는 자들 한 그룹을 세웠을 때 같다.

"그리스도께서 이방인들을 순종하게 하기 위하여 나를 통하여 역사하신 것 외에는 내가 감히 말하지 아니하노라 그 일은 말과 행위로 표적과 기사의 능력으로 성령의 능력으로 이루어졌으며 그리하여 내가 예루살렘으로부터 두루 행하여 ***일루리곤까지 그리스도의 복음을 편안하게 전하였노라"***(롬 15:18-19).

사도행전 20:3-4 "거기 석 달 동안 있다가 (고린도)……."

만약 에베소 교회 믿는 자들이 '마귀' 로부터 구원받을 필요가 있었다면, 고린도 교회에 있는 사람들은 '세상과 정욕' 으로부터 구원이 필요했다(골 2:8; 약 1:27, 4:4; 딤후 4:10; 갈 5:13-24).

고린도 교회에 대한 두 서신서는 이 교회에 대한 바울의 관심을 잘 알려준다. 외형적으로 거기에는 여전히 많은 사람들의 성품에 심각한 결점이 있었다. 오늘의 많은 교회들처럼 변증자 즉, 전도자 아볼로의 좋은 사역이 있었지만 그들은 말씀에 순종하기보다는 그들 자신들의 미사여구에 더 심취한 듯했다. 그들의 존재가 아볼로가 행함같이 사역자를 세우는 것이었으나 그들은 경건한 성품에는 소홀히 하였다.

사도행전 20:3 "배 타고 수리아로 가고자 할 그때에 유대인들이 자기를 해하려고 공모하므로 마게도냐를 거쳐 돌아가기로 작정하니."

소스데네와 어떤 유대인 지도자들 중에는 전에 일어났던 일에 대해서 절대 용서하지 못하는 것으로 보인다(행 18:17). 복수심은 용서와 화해의 복음을 전하는 많은 사람들에게 계속 진행되는 문제이다. 그러나 우리가 순한 영으로 분노를 떨쳐 버리기를 바랄지라도 상당히 영구적인 원수들을 떼어내지 않고 그리스도의 진정한 대사가 될 수 있을지가 의문이다.

바울의 계획 변경은 이때 성령님의 지시로 돌리지 않는다. "그는 *생각으로 계획했고, 그는 의지적이었고, 단호히 결심하였다.*" 누가는 하나님께서 ***직접*** 인도해(행 16:6-9) 주시는 때와 하나님이 그의 종들에게 그의 마음을 감지하도록 맡기시는 때를 구별한다.

우리가 주 예수님과 동행하고 섬기는 세월들이 지남에 따라서 우리는 '그의 뜻 알기' 에 자라간다. 이것은 주의 종들과 가까운 친구들인 우리에게 주님의 우선순위들은 '제2의 기질' 이 되므로 어떤 특별한 '주님의 말씀' 이나 특별한 지시가 점진적으로 필요하지 않게 되어간다.

사도행전 20:4 "아시아까지 함께 가는 자는 베뢰아 사람 부로의 아들 소바더와 데살로니가 사람 아리스다고와 세군도와 더베 사람 가이오와 및 디모데와 아시아 사람 두기고와 드로비모라."

종종 명단은 아주 많은 것을 말해준다. 바울은 두 선교사들 가운데 한 사람으로부터, 어떤 팀에게, 어떤 '선교 단체' 로 떠나곤 하였다. 바울의 감독 아래 그 당시 알려진 주변 세계로 흩어졌던 사람들(상당한 사람들은 분명히 가족들과 함께!)을 추적하는 것은 어렵다. 가끔 그들은 바울의 서신을 그 지역 교회들에게 전달했다(고후 8:16-22).

디모데(바울의 루스드라 지역에서 돌에 맞은 결과로서 가장 큰 열매) 같은 제자들은 그리스도가 아직 예배드리지 않았던 도시들에 가장 최초의 교회들을 세우는 사도적 사명을 위해 '부르심' 을 받았다. 그들의 소명은 어느 특별한 사람들이나 지역이 아니었다. 그들은 견습 선교사로서 바울의 인턴십 팀에 참여하도록 인도되었었다.

두기고와 드로비모는 아시아 출신으로 가장 최근에 '모집된 사람들' 이었다. 이것이 바울의 훈련 방법일 듯하다.

1. 교회 개척팀을 위한 후보자 식별은 자신의 교회 사역과 성실함에 의한다.

2. 그를 더 경험 많은 사람과 같이 '현장 경험' 을 통해 타 문화

사역을 배울 수 있도록 그의 지역 밖으로 보내라. 그러나 항상 최소한 두 사람이어야 한다. 그는 절대로 한 쌍, 또는 한 사람 혼자서 갈등하도록 두지 않았다.

이 팀 멤버들이 서로 어떻게 지냈을 것 같은가? 그들은 각기 다른 배경, 인종뿐만 아니라 언어까지도 달랐다. 바울은 그들이 *'자신들보다 서로 더 존경하는'* 법을 배울 필요성을 알았는가? '서로' 더불어 산다는 것은 명령으로 보인다(요 13:35; 롬 12:10; 15:7, 14; 갈 5:13; 엡 5:21). 팀으로서 그것은 지역 회중들에게 말씀을 가르치기 위해 충분한 영적 권위를 갖기 위해 우선되는 조건이었다(통찰을 위해 빌립보서 2장을 보라.).

사도행전 20:5 "그들은 먼저 가서 드로아에서 우리를 기다리더라."

바울은 계속적으로 각 교회에서 장로들로 성장시킬 수 있는 더 많은 교회 개척자들을 모집하고 훈련했다. 교회들을 격려하기 위해 바울은 이미 세운 교회들이(행 19:21) 있는 도시로 디모데와 에라스도를 다시 앞서 보냈다. 이제 그는 다른 팀원들을 보낸다. 그것은 당시 믿는 자들이 집중적인 가르침의 때를 확보할 수 있도록 하기 위해 일상의 일을 계획해 준비시킨 것이 아닐까?

갑자기 바울은 그의 사랑하는 친구요 의사인 누가와 재합류한다. 분명히 여기에는 드러나지 않은 이유가 있다. 하늘에 계신 아버지께서는 우리들에게 동역자들을 주실 뿐 아니라 아주 가끔은 절친한 친구들을 동역자로 붙여 주시는 기쁨도 누리신다. 누가는 바울의 생각과 의도, 그리고 갈등 같은 세부적인 사항들을 신뢰할 만한 가장 가까운 친구였다(빌 1:8). 누가 ***당신에게 있어서*** 누가(Luke)인가?

사도행전 20:6 "우리는 무교절 후에 빌립보에서 배로 떠나 닷새 만에 드로아에 있는 그들에게 가서 이레를 머무니라."

거기에 어떤 교란이라도 있었는가? ***'하지만'(But)*** 누가는 그들의 느린 행적을 변명하는가? 그 팀은 바울의 부재로 리더가 없어 무엇을 해야 할지 모르는 것인가? 왜 주의 만찬을 언급하는가? (그것이 그들이 빌립보에 머문 이유였는가? 어떠한 사람들이 여전히 유대인 유월절 절기를 지키고 있었던 것일까?)

사도행전 20:7 "그 주간의 첫날에 우리가 떡을 떼려 하여 모였더니 바울이 이튿날 떠나고자 하여 그들에게 강론할새 말을 밤중까지 계속하매."

우리는 드로아에서 교회를 시작한 사람을 알지 못하지만 그것은 사도행전이 선택적이라는 사실 하나를 더해주고 있다. 겉으로 봐서 바울은 그들이 가장으로부터 초청을 받은 여러 곳들에 계속 훈련중인 교회 개척자들을 보내고 있었다. 이것이 신약성경에서 최초로 주일을, 예배를 드리기 위해 모임을 갖는 믿는 자들의 날로 언급된다. 대부분의 초대교회 기독교인들은 오후 9시 이후에는 자유롭게 모임을 가질 수 없는 노예(또는 사실적으로 같은 계층)들이었다.

설교자가 시간을 '초과' 하지 않을까 하는 관심으로 시계를 바라보고 있는 오늘의 모임과는 상반된다. 이들은 바울에게서 배울 수 있는 것을 매우 특별한 기회로 깨닫고 그가 가르쳐 주려고 하는 한 그들은 들을 준비가 되었었다.

'Spoke/Talking' 은 확신을 주기 위해 ***서로 사고하기 위한*** 단어이다. 그림은 침묵과 무표정, 정중한 '청중'(단지 듣는)이 아니라 바울은 매우 실천적인 교리의 설명으로 인도하고 있다. "좋다", "알겠나?", "알겠습니까?" 로마인 주인과 주어진 일에 다시 검토하는 대화를 상상해 보자. 이것은 처음에는 농담으로 시작해서 감동의 이야기로 이끌어 가다가 초청으로 끝맺는, 철저하게 준비된 목사의 세 대지 설교가 아니다.

당신은 사람들의 마음과 생각 속에 일어나는 것들과 거의 관계 없는 단순한 '강사'가 되지 않고, 당신이 훈련하고 있는 장로들을 위해 대화와 가르침, 멘토링, 토론 모델이 필요하다.

사도행전 20:8 "우리가 모인 윗다락에 등불을 많이 켰는데."

오늘의 선교사는 등불에서 나오는 연기와 배우고자 열망하는 성도들로 미어터질 것같은 숨 막히는 방의 그림을 위해 20세기 서양에서 드리는 자기 문화 '예배' 형태를 지우는 것이 필요하다.

사도행전 20:9-10 "유두고라 하는 청년이 창에 걸터 앉아 있다가 깊이 졸더니 바울이 강론하기를 더 오래 하매 졸음을 이기지 못하여 삼 층에서 떨어지거늘 일으켜보니 죽었는지라 바울이 내려가서 그 위에 엎드려 그 몸을 안고 말하되 떠들지 말라 생명이 그에게 있다 하고."

이것은 마치 성령님같이, 누가의 저자, 드로아(또는 일루리곤)에서 교회가 언제 또는 어떻게 세워졌는지에 대한 기사를 누가가 건너뛰었으나, 역사상 가장 위대한 선교사—교사의 사역 중에도 깊은 잠에 빠져, 창에 걸터앉은, 피곤에 싸인 젊은 청년의 매우 인간적인 이야기로 관련시킨다. 이것은 우리의 '충성된 자'가 다음 시간 성경공부에 나타나지 않았을 때 동정심에 인색한 우리들을 향해 하는 말이 아닌가?

아마 이것은 누가가 바울을 당대 교회들의 눈에 베드로와 동격 인물로 보일 수 있도록 돕기 위한 것이 아니었을까? 바울도 죽은 자를 살릴 수 있다.

사도행전 20:11 "올라가 떡을 떼어먹고 오랫동안 곧 날이 새기까지 이야기하고 떠나니라."

나는 우리 중에 어느 누구라도 이 모임을 취소했을 것이라 확신한다. 그러나 바울은 믿음이 연약한 사람들이 당한 어려움을 매우 민감하게 직시하고 계속 진지하게 대화(*omilesas*)하며, 그들의 삶의 중요한 문제들을 다루고 있다. 그는 자신이 아닌 성도들의 필요에 초점이 집중되어 있었기에 하룻밤 잠 못 잔 것은 대수롭지 않았다(빌 1:24; 2:17).

여기에 여인들은 만찬을 차려 놓지 않았겠는가!

사도행전 20:12 "사람들이 살아난 청년을 데리고 가서 적지 않게 위로를 받았더라."

여기에서 암시하는 것은 이 젊은 청년이 여전히 치료가 더 필요한 상태라는 것이다. 하나님의 기적은 종종 우리가 바라는 것과 같은 결과로까지 오지 않는다. 내가 한번은 전염성 전핵증에서 한 밤 사이에 기적적으로 치료되었다. 내가 완전히 무기력한 연약함에서 온종일 열정적으로 업무를 감당해 낼 수 있는 상태로 호전되었다. 과학적으로는 그러나 혈액치수는 단지 ***부분적으로만*** 치료된 것으로 나타났다. 나중에 주님은 내가 치료 과정을 벗어나지 않도록 하기 위해 **그런 방법으로** 치료해 주셨음을 깨닫게 해 주셨다. 주님이 나를 부르신 것은 그 사역이 아니었다.

사도행전 20:13 "우리는 앞서 배를 타고 앗소에서 바울을 태우려고 그리로 가니 이는 바울이 걸어서 가고자 하여 그렇게 정하여 준 것이라."

바울은 다른 사람들을 섬기느라 자신이 소진되었다는 것을 깨달았다. 이제 그의 하늘에 계신 아버지와 '독대' 할 시간이었다(참조: 막 1:35). 만약 사도들이 삼위일체 하나님과 함께하는 정기적인 '수양' 이 필요하다면, 당신은 언제 이와 같은 시간을 계획하는가? 당신은 며칠 동안이라도 하나님과 독대하여 예배하고, 뒤돌아보며, 신앙일지를 기록하고, 마음의 모든 의문점들을 하나님의 관점에서 바라볼 수 있는 시간을 갖는가?

사도행전 20:14-16 "바울이 앗소에서 우리를 만나니 우리가 배에 태우고 미둘레네로 가서 거기서 떠나 이튿날 기오 앞에 오고 그 이튿날 사모에 들르고 또 그 다음날 밀레도에 이르니라 바울이 아시아에서 지체하지 않기 위하여 에베소를 지나 배 타고 가기로 작정하였으니 이는 될 수 있는 대로 오순절 안에 예루살렘에 이르려고 급히 감이러라."

본래(행 18:18; 20:3), 바울은 유월절에 맞춰 예루살렘에 도착하고자 고린도에서 유대인 순례자들과 함께 배를 타고 수리아의 항구로 직항할 계획이었다. 그러나 그 배에 타고 있던 '순례자들' 중에는 바울을 죽이기 위해 고용된 사람들이 있었다. 그래서 그는 교회들을 더 방문하기 위해 북쪽으로 돌았다. 그런데 이제 바울은 최소한 오순절 기간에 예루살렘에 도착하기 위해 서둘러야 했다.

의심할 것 없이 바울은 신실하게 하나님을 찾는 순례자들이 모이는 곳에 있고자 수고했다. 우리들도 대부분 우리와 같은 동족들 중에 사역하기를 즐거워하지 않는가?

사도행전 20:17 "바울이 밀레도에서 사람을 에베소로 보내어 교회 장로들을 청하니."

가정에 초대하기 원하는 많은 사람들과 모임을 예상하지 않고 에베소를 방문하는 것은 불가능했을 것이다. 그러나 바울은 더 많은 *집회들이* 감독자들을 세우는 일만큼 중요한 것은 아니라고 생각했다. 그는 그 도시에서 떨어진 곳으로 약 1주간(?)의 수련회를 개최하기 위해 그들을 소집한다.

그들은 우선순위를 두고 거기에 참석하기 위해 모든 수고를 다함으로써 자신들이 진정으로 헌신된 목자들임을 증명하였다. 바로 그들이 그곳에 참석할 수 있을 만큼 시간을 낼 수 있었다는 것은 그들 대부분이 종업원들이나 노예가 아닌 상인들이었다는 표시다. 아마도 그들은 일상적인 삶에서 사람들을 관리하는 기술을 가지고 대부분 장로로 섬길 준비가 된 자들이었을 것이다.

교회를 개척한 선교사와 장로들이 함께 갖는 수련회보다 우리에게 더 좋은 모델이 있을 수 있을까? 바울은 분명히 이들에게 영적 권위를 가졌다. 그들은 그를 하나님께서 보내신 멘토로 보았다. 당시에는 그들이 따라야 될 교회의 성직자 계급이 없었다. 그 선교사의 권위는 그의 직책이나 그들의 수입을 조종하는 재원에서가 아니라 하나님의 권위로부터 온 것임을 그들은 바울의 삶을 통해 깨달았다.

바울은 여전히 믿는 자들을 목양하는 데 있어 우선순위를 가져야 하며, 견뎌야 함을 그들에게 호소하고 간청하며 확신시켜야만 했다. 주목할 것은 그는 '대 강사들과 음악 동원' 하는 행사를 그들에게 소개하지 않았지만, 장로들은 '그와 함께' 만나기 위해 왔다. 그들이 온 것은 바울과 깊은 친분과 주 예수님에 대한 일들이 그들의 삶에 있어서 우선순위임을 이해하였기 때문이다(행 19:37을 보라).

사도행전 20:18 "아시아에 들어온 첫날부터 지금까지 내가 항상 여러분 가운데서 어떻게 행하였는지를 여러분도 아는 바니."

바울은 처음으로 그의 생활 태도를 간청한다. 그의 모범, 그의 신학들이 아닌, 삶의 실천 속에서 보여준 하나님의 말씀이다.

얼마나 상세하게 당신의 사람들이 당신을 알고 있으며, 당신과 당신의 가족은 어떻게 하루하루를 살고 있는가? 당신은 눈물과 당혹함을 인정할 수 있는가? 바울은 장로들이 그가 '교만' 하였다고 결론지을 것을 걱정하지 않은 것은 그가 그의 겸손에 대해 말하였기 때문이다. 얼마나 신선한가! 그리고 눈물, 그를 눈물 흘리게 하는 이 사람 속에서는 어떤 생각과 감정들이 계속되고 있었을까?

바울이 에베소에서 3년 동안 성경공부를 인도하는 동안, 변증법적 토론회들, 치유 사역뿐 아니라 '특별한 기적들 행함' 까지도 보여줬다. 그러나 이렇게 경건한 그의 삶의 태도에도 불구하고 "그의 생명을 전제로 바칠지라도," *"어떤 사람들은 마음이 굳어 순종하지 않고 무리 앞에서 이 '도' 를 비방하거늘"*(행 19:9)이라고 기록되어 있다. 결국 폭동이 일어나서 바울은 또다시 도망치는 신세다. 이번에는 마게도냐에서가 아닌 마게도냐로……. 당신은 이 같은 '생활 양식' 은 조금 '낡아 빠진' 것이라 생각하는가? 그는 '선한 일에 낙심' 하게 되는 시험에 **스스로** 빠지지는 않았을까?(갈 6:9)

무엇이 그의 '모든 겸손' 이었을까? 당신이 ***이교도(kafir)***로, 참된 종교를 더럽힌다고 할 때, 약점을 들추어 낼 때, 사탄에게서 보냄 받은 자로까지 고발당할 때 어떻게 대응하려는가? 무엇으로 하여금 당신이 그곳에서 물건을 도둑맞고, 주인이 거짓말하고 속일지라도 *'예수 그리스도의 풍성함'* 을 신실하게 전파할 수 있게 하는가?

비통해하거나 분노를 물리치고, 대신 높은 곳에서 임하는 능력을 받아서 '주야' 로 다른 사람들 섬기기를 계속해야 한다. 당신은 당신이 가끔 환영받지 못하고 오해를 받게 될 때에도 겸손히 전파하기를 계속할 수 있도록 가장 겸손하신 분의 부활 능력을 덧입고 있는가?

사도행전 20:19 "유대인의 간계로 말미암아 당한 시험을 참고."

꽤나 실제적인 죽음의 협박을 경험한 적이 있었는가? 당신은 하나님의 대적자로 몹시 심한 증오와 민족의 배반자로 매도를 당할 때 어떤 느낌인지를 알고 있는가? 당신은 바울이 적지 않게 여러 차례 핍박을 당했다고 생각하는가? 그가 달아나야만 할지 또는 그곳에 있어야 될지, 그리고 *'주님의 뜻 행함'* 을 스스로 포기해야 될지, 당신은 그가 바르게 결정을 내렸는지에 대한 의심과도 씨름했을 것으로 생각하는가?

독신으로 그가 '혹독한 시험 받음' (유혹됨)이 있었다고 그들에게 말할 때 어떤 느낌이었을까? 시험들 가운데 하나는 중단했는가? 또는 매우 낮은 프로파일을 유지하려, 단지 요청받을 때에 복음을 나누었는가? 어느 누군가 그에게 *"오직 복음을 위해 살고, 필요하다면 말을 하라"*(Assisi)고 충고했을까? 오직 하나님께로 가는 길인 주 예수에 대한 선포와 외침들은 가끔 최종적으로 '문들을 폐쇄' 시키지 않았는가?

사도행전 20:20 "유익한 것은 무엇이든지 공중 앞에서나 각 집에서나 거리낌이 없이 여러분에게 전하여 가르치고."

많은 선교사들이 너무 특별하거나, '너무 개인적인' 문제에 인색한 문화로 고생한다. 바울은 신실한 하나님의 사람이 되고자 하는 자들이 중요한 이슈들을 다루기 위해 전례(protocol)를 극복해야 하는 것에 대해 많은 관심이 있었다. 당신은 장로들과 이러한 논쟁에 직면하는가? 여기에 어느 누구도 바울의 모범들을 교회 지도자들과 거론하지 않기에 오늘날(제3세대 '기독교인들' 이 있는 어느 지역에서나) 그리스도의 이름으로 싱겁게 모욕하는 회중들이 몬테비데오(Montevideo)에서 마닐라(Manila)까지 얼마나 많이 존재하는가?

사도행전 20:21 "유대인과 헬라인들에게 하나님께 대한 회개와 우리 주 예수 그리스도께 대한 믿음을 증언한 것이라."

바울은 기독교인이 되는 것이 단순히 하위문화를 바꾸거나 하나님에 대한 새로운 개념을 받아들이는 것이 아니라는 것을 장로들에게 상기시킨다. 어느 누구의 헌신된 종교적 실천에 관계 없이, 사람들이 속아 왔다는 것을 깨닫게 될 때 진상은 시작된다. 성경적인 회개는 내가 흑암에 있었다는 것을 알아보는 것이다. 나의 도덕적 타락성에 대해 철저한 진실의 고백이 없으면 나는 영원히 저주받은 사람이다.

데살로니가후서 1:7-9 - "…… *주 예수께서 자기의 능력의 천사들과 함께 하늘로부터 불꽃 가운데에 나타나실 때에 하나님을 모르는 자들과 우리 주 예수의 복음에 복종하지 않는 자들에게 형벌을*

내리시리니 이런 자들은 주의 얼굴과 그의 힘의 영광을 떠나 영원한 멸망의 형벌을 받으리로다."

나는 한 분이신 진정한 하나님을 향한 나의 불복종을 인정해야 하고, 나의 선함에 있어 어떠한 공로도 부정하고, 십자가에서 우리를 위해 희생 제물이 되어주신 주 예수 그리스도의 인성에 전적으로 의존해야 한다. 그분의 중재로 용서를 얻기에 오직 희망이시고, 나의 창조자 즉, 구원자의 존전에서는 영원한 생명이시다.

"하나님은 한 분이시요 또 하나님과 사람 사이에 중보자도 한 분이시니, 곧 사람이신 그리스도 예수라 그가 모든 사람을 위하여 자기를 대속물로 주셨으니……"(딤전 2:5-6).

사도행전 20:22 "이제 나는 성령에 매여 예루살렘으로 가는데 거기서 무슨 일을 당할는지 알지 못하노라."

바울이 그의 '신실한 사람들' 과 하는 모범된 교제처럼, 우정은 그의 삶 속에서 하나님께서 행하신 일들을 정감을 가지고 나누는 것이다. 그는 이곳 장로들과 그의 친구들이 그가 예루살렘으로 여행을 계속하기 위해서는 ***더 많은*** 고난과 역경을 감내해야 되는 것처럼 주 예수께 받은 사명을 마치려 함도 그렇다는 것을 깨닫기 원한다.

그가 핍박을 회피할 목적으로 아시아를 떠나는 것으로 생각하지 말라. 위험한 곳에서 달아나는 겁쟁이와는 정반대로, 바울은 전쟁이 더 뜨겁게 전개될 곳으로 달려가고 있었다. *"이제 보십시오, 나는 성령에 매여서, 예루살렘으로 가는 길입니다."*

우리는 상황이 안전하지 않게 보이거나 '상식' 에 상반되어 보일 때라도 복종하도록 부르심을 받은 자들이다. 당신은 *'성령에 매여'* 라는 말이 어떠한 것인지 아는가? 당신은 원하지 않는 사람들을 섬길, 중요한 방향으로 인도해 주시는 하나님과 충분히 깊이 있는 교제를 하는가?

우리들의 대부분은 유럽, 소아시아에서 감당해야 될 상당히 더 중요한 사역이 있었다는 타당한 이유가 있었을 것이다. "예루살렘의 교회가 예루살렘을 돌보게 하라." 예루살렘은 '응답하는 민족 집단' 이 아님이 분명한데, 왜 바로 로마로 가지 않는가?

사도행전 20:23 "오직 성령이 각 성에서 내게 증언하여 결박과 환난이 나를 기다린다 하시나."

신약시대의 감옥은 '일반적인 기독교인의 삶' 의 일부로 간주되었었다. 그렇다면 왜 오늘날에는 투옥을 위협하는 그 어떠한 행동도 ***피해야*** 될 것으로 당연히 여기는가? 앤드류 비질(Brother Andrew v.d. Bijil; 하나님의 밀수꾼)은 말하기를, "아마도 무슬림들은 결코 우리들에게 마음을 주지 않을 것이다. 우리가 그들의 감옥들을 채울 준비가 된 것을 그들이 증언할 때까지는 우리가 믿으며 믿을 것을 선포(요 14:6; 딤전 2:5)하는 믿음을 믿지 않을 것이다.

23절 "오직 ……내게 증언하여."

우리는 하나님께서 ***분명하게 하신*** 것에 복종해야 한다. 이러한 경우, 바울은 하나님께서 그가 지금까지 겪었던 것보다 더 심한 어려움을 보이신다 해도 예루살렘으로 가기를 원하심을 알았다. 그는 그의 마음을 이들에게 열고 있다. 바울은 단순히 가르치기만 하지 않았다. 그는 자신의 '겟세마네 동산' 을 통과하기 위해 그를 받쳐줄 쿠션으로 그들을 필요로 한다.

사도행전 20:24 "나의 생명조차 조금도 귀한 것으로 여기지 아니하노라."

당신은 한 주의 종이 그렇게 말하는 것을 마지막으로 들은 지가 언젠가?

만약 바울이 '그리스도의 마음'을 가졌다면, 성경적인 가치와 관점으로, 왜 우리들 중에는 ***우리의 생명을*** *"나에게는 아깝지 않다"*고 ***여기는*** 사람이 없는가? 이것은 무슨 뜻인가? 오늘의 선교사들은(1939년 이전에 개척자적인 선교사들 같지 않음) 이 마음 자세가 없다. 누가 '그리스도의 마음'을 품은 자인가? 성경 말씀으로 성경 말씀을 해석하도록 하자.

빌립보서 1:21-23 - *"이는 내게 사는 것이 그리스도니 죽는 것도 유익함이라 그러나 만일 육신으로 사는 이것이 내 일의 열매일진대 무엇을 택해야 할는지 나는 알지 못하노라 내가 그 둘 사이에 끼었으니 차라리 세상을 떠나서 그리스도와 함께 있는 것이 훨씬 더 좋은 일이라."*

빌립보서 2:17 - *"만일 너희 믿음의 제물과 섬김 위에 내가 나를 전제로 드릴지라도 나는 기뻐하고 너희 무리와 함께 기뻐하리니."*

요한일서 3:16 - *"그가 우리를 위하여 목숨을 버리셨으니 우리가 이로써 사랑을 알고 우리도 형제들을 위하여 목숨을 버리는 것이 마땅하니라."*

요한계시록 12:11 - *"또 우리 형제들이 어린 양의 피와 자기들이 증언하는 말씀으로써 그를 이겼으니 그들은 죽기까지 자기들의 생명을 아끼지 아니하였도다."*

이러한 성구들은 1960년 이후 출생한 주의 종들에게는 아주 잘못된 소리일 수 있다. 그러나 이전 200년 동안 진지한 주 예수의 제자들은 이러한 성구들이 그들의 삶에 실제로 기초가 되었다! 우리들은 그의 군사들의 대장, 주 예수와 바울을 우리의 모델로 보았다. 우리는 (성령에 의해) *"내가 그리스도를 본받는 자가 된 것같이 너희는 나를 본받는 자가 되라"*(고전 11:1)고 말한 이가 분명한 길을 우리에게 맡기지 않았다고 고개를 돌리며 핑계를 댈 수 없다.

고린도전서 4:16 - *"그러므로 내가 너희에게 권하노니 너희는 나를 본받는 자가 되라."*

빌립보서 3:17 - *"형제들아 너희는 함께 나를 본받으라 그리고 너희가 우리를 본받은 것처럼 그와 같이 행하는 자들을 눈여겨 보라."*

데살로니가전서 1:6 - *"또 너희는 많은 환난 가운데서 성령의 기쁨으로 말씀을 받아 우리와 주를 본받은 자가 되었으니."*

데살로니가후서 3:7 - *"어떻게 우리를 본받아야 할지를 너희가 스스로 아나니."*

데살로니가후서 3:9 - *"오직 스스로 너희에게 본을 보여 우리를 본받게 하려 함이니라."*

바울은 에베소 장로들에게(그리고 우리들에게) 자기보존이 성경적인 목적(우리 당대에 하나님의 뜻을 이루는 것)이 아님을 납득시켜 준다!(행 13:36을 보라.) 우리 삶이 만약 *"우리가 붙잡아야 할 것들을"*(빌 3:12-13) 놓친다면 쌓는 것이 헛되게 된다.

"내가 이미 얻었다 함도 아니요 온전히 이루었다 함도 아니라 오직 내가 그리스도 예수께 잡힌 바 된 그것을 잡으려고 달려가노라 형제들아 나는 아직 내가 잡은 줄로 여기지 아니하고 오직 한 일

즉 뒤에 있는 것은 잊어버리고 앞에 있는 것을 잡으려고 푯대를 향하여 그리스도 예수 안에서 하나님이 위에서 부르신 부름의 상을 위하여 달려가노라"(빌 3:12-14).

바울은 *"먼저 그의(하나님의) 나라와 그의 의를 구하라"*(마 6:33)고 하신 말씀이 의미하는 '보따리를 풀고' 있지 않은가? "한 알의 밀이 땅에 떨어져 죽지 아니하면 한 알 그대로 있고 죽으면 많은 열매를 맺느니라"(요 12:24).

사도행전 20:24 "내가 달려갈 길과 주 예수께 받은 사명 곧 하나님의 은혜의 복음을 증언하는 일을 마치려 함에는……."

디모데후서 4장 6-8절에서 바울은 '그가 달려갈 길을 마치는 것'에 대해서 기록한다. *"전제와 같이 내가 벌써 부어지고 나의 떠날 시각이 가까웠도다 나는 선한 싸움을 싸우고 나의 달려갈 길을 마치고 믿음을 지켰으니 이제 후로는 나를 위하여 의의 면류관이 예비되었으므로 주 곧 의로우신 재판장이 그날에 내게 주실 것이며 내게만 아니라 주의 나타나심을 사모하는 모든 자에게로니라."*

바울은 위임받은 것이 무엇인지를 알았다. 단어 '증거'는 당신의 영향권에 있는 사람들이 종에서 살아 계신 하나님의 아들로 탈출하는 길을 하나님께서 예비해 놓으셨다는 것을 정확히 안다는 표현임(***열심히, 철저히, 집중적으로 증언함***)을 뜻한다.

주 예수께서 당신과 당신의 가족에게 주신 사명은 무엇인가? 그 사명이 완수되었을 때 어떻게 알게 되는가? 그것을 성취하기 위해 어떠한 위험이 따를 것인가? 당신은 다른 사람들이 기대하는 일 대신, 당신 자녀들의 창의적 교육을 위해 부름을 받았을 수 있다. 당신은 내란과 경제 위기 상황, 또는 사람들이 거리에서 시위를 벌일 때에 그곳을 섬김의 장소로 ***머물도록*** 지시받을 수 있을 것이다.

사도행전 20:25 "보라 내가 여러분 중에 왕래하며 하나님의 나라를 전파하였으나 이제는 여러분이 다 내 얼굴을 다시 보지 못할 줄 아노라."

당신은 사람들에게 당신의 영향과 직접 가르치는 사역이 끝나감을 깨닫게 될 때 어떻게 하겠는가? 당신은 '마음을 쏟아 붓고' 아무것도 남기지 않을 것이다. 당신이 그 순간 ***원하지 않는*** 것은 당신이 진지하게 ***하나님의 나라*** 성도들에게 확실하게 집중해 왔는지 그리고 그것은 무엇을 뜻하는지에 대한 의심이다. 당신은 스스로 판단하기를 하루하루 다른 사람에 대해 말하고, 보다 부수적인 것들에 힘썼다고 보는가? 기억하라. "중요한 것은 중요한 것을 중요하게 지키는 것이다."

사도행전 20:26-27 "그러므로 오늘 여러분에게 증언하거니와 모든 사람의 피에 대하여 내가 깨끗하니 이는 내가 꺼리지 않고 하나님의 뜻을 다 여러분에게 전하였음이라."

바울이 이들 장로들에게 가르친 대부분의 내용은 에스겔 3장 18-21절 말씀에 기초한다.

> 가령 내가 악인에게 말하기를 '너는 꼭 죽으리라 할 때에 네가 깨우치지 아니하거나 말로 악인에게 일러서 그의 악한 길을 떠나 생명을 구원하게 하지 아니하면 그 악인은 그의 죄악 중에서 죽으려니와 내가 그의 피값을 네 손에서 찾을 것

이고 네가 악인을 깨우치되 그가 그의 악한 마음과 악한 행위에서 돌이키지 아니하면 그는 그의 죄악 중에서 죽으려니와 너는 네 생명을 보존하리라 또 의인이 그의 공의에서 돌이켜 악을 행할 때에는 이미 행한 그의 공의는 기억할 바 아니라 내가 그 앞에 거치는 것을 두면 그가 죽을지니 이는 네가 그를 깨우치지 않음이니라 그는 그의 죄 중에서 죽으려니와 그의 피값은 내가 네 손에서 찾으리라 그러나 네가 그 의인을 깨우쳐 범죄하지 아니하게 함으로 그가 범죄하지 아니하면 정녕 살리니 이는 깨우침을 받음이여 너로 네 영혼을 보존하리라.

고린도에서 바울은 사실 에스겔의 모범을 따랐다. *"그들이 대적하여 비방하거늘 바울이 옷을 털면서 이르되 너희 피가 너희 머리로 돌아갈 것이요 나는 깨끗하니라 이 후에는 이방인에게 가리라"* (행 18:6).

바울은 어느 한 사람도 "선교사가 내가 알았어야 될 것을 말해주지 않았다"고 영원히 말할 수 없도록 하는 것은 그 자신의 입장에서는 매우 중요했다. 그러나 바울은 그가 만나는 모든 사람에게 양을 위해 그의 생명을 드리신 대목자장을 소개하는 책임감을 가져왔을 뿐 아니라, 그는 이들을 또한 ***훈련시켰었다***. 그들은 모든 에베소 지역과 문화적으로 관련된 주를 따르는 자들의 집회에 *'주의 이름을 부르는 누구'*에게나 찾아갈 의욕적이고 그리고 ***실행 가능한*** 사람들이었다.

사도행전 20:28 "여러분은 자기를 위하여 또는 온 양 떼를 위하여 삼가라 성령이 그들 가운데 여러분을 감독자로 삼고 하나님이 자기 피로 사신 교회를 보살피게 하셨느니라."

목사와 선교단체 대표로서 나의 가장 첫째 되는 의무가 '견시원' 이라고 생각했다. "어떻게 하면 사고를 방지할까?"를 내 사무실 벽에 표어로 걸어 놓았다. '견시', '견시원', '보살핌' 이라는 주제에 대한 성구들을 연구해 보라. 마하치칼라(Makhachkala), 마나마(Manama), 마슈하드(Mashad), 마라케시(Marrakech), 마게도냐(Macedonia)에 '주님의 기쁨이 되는' 그리스도의 공동체가 되도록 우선순위를 삼는 목자들(감독자들)을 세우기 위해 당신은 어떻게 하고 있는가?

28절 "…… 하나님이 자기 피로 사신."

"***하나님께서*** 그분 ***자신의*** 피로 사셨다?" 여기에서 바울은 성부와 성자가 한 하나님이심을 강조하고 있음이 분명하다! 당신의 입양을 받은 백성은 자신을 희생해 우리를 사신 오직 ***한 분*** 하나님을 우리가 믿음을 반복해서 들어야 한다. 그래서 *'우리는 우리 자신의 것이 아니다'*(고전 6:19-20).

요한계시록 5:9 - "*그들이 새 노래를 불러 이르되 두루마리를 가지시고 그 인봉을 떼기에 합당하시도다 일찍이 죽임을 당하사 각 족속과 방언과 백성과 나라 가운데에서 사람들을 피로 사서 하나님께 드리시고.*"

사도행전 20:29-30 "내가 떠난 후에, 사나운 이리가 여러분에게 들어와서 그 양 떼를 아끼지 아니하며 또 여러분 중에서도 제자

들을 끌어 자기를 따르게 하려고 어그러진 말을 하는 사람들이 일어날 줄을 내가 아노라."

여기에 이러한 싸움이 있을 것으로 '빈틈없는 전략' 을 당부한다. 반격은 외부로부터 그리고 당신이 '신실한 사람' 이라고 믿어온 사람들 중에서 불가피한 것이다. 그러므로 *"사랑하는 자들아 너희를 연단하려고 오는 불 시험을 이상한 일 당하는 것같이 이상히 여기지 말고"*(벧전 4:12)라고 하였다.

사도행전 20:31 - **"그러므로 여러분이 일깨어 내가 삼 년이나 밤낮 쉬지 않고 눈물로 각 사람을 훈계하던 것을 기억하라."**

어떻게 감시할 것인가? 첫째, 레이더 화면을 대하듯 경계하라. 둘째, 당신이 죄 된 행동이나 태도를 보면 지체하거나 다른 길을 찾지 말라. 우리가 하나님의 말씀을 가르친 대로 신중히 대하고 있음을 믿는 자들로 알게 교회 징계를 초기에 실천하라. 회복에 목적을 둔 중재와 훈계를 연구하라(벧후 2:1; 딛 1:11, 13; 3:10을 보라).

경고할 것은 당신이 준비한 문화보다 더 심오하게 식별이 필요할 것이기에 당신의 사람들의 문화로부터 한 경건한 감독***과 함께*** 징계하라. 또한 서로 다른 문화들은 큰 죄와 그렇지 않은 것에 대한 다른 관점이 있다는 것을 기억하라.

사도행전 20:32 **"지금 내가 여러분을 주와 및 그 은혜의 말씀에 부탁하노니 그 말씀이 여러분을 능히 든든히 세우사 거룩하게 하심을 입은 모든 자 가운데 기업이 있게 하시리라."**

장로들은 '손을 치켜들며' 물었다. *"이러한 일들에 합당한 사람이 누가 있습니까?"* 답은, 하나님과 그의 말씀이다. 하나님은 그의 양이 이탈하지 않게 하실 수 있는 분이다. 우리가 대면하는 모든 문제에 하나님의 답들을 제시하는 것은 오직 그의 말씀이다. "이 문제에 대해서 하나님은 무엇이라 말씀하실까?"

사도행전 20:33 "내가 아무의 은이나 금이나 의복을 탐하지 아니하였고."

바울은 매우 진지하다. 우리는 돈에 관련된 문제, 재산권에 대한 관심, 또는 다른 사역들이 지닌 문제에 대해 토론할 의향이 있는가? 만약 이러한 탐심이 여러분의 문제가 아니라면, 이것이 지배할 장로들의 마음을 당신은 충분히 알고 있는가? 당신은 십계명의 십일조를 불순종하게 할 유혹에 대해 솔직히 말할 줄 아는가?

좋은 집에 대한 ***당신의*** 동경은 어떠한가? 당신은 다른 어느 사역가들 집에 있는 가구나 차를 부러워하는가? 당신은 현지인 장로들에게 고백하고 그들에게 ***당신을*** 위해 기도해 달라고 부탁해야 되지 않을까?

사도행전 20:34 "여러분이 아는 바와 같이 이 손으로 나와 내 동행들이 쓰는 것을 충당하여."

당신 자신의 필요를 위해 주님을 신뢰하는 것은 바람직한 일이나, 그것은 '유치원생' 수준의 믿음이다. 당신은 이 순간에 ***그들의*** 기본적인 필요를 채움 받지 못한 자들이 바라보아야 할, 넉넉히 공급해 주시는 하나님을 신뢰할 수 있도록 이끌어 주는 데 얼마나 성장하고 있는가? 당신은 제자들이 지향해야 할 목표에 이르기까지 당신의 모범은 얼마나 도움이 되고 있는가? 우리 또한 ***사역*** 경비를 공급해 주실 하나님을 바라봐야 한다.

사도행전 20:35 "범사에 여러분에게 모본을 보여준 바와 같이 수고하여 약한 사람들을 돕고 또 주 예수께서 친히 말씀하신 바 주는 것이 받는 것보다 복이 있다 하심을 기억하여야 할지니라."

어린 기독교인과 성숙한 주 예수의 추종자를 구별하는 쉬운 방법은 다음과 같다. 첫째, 전자는 챙기는 자이다. 후자는 공급자이다. 둘째, 어린 기독교인은 가능하면 최소한으로 한다. 성숙한 자는 가능한 많이 한다.

사도 바울의 "나를 본받으라"는 본보기는 선교사 사역을 공정하게 평가할 수 있는 잣대가 된다.

첫째, 그는 사역을 *'힘써 일해서'* 로 표현한다. 당신은 당신을 재정적으로 후원해 주는 사람들보다 더 힘써 많은 시간을 일하는지 증명할 수 있는가? 당신은 무슬림, 힌두, 불교인들을 어둠의 왕국에서 그 자녀의 왕국으로 안내하는 것을 단순히 ***힘써 일하는*** 것으로 표현한 사실을 '이해' 하는가?

그러나 ***우리의*** 사역에서 **'힘써 일하다'** 에는 심오한 뜻이 있다는 것을, 당신 자신이 상기할 것을 잊지 말아야 할 것은 사람들을 영원히 행복하게 하는 일이기 때문이다. 다음으로 당신 스스로 미안하게 느낀다면, 방글라데시 농부와 무역업을 원하는지, 또는 적은 수입을 위해 하루 10-12시간 일하는 이집트인 사무관이 될 지를 자신에게 물어보라. 또한 런던 시외에서 출퇴근하는 사람조차 그의 회사가 해고시키는 것이 유익하다고 결정하면 곧 실업자가 될 것이다.

둘째, 어떤 사람들은 에베소 장로들을 향한 바울의 메시지가 ***사회적 관심***을 언급하지 않은 것을 못마땅해할 것이다. 왜 하지 않았는지 우리가 스스로 물어봐야 하지 않는가? 바울은 왜 내세에 초점을 맞추었을까? 여기 사람의 ***궁극적인*** 필요에 관한 어떤 메시지가 있었을까? 주 예수께서도 중풍병자의 육체를 치료하는 것보다 ***용서***를 우선순위로 주시지 않았는가?(마 9:2-6)

바울은 장로들의 모임에서 수고하여 ***"약한 자를 도우라"***고 장로들을 권하고, 갈라디아 교인들에게 다음과 같이 권면한다.

> 그러므로 우리는 기회 있는 대로 모든 이에게 착한 일을 하되 더욱 믿음의 가정들에게 할지니라(갈 6:10).

장로들을 향한 모든 간청은 바울의 명령에 의해 총괄된다.

> 내게 배우고 받고 듣고 본 바를 행하라 그리하면 평강의 하나님이 너희와 함께 계시리라(빌 4:9).

사도행전 20:36 "이 말을 한 후 무릎을 꿇고 그 모든 사람들과 함께 기도하니."

왜 우리는 많은 강의, 설교, 권면과 조언들은 하지만, 함께 기도는 하지 않고 사라지는가? 단 한 사람에게 중요한 문제를 말하기 전(동안, 후에), ***자발적으로*** 기도하기를 주저하지 마라. 내가 인도에서 Bakht Singh 밑에서 인턴을 받으며 우리가 만나고 떠날 때는 항상 함께 무릎을 꿇었다.

그 메시지는 단순히 우리가 하나님의 말씀을 생각하고 공부한 후, 우리가 해야 할 것으로 생각한 모든 것을 다하면, 우리는 '서로 하나님께 맡겨야 한다' (32절)는 것이다. 하나님의 중재와 도우심이 오로지 우리의 소망이다. 당신의 최종적인 신뢰가 있는 ***그곳***을 본보기로 삼으라.

사도행전 20:37-38 "다 크게 울며 바울의 목을 안고 입을 맞추고 다시 그 얼굴을 보지 못하리라 한 말로 말미암아 더욱 근심하고."

이 말이 이 사람들과 바울의 관계가 어떠한가를 말하여 주는가? 하나님은 당신의 마음에 원하시는 그 사랑을 나사렛(Nazareth), 은자메나(N' Djamena), 뉴델리(New Delhi)에서 적용하기 원하시는 것은 무엇일까? 당신은 장로들의 수련회에서 하나님이 당신에게 바라시는 결과가 되는 데 도움이 될 수 있는 수확을 얻었는가? 바울의 메시지에서 당신의 사역을 위해 적용할 목록을 작성하는 30분의 시간을 가져보라.

38절 "배에까지 그를 전송하니라."

여기에 전 질문을 위한 실제적인 답이 있다. 당신을 멘토링해 주는 사람과 당신이 멘토링하는 사람들과 함께 떠날 수 있는 작은 여행의 기회들을 찾아보라. 교회 개척 속도가 느린 이유 중 하나는 많은 경우에 있어서 선교사가 단지 ***모임들에서 믿는 자들과만*** 시간을 보내기 때문이다. 당신은 모임에서 교사 이상인가? 당신이 떠났을 때 심히 그리워지는 사람이겠는가? 누구에게 말인가?

21장

사도행전 21:1 "우리가 그들을 작별하고 배를 타고……."

당신은 솔직히 터키 인들이나 튀니지 인들, 또는 부족 리더들 중에 '가장 절친한 친구' 가 있는가? 어떻게 당신이 알 수 있는가? 만약 당신이 꼭 그들과 작별해야 할 때가 된다 해도 모두 떠난 것은 아니다. 바울이 얼마 전 "이들 장로들이 실족하지 않기를" 바라며 디모데를 그들에게 점검하기 위해 보냈기 때문이다(딤전 1:3).

사도행전 21:2-3 "베니게로 건너가는 배를 만나서 타고 가다가 구브로를 바라보고 이를 왼편에 두고 수리아로 항해하여 두로에서 상륙하니 거기서 배의 짐을 풀려 함이러라."

누가는 기적을 기대할 필요도 없었거니와 모든 일에 자극하는 종교적인 언어로 표현할 필요도 없었다는 것을 새롭게 주목한다. 그들은 기도와 금식하지 않고 적당한 배를 찾기 위해 '여행사' 를 방문했다. 그렇게 두로에 도착하였다. 그리고 그들이 좀 알아보니 어떤 믿음의 사람들이 있음을 알았다. 마치 그들이 떠날 때처럼 자연스럽게 진행되었다.

만약 사탄이 우리가 비기독교인으로서 행하는 것같이 완전히 자연주의적인 것으로 생각하도록 유혹할 수 없다면, 하나님이 예비하신 모든 것들이 '경이로운 기적들' 이었다며 거의 자기 최면에 취한 듯이 "할렐루야"를 소리내며, 끊임없이 "주님을 찬양합니다"라는 중독에 빠지도록 일부를 꾀어낼 것이다.

사도행전 21:4 "제자들을 찾아 거기서 이레를 머물더니."

우리는 어느 정도 우리가 그리스도의 전신으로서 가는 곳마다 주님의 사람들을 찾아다니며 사랑을 실천해 보이고 있는가? 초대교회 신자들이 교단의 차이점을 구분하지 않았다면, 우리도 그렇게 해야 하지 않을까? 우리가 형제들을 성공회, 장로교, 오순절파로 구분하여 바라보기보다는 오히려 단순히 한 가족 구성원들로 생각할 수 있지 않을까?

한 분이신 하늘 아버지 창조주께서 매우 다양한 꽃들을 지으신 것들을 즐거워하자. 성숙한 신자라면 다양한 기독교인들을 하나님의 웅장한 오케스트라가 서로 다른 악기로 구성된 것같이 본다. 어떤 것은 요란한 소리를 내고, 어떤 것은 부드럽고 세미한 소리를 낸다. 당신의 제자들은 그리스도의 전신의 한 부분으로서 기쁨으로 세례를 받아왔는가?

4절 "……그 제자들이 성령의 감동으로 바울더러 예루살렘에 들어가지 말라 하더니."

더욱 중요하기는 당신이 양육하고 있는 자들이 다른 기독교인들을 듣는 경청을 배울 수 있는가? 바울은 이 부분(초신자들에게도) *'성령의 지시'*를 매우 중요하게 여겼다. 문제는 그들이 비성경적인 추정을 그들의 계시로 여겼다. 그들은 만약 할 수만 있다면 고난은 피해야만 하는 것으로 ***추정했다***.

사도행전 21:5 "그들이 다 그 처자와 함께 성문 밖까지 전송하거늘 우리가 바닷가에서 무릎을 꿇어 기도하고."

외로이 고립된 신자들을 방문하는 가치를 소홀히 여기지 말라. 부인들과 아이들이 살아 계신 하나님의 종들과 함께할 수 있는 자리를 허락해 주어라. 이러한 방문을 통해서 그리스도를 위해 살기로 결단하는 데 얼마나 큰 힘을 얻게 되었는지 알겠는가? 인정 없는 학교 아이들로 둘러싸인 믿음의 자녀들이 겪는 압박감에 대해 생각해 보자.

우리는 선교사들이 비성경적인 가치들과 사고방식을 가진 사람들과 함께할 수 있을 때 그들도 바르게 세워질 수 있다고 본다. 당신의 자녀들을 당신이 매우 존중하는 다른 사역자들에게 맡겨보라.

사도행전 21:7 "두로를 떠나……."

사도들은 항해하고 있는 동안에 얼마나 그들의 시간을 잘 활용하였을까? 당신은 그들의 '팀 모임들' 을 상상해 볼 수 있는가? 바울은 그가 에베소 장로들에게 행했던 것과 같은 이유를 계속 강조하여 그들에게 설명하지 않았겠는가? 아마도 그들은 매일 성경 말씀에 잠겨 소크라테스식 질의 응답 시간을 가졌을 것이다.

7절 "……항해를 다 마치고 돌레마이에 이르러 형제들에게 안부를 묻고 그들과 함께 하루를 있다가."

우리가 알지 못하는 가정교회들이 얼마나 있었을까? 우리는 이 당시의 초기 선교사들이 걸어서 만날 수 있는 가까운 거리 내에서 모든 사람을 만나고 신뢰할 수 있는 믿음의 공동체 형성을 볼 수 있기를 목표로 삼았을 것이라고 생각한다.

사도행전 21:8 “이튿날 떠나 가이사랴에 이르러 일곱 집사 중 하나인 전도자 빌립의 집에 들어가서 머무르니라.”

전도자들에게도 가정과 가족이 필요하다. 그의 사마리아 여행 후, 가자(Gaza) 사막, 아조터스(Azotus)와 가이사랴(Caesarea) 사이에서 ‘캠페인’을 벌이며, 빌립은 보다 더 안정된 영구적인 기반이 필요함을 분명히 깨닫고 그는 가이사랴 지역에 정착했다. 그러나 그는 가이사랴 지역 외에서도 ‘하나님께서 행하시는’ 일들을 놓치지 않으려고 지나가는 주의 종들을 그들의 가정에서 환대하였다. 당신은 국내 사역자나 외국인 사역자들을 환대하고 가정에 초대해 따뜻이 맞이해 주고 있는가?

사도행전 21:9 “그에게 딸 넷이 있으니 처녀로 예언하는 자라.”

이것은 누구나 예언의 은사가 있는 것은 아니라는 것을 암시한다. 그렇지 않다면, 누가는 왜 빌립의 네 딸을 지적하고 있겠는가? 여기에서 *“너희의 자녀들은 예언할 것이요”*(행 2:17) 하신 말씀이 성취된다. 그들은 “안디옥 교회에 선지자들과 교사들이 있으니”(행 13:1)라고 하여 예언하는 선지자들을 언급한 것같이 동일한 사역 은사를 가진 것으로 보인다.

우리는 그들이 고린도전서 14장 34절 *“여자는 교회에서 잠잠하라 그들에게는 말하는 것을 허락함이 없나니……”라는* 말씀과 디모데전서 2장 11-12절의 *“여자는 일체 순종함으로 조용히 배우라 여자가 가르치는 것과 남자를 주관하는 것을 허락하지 아니하노니”라는 말씀을* 포함한 고린도전서 14장의 안내를 따라 은사를 교회 안에서 실행하였다고 여긴다. 당신은 성경에 역행하는 것 같은 부분들을 어떻게 조화 있게 실행할 것인가?

사도행전 21:10-12 "……아가보라 하는 한 선지자가……우리에게 와서 바울의 띠를 가져다가 자기 수족을 잡아매고 말하기를 성령이 말씀하시되 예루살렘에서 유대인들이 이같이 이 띠 임자를 결박하여 이방인의 손에 넘겨 주리라 하거늘 우리가 그 말을 듣고 그곳 사람들과 더불어 바울에게 예루살렘으로 올라가지 말라 권하니."

다시 사도행전 21장 4절을 보라. 우리 아버지께서는 사명을 받은 자들이 그들의 앞에 어려움이 놓여 있다는 것을 그의 종들에게 계시해 주시는 얼마나 놀라운 모범인가? *그리고* 누가와 다른 성숙한 일꾼들조차 얼마나 잘못된 결론에 이르게 되는가? 이와 같이 정확한 예언을 말씀하신 목적은 무엇인가?

1. 바울 자신의 잘못이 아닌 하나님의 계획이었음을 알고 더 큰 고난을 감당할 수 있게 준비하도록 하기 위함이다.

2. 지속된 중보기도 속에 바울과 함께 고난 받을 하나님의 사람들을 준비시키기 위함이다(살후 3:1; 고전 16:9; 고후 2:12).

3. 그리스도와 그의 나라를 위해 십자가를 져야 함은 여전히 하나님의 프로그램이라는 것을 가르쳐주기 위함이다.

사도행전 21:13 "바울이 대답하되 여러분이 어찌하여 울어 내 마음을 상하게 하느냐 나는 주 예수의 이름을 위하여 결박 당할 뿐 아니라 예루살렘에서 죽을 것도 각오하였노라 하니."

그들이 예루살렘으로 가려던 바울을 말리려 했던 것이 바울에게 잘한 일이었을까? 누구나 그의 행보를 감옥행이거나, 혹은 죽음이라고 알았다. 얼마나 많은 이슬람과 힌두교, 불교 개종자들을 우리는 단지 의미 없고 열매 없는 이생길만을 위해서 '떠나도록 도와' 주었는가? 오히려 나무에 달려 타죽거나 못 박히는 것이 *'주 예수께 받은 사명을'*(행 20:24) 못 다 이루게 하는 것보다 훨씬 낫다.

많은 부모들과 할아버지, 할머니들, 그리고 그리스도가 알려지지 않은 곳에서 '다른 양 떼'를 위해 생명을 다해야 될 사명을 받아 영원히 부끄러울 것이 없어야 할 유명한 목사님들까지 안전한 고국에 ***머물지*** 않는가?

사도행전 21:14 "그가 권함을 받지 아니하므로 우리가 주의 뜻대로 이루어지이다 하고 그쳤노라."

결국, 바울은 예수님께서 겟세마네 동산에서 보여주신 것처럼 순례자의 중요한 진면목을 그들에게 실천하였다.

"나의 원대로 하지 마시옵고 아버지의 원대로 하옵소서"(마 26:39).

"자기 목숨을 얻는 자는 잃을 것이요 나를 위하여 자기 목숨을 잃는 사람은 얻으리라"(마 10:39).

"누구든지 제 목숨을 구원하고자 하면 잃을 것이요 누구든지 나를 위하여 제 목숨을 잃으면 찾으리라"(마 16:25).

이러한 주님의 말씀들을 묵상하라. 오만(Oman), 오란(Oran), 와가두구(Ouagadougou), 또는 올로모우츠(Olomouc)에 있는 당신이라면 이 말씀들을 어떻게 적용하겠는가?

사도행전 21:15 "이 여러 날 후에 여장을 꾸려 예루살렘으로 올라갈새."

어떤 경우에 있어서는 사역이 흥미롭지 않다.—사역을 직접 하지 않는—영적 싸움이 아니다. 그것은 단지 '준비 작업' 일 뿐이다. 재정 영수증 담당 업무, 전화를 주고받는 일, 비자 수속을 처리하고, 여행 티켓을 사는 데 도와주고, 가서 집을 지켜줄 사람을 찾으나 나타나지 않는 등. 누가는 자신이 이러한 일의 도우미였다. 이러한 사역이 당신의 부르심이라면, 그 일을 '주께 하듯이' 하라. 그러면 당신의 팀원들과 똑같은 영원한 기쁨을 얻게 될 것이다.

사도행전 21:16-17 "가이사랴의 몇 제자가 함께 가며 한 오랜 제자 구브로 사람 나손을 데리고 가니 이는 우리가 그의 집에 머물려 함이라 예루살렘에 이르니 형제들이 우리를 기꺼이 영접하거늘."

독자는 동양적인 눈으로 본문을 읽어야만 한다. 관계의 중요성이 절마다 배어 있다. 그 신자들은 너무 바쁘지 않았다. 바울 일행을 그냥 보내지 않았다. ***그들을 데리고 다니며*** 이곳에서 접대하고 다음 곳으로 모신다. 그 막대한 비용, 시간과 재정 수입의 감소에 개의치 않았다. 그리고 그들은 오래 전에 제자가 된 나손을 공경하였다. 환대는 영적 리더십과 성숙에 있어 기본적인 요소이다(참조: 롬 12:13; 16:23; 딤전 3:2; 5:10; 벧전 4:9; 요삼 1:8).

사도행전 21:18 "그 이튿날 바울이 우리와 함께 야고보에게로 들어가니 장로들도 다 있더라."

'제자 ***삼는다***' 에서 '삼는다' 는 말은 무엇을 뜻하는가? 어떻게 성취할 것인가? 분명한 것은 '신실한 남녀' 성도들과 갖는 공식적인 모임과 성경공부로 우리들의 시간을 제한시킨다고 되는 것이 아니다. 당신은 그들을 ***데리고*** 가서 사람들을 어떻게 섬기는지를 보여

주어라. 그들이 당신의 가르침뿐만 아니라 당신의 태도, 인간관계, 당신의 사랑도 빨아들일 수 있도록 해줘라.

이 제자들은 괄목할 만한 큰 리더들과 같이 살아 본 적이 없다. 바울이 예루살렘 무리로부터 떼어 자신들의 자체 모임을 시작하게 한다면 그들은 방황하게 될 것이 뻔하다.

사도행전 21:19 "바울이 문안하고 하나님의 자기의 사역으로 말미암아 이방 가운데서 하신 일을 낱낱이 말하니."

주목할 것은 시선을 끌 만큼 자극적인 보고 내용이 없다는 것이다. 예를 들면 "하나님은 굉장하게 역사하고 계시다", "우리는 하나님의 능력을 보았다", "수많은 영혼들이 사방 각처에서 구원받고 있다" 등등의 보고가 없다.

바울은 권위 아래 있는 사람이었다. 그는 설교한 내용대로 실천하였다. *"그리스도를 경외함으로 피차 복종하라"*(엡 5:21). 바울은 예루살렘 장로들이 그의 사역에 대해 부정적이라는 것을 알게 되었고, 그것은 그들이 생각한 대로였다.

사도행전 21:20 "그들이 듣고 하나님께 영광을 돌리고……."

경건한 하나님의 사람들은 사역 내용이 정확하고 겸손하게 보고될 때 하나님의 역사하심을 깨닫게 될 것이다. 이 보고들은 눈길을 끌 만한 내용이 아니었다. 하나님이 다른 지역에서 역사하신 것을 목격한 기사들은 교회 지도자들에게 도움이 되었다. 모든 교회 지도자들은 '큰 그림' 을 담고 잠시 동안 가정에 돌아와 시간을 가질 필요가 있다. 하나님께서 지금 세상에서 행하고 계신 것들은 무엇인가? 그러나 그들은 여전히 선교사를 필요로 하는 문제들이 있다.

사도행전 21:20 **"바울더러 이르되 형제여 그대도 보는 바에 유대인 중에 믿는 자 수만 명이 있으니 다 율법에 열성을 가진 자라."**

어느 곳에서나 지역 지도자들의 입장은 자신들이 당면하고 있는 현 상황에 맞춰져 있다. 이방 헬라인들이 주 예수께 '무릎을 꿇고 경배' 하는 것은 경이로운 것이나, ***우리*** 동족은 어떻게 할 것인가? 바울은 '수많은 ***유대인*** 새 신자들' 과 함께 **그들을** 어떻게 도울 것인가?

사도행전 21:21 **"네가 이방에 있는 모든 유대인들을 가르치되 모세를 배반하고 아들들에게 할례를 행하지 말고 또 관습을 지키지 말라 한다 함을 그들이 들었도다."**

우리가 확신할 수 있는 바, 거짓의 아비는(요 8:44) 사람들의 귓가에 복음을 변질시키고 특히 믿는 자들을 이간질한다. 그와 같이 바울도 오해를 받아 반유대주의자로, 모세를 배척하는 자로, 심지어는 할례를 거부하는 자로 평판이 났다. 많은 선교사들이 무슬림들 가운데 사역하면서 단지 예수님과 십자가만 말할 뿐인데도 (때때로 체포나 추방을 당하는 이유는) '이슬람, 코란, 선지자를 폄하' 했다는 명목이다.

사도행전 21:22-24 **"그러면 어찌할고 그들이 필연 그대가 온 것을 들으리니 우리가 말하는 이대로 하라 서원한 네 사람이 우리에게 있으니 그들을 데리고 함께 결례를 행하고 그들을 위하여 비용을 내어 머리를 깎게 하라 그러면 모든 사람이 그대에 대하여 들은**

것이 사실이 아니고 그래도 율법을 지켜 행하는 줄로 알 것이라.”

장로들은 외관상 바울에게 조언을 ***구하는*** 것이 아니라, 그들의 계획을 따르라고 권유하고 있다. 왜 당신은 바울이 그랬다고 생각하는가? 이 사건에 있어서 그는 비성경적으로 타협했다고 비난받아왔다. 현대의 주석가들이 놓친 성경적 원칙은 무엇일까?

1. 만약 바울이 그들에게 교리적인 잘못이 있었다면 베드로에게 하셨던 것처럼 책망했을 것이다(갈 2:11).

2. 바울과 예루살렘 장로들은 주님께서 유대인들을 구원하시기 위해(고전 9:20) 그들에게 가르쳤던 것(마 5:17)처럼 ‘율법 준행’을 구했어야 했다.

사도행전 21:25 “주를 믿는 이방인에게는 우리가 우상의 제물과 피와 목매어 죽인 것과 음행을 피할 것을 결의하고 편지하였느니라.”

먼저 주목할 것은 교회 지도자들이 사도행전 15장에서 결정한 동일한 단어들이 반복된다는 것이다. 그것은 이방인들***과*** 유대인 형제들이 기억해야 될 중요한 ‘공식화’ 되고 ‘친숙한’ 내용으로 보인다. 우리가 하늘에 계신 아버지께서 중요하게 여기시는 것이 무엇인가에 초점을 맞추어 새신자들을 돕는 데 얼마나 중요한 선례인가! 모든 교회가 기억해야 할 중요한 약간의 지침이 도출된다.

비록 이들 장로들은, 주님의 형제 야고보를 포함해서, 오직 믿음으로만 의롭게 됨을 분명하게 믿으나—유대인이나 비유대인이나—그들은 그 믿음에 대한 다른 ***실천***을 위해 부름받고 있다.

만약 그들이 하나님의 인도하심이었다면, 그것은 당신이 사역하고 있는 지역에서 당신의 팀에게 어떤 상황화를 제시할 수 있겠는가? 우리가 힌두교, 불교, 무슬림들에게 주 예수만 의지해야 된다고 하지만 여전히 금하지 않는 관습은 그들이 공동체 내에서 '이방의 빛' 으로 그들은 지켜갈 것이다.

사도행전 21:26 "바울이 이 사람들을 데리고 이튿날 그들과 함께 결례를 행하고 성전에 들어가서 각 사람을 위하여 제사 드릴 때까지의 결례 기간이 만기된 것을 신고하니라."

바울은 각 사람의 믿음과 우리 주 예수 그리스도의 공로 은혜로 구원받은 사람들의 정결 예식의 스폰서로 등록한다. 그들은 어떻게 '각 사람을 위한 예물' 을 바치게 할 수 있을까? 당신은 믿음의 공동체 내에서 이런 행위를 한다면 책망하지 않겠는가?

만약, 바울이 여기서 잘못하고 있었다면, 바울이 복음을 왜곡되게 적용하는(갈 2:11-14) 베드로를 꾸짖었던 것처럼 책망하지 않았겠는가? 또 만약 이방인 신자들이 듣게 되었다면 그들이 바울의 일관성 없음과 위선, 그리고 사람을 두려워하여 짓는 죄를 비난하지 않았겠는가?

분명하게 예루살렘 교회 지도자들은 정통 유대교 공동체로부터 벗어날 이유를 찾지 못했다. 그들은 하나님께서 '소금과 빛' 으로 그들을 그곳에 있게 하셨다고 내면에 느꼈다. *"그들의 마음속에는 주 예수님의 "내가 율법이나 선지자를 폐하러 온 줄로 생각하지 말라 폐하러 온 것이 아니요 완전하게 하려 함이라"*(마 5:17)고 하신 말씀이 내재해 있지 않았겠는가?

당신은 우리 주님의 엄중하고도 단호한 말씀들을 어떻게 가르치고 실행하고 있는가?

> 진실로 너희에게 이르노니 천지가 없어지기 전에는 율법의 일점일획도 결코 없어지지 아니하고 다 이루리라 그러므로 누구든지 이 계명 중의 지극히 작은 것 하나라도 버리고 또 그같이 사람을 가르치는 자는 천국에서 지극히 작다 일컬음을 받을 것이요 누구든지 이를 행하며 가르치는 자는 천국에서 크다 일컬음을 받으리라(마 5:18-19).

성경의 중요한 부분이 '율법'에 대해서이다. 그 부분에 대해서 당신이 가르치는 것과 위의 주님께서 가르치신 내용이 어떻게 조화를 이루는가? 당신이 바라보는 '율법'의 관점에는 고대의 것, 비현실적인 규례들은 어떤 특정 시기에 특정인들에게만 적용되었거나, 단순하게 제시된 근대 과학 이전의 의술이거나, 또 고작 진리의 상징이었으나 이제는 ***신약***성경에 계시되지 않았는가라는 위험이 있는가?

'율법'의 주된 목적은 창조자의 절대적인 윤리를 반영하지 않는가? 상대론주의 시대에는 무엇이 더 적절하다고 할 수 있을까? 종종 서양 선교사들은 하나님의 율법은 하나님의 선지자들을 통해 전해진 것으로서 휴지통 속으로 던져 버려야 될 산물이라는 인상을 준다. 만약 단순하게 율법을 제거하면, 새신자들이 지키고 충실한 옛 관습들과 ***그들의*** 선조들과 가문이 '행하고 지켜 온 수칙', '규례'에 방황하지 않겠는가? 사람은 진공 상태로 살 수 없다. 그들은 '행하고 지켜야 할' 그들의 마음과 행함을 안내해 주는 형태가 필요하다. 십계명을 나누어 주고 산상수훈 포스터를 그들의 가정에 붙여주자.

바울이 로마서에서 말한 부분을 비추어 당신의 사람들에게 어

떻게 번역해야만 하는지 상세히 정리하여 써보자.

로마서 2:14-15 - *"율법 없는 이방인이 본성으로 율법의 일을 행할 때에는 이 사람은 율법이 없어도 자기가 자기에게 율법이 되나니 이런 이들은 그 양심이 증거가 되어 그 생각들이 서로 혹은 고발하여 혹은 변명하여 그 마음에 새긴 율법의 행위를 나타내느니라."*

로마서 2:20 - *"율법에 있는 지식과 진리의 모본을 가진 자로서……."*

로마서 2:27 - *"또한 본래 무할례자가 율법을 온전히 지키면 율법 조문과 할례를 가지고 율법을 범하는 너를 정죄하지 아니하겠느냐."*

로마서 3:19 - *"우리가 알거니와 무릇 율법이 말하는 바는 율법 아래에 있는 자들에게 말하는 것이니 이는 모든 입을 막고 온 세상으로 하나님의 심판 아래에 있게 하려 함이라."*

로마서 3:20 - *"그러므로 율법의 행위로 그의 앞에 의롭다 하심을 얻을 육체가 없나니 율법으로는 죄를 깨달음이니라."*

로마서 3:31 - *"그런즉 우리가 믿음으로 말미암아 율법을 파기하느냐 그럴 수 없느니라 도리어 율법을 굳게 세우느니라."*

로마서 5:13 - *"죄가 율법 있기 전에도 세상에 있었으나 율법이 없었을 때에는 죄를 죄로 여기지 아니하였느니라."*

로마서 7:7 - *"그런즉 우리가 무슨 말을 하리요 율법이 죄냐 그럴 수 없느니라 율법으로 말미암지 않고는 내가 죄를 알지 못하였으니 곧 율법이 탐내지 말라 하지 아니하였더라면 내가 탐심을 알지 못하였으리라."*

로마서 7:12 - *"이로 보건대 율법은 거룩하고 계명도 거룩하고*

의로우며 선하도다."

로마서 7:16 - *"만일 내가 원하지 아니하는 그것을 행하면 내가 이로써 율법이 선한 것을 시인하노니."*

로마서 7:25 - *"그런즉 내 자신이 마음으로는 하나님의 법을 육신으로는 죄의 법을 섬기노라."*

로마서 8:4 - *"육신을 따르지 않고 그 영을 따라 행하는 우리에게율법의 요구가 이루어지게 하려 하심이니라."*

사도행전 21:27-28 "그 이레가 거의 차매 아시아로부터 온 유대인들이 성전에서 바울을 보고 모든 무리를 충동하여 그를 붙들고 외치되 이스라엘 사람들아 도우라 이 사람은 각처에서 우리 백성과 율법과 이곳을 비방하여 모든 사람을 가르치는 그 자인데 또 헬라인을 데리고 성전에 들어가서 이 거룩한 곳을 더럽혔다 하니."

아시아에서 온 반대자들이 예루살렘에 있는 바울을 찾는다. 당신은 할 수 있는 대로 '현지 상황화'를 위해 모든 노력을 할지라도—성경과 예수님의 가르침에 위배되지 않는 한 문화와 관습, 종교를 존중함—오해받을 준비가 되어야 하며, 못된 행위로 비난받고 격렬한 비평, 그리고 행한 것들에 대해 최악의 낙담도 각오해야 된다.

주님 자신도 이런 수난을 겪으셨다. *"이 사람의 말이 내가 하나님의 성전을 헐고 사흘 동안에 지을 수 있다 하더라"*(마 26:61). 그리고 우리에게도 비난받을 것을 경고하셨다(마 5:11).

사도행전 21:28-29 "이 사람은 각처에서 우리 백성과 율법과 이곳을 비방하여 모든 사람을 가르치는 그 자인데 또 헬라인을 데리고 성전에 들어가서 이 거룩한 곳을 더럽혔다 하니 이는 그들이

전에 에베소 사람 드로비모가 바울과 함께 시내에 있음을 보고 바울이 그를 성전에 데리고 들어간 줄로 생각함이러라."

생각해 볼 만한 점이 있다. 때때로 우리는 두 가지를 한 번에 시도하고 (인간적으로 말하면) 실패하게 되는 경우가 있다. 드로비모는 인턴 선교사였다(행 20:4, 21:29; 딤후 4:20). 바울은 아마도 예루살렘 주변을 돌며 유대인 신앙의 뿌리에 대해서 설명하며 함께 시간을 보내고 있었을 것이다.

그러나 선교사들이 발견한 것은, 만약 당신이 터키인과 아르메니아 사람들, 이집트 콥틱과 무슬림들, 인도네시아 바탁 사람들과 마두레스 사람들을 꺼리며 잘 섞이지 않는다는 것이다. 바울이 드로비모와 함께하며 믿음의 유대인으로서 비기독교 유대인들에게 무엇인가를 시도하려고 한 것은 걸림돌이 되었다.

사도행전 21:30-31, 35-36 **"온 성이 소동하여 백성이 달려와 모여 바울을 잡아 성전 밖으로 끌고 나가니……그들이 그를 죽이려 할 때에 온 예루살렘이 요란하다는……바울이 층대에 이를 때에 무리의 폭행으로 말미암아 군사들에게 들려가니 이는 백성이 무리가 그를 없이하자고 외치며 따라감이러라"**(참조: 22:22).

바울은 군중들이 *"그 자를 없애 버려라!"* 하고 외쳤을 때 주 예수님과 그리고 체포된 스데반과 함께하는 자신을 먼저 밝혔어야 했다.

오직 희망이신 그리스도만을 전하기를 바라는 개척 선교사의 삶은 절대로 싫증나지 않으나, 그 기간이 짧을 수 있다. 만약 1세기경 이런 정도의 인내 가운데 생명을 위협당하는 반대 속에서 교회들이 세워졌다면, 왜 우리들은 오늘날 아프리카나 아시아에서는 다를 것이라 기대하는가?

사도행전 21:27, 32, 35 "……바울을 보고 모든 무리를 충동하여 그를 붙들고……바울 치기를……무리의 폭행으로…… ."

우리의 생명은 위임받은 일을 다 이루지 못하면 끝나지 않는다. 그러나 그 성취 과정에서 우리는 분명히 얻어맞을 수 있다. 지금 내가 이 글을 집필하고 있는 중에서조차, 카자흐스탄에서 두 여자 선교사님들이 처참하게 강도당하고 몰매를 맞았다. 신약시대 개척 선교사의 '일상적' 삶에는 '즐거움' 이라는 단어가 서술되어 있지 않다.

사도행전 21:34 "무리 가운데서 어떤 이는 이런 말로, 어떤 이는 저런 말로 소리치거늘."

하나님이 당신에게 보내주신 사람들이, 당신이 제시하는 복음을 주의깊게 듣고 반응하는 대신 무성의하게 반응하며 자신들의 슬로건을 외칠 때면 피곤해진다. 대부분의 사람들은 그들의 '현재 상황' , 명예 또는 관습을 위협하는 그 어떠한 것에 대해서도 두려움을 갖는다. 사탄은 이러한 닫힌 마음을 많은 사역자들로 갖게 하여 이와 같은 사람들은 설득할 이유가 없다고 확신하게 하는 데 이용할 것이다.

애석하게도 중단하지 ***않은*** 사람들 가운데는 고향에 돌아와 여러 사역들을 진행하는데, 그 중에는 훌륭한 것들도 있으나 복음 선포하는 일을 중단하기도 한다. 우리는 절대로 복음 선포를 중단하지 말아야 한다.

사도행전 21:38 "네가 이전에 소요를 일으켜……광야로 가던 애굽인이 아니냐."

현대의 이러한 잘못된 인식은 기원 54년 당대를 우리에게 깨닫게 해준다.

사도행전 21:37, 39 "네가 헬라 말을 아느냐……바울이 이르되 나는 유대인이라 소읍이 아닌 길리기아 다소 시의 시민이니 청컨대 백성에게 말하기를 허락하라."

바울은 될 대로 되라고 소극적으로 물러서지 않았다. 그는 그의 마음에 사건들의 매순간 적극적이었다. 즉시, 그는 대부분 사람들에게 영향을 끼치는 사람에게 영향을 줄 언어를 사용하고, 로마 예절 역시 잘 알고 있었다.

사도행전 21:40 "천부장이 허락하거늘 바울이 층대 위에 서서 백성에게 손짓하여 매우 조용히 한 후에 히브리 말로 말하니라."

당신은 이렇게 로마 군인들이 보호해줄 때 자신의 안전에 초점을 두는 대신 그분 주 예수 그리스도에 대해서 군중들에게 전할 기회를 얻는 데 성공하는 이 선교사를 사모해야 한다. 이제 그는 헬라어에서 유대인 군중들이 가장 존중하는 언어로 바꾸어 말한다(행 22:2). 이것은 당신이 파송된 사람들의 언어를 잘 배워야 할 것에 대해 무엇을 말하는가?

22장

사도행전 22:1 "부형들아 내가 지금 여러분 앞에서 변명하는 말을 들으라."

바울은 매우 자주 그 군중들에게 '그들의 내부인들 중 한 사람'으로서 호소하는 것에 주목하라. 바울은 그의 청취자들이 준행한 가장 귀한 전통에 대해 그의 설교가 낯선 것으로 인식되거나, 또는 그들에 ***반대하여*** 상황을 악화해서는 안 될 것이라는 것을 깨닫는다. 그는 역시 청중들의 감정을 조금이라도 더 자제시키고 듣도록 ***허락***을 요청하고 있다.

사도행전 22:3 "나는 유대인으로 길리기아 다소에서 났고 이 성에서 자라 가말리엘의 문하에서 우리 조상들의 율법의 엄한 교훈을 받았고 오늘 너희 모든 사람처럼 하나님께 대하여 열심이 있는 자라."

바울이 고향, 심지어는 당대 유대인들의 가장 존경을 받던 학자의 제자라고까지 말하며 유대인 신분임을 확신시키기 위해 언어의 선택을 신중하게 하는 것을 살펴보라. 그리고 그는 유대인들과 동일한 기분으로 의문이 있으나 경의를 표하는 투로 '하나님께 열심'이 있다고 한다. 바울은 유대인들에게 말하는 순간마다 과거 그들과 똑같았다고 그들에게 상기시킨다. 그는 '그들이 태어난 배경'과 동일하다고 호소한다.

사도행전 22:4 "내가 이 도를 박해하여 사람을 죽이기까지 하고 남녀를 결박하여 옥에 넘겼노니."

바울은 더 확실하게 자신이 한때는 주 예수 그리스도를 믿는 자들을 반대하여 당대에 대부분의 유대인들의 눈에도 과도하고 드문 사형 집행과 여자들을 감옥에 구금시키는 짓까지 한 자임을 그의 반대자들에게 상기시킨다. 만약 그래도 믿지 못하겠거든, 그에게 권한과 직무 위임을 허락해 준 장로회에 체크해 볼 수 있다고 한다(행 22:5).

기독교는 여기에서 유대교와 다른, 또 다른 종교로서가 아니라 오직 ***'이 길'*** 혹은 그 유일한 길, 즉 예언자들의 이루신 도로서 확인된다(요 14:6). 겉으로 예루살렘 시민들은 그때까지 그 유일한 길(the Way)에 대해서 잘 알고 있었던 것 같다(5:14, 42; 6:7).

다음 장들에서 바울은 그가 가르친 것이 그들이 믿고 기다리고 있는 것과 다를 것이 없는 또 다른 예언자라기보다 오랫동안 약속했던 메시아임을 유대인들에게 확신시키려고 애쓰는 것을 주목하라.

사도행전 22:5 "내가 그들에게서 다메섹 형제들에게 가는 공문을 받아가지고……."

바울은 그의 동족과 유대교 동료 지도자들 그리고 그리스도 안에 있는 그의 형제들에게 '형제' 라는 어휘를 사용한다. 그러므로 그것은 '그 유일한 길' 을 따르는 자들로 간주하였다.

5절 "……끌어다가(그 길을 따르는 자들을) 형벌 받게 하려고 가더니."

어떤 죄목으로 처벌하려 하였는지 바울은 언급하지 않는다. 겉으로는 모독죄였거나, 무슬림들이 '하나님과 동역자' 라는 죄목으로 그들을 고발하였을 것이다.

그 길을 따르는 이 사람들은 나사렛 예수가 고대했던 메시아라고 지속적으로 주장하고 있었다. 이것은 좋은 소식이 아니었다. 그것은 로마를 뒤엎고 유대인들을 정치적으로 가장 우위에 세워 줄 전능한 강력한 메시아를 기대했던 유대인들에게는 매우 실망스러웠을 것이다.

그보다도 더한 것은, 그의 사명은 용서에 대한 필요와 어떻게 그것을 성취할 것인가였다. 그것은 가장 순순한 사람들을 모독한 것일 뿐 아니라, 그들도 용서의 필요를 인정하고 그들이 잘못된 사람들이라고 생각했던 사람들처럼 만들려는 것이었다. 그 도는 정치적 우월성이 아닌 영생에 대한 것이었다. 이 도는 그들이 (혹은 오늘날 정치적 활동이 활발한 무슬림과 힌두교도가) 기대하고 바랐던 하나님 나라가 아니었다.

그들이 십자가에 못 박은 예수가 주님이시고, 그리스도시며(행 2:36), 초월적 중보자이며, 그들의 삶의 주권자이시고 모든 스승과 대제사장, 장로, 서기관보다 뛰어나신 분이라고 주장하는 것은 분명히 가장 모독적인 것으로 ***느껴졌을*** 것이다. 분명히 이러한 선포는 모독죄로 처형해도 전혀 부족할 게 없을 죄목이다. 결국 다소의 사울 선생이 스데반으로부터 동일한 메시지를 듣고 똑같이 재판하지 않았는가?

사도행전 22:6-21 바울은 주님이자 그리스도이신 분과 그와의 만남을 묘사한다.

22장 6-16절을 9장 3-8절과 비교하면, 26장 12-18절은 다메섹 도상의 경험에 대해 더 충분하고 자세한 그림을 우리에게 제시한다. 각 구절에서 강조된 다른 자세한 사항에 대해서는 이유가 있다. 당신은 왜 이것이 그런지 보고, 이해하고, 가르칠 수 있을 때까지 그것을 비교해 보라.

사도행전 22:7 "사울아 사울아 네가 왜 나를 박해하느냐."

바울은 신학과 전통에 관한 문제로부터 유대인들이 모독죄로 처벌***했고***, 생명으로 돌아온 그리고 (바울의 삶에 중재자로 개입하신) 사람들의 만사를 하늘에서 강권적으로 역사하시는 사람에게로 정교히 옮겨간다.

사도행전 22:8 "주님 누구시니이까?"

바울은 그의 청중들을 단계별로 이끌어 간다. 그는 100퍼센트 나사렛 예수를 반대했던 사람이었으나, 그 나사렛 예수***에 의해*** 중지당했다. 그 진술은 청중들에게 확실해야만 했다. 만약 사울이 잘못하였다면, 그들이 어떻게 하겠는가!

사도행전 22:10 "주님 무엇을 하리이까?"

여기 세 어절은 그가 '주님을 만남', '무릎을 꿇음', '구원받음', 속죄함을 받고, 짧은 시간 내에 진실된 기독교인이 되었다는 증거가 된다.

1. 사울의 가려졌던 눈은 나사렛 예수가 누구신가를 볼 수 있는

눈으로 열렸다. 그는 주 하나님이시다.

2. 그는 그의 의지를 복종시킨다. 예수님이 주님이시라는 것을 깨닫자, 곧 바울은 자신의 문제와 계획들을 내려놓고, 살아 계신 주 예수님을 그가 행하는 것의 최종 권위자로 인정한다.

'믿음을 고백' 하는 자들 중에 그리스도에게 '무릎을 꿇지' 않는 자들은 진실로, 그들의 마음에서 우러날 때까지 이 질문을 주님께 물어봐야 한다.

10절 "주께서 이르시되 '일어나 다메섹으로 들어가라 네가 해야 할 모든 것을 거기서 누가 이르리라.'"

새로 믿기로 한 신자에게 제일 먼저 권할 것은 가장 가까운 형제들과 자매들을 찾아 배우는 것이다. 그는 자신이 위임받은 사역에 앞서 주 안에서 먼저 믿는 자들에게 순종하기를 배워야 한다. 주님은 그를 한 걸음씩 인도해 가고 계신다. 그러나 왜 하나님께서 그를 사로잡아서(빌 3:12) **'지명하셨는지'** 를 곧 알게 될 것이다. 14절을 보라.

사도행전 22:12 "율법에 따라 경건한 사람으로 거기 사는 모든 유대인들에게 칭찬을 듣는 아나니아라 하는 이가."

바울은 그가 유대인 공동체를 버렸다는 비난과 진실된 유대인 전통이 아닌 사람들의 영향을 받았다는 비난에 대해 철저하게 대책을 세워가고 있다.

사도행전 22:13 "내게 와 곁에 서서 말하되 형제 사울아 다시 보라."

'형제' 라는 단어는 성경에서 여러 다양한 용도로 쓰인다. 종종 인종간의 동족으로 쓰이기도 하고, 더 일반적으로는 '이스라엘의 선택받은 백성' 으로 간주한다. 그러나 주 예수님의 제자들은 '동포', '형제와 자매들' (194개 로마서에서 계시록까지)로서 그리스도의 가족이 된 자들을 의미한다. 그 차이는 요한(1:12-13)이 가르쳤다. "*영접하는 자 곧 그 이름을 믿는 자들에게는 하나님의 자녀가 되는 권세를 주셨으니……하나님께로부터 난 자들이니라.*"

아나니아는 사울을 만나러 가는 것이 그의 생명까지 위험할 수 있다고 느낀다. 사도들조차 사울의 신앙고백이 진실되지 않다고 (행 9:26) 믿었음을 기억하라. 그러나 그리스도를 주로 영접한 초대교회 신도들은 위험을 감수하며, 한 지체 된 믿음의 공동체를 위해 어떠한 희생도 감당할 각오가 요구됨을 깨달았다.

> 그가 우리를 위하여 목숨을 버리셨으니 우리가 이로써 사랑을 알고 우리도 형제들을 위하여 목숨을 버리는 것이 마땅하니라 누가 이 세상의 재물을 가지고 형제의 궁핍함을 보고도 도와줄 마음을 닫으면 하나님의 사랑이 어찌 그 속에 거하겠느냐(요일 3:16-17).
>
> 누구든지 하나님을 사랑하노라 하고 그 형제를 미워하면 이는 거짓말하는 자니 보는 바 그 형제를 사랑하지 아니하는 자는 보지 못하는 바 하나님을 사랑할 수 없느니라(요일 4:20).

사도행전 22:14 "우리 조상들의 하나님이 너를 택하여 너로 하여금 자기 뜻을 알게 하시며 그 의인을 보게 하시고 그 입에서 나오는 음성을 듣게 하셨으니."

바울이 한 사람의 사도가 되기 위해서는 거룩한 계시를 이해할 수 있도록 하는 경험이 요구되었다.

"예수 우리 주를 보지 못하였느냐"(고전 9:1).

바울은 그가 '선조들의 하나님' 으로부터 떠난 것이 아니라 하나님께서 그의 뜻을 이루시려고 선택하셨다는 점을 그 군중들에게 이해시키려고 한다. 바울은(우리들도 마찬가지이다.) 그의 왕의 봉사를 위해 위임받은 자이다. 많은 사람들은 서로 잘 병행하지만 *'선조들의 하나님'* 과 *'의로우신 하나님' 의* 관계를 놓치는 경우가 있다.

잠언 21:12 - ***"의로우신 자**는 악인의 집을 감찰하시고 악인을 환난에 던지시느니라."*

이사야 24:16 - *"땅 끝에서부터 노래하는 소리가 우리에게 들리기를 **의로우신 이에게 영광을 돌리세** 하도다."*

바울은 누구를 의로운 자로 여기는가? "나는 네가 박해하는 나사렛 예수라"(8절).

사도행전 22:15 "네가 그를 위하여 모든 사람 앞에서 네가 보고 들은 것에 증인이 되리라."

그래서 그 군중들도 그렇게 받아들여야 한다. 바울은 단지 그를 택한 자에게 순종하고 있을 뿐이다. 당신은 알리가르(Aligarh), 아슈하바트(Ashkhabad) 또는 아라비아 사람들 앞에서 그렇게 이웃들에게 하듯이 소통할 수 있는가?

왜 당신은 그곳에 있는가? 당신이 발견한 것을 모든 사람에게 말하도록 하나님이 보내시고 명령하셨다.

"하나님은 한 분이시요 또 하나님과 사람 사이에 중보자도 한 분이시니, 곧 사람이신 그리스도 예수라 그가 모든 사람을 위하여 자기를 대속물로 주셨으니"(딤전 2:5-6).

사도행전 22:16 "이제는 왜 주저하느냐 일어나 주의 이름을 불러 세례를 받고 너의 죄를 씻으라 하더라."

우리는 아나니아의 권면을 통해 세례에 대해 배운다.

1. 주 예수를 진실로 고백하고 '무릎' 을 꿇는 자에게는 곧바로 집행하는 것이 좋다.

2. 전적인 주 예수의 용서로 죄 사함을 받은 표시이다.

사도행전 22:17 "……황홀한 중에……."

거기에 이와 같은 경험이 청중들에게나 저자인 누가에게 굉장히 무시무시한 광경이 나타났다는 표시는 없다. 그것은 바울이 말하는 '환상' 과 비슷하다. *"내가 주를 보았다"*고 하고 서둘러서 떠나라고 말씀하셨다.

사도행전 22:19 "내가 말하기를……."

바울이 주님과 정말 대화를 나누고 있는 것 같다. 이것이 어떻게 관중들과 상관이 있는지 흥미롭다. 그들은 과거 바울이 했던 것과 같다는 것을 인정하고 있다.

사도행전 22:21 "나더러 또 이르시되 떠나가라 내가 너를 멀리 이방인에게로 보내리라 하셨느니라."

바울은 그의 회심 후 그가 ***처음***으로 예루살렘을 방문했을 때 하나님께서 그에게 나타내 보여주신 것과 연관짓고 있다(9:28-29).

그것은 성도들을 감동시켜 ***그때*** 예루살렘에서 바울을 파송시킨 동일하신 성령님(행 9:28-29)께서 역시 그의 간증이 받아들여지지 않을 줄 알지만 다시 예루살렘으로 돌아오게 하신다.

이 시간 바울이 성전에서 기도할 것을 요구하도록 누가 장로들을 인도하였는가? 우리가 나머지 부분의 *사도행전*을 연구할 때, 이 붙잡힘은 이스라엘의 자녀들과 시저를 포함한(행 9:15; 딤후 4:17) 왕들에게 바울이 증거해야 할 맡겨진 사명을 이루기 위해 가야 될 길이 분명하다. 그러나 당시 주의 종 바울에게는 얼마나 확신이 있었을까? 왜 하나님께서는 열매를 거두지 않으시려면서 바울을 다시 예루살렘으로 보내셨을까? 바울은 오랫동안 감옥에서 외롭게 지내며 모든 것이 얼마나 잘 맞아떨어지는가를 경험했다. 아마도 바울이 세상을 떠날 때까지도 이해하지 못했을 수도 있다(딤후 4:6-7을 보라.).

사도행전 22:22 "이 말하는 것까지 그들이 듣다가……."

바울이 신중하게 그 입장을 방어하다가 증오하는 이방인들(비유대인들)을 언급함으로 실수를 저질렀는가? 그가 후회하는 반복된 실수로 옥에 오랫동안 갇혀 있지 않았는가? 사도행전 23장 11절은 그렇다는 것을 제시한다. 그러나 아버지는 그것이 더 큰 계획의 모든 부분이었음을 그에게 확인시켜 주시기 위해 그와의 만남에 신실하셨다.

주님은 *"그의 곁에 서서 말씀하셨다. '용기를 내어라.'"* 당신은 맡겨진 사명을 이루기 위해 한 발자국 한 발자국 인도받고 있다. 우리의 좋으신 하나님은 항상 우리가 바른 말을 할 수 있는 (또는 뺄 수 있는) 능력보다 훨씬 크신 분이시다.

사도행전 22:25 "너희가 로마 시민 된 자를 죄도 정하지 아니하고 채찍질할 수 있느냐 하니."

왜 바울은 로마 시민임을 밝히기까지 그렇게 오랜 시간을 기다렸을까? 더 전에 그는 중요 도시 다소 시민임을 단지 주장하였다. 그의 팔목에 가죽끈이 채워질 때까지 왜 기다렸는가? 그는 정치적 우세에 있는 권력자들에게 호소하기보다는 주님이 구해주시기를 바라서였을까?

왜 전에 빌립보에서 실라와 함께 매를 맞았을 때 그 자신이 로마 시민임을 밝히지 않았을까?(행 16:37) 아마도, 복수 표현을 썼을지라도, 실라가 로마 시민권자가 ***아니었기에*** 바울은 실라 홀로 매 맞는 것을 원하지 않았다. 바울은 성도들, 고린도 교인들에게조차 절대로 로마 시민권자라고 밝히지 않았다.

이것은 어떻게 하나님께서 우리에게 원하시는 모범을 출생과 국적이 아닌 새로운 나라(히 11; 14, 16), 새로운 도시(히 11:10, 16; 12:22; 13:14), 새로운 백성(벧전 2:9)으로서 제시하지 않았을까? 나는 내가 열여섯 살 때 내 국적을 바꿨다고 사람들에게 간증하기를 즐겨한다(빌 3:20).

사도행전 22:30 "……명하여 제사장들과 온 공회를 모으고……."

유대인 관리들이 로마 사람들과 다른 이방인들을 싫어한 단서가 하나 더 있다. 그 천부장의 명령에 '그들을 펄쩍 뛰게' 할 수 있다.

자신들은 깨끗하고 이방인들은 돼지로 여기는 이들에게는 얼마나 격분된 조치인가를 상상해 보라!

사도행전 23:1 **"바울이 공회를 주목하여 이르되 여러분 형제들아……."**

바울은 만왕의 왕 되신 자의 대사로서 이 사람들 앞에서 기죽지 아니할 뿐만 아니라 한 사람 한 사람과 눈을 마주치는 시간을 갖는다. 아마도 그는 귀족 니고데모와 같은 사람을 응시하는 것처럼, 또는 오랜 친구를 보는 것처럼, 그래서 그가 영향을 주어 예수를 부를 수 있기를 기대하며 바라보고 있다. 바울은 거창한 타이틀로 과장하지 않고 같은 사회적 위치의 형제로서 말한다.

사도행전 23:1 **"오늘까지 나는 범사에 양심을 따라 하나님을 섬겼노라 하거늘."**

바울은 그들이 다메섹 밖에서 믿음을 위협한 과거의 진실을 알고 있음을 안다. 이제 그는 담대히 그때 이후로 하나님께 순종하고 기쁘시게 하기를 주저하는 사람이 아니라고 주장한다. 그것은 우리 청취자들에게 우선순위가 하나님을 기쁘시게 하는 것이지, 우리가 속한 그룹에 대한 충성이 아니라는 것을 계속 말해준다는 것이 중요하다. 이것은 *"사람보다 하나님께 순종하는 것이 마땅하니라"*(행 5:29)는 베드로와 요한의 말에 근거한다.

사도행전 23:2 **"대제사장 아나니아가 바울 곁에 서 있는 사람들**

에게 그 입을 치라 명하니."

바울은 주눅 들지 않고 자비를 간청하지도 않을 뿐 아니라 담대하게 선포하기를 그들의 불평은 하나님의 불평이 아니라고 한다. 그를 면박할 수 없는 대제사장은 폭력을 쓴다.

사도행전 23:3 "회칠한 담이여 하나님이 너를 치시리로다."

이것은 ***대***제사장의 실족과 율법 예시를 위해 부름받은 예언자의 편리에 따라 소홀히 하는 것에 대해 화가 난 반응이었다. 주님께서 율법자들에게 *'회칠한 무덤'*(마 23:27)이라 부르신 것에 주목해 보자.

우리 역시 삶의 현장에서 종교적 위선을 끊어 버려야 할 때이다.

사도행전 23:4 "곁에 선 사람들이 말하되 하나님의 대제사장을 네가 욕하느냐."

비록 화가 나는 현실에서도 비난하는 자들에 대하여서 사람들에게 종교적 지도자들을 존중하도록 가르쳤다. 그래서 바울은 이것을 깨닫고 잽싸게 단순히 자신의 결백을 주장하기 위해 그들의 목소리를 잃지 않으려 다짐하며 다시 말하였다.

사도행전 23:5 "나는 그가 대제사장인 줄 알지 못하였노라."

이것은 사실이 아니다. 바울은 그들을 평가하기를 누가 누구인지 분명히 알았다. 더욱이 그는 대제사장이 있었던 사원에 있었던 것이다. 이것은 일반 사람들을 실족시키지 않으려고 사과하는 것 같다. 그러나 다른 의회원들에게는 분명하게 비꼬는 것이다. "이와 같은 사람이 하나님의 대제사장으로 선택되었다는 것은 상상하기 어렵습니다"는 뜻으로 분명하게 말한다. 바울은 현재의 직위에 있는 사람은 뇌물과 부정에 의해 사두개파가 쟁취한 것임을 바리새파 사람들이 듣고 있다는 것을 의식하고 있다. 그러므로 다음의 진술이 이어진다.

사도행전 23:6 "바울이 그 중 일부는 사두개파인이요 다른 일부는 바리새인인 줄 알고 공회에서 외쳐 이르되 여러분 형제들아 나는 바리새인이이요 또 바리새인의 아들이라 죽은 자의 소망 곧 부활로 말미암아 내가 심문을 받노라."

바울은 다른 장소에서 성령의 통찰력에 의해서 불일치의 선을 그었다. '그 도를 따르는 자들' 과 성경 말씀을 믿는, 신실하게 하나님을 경외하는 자들 사이에 장벽이 있어서는 안 되지만, 하나님의 말씀을 믿고 순종하며 하나님 높이기를 갈망하는 자들에 반하여 물질주의적이고 이생의 삶 외에는 관심을 갖지 않는 자들과는 구별되어야 한다. 그래서 바울은 선포하기를, 그는 믿는 바리새인들 쪽에 있다고 한다.

사도행전 23:7-9 "무리가 나누어지니…… 크게 떠들새……."

나는 무함마드가 태어난 생일에 한 모스크에 초대되었다. 그곳에 있는 동안 그들이 갑자기 나에게 일어나라고 부탁하고 약 300명이 모인 회중을 향해 연설을 부탁했다. 하늘을 우러러 지혜를 구하고, 나는 스스로 자신들이 '기독교인들' 이라고 자처하는 자들에게 그들이 당한 잘못을 용서해 달라고 부탁했다. 나는 그들에게 무슬림의 몇 퍼센트의 사람들이 매일 아침 하나님에 대한 생각과 그의 율법들, 그리고 알라를 기쁘게 하고자 애쓰는지를 물었다. 그들은 궁극적으로 최고 10퍼센트라는 데 동의하였다.

그것은 기독교인들도 같다고 나는 고백했다. "그러므로 기도하는 무슬림과 기독교인 우리는 거룩한 책을 읽고 하나님을 기쁘시게 하고자 깊이 열망하는 쪽에 있고, 그렇지 ***않은*** 무슬림과 기독교인들은 그 선의 다른 쪽에 있다. 우리는 그 선을 엉뚱한 데 그렸다. 하나님이 그 선을 그를 경외하는 자와 그렇지 아니하는 자들 사이에 그어 놓으신다." 그들은 환호했고 내게 다시 와 달라고 부탁했다.

사도행전 23:9 "혹 영이나 천사가 그에게 말하였으면 어찌 하겠느냐 하여."

우리는 우리의 마음에 많은 사람들 속에서 바른 선택을 하시는 현명한 하나님만을 수용하지 않는가? 창세기 12장 1절은 *"주님께서 아브라함에게 말씀하셨다"*는 투명한 관계이다. 달신을 숭배하던 태생에서 어떻게 아브라함은 주님이 누구셨고, 그가 무엇을 해야 하는지를 똑똑하게 알고 있었지 않은가?

왜 우리는 똑같은 영원한 긍휼의 창조자가 무슬림, 불교도, 힌두교도, 정령숭배자(아브라함 같은)에게 오늘날은 소통하는 것이 제한되었다고 추측하는가? 대부분 서양 기독교인들은 초월적 능력에 관해서 심각하게 회의적이다. 다른 사람들은 어떤 생각 또는 '그림' 이 그들의 머리에 하나님께서 직접 말씀하실 때까지 '방황' 한다.

실제적 경험과 상상의 차이는 훨씬 쉽게 분별된다. 하나님께서는 사실적으로 '드러냄' 과 말할 때, 그리고 경험한 자는 항상 그의 가던 길을 멈추고, 일반적으로 두려움에 떨며 바울이 당했던 것처럼 한다(행 9:4; 계 1:17; 마 14:26-27; 17:5-7).

진정으로 하나님을 찾고 그의 기쁨이 되고자 하는 남종이나 여종과 함께 시간을 보내라.

사도행전 23:10 "큰 분쟁이 생기니……무리 가운데서 빼앗아 가지고 영내로 들어가라 하니라."

우리 선교사들이 창의적으로 도출하는 분쟁은 하나님의 말씀을 신중하게 다루는 우리를 보는 청중을 볼 때 훨씬 더 중요하다.

그 병영은 군인들이 잠을 자고 다음 전쟁을 준비하는 것이다. 다음 장들에서는 뚜렷하게 회심에 관한 기사가 없다. 이제 바울은 오랜 긴 세월을 전방에서 싸우지 않고 병영에 갇혔다.

왜 우리는 역동적인 회심과 사도행전 19장의 에베소 이후 새로운 교제를 읽지 못하는가? 거의 사도행전의 ***3분의 1***은 주께 돌아오는 사람이 한 사람도 없는 것을 상대로 한 바울의 모험을 기록한다(결국 마지막 부분에 "*그 말을 믿는 사람도 있고*"(행 28:24)라는 구절을 듣게 될 뿐이다.).

성령님께서는 사도행전의 마지막 부분에서 교회들에게 무엇을 말씀하고 있을까? 왜 사도행전 21-28장까지의 대목에서는 설교와 가르치기를 거의 하지 않는가? 우리는 사도행전 초기 기록에 나타난 능력과 충격적인 경험은 원하지만 예시된 것처럼 '병영' 에 갇혀 열매가 없을지라도 신실하게 인내하며 증거하는 삶은 원하지 않는다.

누가는, 세부적인 자료에 충실하며, 예루살렘에서 갈릴리 출신 베드로보다 훨씬 더 좋은 배경을 갖춘 바울을 통해서 한 사람도 주께 돌아왔다는 언급을 하지 않는다.

사도행전 23:11 "그날 밤에 주께서 바울 곁에 서서 이르시되."

우리의 대부분은 하나님이 중요하게 여기는 '제자 양육' 을 더 선호하고, 그의 임재와 친구(동역자)가 되기를 소망하고 있다. 교회들은 우리가 좋은 'Q.T' 를 하도록 선교현장에 보내지 않았다. 그러나 그것은 종종 활동에서 분리된 '병영' 에서 그분의 임재를 의식하게 됨으로 매우 충분하다. 우리가 하늘나라 계획이 실현되는 데 참으로 중요한 한 사람이라는 것을 인정해 주시고 확증해 주심과 미소는 도무지 값으로 따질 수 없는 귀중한 가치다. 당신은 '주님께서 곁에 서서' 함께해 주심을 경험한 것이 언제인가?

11절 "담대하라 네가 예루살렘에서 나의 일을 증언한 것같이 로마에서도 증언하여야 하리라."

바울의 인내의 비결을 살펴보자. 그는 다윗 왕의 말년처럼, 압박과 실망, 그리고 현실과 상반되는 가운데서도 하나님과 친밀한 관계에 있었다. 바울은 최소한 한 번(단지 한 번이었는가?) *"낙원에 이끌려 올라가서……"*(고후 12:2-4) 하는 경험이 있었다. 이 경험은 그가 단지 아라비아에서 그의 완벽한 신학을 위해 하나님과 '수양회' 를 가진 것이 아니라, 그가 평생 추구해야 될 *'그리스도를 알고, 그분의 부활의 능력을 깨닫고, 그분의 고난에 동참하여'*(빌 3:10) 사는 삶의 시작이었다.

그러나 누가는, 그의 이방인 독자들을 위하여 바울을 '밑바닥' 에 놓는다. 누가는 그리스도께서 바울에게 네 번, 즉 회심(행 9:5), 고린도에서(행 19:9-10), 첫 예루살렘 방문 때(행 22:17-18) 그리고 이후 마지막 예루살렘을 방문하는 동안 그의 체포에서 나타나셨다고 기록한다.

이와 같은 '주님과의 만남' 의 목적은 '높임' 이 아닌, 두려움을 떨쳐버리기 위함이다. 하나님의 확신 있는 말씀은 거짓 아버지로부터 독소를 제거해 주는 해독제이다. 이 모든 것은 하나님의 관점으로 무장되어 *'목표점을 바라보고 달려가고 있다'*(빌 3:13-14). 기묘자 예수님은 그의 예루살렘 방문이 실수가 아니라고 지지하신다.

바울은 그의 초기 위임받은 사명이, *'로마 관리들에게 전적인 증인 됨'*을 포함하는 것인데 그것이 아직 완수하지 못한 채 되새겨진다. 단순히 '증인'이라고 그 단어는 여러 곳에서 번역되었다(행 2:40; 8:25; 10:42; 18:5; 20:21, 23-24; 23:11; 28:23). 그리고 경고의 뜻을 내포하고 있다. 바울의 소명은 매우 신중하게 메시지를 받아 하나님께서 붙여주시는 모든 사람들에게 경고하는 것이다. 주님은 바울의(우리의) 임무는 하나님의 지명된 사자로서 말할 것을 확인시켜 주고 있다(마 7:29를 보라.).

이렇게 정의된 '증인' 됨을 선포하기 위해 Phnum Penh, Pristina, Peshawar, 또는 Port Moresby에서 어떻게 힘쓰고 있는가? 당신은 올해 성경적 기준들의 선포를 높이기 위해 무엇에 더 힘을 쓸 수 있겠는가?

사도행전 23:12 "유대인들이 당을 지어 맹세하되 바울을 죽이기 전에는 먹지도 아니하고 마시지도 아니하겠다고 하고."

*'유대인들'*은 신분과 지위를 잃게 되는 것을 두려워하는 리더들의 측근을 극도로 위협한다.

> 만일 그를 이대로 두면 모든 사람이 그를 믿을 것이요 그리고 로마인들이 와서 우리 땅과 민족을 빼앗아 가리라 하니(요 11:48).

의심할 것 없이 주님은 바울 곁에 계셨다. 여러분 중에도 아시는 바와 같이 죽음의 협박은 (특히 당신이 자녀를 가진 부모라면) 최소한 무기력하게 한다고 말할 수 있다. 이 협박은 단순히 한 미치광이의 한갓 수사적인 것이 아닌, '40명 이상' (13절)이 함께한 것이었다.

사도행전 23:14 "*대제사장들과 장로들에게로 가서 말하되 우리가……굳게 맹세하였으니.*"

분명하게 이들 '젊은이들' 은 종교 지도자들에 의해 지지를 받지도 않고, 반대를 당하는 자들도 아니다. 종교적인 사람들과 함께할 때 정치적이고 이기적인 것들에 관심 있는 자들과 하나님의 도를 이해하고 초점을 맞춰 순종하는 자들을 구별짓는 것은 중요하다.

사도행전 23:16 "바울의 생질이 그들이 매복하여 있다 함을 듣고 와서 영내에 들어가 바울에게 알린지라."

다시, 누가가 *'그런데'* 라는 대조어를 쓰는 것은 놀랍다. 사도행전은 예수 그리스도 가운데 우리의 승리(고후 2:14)가 *"그리스도를 위하여 너희에게 은혜를 주신 것은 다만 그를 믿을 뿐 아니라 또한 그를 위하여 고난도 받게 하려 하심이라"*(빌 1:29)는 말씀과 함께 매우 잘 균형을 이룬다.

분명하지 않은 가운데 '초자연적' 인 '믿음의 수호자' 가 개입하여 바울의 생질이 정확한 시간에 정확한 장소에 있어 이 음모를 듣게 된다. 바울이 우리에게 *"사람이 감당할 시험밖에는 너희가 당한 것이 없나니 오직 하나님은 미쁘사 너희가 감당하지 못할 시험 당함을 허락하지 아니하시고 시험 당할 즈음에 또할 피할 길을 내사 너희로 능히 감당하게 하시느니라"*(고전 10:13)고 말하는 것이 당연하다.

흥미롭게도 바울의 친인척에 대해서는 이 부분에서만 언급된다. 그러나 그는 분명히 그의 동역자들을 무척 사랑하는 '가정적인 사람' 이다(롬 16:13-16; 빌 2:19-29; 딤후 1:2-4를 보라.). 이것은 하나님 아버지께서 우리에게 '가족' 을 어떻게 대해야 하는가를 말씀하는 것이 되지 않는가? 하나님의 말씀에 우리는 때로 우리 친족들보다 ***그분의*** 양자 된 가족에게 우선순위를 두기 원하신다고 배우지 않았는가?

사도행전 23:23-24 "……보병 이백 명과 기병 칠십 명과 창병 이백 명을 준비하라 하고 또 바울을 태워 총독 벨릭스에게로 무사히 보내기 위하여 짐승을 준비하라 하고."

하나님께서는 매일매일 우리를 구하시는 방법을 셀 수 없이 많이 가지고 계신다. 때로 하나님께서는 수호천사들을 사용하시고, 때로는 어린이를, 때로는 경건하지 못한 군인들과 경찰, 또는 자신들의 목적을 이루고 있다고 생각하는 정치인들을 사용하신다.

사도행전 23:27 "……내가 로마 사람인 줄 들어 알고……구원하여다가."

주님께서 우리의 연약성과 함께 정직성을 더 세워가실수록 우리는 우리 주변의 부정한 "누리꾼"과 더불어 살아가는 것이 더 어려움을 느낀다. 좋게 보이는-즉 "이미지가 전부"라는-것이 이 세대가 지닌 복음이다. 바울은 완고한 사람이 달리 할 수 있는 것이 거의 없다는 것을 잘 알았기 때문에 진리 위에 천부장이 스스로 선전하는 것에 일부러 상반된 행동을 하려고 했는지 모른다.

사도행전 23:29 "한 가지도 죽이거나 결박할 사유가 없음을 발견하였나이다."

그래서 총독 벨릭스는 서면으로 접수했다. 기술적으로 이 시점에서 바울은 로마법에 의한다면 풀려났어야만 한다. 그러나 하나님께서는…….

추수의 주인은 단지 우리의 안전과 풍요롭고 편안함을 지켜주시는 것보다 훨씬 길고도 깊은 안목으로 다양한 의제들을 가지고 계시다. 그것은 바울이 로마 세계의 높은 위치 속으로 파고들어가는 하나님의 계획된 시간이다.

사도행전 23:33 "그들이 가이사랴에 들어가서 편지를 총독에게 드리고 바울을 그 앞에 세우니."

그 총독은 그의 죄수가 유대 관리들로부터 강한 반발을 사는 바로 '그 사람' 임을 깨닫는다. 총독으로서는 주목을 받고 경력을 쌓을 기회이다. 그러나 진짜 이야기는 '보이지 않는 곳에서' 하나님께서 행하고 계신다.

곧 재판은 바울이 아닌 벨릭스 총독이 받게 될 것이다. 긍휼의 구세주께서는 부정하고 살인적인 정치인들조차 사랑하신다. 바울이 총독의 '도래할 진노' 로부터 구원받게 된 기회이다. 이야기는 더 복잡하게 전개된다.

사도행전 23:35 "……헤롯 궁에 그를 지키라 명하니라."

전능하신 하나님은 역시 다윗이 *'사는 날 동안 하나님의 뜻을 받들어 섬겼던 것'*(행 13:36)처럼 여전히 바울이 섬기시는 바울의 ***아바(Abba)*** 아버지시다.

이와 같이 그분의 종은 말할 수 있다. *"나는 비천에 처할 줄도 알고 풍부에 처할 줄도 알아 모든 일 곧 배부름과 배고픔과 풍부와 궁핍에도 처할 줄 아는 일체의 비결을 배웠노라"*(빌 4:12). 좋은 목자는 사도에게 안식과 그리고 총독의 관저와 같은 매우 편안한 제1급의 시설을 주시는 분으로 보인다.

24장

사도행전 24:1 "닷새 후에……."

바울이 기다리는 데 많은 시간을 보낸 것에 주목해 보자. 이것이 주님의 뜻이고 계획이었을까? 다음과 같은 권면을 쓴 바울은 이러한 상황에서 어떻게 시간을 보냈을까?

"그런즉 너희가 어떻게 행할지를 자세히 주의하여 지혜 없는 자 같이 하지 말고 오직 지혜 있는 자같이 하여 세월을 아끼라 때가 악하니라 그러므로 어리석은 자가 되지 말고 오직 주의 뜻이 무엇인가 이해하라 술 취하지 말라 이는 방탕한 것이니 오직 성령으로 충만함을 받으라 시와 찬송과 신령한 노래들로 서로 화답하며 너희의 마음으로 주께 노래하며 찬송하며 범사에 우리 주 예수 그리스도의 이름으로 항상 아버지 하나님께 감사하며"(엡 5:15-20).

당신은 *"세월을 아끼라"*와 *"여러분의 가슴으로 주님께 노래하며"*를 한 자루 속에 넣어 봤는가?

사도행전 24:1 "대제사장 아나니아가 어떤 장로들과 한 변호사 더둘로와 함께 내려와서 총독 앞에서 바울을 고발하니라."

시기와 복수의 영이 아나니아로 하여금 성직을 잊어버리게 하는 것이 놀랍다. 대제사장이 예루살렘 성전에서 그의 모든 직무를 버려두고 헤롯의 법정에서 밀고자가 되게 한 것이 무엇일까? 하나님이 16년 후인 기원 70년에 사제단과 예루살렘에 심판을 내리신 것은 당연하다.

거기에서 바울에게 일어날 수 있는 두 가지 것을 암시한다. 바울은 그 세력들이 그에게 사형을 집행할 때까지 포기하지 않을 것이기에 사퇴하고 싶은 유혹에 빠질 수 있다. 그렇지 않으면 구세주께서 생명을 주는 메시지를 주실, 또 다른 기회를 큰 감격으로 깨달음과 미소 짓게 하실 모든 인생의 사령관을 바라볼 수 있을 것이다. 그렇지 않으면, 그는 인생의 희비의 사령관을 볼 수 있을 것이며, 대제사장이 큰 무리와 다시 와서 구주께서 생명을 주시는 메시지를 듣게 되는 또 다른 기회임을 깨닫게 될 것이다. 그들은 '해하려 하였지만' 그러나 하나님께서는 그것을 '선하게' (창 50:20) 바꾸셨다.

훗날 바울이 디모데에게 한 말이다.

> 주의 종은 마땅히 다투지 아니하고 모든 사람에 대하여 온유하며 가르치기를 잘하여 참으며 거역하는 자를 온유함으로 훈계할지니 혹 하나님이 그들에게 회개함을 주사 진리를 알게 하실까 하며 그들로 깨어 마귀의 올무에서 벗어나 하나님께 사로잡힌 바 되어 그 뜻을 따르게 하실까 함이라(딤후 2:24-26).

사도행전 24:3 "우리가 당신을 힘입어 태평을 누리고 또 이 민족이 당신의 선견으로 말미암아 여러 가지로 개선된 것을 우리가 어느 모양으로나 어느 곳에서나 크게 감사하나이다."

비록 벨릭스는 유대 지도자들이 로마 규례로 어수선해졌을지라도, 이 세상은 아첨과 위엄(행 25:23을 보라)을 사모한다. 이들 고관들은 보다 더 큰 영향력을 갖고자 이름까지 로마식으로 사용한다(6

절 *'우리들은 우리 법대로 그를 심판하기 원했습니다.'*).

사도행전 24:5 "우리가 보니 이 사람은 전염병 같은 자라 천하에 흩어진 유대인을 다 소요하게 하는 자요."

"소요하게 하는 자"라는 단어는 의도적이다. 전염병은 많은 사람들에게 전염시키는 질병이다. 더둘로는 관리의 주목을 끌 줄 알기에 바울을 고소할 때 로마에 대항하는 소동과 폭동에 관해서 시작한다. 우리가 언급한 바와 같이, '십자가의 대적들' 은 '거짓의 아비' 에 의해 안내를 받는다. 그것은 그리스도 안에서 단순히 하나님께 충성스럽게 순종하는 바울을 고발함에 있어서 사악하다거나 위법적이라고 해서는 충분하지 않다. 거의 항상 그 '십자가의 대적들' (빌 3:18)은 진리를 왜곡하고, 이슬람의 명성을 훼손한다고 우리를 비난하거나, 사회질서를 문란하게 하고, 또는 공동체에 불협화음을 가져온다고 우리들을 비난한다.

주 예수께서도 똑같은 원칙으로 이것들을 말씀하셨다.

> 너희는 너희 아비 마귀에게서 났으니 너희 아비의 욕심대로 너희도 행하고자 하느니라 그는 처음부터 살인한 자요 진리가 그 속에 없으므로 진리에 서지 못하고 거짓을 말할 때마다 제 것으로 말하나니 이는 그가 거짓말쟁이요 거짓의 아비가 되었음이라(요 8:44).

5절 "나사렛 이단의 우두머리라."

바울은 '자, 아직 우리가 온 세상을 감당하고 있지 못하나 노력하고 있다' 고 생각했어야만 한다. '우두머리' 는 모든 다른 사람들보다 뛰어난 사람, 수석 사령관을 의미하는 가장 으뜸의 챔피언이라는 타이틀의 찬사가 빠져 있다. 바울은 이 시점에서 베드로보다 훨씬 더 알려졌던 것 같다.

아마 성령님께서 이 고발은 그들이 그 땅의 문제자로 있었던 하나님의 예언자들에 대한 옛 고발을 반향해 주었을 것이다. *바울에게 모든 것을 생각나게 했다*(요 14:26). 에스라 당시에도, 거짓 증인들은 주님을 진정으로 찾는 자들을 반란하여 비난을 받았었다(에 4:15, 19). 동일한 유대 관리들이 우리 예수님에 대해서 *"우리가 이 사람을 보매 우리 백성을 미혹하고 가이사에게 세금 바치는 것을 금하며"*(눅 23:2)라고 위증하였다.

> 또 너희가 내 이름으로 말미암아 모든 사람에게 미움을 받을 것이나 끝까지 견디는 자는 구원을 얻으리라 이 동네에서 너희를 박해하거든 저 동네로 피하라 내가 진실로 너희에게 이르노니 이스라엘의 모든 동네를 다 다니지 못하여서 인자가 오리라 제자가 그 선생보다, 또는 종이 그 상전보다 높지 못하나니 제자가 그 선생 같고 종이 그 상전 같으면 족하도다 집 주인을 바알세불이라 하였거든 하물며 그 집 사람들이랴(마 10:22-25).

사도행전 24:7 "천부장 루시아가 와서……그를 우리 손에서 강제로 빼앗아 갔습니다"(개역개정성경에는 빠져 있음).

더둘로는 그들이 처리했어야 할 것 때문에 벨릭스가 시달리고 있는 것을 루시아의 실수라고 암시하고 있다. 바울이 로마법을 위반했다는 그의 고발은 사실 로마 정부의 업무가 아니라는 입장을 말하려 하고 있다. 누가는 로마 관료들이 그 모든 위선을 꿰뚫어 안다는 것을 수차례 지적하나, 대제사장과 '정정당당히 맞서' 어떠한 정치적 관점을 만들려 한다는 것을 지적한다.

사도행전 24:9 "유대인들도 이에 참가하여……."

정치 지망생들이 아닌 이 사람들이 회당에 경건의 본이 되어야 할 자들 앞에서 유대교의 경전을 얼마나 낮게 실추시켰는지를 보여준다. 이들 중에서는 빌라도에게 *"그를 못 박으라"*고 외친 사람들도 있었지 않겠는가?

사도행전 24:10 "총독이 바울에게 머리로 표시하여 말하라 하니 그가 대답하되."

바울은 외적으로는 잘 알려졌고, 양심의 가책을 느끼지 못하는 비싼 변호사 앞에서, 또는 뇌물에 매수된 장로들의 일관된 주장에 의해서 주춤거렸을까? 그렇지 아니함을 ***"내 사건에 대하여 기꺼이 변명하나이다"***라는 그의 대답이 나타내준다. 사실, 그것은 주 예수께서 그분의 약속을 지키셨다는 것을 말하는 듯하다.

"사람들을 삼가라 그들이 너희를 공회에 넘겨주겠고 그들의 회당에서 채찍질하리라 또 너희가 나로 말미암아 ***총독들과 임금들 앞에 끌려 가리니 이는 그들과 이방인들에게 증거가 되게 하려 하심이라*** *너희를 넘겨줄 때에* ***어떻게 또는 무엇을 말할까 염려하지 말라 그때에 너희에게 할 말을 주시리니*** *말하는 이는 너희가 아니라 너희 속에서 말씀하시는 이 곧 너희 아버지의 성령이시니라"*(마 10:17-20).

사도행전 24:11-13 "내가 예루살렘에 예배하러 올라간 지……."

바울은 분명하게 '우리 조상들의 종교' 인 유대교를 배교했다는 것을 부인하고 있다. 그는 여전히 유대인들의 모습으로 ***'회당과 성전에서'*** 예배하고 있는 것을 정당화하고 있다. 어떠한 변론에서도 그가 유대교의 가르침에 대해 공격을 했거나 비판했다는 뚜렷한 증거를 제시할 수 있는 사람이 없다(12-13절).

사도행전 24:14 "……율법과 선지자들의 글에 기록된 것을 다 믿으며."

모스크에서 여전히 기도하고 있는 그리스도를 따르는 무슬림도 똑같이 말할 수 있지 않은가? 그(그녀)와 무슬림들은 무함마드가 '주의 말씀' 을 말한 선지자들 중의 한 사람으로 인식될 수 없다는 것을 머지않아 깨닫게 될 것이다.

14절 "그러나 이것을 당신께 고백하리이다 나는 그들이 이단이라 하는 도를 따라 조상의 하나님을 섬기고……."

살아 계신 주 예수를 진정으로 따르는 모든 자들이 머지않아 그들의 친구, 가족, 그리고 이 전의 종교 지도자들에 의해 외국인의 **이단 종교**에 참여하고 있다고 비난을 받게 될 것이다.

"이 자는 나사렛 ***도당****의 우두머리입니다"*(행 24:5).

"우리는 당신에게서 당신의 생각을 들어 보고 싶습니다. 이 종파에 대하여 우리가 아는 것은, 어디서나 이 ***종파****를 반대하는 소리가 높다는 것입니다"*(행 28:22).

'이단' 이라 함은 기존에 확립된 그룹에서 분리되어 다른 교리와 실천 강령을 지키는 사람들의 그룹이라고 일반적으로 정의하였다.

바울은 '그들의 조상들의 믿음'(행 22:14)과 연속성이 있다는 것을 보여주기 위하여 최선을 다한다. 그 도는 *'하나님께서 우리 조상들에게 주신 약속에 소망을 두고 있기에'*(행 26:6)라는 말씀의 성취이다. 바울은, 복음이 좋은 소식이 아니라 이상하고 혐오스러워 절대적으로 유대인들과 이방인들 모두에게 맞지 않다고 확증시키기 위한 사탄의 심한 시험이 있을 것을 자각한다. 이런 식으로 그는 공인된 예언서에 기록된 것 외에 다른 어느 것을 믿는다는 인식을 거부한다.

사도행전 24:15 "그들이 기다리는 바 하나님께 향한 소망을 나도 가졌으니 곧 의인과 악인의 부활이 있으리라 함이니이다."

바울은 여전히 마치 거기에는 하나님의 구원 수단에 대해 동일하게 정당한 사상의 학교들처럼 철학의 다른 면으로 남겨 두는 것을 원치 않는다. 그 사안을 이론적인 것에서 (매우) 개인적인 방향으로 바꾸는 그를 주목하자. 각자는 그 공간에서 영생 또는 영원한 처벌로 부활할 것이다.

> 한 번 죽는 것은 사람에게 정해진 것이요 그 후에는 심판이 있으리니 이와 같이 그리스도도 많은 사람의 죄를 담당하시려고 단번에 드리신 바 되셨고 구원에 이르게 하기 위하여 죄와 상관 없이 자기를 바라는 자들에게 두 번째 나타나시리라(히 9:27-28).

사도행전 24:16 "이것으로 말미암아 나도 하나님과 사람에 대하여 항상 양심에 거리낌이 없기를 힘쓰나이다."

그러므로 미래의 심판에 대한 사실은 바울이 용서의 길과 하나님 나라 영생을 선포하는 것을 감당하고 있는 이유이다.

"이는 우리가 다 반드시 그리스도의 심판대 앞에 나타나게 되어 각각 선악간에 그 몸으로 행한 것을 따라 받으려 함이라 우리는 주의 두려우심을 알므로……그리스도의 사랑이 우리를 강권하시는도다……또 우리에게 화목하게 하는 직분을 주셨으니"(고후 5:10-11, 14, 18).

바울이 만약 사람들을 경건으로 이끌기 원한다면 그는 확실히 어떤 범죄 행위나 사람을 거리끼게 하는 어떤 길과 사역이나 그리스도의 메시지도 피해야 할 것이다. *"이 직분이 비방을 받지 않게 하려고 무엇에든지 아무에게도 거리끼지 않게 하고 오직 모든 일에 하나님의 일꾼으로 자천하여……"*(고후 6:3-4).

사도행전 24:17 "여러 해 만에 내가 내 민족을 구제할 것과 제물을 가지고 와서."

바울은 그의 진상을 계속 진술한다. 만약 그가 그의 비난자들이 주장한 내용과 같았다. 왜 헌금과 구호품을 가져오고, 헌금을 드리고, 그리고 성전에서 정결예식에 참여했겠는가? *'내 민족을'* 이라는 그의 유대 민족을 향한 충성 선언문을 주목하자.

'여러 해 만에' 라는 말은 누군가에게 바울의 연대기를 산정해 보도록 동기 부여를 한다. 나는 그것이 사도행전 15장의 예루살렘 공회로부터 7년간 걸렸다고 예측한다. 당신도 자신의 시간표를 만들어 보기 원할지 모른다. 여기에 나의 것이 있다.

A.D 36-38년 바울의 회심

A.D 38-41년 바울의 재교육, 아라비아에서 수련회 공부, 그리고 다메섹에서 성공하지 못한 사역

A.D 41년 첫 번째 예루살렘 방문 - 바나바, 베드로와 야고보, 주님의 형제 만남

A.D 44년 바나바가 안디옥에서 가르치기 위해 다소 출신 바울을 착출한다.

A.D 46년 바나바와 바울이 선교사로 임명된다.

A.D 46-48년 첫 사역기에 키프러스와 터키에서 교회 개척

A.D 49년 예루살렘 공회(15장)

A.D 49-52년 제2차 여행 - 후속 심방 및 새로운 교회 개척

A.D 52-56년 제3차 여행 - 후속 심방 및 새로운 교회 개척

A.D 60-62년 로마에서 첫 번째 투옥

A.D 62년 석방됨. 알바니아와 스페인에서 개척 사역?

A.D 63-64년 돌아와서 체포됨, 네로에게 처형됨. 영광스런 귀환!

사도행전 24:18-19 "아시아로부터 온 어떤 유대인들이 있었으니 그들이 만일 나를 반대할 사건이 있으면 마땅히 당신 앞에 와서 고발하였을 것이요."

바울은 재판에서 증거들을 제시해야 하는 로마법을 알고 있다는 것을 보여준다. 바울은 부재중인 사람들을 '나쁜 녀석들' 로 매도하는 어떤 아시아 관습을 반복하고 있는가? 바울은 대제사장들과 예루살렘 장로들이 뒤로 물러서 체면을 살릴 기회를 주고 있는가?

사도행전 24:21 "오직 내가 그들 가운데 서서 외치기를 내가 죽은 자의 부활에 대하여 오늘 너희 앞에 심문을 받는다고 한 이 한 소리만 있을 따름이니이다."

바울은 우리가 청중들에게 어떠한 불편함을 주더라도 외부인들로 취급당하는 초점에서 떠나 본질로 되돌려 놓는 것을 보여준다. 내가 사람들을 성가시게 하는 이유는 *"사람이 한 번 죽는 것은 정해진 일이요, 그 뒤에는 심판이 있습니다"* 하고 계속 주지시키고자 하기 때문이라고 주장하고 있다.

우리는 모두 오직 메시아 주 예수를 곧 대면하여 뵙게 될 것이다. 당신은 준비가 되었는가? 당신은 오직 한 분 창조자와 함께 평안이 있는가?

사도행전 24:22 "벨릭스가 이 도에 관한 것을 더 자세히 아는 고로 연기하여……."

26장 26절과 비교해보자. *"왕께서는 이 일을 아시기로 내가 왕께 담대히 말하노니 이 일에 하나라도 아시지 못함이 없는 줄 믿나이다."*

우리의 첫 번째 임무는 우리가 하나님과 그의 명령에 단지 순종하기를 열망하는 착한 사람들이라는 것을 하나님께서 붙여 주신 우리 주변 사람들에게 확신시키는 것이다. 우리의 두 번째 임무는 그들이 우리의 기본 메시지를 이해하는지 확인하는 것이다. 여기에 유대인들과 이방인들 출신 관료들이 모두 이해하고 있음을 밝혀준다.

그 관료들은 분명히 알았다. '나사렛 종파' 반대자는 오직 한 분 오실 메시아를 주장하고 있던 사람들에게 그들의 추종자들 일부를 빼앗기게 될 종교 지도자들뿐이었다. 그 당시에는 기독교 인구가 로마를 위협하기에는 아직도 충분하지 않은 숫자였다. 후에나 일어났다.

그래서 벨릭스는 한편으로는 바울에 대해서 고발할 것이 없으나, 다른 한편으로는 유대인 지도자들을 누그러뜨리고자, 간단하게 그의 경력에 가장 좋은 계획에 확신이 들 때까지 연기하고 계략을 쓴다. 오늘날의 관료들과 어떤 다른 점이 있는가?

사도행전 24:23 "……바울을 지키되 자유를 주고 그의 친구들이 그를 돌보아주는 것을 금하지 말라 하니라."

이 친구들은 누구인가? 분명히 거기 가이사랴에 믿는 자들이 있다는 것은 누가와 접촉한 자들일 것이다. 그들이 음식이나 바울이 필요로 하는 무엇이든 가져오는 것이 좋아 보인다. 의심할 것 없이, 베드로에게 있었던 것처럼 기도 모임들이 진행되고 있지만(행 12:5를 보라) 이번에 주권자이시고 현명하시며 은혜의 하나님께서는 석방시키는 것을 택하지 ***않으시고***, 베드로에게 하신 기적적인 역사도 없고, 로마 법정의 공의를 통해서도 아니하신다.

'목사' (Minister)라는 단어는 오직 겸손한 그리스도의 제자들로, *"인자가 온 것은 섬김을 받으려 함이 아니라 섬기려 하고 자기 목숨을 많은 사람의 대속물로 주려 함이니라"*(마 20:28)고 하신 말씀으로 이해할 수 있다. 그것은 순수하게 다른 사람의 필요를 채워주기 위해 힘쓰는 자를 말한다.

사도행전 24:24-26 "수일 후에 벨릭스가 그 아내 유대 여자 드루실라와 함께 와서 바울을 불러 그리스도 예수 믿는 도를 듣거늘."

사도행전 첫 3분의 1은 사도들과 그의 동역자들이 주님을 본 자들과 그들의 동료들이 어떻게 경험했는지를 진술한다. 그리고 바울은 유대와 사마리아를 넘어 하나님을 기쁘시게 하고 영화롭게 하기를 강구하는 헌신된 유대인들을 찾아서 회당들을 방문했다. 그들 중의 어떤 사람들은 오순절 후 예루살렘에서 세례를 받았을 것이다. 우리는 참되신 하나님을 겸손히 경외하는 사람들과 유대교로 개종한 이방인들이 회당에서 어떻게 반응하는지 주시하지만, 그들이 예수 그리스도 안에서 찾고 있었던 것을 알았다.

바울은 아테네에 도착한 이래 로마 행정부의 관리들과 함께 훨씬 힘든 도전에 직면한다. 이 사람들은 예수 그리스도께 '경배함'으로 많은 것을 잃어버린다. 벨릭스와 드루실라 같은 사람들, 그들은 호기심은 있지만 회개하고 부활하신 그리스도를 따르기는 원하지 않았다. 무슬림들, 힌두교들, 불교도인들과 세속화된 상류층과 일하는 사람들은 비슷한 도전에 직면한다. 주 예수 그리스도의 말씀을 기억하자. *"다시 너희에게 말하노니 낙타가 바늘귀로 들어가는 것이 부자가 하나님의 나라에 들어가는 것보다 쉬우니라"*(마 19:24).

25절 "바울이 의와 절제와 장차 오는 심판을 강론하니."

벨릭스는 두려웠다. 이제 누가 심판을 받을 차례인가? 바울의 모범됨은 당신이 무엇을 말해야 되고 어떻게 해야 되는지에 대해 안내해 주지 않는가? 여기에서 '토론하다' (discuss)는 뜻은 *'내려진 결정에 대해 권면과 더불어 철저하게 주장하고 논쟁한다'* 는 강한 가르침을 의미한다. 바울은 *'대화'* 나 *'취할 것인지 버릴 것인지'* 다른 철학들에 학문적으로 깊은 생각에 잠기지 않았다.

세 주제 즉, 절제, 정의, 심판에 대해서 당신의 사람들을 위해서 준비해라. 그러므로 당신의 친구와 관련하여 어떻게 각 주제에 대해서 소개할 것인가? 무엇을 대화의 끝마무리에 두어 **호소**할 것인가?

사도행전 24:26 "동시에 또 바울에게서 돈을 받을까 바라는 고로."

신약성경은 오늘 우리가 당면하는 것에 대해 놀랍게 적용할 수 있다. 주 예수께서만 우리와 똑같이 모든 면에서 시험을 받으신 것이 아니라 사도 바울 역시, 복음에 관심이 있는 척하면서 그(또는 그의 친구들)로부터 돈을 받아내려는 사람들을 상대했음이 위안이 되지 않는가?

바울은 지금 인질로 붙잡혀 있는 것으로 보인다. 그는 그리스도께 대한 충성 때문이 아니라 관료주의와 탐욕 때문에 그의 자유와 많은 사람을 잃고 있다. 매우 극소수의 선교사들만이 '복음을 전했다' 는 이유로 경찰들에게 시달림을 받는다. 왜냐하면 사탄은 이러한 비난이 우리들을 강하게 할 것을 알기 때문이다.

사도행전 24:27 "이태가 지난 후……."

2년! 어떤 선교단체들은 2년을 '장기' 로 본다. 왜 하나님께서는 이 사람이 하나님의 나라를 위해 어떠한 '전략' 적인 사역을 할 기회가 거의 없이 '필드를 떠나게' 허락하셨을까? 왜 바울의 하나님께서는 베드로에게 행하셨던 것같이 출옥(행 12:3-11)시켜 자신의 능력을 보여주시지 않았을까? 왜 하나님께서는 바울이 '정치적인 이유' 로 죄수가 되도록 허락하셨을까? 즉 다시 말하면 *"벨릭스가 유대인의 환심을 원했기 때문인가?"* 당신은 세계의 정치적 문제로 어떤 종류의 서로 비슷한 문제에 당면하고 있는가?

25장

사도행전 25:1-7 베스도(벨릭스 총독 후임)가 가이사랴에 바울을 심문하기 위해 그를 고발한 유대지도자들을 초청한다.

여기에서 우리는 다시 똑같이 옛날 이야기로 간다. 매일매일 그들의 상황 가운데 역동적으로 개입하신 사도행전 1-19장의 성령은 어디 계신가? 블레셋 사람이 가드에서 다윗이 붙잡혔을 때처럼 바울은 기도하고 있었을까?

'하나님, 나를 불쌍히 여겨 주십시오. 사람들이 나를 짓밟습니다. 온 종일 나를 공격하며 억누릅니다. 나를 비난하는 원수들이 온 종일 나를 짓밟고 거칠게 나를 공격하는 자들이, 참으로 많아지고 있습니다. 오, 전능하신 하나님! 두려움이 온통 나를 휩싸는 날에도, 나는 오히려 주님을 의지합니다. 나는 하나님의 말씀만 찬양합니다. 내가 하나님만 의지하니, 나에게는 두려움이 없습니다. 육체를 가진 사람이 나에게 감히 어찌하겠습니까?' (시 56:1-4, 새번역)

일이 제대로 잘되지 않거나 실망이 홍수같이 밀려올 때면 시편을 기도하라.

사도행전 25:8 "바울이 변명하여 이르되 유대인의 율법이나 성전이나 가이사에게나 내가 도무지 죄를 범하지 아니하였노라 하니."

10절 "당신도 잘 아시는 바와 같이 내가 유대인들에게 불의를 행한 일이 없나이다."

바울은 그들이 복음을 듣거나 그를 고발한 사실에조차 관심이 없는 것을 인식하여 법정에 관련한 매우 분명한 진술로 일관한다. 그는 주님의 *"너희 진주를 돼지 앞에"* 던지지 말라(마 7:6)는 권고를 염두에 두고 있었던 것 같다. 거기에는 우리를 고발한 자들이 진리에는 관심이 없다는 것을 아는 우리가 그들과 소통해야 할 때가 있고 그리고 우리의 시간을 낭비할 필요가 없을 때가 있다.

사도행전 25:11 "내가 가이사께 상소하노라."

하나님께서 이 상소를 하도록 바울을 이끄셨는가? 바울은 그렇게 함으로써 그의 구속 기간을 수년간 연장할 것이라고 깨달았는가? 그것이 예루살렘에서 사형 집행을 면할 수 있는 오직 하나의 방법이었을까? 바울은 그렇게 호소함으로써 그에게 주어진 왕들(네로 황제 자신을 포함)에게 예수 그리스도를 선포해야만 하는 임무를 완수할 것으로 생각하였는가?(행 9:15)

사도행전 25:13-21 "오직 자기들의 종교와 또는 예수라 하는 이가 죽은 것을 살아 있다고 바울이 주장하는 그 일에 관한 문제로 고발하는 것뿐이라."

누가는 바울이 어떻게 그리고 왜 로마 법정에 구류되었는지에 대해서 베스도의 아그립바 왕에게 바울에 관한 설명을 반복하는 것이 필요하다고 느낀다. 이 이야기 원문의 양은 불균형적인 것을 반영한다. 그것은 서신서의 본래 수신자 데오빌로가 기독교인의 믿음에 너무 중요한 사람이 로마 관리들에 응했던 것을 매우 중요하게 다루었기 때문이었을까?

아마도 이방 심문자들의 다수가 단순하지만은 않은 로마 관리들 가운데서도 전도자들이 어떻게 자기 입장을 굽히지 않을 수 있는지 의아하게 여겼을 것이다. 그렇지 않으면, 그 장문의 기록이 설명해 주는 것은 바울을 고문하고 사형을 집행할 수 있는 사람들에 의해서 위협을 당하지 아니하는 바울의 본을 보여주고 있는가?

위의 19절의 인용은 바울이 베스도에게 전달하려 했던 광경을 우리들에게 암시해 준다.

1. 바울은 새로운 종교 제안자가 아니라 또 다른 하나의 유대교 대변자로 인식시켰다.

2. 그의 핵심 주제는 로마 사람들도 아는 처형된 예수라 이름하는 사람이었다.

3. 바울이란 사람은 베스도에게까지 존경받는(행 26:24를 보라) 매우 잘 알려진 사람으로서, 예수는 죽음의 권세를 깨고 죽음에서 부활하셨다는 주장을 계속했다.

사도행전 25:22 "아그립바가……나도 이 사람의 말을 듣고자 하노라."

여기에 사역의 목적이 있다. 바울은 잘 알려지고, 학자로서 높이 존경을 받았다. 베스도는 그가 '많은 학문'(행 26:24)의 소유자임을 알았다. 아그립바는 단순히 '종교적 광신자'에게는 관심이 없었을 것이다. 이것은 진리를 알고 말하는 것이 중요할 뿐만 아니라 우리는 '여러분이 가진 소망을 ***설명***'(벧전 3:15)해줄 수 있는 평판을 세워가는 것도 매우 중요함을 깨닫게 된다.

사도행전 25:23 "아그립바와 버니게가 크게 위엄을 갖추고 와서 천부장들과 시중의 높은 사람들과 함께……."

우리는 종종 사람들에게, 특별히 영향력 있는 사람들에게 어떻게 복음을 제시할까 고민한다. 이 사람들은 1세기의 압둘 하끄(Abdul Haqq)인 빌리 그레이엄으로부터 듣기 위해 **그들 스스로를** 초청했다. 바울은 하나님께서 그에게 위임해 주신 사명을 이룰 수 있도록 지도자층에 그리스도에 대해 증인 될 기회를 마련해 주신 것을 깨달았을 때 하나님께 미소 짓고 있었음이 분명하다.

사도행전 25:25 "내가 살피건대 죽일 죄를 범한 일이 없더이다."

멀지 않은 교회 역사에서, 기독교인들이 불법으로 고발당하고 죄인과 정부의 대적들이라고까지 고발당할 것이다. 아마도 누가는 이 같은 비방을 예견하였기에(분명히 편집자 성령님께서는), 바울의 무죄를 반복하도록 영감을 받았을 것이다. 불성실한 사람들이 그리스도의 제자들을 의심하게 한 것을 찾고 있는 사람들이 일어나고 있기 때문이다.

26장

사도행전 26:1 "너를 위하여 말하기를 네게 허락하노라."

그리스도와 그분의 나라를 대표하여 증거하기 위한 가장 효과적인 순간은 우리의 경험에 대하여 말하도록 ***초대받을*** 때이다. 하나님은 '높아져 있고 외면적인' 엘리트 청중이 의자에 깊숙이 앉아서 완전한 복음 제시를 받도록 준비시키셨다. 사도가 이 능숙한 발표를 놓고 얼마나 준비되어 편안하게 되었는지를 주목하라.

1절 "이에 바울이 손을 들어 변명하되."

바울은 회의장에서 어떤 두려움을 보이거나 자비를 찾고 있는 눈으로 위축되지 않는다. 그의 '몸짓으로 하는 언어'(근접하게 주의를 모으기 위해 그의 팔로 호소하면서)는 '여태 말한 가장 위대한 이야기'를 선포할 수 있는 기회를 위한 권한과 열의가 있음을 전달해 준다. 사실 바울이 그 상황을 막 제압했다는 느낌을 갖게 하며 이 강력한 통치자들은 지금 ***그에게*** 달려 있다!

사도행전 26:2-3 "아그립바 왕이여 유대인이 고발하는 모든 일을 오늘 당신 앞에서 변명하게 된 것을 다행히 여기나이다 특히 당신이 유대인의 모든 풍속과 문제를 아심이니이다 그러므로 내 말을 너그러이 들으시기를 바라나이다."

'그대로 받아들이기에 어려운' 진술에 관하여 특출한 의사전달자는 누구나 "한 숟갈 가득한 설탕이 약을 잘 넘어가도록 돕는다"는 것을 안다.

바울은 이 발표에서 조금 은근한 과장과 함께 존경심을 보여주고, 심지어는 적대감을 줄이는 것이 얼마나 중요한지를 우리에게 보여준다. 훈련받지 않은 사두개인이었던 왕은 실제 신학적으로 기민하지 않았을 것이다.

3절 "내 말을 너그러이 들으시기를 바라나이다."

바울은 완전한 강연을 위한 기대를 갖도록 하고 있다. 끝까지 참고 들어주기를 청하는 것은 그가 완전히 그 쟁점들을 설명할 때까지 방해받는 것을 원치 않는 표시이다. 우리도 그리스도에 관한 주장에 대해 연속적인 발표를 하려고 할 때 규칙들을 세워야 한다.

사도행전 26:4 "내가 처음부터 내 민족과 더불어 예루살렘에서 젊었을 때 생활한 상황을 유대인이 다 아는 바라."

바울은 허식을 잘라내면서 즉각적으로 정직을 요청하는 낭랑한 초청을 한다. "당신네 사람들은 내가 로마의 정의 체제가 찾고 있는 종류의 사람이었다는 것을 아시지요." 바울은 지금 그를 비천에 처하게 하려고 하는 사회에 모반을 일삼거나 가장자리에 있는 사람이 아니라 그가 '내부자' 라는 것을 지적해 주고 있다.

사도행전 26:5 "내가 우리 종교의 가장 엄한 파를 따라 바리새인의 생활을 하였다."

바울의 두 번째 요지는 그가 견실한 바리새인으로서 정치적인 음모로 고소될 수 없다는 것을 강조하려고 한다. 로마가 주의깊게 지켜보아야 할 필요가 있는 사람은 더 세상적인 사두개인들이었을 것이다. 다시 한 번 그는 그를 반대하는 사람들과 같지 않게 '우리의' 종교를 따르는 자라고 단언한다. 선교사들은 대부분의 무슬림들보다도 알라의 계명들을 따르기 위해 더 열심인 사람이 바로 우리라고 여러 무슬림들에게 도전을 던져줄 수 있다.

5절 "그들이 증언하려 하면……."

바울은 그의 고소자들이 비열한 동기로 그 사실들을 왜곡하고 있다는 것을 암시하면서 그의 얼굴에 조금이라도 경멸의 웃음을 보였을까?

사도행전 26:6 "이제도 여기 서서 심문 받는 것은 하나님이 우리 조상에게 약속하신 것을 바라는 까닭이니."

다시, 바울은 순수한 유대교에서 벗어난 사람이 아니라는 것을 계속 주장하고 있다. 그는 더 나은 유대인들인 체하는 사람들보다는 더 유대교의 가르침을 끝까지 지켜야 한다고 주장하면서 방어적인 태세보다는 공격적인 태세에 있다. 이 진술에서 그는 *"우리 조상들에게 약속하신 것"*의 의미에 대해 호기심이 있게 될 청중 속에 한 바람을 일으키고자 소망하고 있다.

사도행전 26:7 "이 약속은 우리 열두 지파가 밤낮으로 간절히 하나님을 받들어 섬김으로 얻기를 바라는 바인데……."

바울은 모든 열두 부족을 포함함으로써 그 쟁점을 바라보는 그의 방식으로부터 그들 자신을 배제하기 위해 비바리새인들과 비유대인에 관한 풍조를 떨어뜨리고 있다. 바울은 격식을 차리지 않고 세속적인 유대인들과 이방인들은 창조주께 용납될 수 없다는 것을 그 청중 가운데 비종교적인 사람들에게 또한 넌지시 말해줄 수도 있었다. 일부 사람들은 밤낮으로 열심히 하나님을 섬기지만 대부분의 사람들은 그분을 무시한다.

사도행전 26:8 "당신들은 하나님이 죽은 사람을 살리심을 어찌하여 못 믿을 것으로 여기나이까."

지금 바울은 그 문제, 즉 어느 누구의 추측의 중심부로 들어간다. 반초자연주의자들은 다윈의 추종자들과 근원이 같지 않았다. 한 주석가는 이 질문의 기세가 *"어찌하여(Why)……"* 뒤에 감탄사 표시에 의해 더 잘 보여질 수 있을 것이라고 지적한다. "뭐라고요?믿을 수 없는 것이 생각될 수 있는 것인가요?" 바울은 몸의 부활을 믿을 수 없는 것으로 생각하는 ***그의*** 회의심을 표현한다. 그는 공세를 취하면서 그와 같은 교리가 왜 신앙에 가치가 없는 것인지 그들이 이유를 댈 수 없다는 것을 내포한다.

다시, 바울은 자연주의자들의 잘못된 신앙체계를 깨우치려 하고 있다. 만일 창조주가 계시다면 그분이 죽은 자를 일으키는 것이 왜 어렵겠는가?

사도행전 26:9 "나도 나사렛 예수의 이름을 대적하여 많은 일을 행하여야 될 줄 스스로 생각하고."

누가는 개관에서 우리가 추측할 수 있는 정교한 형식이 그날 말해진 것이 아니라 우리에게 바울의 주안점들을 보여주고 있는 것으로 보인다. 바울은 인간사에 개입하시는 창조주로부터 시작하여 우주와 역사의 주요한 인물인 주역 나사렛 예수께로 이동한다.

먼저 그는 갈릴리 출신의 목수가 최고로 중요하지 못하여 그들의 삶과 거의 관련될 수 없었다고 추정하는 사람들을 감정한다. 만일 당신이 인간의 육신을 입고 지구를 방문하시는 창조주인 예슈아(Yeshua)에 대해 생각하면서 실족하게 되었다면 나는 당신에게 연관을 지을 수 있다고 바울이 고백한다. 그러므로 내가 왜 180도로 완전히 입장을 바꿨는지에 대해 당신에게 알리도록 허용해 달라는 것이다.

바울은 그가 전적으로 실수했다고 고백하고 있고, 그것으로 그들 각자가 또한 어둠에 있다는—그 사실을 모르고 있기에—것을 암시하는 것보다 더하다! 그들이 또한 하나님 자신에 반대하여 싸우고 있다는 경고가 그렇게 숨겨져 있지 않은가!

사도행전 26:10 "예루살렘에서 이런 일을 행하여 대제사장들에게서 권한을 받아 가지고 많은 성도를 옥에 가두며 또 죽일 때에 내가 찬성 투표를 하였고"(12절을 보라: "그 일로 대제사장들의 권세와 위임을 받고.").

바울은 그가 사형에 처해지기를 원하는 사람들과 그가 참으로 공감할 수 있다는 것을 전하고 있다. 그 또한 한때는 전적으로 잘못된 길을 가고 있었다. 현대의 관용구에 "나는 나의 고소자들이 어디에서 오는지를 이해한다"는 말이 있다. 바울이 넌지시 비추는 것은, 그들이 또한 매우 진정으로 ***잘못된*** 것일 수 있다는 것은 매우 가능성이 있다.

"그것은 내게 지워지는 의무였다. 나는 나사렛 예수가 메시아라는 주장을 모든 태도로 반대한 것이 나의 조국에 대한, 나의 종교에 대한, 그리고 나의 하나님에 대한 의무라고 생각했었다." 바울은 그가 해온 것이 얼마나 양심적인 것이었는지를 그들이 깨닫기를 원하지만 한 남자가 잘못 인도된 잔학한 행위에 가담되었을 때조차 양심적일 수 있었다고 깨닫는다.

무슬림들, 힌두교도들, 그리고 불교도들이 기억해야 할 것이 있는데 단순히 성실하게 어떤 사람의 전통에 충성스러운 것이라면 그것이 옳다는 증거는 없다. 우리는 우리의 청중에게 거짓 없는 세기들에 관해 알려야 하지만 그들 조상의 종교에 충성한다는 명분으로 기독교인들을 핍박했던 적대자들을 현혹시켰다.

바울은 여기에서 기독교인들을 핍박했던 자로서 그렇게 과격하게 그의 견해들을 바꾸는 변덕스러운 행동이 없었다는 것을 보여주기 위해 그의 성실함을 거론한다. *"그들에 대하여 심히 격분하여 외국 성에까지 가서 박해하였고"*(행 26:11).

바울은 교묘하게 그의 배타적인 청중들의 호기심을 끌고 있다. 그는 그의 박해 운동(그렇게 멸시하고 핍박했던)을 포기하고 그 목수의 친구이자 대변인이 되도록 유도한 것이 무엇이었을까를 그들 스스로 물어보기를 원한다.

사도행전 26:11 "또 모든 회당에서 여러 번 형벌하여……."

유대 공동체에 말한 신성모독(하나님께만 속하는 속성들이 인간에게 주어지는)에 대한 처벌은 39번의 채찍질을 가하는 것이었다. 바울은 분명히 그가 개종하고 나서 나사렛 예수가 '하나님의 아들'이라고 주장한 후에 자신에게(다소에서?) 돌아온 형벌의 일부를 가졌다(고후 11:24, "유대인들에게 사십에 하나 감한 매를 다섯 번 맞았으며.").

11절 "……강제로 모독하는 말을 하게 하고……."

바울은 기민하게 지금 고소를 취소한다. 그는 지금 예수를 메시아로서 믿는 것을 철회하거나 예수가 하나님이라는 것은 불경과 같다는 것을 부인하는 주장을 한다! 확실히 그 요지를 얻은 바울의 청중에 속한 사람들은 그 고소에서 취소되었을 것이다.

사도행전 26:13-18 "정오가 되어……해보다 더 밝은 빛이……."

시리아는 구름이 많이 끼는 날이 없다. 거의 매일 햇볕이 잘 든다. 빛이 너무 밝아서 일단의 군인들이 그들의 말에서 떨어진다.

이와 같이 바울은 반박할 수 없는 것으로 그의 개인적인 경험을 시작하는데 그것은 현존하는 비기독교인들에 의해 문서화될 수 있었다. 금후로 그의 이전 바리새인 동료들 중의 일부에게서 예루살렘에서 더 이른 응답이 있다(그는 필경 메시아 예수의 추종자가 되기 전에 많은 ***친구들***이 없었다). *"혹 영이나 혹 천사가 그에게 말하였으면 어찌 하겠느냐?"*(행 23:9)

사도행전 26:14 "우리가 다 땅에 엎드러지매 내가 소리를 들으니……."

배타적인 청중은 한 사람이 어떻게 잘못된 것인지를 이해하기 위해 자만, 건방짐, 자신, 그리고 닫힌 마음자세에 관해 "말(horse)을 자주 두드려 떨어버려야" 한다고 되새길 필요가 있다. 우리 주님의 가르침의 모든 방침은 겸손한(혹은 낮춘) 사람들에게 진리가 임한다는 것이다.

14절 "사울아 사울아 네가 어찌하여 나를 박해하느냐."

이것은 나사렛 예수의 인격을 얕보거나 경시하는 어느 누구에게나, 혹은 그분의 추종자들이 잘못 듣고 잘못 인도되었다고 주장하는 어느 누구에게나 중대한 이야기이다. 그 암시는 분명하다. 그들의 종교의 가장 헌신된 지도자들 중의 일부는 성실하지만 분명히 그들의 ***생각이 완전히 틀렸다***. 그러나 사울의 이름을 그렇게 두 번이나 개인적으로 부르는 부분에서 박해받은 구세주의 사랑을 듣고 느껴라.

어느 정도로 당신은 특별히 주님이 당신에게 어떻게 말씀하셨는지에 대한 이야기들을 사용하는가? 간증은 신학적인 주장들보다 논박하기가 더 어렵다.

14절 "가시채를 뒷발질하기가 네게 고생이니라."

'사울, 당신은 언제 깨어나서 그것을 바로잡으려는가?' 분명히 주님께서는 사울에게 그 유일한 길(the Way)을 보여주시기 위해 그의 삶 안으로 약간의 '자극'을 꾀하셨고 바울은 항거하고 있었다(즉, 그는 하나님의 막대기에 대항하여 '되차고' 있었다).

하나님의 메신저들이 주로 '반응하는 쪽'으로 가야 하는 대중적인 개념에 이것이 말하는 바는 무엇인가? 자, 이 법정에서 하나님은 바울로 하여금 교만하고 건방지며 자기만족의 모반자들의 그룹에 그의 증거(witness)를 하게 하셨다. 그들의 자신감은 회심하기 전의 사울의 것과 비슷했다. 잠시 멈춰서 깊이 생각하라. 감화를 느끼지 못하는 닫혀 있는 사람들에게 당신은 그리스도의 '자극' 가운데 하나가 아닌가?

사도행전 26:15 "주님 누구시니이까 주께서 이르시되 나는 네가 박해하는 예수라."

이것은 물어볼 ***당신의*** 청중을 가져야 한다는 질문이다. 누가 그들의 하나님 혹은 중보자인가? 거기에 있는 분이 참으로 하나님인가, 아니면 그들 스스로 만들어 낸 신인가?

하나님이나 알라 혹은 지극히 높으신 분에 대해 말하는 것으로 충분하지 않다. 모든 사람들이 인간 예수 그리스도인 하나님—인간—중보자—구세주를 알 필요가 있다. *"하나님은 한 분이시요 또 하나님과 사람 사이에 중보자도 한 분이시니 곧 사람이신 그리스도 예수라"*(딤전 2:5).

사도행전 26:16 "일어나 너의 발로 서라 내가 네게 나타난 것은 곧 네가 나를 본 일과 장차 내가 네게 나타날 일에 너로 종과 증인을 삼으려 함이니."

바울은 하나님을 만나는 경험으로부터 하나님***을 대신하여*** 말할 그의 권세로 논리적으로 이동한다. 로마인들은 사람의 가장 높은 권위에 절대적으로 복종해야 한다는 것을 확실히 이해했다. 바울은 그가 하나님과의 만남을 가졌을 뿐만 아니라 옛날 선지자들처럼 창조주를 위한 대변자이도록 지명되었다는 것을 그들에게 알리고 있었다. 의심할 것 없이, 베스도는 그를 "미쳤도다"(24절)고 큰소리로 말했다!

대사(a minister)로 지명된다는 것은, 오늘날 그것이 의미하는 함축사항(즉, 교회 혹은 정부의 존경받는 통솔위원)의 아무것도 갖고 있지 않았다. 그 단어는 노예선의 '하층 노잡이' 에서 유래된다. 그것은 주님께서 지상에 계실 때 행하셨던 대로 다른 사람들의 필요를 충족하기 위해 종으로 지명되는 것을 말한다. 하나님의 대사라는 의미는 어떤 지위를 갖는 것이 아니다. 그것은 사람들의 눈에 아무 영광도 없다. 그것은 헤아리시는 한 분의 눈에서만 높은 임명이다. 그것은 *'가장 낮은 자리를 취하도록'*(눅 14:10), 다른 사람들이 하려고 하지 않는 것을 하도록 부르신 부르심이다.

증인(a witness)으로 지명되는 것은 다른 사람들이 모르지만 당신이 아는 것을 널리 알리기 위한 책임이 있는 것이다. 그것은 차라리 당신과 나에게 주어진 임명과 같이 들린다. 그것은 또한 '빛을 보고 음성을 들었던' 바울의 동료들, 나중의 백부장들로서 그 유일한 길(the Way)의 사람들과 동일시되는 것이다.

16절 "……장차 내가 네게 나타날 일에……."

기독교인이라는 것은 단지 한 번 구원받는 것의 경험을 가진 사람들의 클럽에 속하는 것이 아니다. 우리는 "인식하라, 나는 너희와 항상 함께 있다"고 약속하신, 매일 살아 계시고 늘 현존하시는 주 예수를 따르는 자들이 되었다. 그분은 그분과의 친교 가운데 머무는 사람들에게 계속적으로 '그분 자신을 드러내실' 우리의 당당한 반려자—왕이시다.

> 내가 아버지께 구하겠으니 그가 또 다른 보혜사를 너희에게 주사 영원토록 너희와 함께 있게 하리니 그는 진리의 영이라…… 내가 너희를 고아와 같이 버려두지 아니하고 너희에게로 오리라 조금 있으면 세상은 다시 나를 보지 못할 것이로되 너희는 나를 보리니 이는 내가 살아 있고 너희도 살아 있겠음이라……나의 계명을 지키는 자라야 나를 사랑하는 자니

나를 사랑하는 자는 내 아버지께 사랑을 받을 것이요 나도 그를 사랑하여 그에게 나를 나타내리라……내가 아직 너희와 함께 있어서 이 말을 너희에게 하였거니와 보혜사 곧 아버지께서 내 이름으로 보내실 성령 그가 너희에게 모든 것을 가르치고 내가 너희에게 말한 모든 것을 생각나게 하리라(요 14:16-26).

사도행전 26:17 "이스라엘과 이방인들에게서 내가 너를 구원하여 그들에게 보내어."

우리 하나님은 그분의 약속에 따라 날마다 그분의 종들을 보호하시는 하나님이시다.

시편 91:14 - *"하나님이 이르시되 그가 나를 사랑한즉 내가 그를 건지리라 그가 내 이름을 안즉 내가 그를 높이리라."*

이사야 19:20 - *"이것이 애굽 땅에서 만군의 여호와를 위하여 징조와 증거가 되리니 이는 그들이 그 압박하는 자들로 말미암아 여호와께 부르짖겠고 여호와께서는 그들에게 한 구원자이자 보호자를 보내사 그들을 건지실 것임이라."*

이사야 46:4 - *"너희가 노년에 이르기까지 내가 그리하겠고 백발이 되기까지 내가 너희를 품을 것이라 내가 지었은즉 내가 업을 것이요 내가 품고 구하여 내리라."*

예레미야 1:8 - *"너는 그들 때문에 두려워하지 말라 내가 너와 함께 하여 너를 구원하리라 나 여호와의 말이니라 하시고."*

예레미야 39:17 - *"여호와의 말씀이니라 내가 그날에 너를 구원하리니 네가 그 두려워하는 사람들의 손에 넘겨지지 아니하리라."*

디모데후서 4:18 - *"주께서 나를 모든 악한 일에서 건져내시고*

또 그의 천국에 들어가도록 구원하시리니 그에게 영광이 세세 무궁토록 있을지어다 아멘."

베드로후서 2:9 - *"주께서 경건한 자는 시험에서 건지실 줄 아시고 불의한 자는 형벌 아래에 두어 심판 날까지 지키시며."*

사도행전 26:17-18 "이스라엘과 이방인들에게서 내가 너를 구원하여 그들에게 보내어."

우리는 구원받은 사람들일 뿐만 아니라 또한 하나님의 세계적인 구원의 경영에 부르심을 받은 자들이다.

우리가 개종시키는 것으로 우리를 고소하는 사람들에게 사과할 필요는 없지만 우리는 '사도들' 이라고 고백한다. 즉, 주 예수 자신에게서 보냄받은 자들이다. 나의 무슬림 배경의 멘토는 내게 "당신은 선교사인가요?" 혹은 "당신은 무슬림들에게 기독교를 가르치려고 노력하고 있나요?"와 같은 질문에 기쁘게 하는 '당연한 귀추로서' 답하는 것을 가르쳤다!

18절 "그 눈을 뜨게 하여……."

바울은 어느 누구든 얼마나 그들의 눈을 열 수 있었을까? 확실히 유일하신 하나님이 눈을 여실 수 있다. 분명히 눈을 여는 하나님의 은혜는 구원자의 호소에 매우 가까워서 그것은 미묘한 선이다. 비록 우리가 개인의 가장 깊숙한 존재 안에 빛나는 하나님의 빛에 대한 영향력을 취할 수 없을지라도 하나님은 인간 도구들을 가장 자주 사용하시는 안과 의사이시다.

18절 "어둠에서 빛으로, 사탄의 권세에서 하나님(의 나라로)께로 돌아오게 하고."

그리스도를 인용함으로써 바울은 세 가지를 달성하고 있다. 첫째, 그 듣는 자들로 하여금 누군가 자신의 의견 없이 하늘로부터 말하고 있다고 하면 그에 대해 동의하지 못하게 한다.

둘째, 그는 여러 동동하게 유효한 철학과 혹은 종교의 학교들이 있는, 유행하고 있는(그리고 지금도 유행하는 대로) 세계관의 밑을 판다. 이것은 왜 기독교인들이 그 유일한 ***길(the Way)***—*"길이요 진리요 생명"*(요 14:6)이라고 주장한 그들의 지도자에 의해 소개된 위치(stance)—의 추종자들로 불리어졌는지를 설명한다.

셋째, 바울은 여기에서 용감하게 가이사의 나라와 그의 앞잡이들(예를 들어, 아그립바 ***왕***)은 사탄의 왕국의 현혹된 볼모들의 밀짚으로 만든 집들이라고 주장하고 있다. 바울은 사탄의 왕국을 진정한 하나님의 나라와 대비하고 있는데, 이것은 17장 7절(*"이 사람들이 다 가이사의 명을 거역하여 말하되 다른 임금 곧 예수라 하는 이가 있다 하더이다"*)에서 암시된 가르침이다.

로마 황제는 결과적으로 예수를 믿는 신자들이 단지 유대인 분파일 뿐만 아니라 로마의 탁월한 권위자에게 위험한 위협 세력이라는 것을 이해하도록 일깨웠다. 악마와 같은 것을 두려워하는 사람들을 위한 기쁜 소식은, 그들이 사탄의 왕국을 피할 수 있다는 것이다.

18절 "죄 사함과……."

새롭고도 전능한 왕이 있다는 것의 요점은 무엇인가? 영원한 심판으로부터 자유롭게 되는 것이고, 석방되는 것이다. 바울은 그가 (관객 가운데 세상적으로 우세한 사람들과 반대하는) 올바르게, 승리를 거둔 편에 있다는 것을 분명하게 전달하고 있다. 그러나 그들의 상황은 희망이 없는 것이 아니다. 그들은 사탄의 악한 제국 안에서 볼모로 남아 있을 필요가 없다.

18절 "……거룩하게 된 무리 가운데서 기업을 얻게 하리라."

바울은 복음을 전하고 있다. 기쁜 소식이라는 것은 모든 사람이 다른 사람들(깨끗해지고 정화되어 거룩한 분의 현존과 통치를 영원히 누리기에 적격인 사람들)과 같이 하나님의 도성에서 시민권(할당되어 나눠진 몫)을 얻도록 초대된다는 의미이다.

무슬림은 구세주에 대한 필요성을 이해하지 못한다. 왜냐하면 그는 *"거룩함을 따르라 이것이 없이는 아무도 주를 보지 못하리라"*(히 12:14)는 말씀을 논리적으로 생각해 내지 못하기 때문이다. 한 남자나 여자가 100퍼센트 깨끗해지기 위해 한 방법을 찾지 않는 한 그(그녀)는 순결하고 거룩한 자들 가운데서 생명을 공유할 수 없다.

18절 "나를 믿어……."

그리고 용서와 유산은 우리가 최선을 다함으로써 허락되는 것이 아니다. 즉, '나의 손에 있는 어떤 것을 내가 가져오는 것' 에 의하지 않고, '단지 내가 당신의 십자가에 매달림' 에 의해 허락된다. 자신의 공적을 통해 승리자의 명예를 얻기 위한 인간의 자연적인 결단에 완전히 반대하여, 하나님은 단지 *'애통해'* 하고 *'마음이 가난한'* 사람들만 받아들이시며 그들 스스로는 지급이 불가능한 것으로 본다. 우리 자신과 관계없이 전적으로 구세주에 달려 있다.

사도행전 26:19 "아그립바 왕이여 그러므로 하늘에서 보이신 것을 내가 거스르지 아니하고."

바울은 그리스도께서 그에게 주신 '사명 진술'(즉, 그가 하는 것을 행하기 위한 그의 기초)을 분명히 했다. 당신은 한 분이신 그리스도께서 당신에게 주신 것을 요약할 수 있는가?

우리가 하고 있는 것을 왜 하고 있는지에 관한 설명이 불충분하다. 바울의 사명 진술을 적용할 때이다. 바울은 둘러보면서 아그립바에게 이끌리는 것을 느낀다. 지성적인 사람들이 그 논리를 따를 수 있다고 가정하면서 바울은 함축된 질문을 내세운다. "아그립바 왕이여, 나 대신에 당신이라면 무엇을 하실 것 같습니까? 당신은 불복종하시겠습니까, 아니면 복종하시겠습니까?"

사도행전 26:20 "먼저 다메섹과 예루살렘에 있는 사람과 유대 온 땅과 이방인에게까지 회개하고 하나님께로 돌아와서 회개에 합당한 일을 하라 전하므로."

바울은 그가 해온 것을 왜 해왔는지를 논리 있게 사실대로 설명한다. 바울의 복종이 사도행전 1장 8절에서 어떻게 그리스도의 위임의 반향에 가까운지를 주목하라. 혹독한 반대에도 불구하고 그들의 윗사람들에게 복종하며 인내한 사람들이 '***선언하는 것***을 계속한' 것은(이들을 존경하게 된) 강력한 지도자들을 매혹할 것이다.

20절 "……회개하고 하나님께로 돌아와서 회개에 합당한 일을 하라……."

바울은 가르치는 기술을 사용하여 그의 가설을 분명히 주장한다. 모든 사람은 거룩한 창조주 앞에서 죄가 있다. 종교적인 사람들조차 하나님으로부터의 그들의 소외를 인정해야 하고 화해할 필요가 있다.

여기에서 우리는 바울이 권세자들과 상석에 있는 사람들과 마주칠 때 우리에게 어떻게 응답할지에 관한 예를 보여주는 것을 깨닫는다. *"너희는 내게 배우고 받고 듣고 본 바를 행하라"*(빌 4:9).

하나님은 바울이 그 상황에서 단순히 그의 행동들을 정당화하고 자신을 변호하도록 둔 것이 아니며, 상석에 있는 사람들 가운데서 그의 존엄성을 보전하도록 둔 것도 아니다.

바울은 위험을 무릅쓰고 그들의 기분을 상하게 하고, ***그러고도*** 더 나아가서는 처벌까지 무릅쓴다. 왜냐하면 그는 자신의 안락이나 편애보다는 ***그들의*** 영원한 운명에 대해 더 생각하고 있기 때문이다. 그는 (하나님 자신에게 그의 행동에 대한 책임을 전가하는 제3자로 지혜롭게 말하면서) 흑암의 왕국으로부터 구원이 그들에게 필요한 것과 부탁을 설명하는 것으로 전개해 나간다.

사도는 성경적으로 회개한다는 것이 무엇을 의미하는지를 분명하게 설명한다. 작은 권위들에게 그들의 충절을 남기고 유대인들의 하나님께 무릎을 꿇고 절하는 것은 하나님에 의해 지시된 삶의 방식대로 살기로 완전히 작정하는 것이다. 그것은 가이사가 자기의 권위를 인정하라고 요구했던 것과 같은 단지 외면적인 고백이나 의례상의 행위가 아니다. 진정으로 하나님께 돌아서는 것은 '취하는 자'의 본성으로부터 희생적으로 내어주는 자가 되는 것으로의 전향으로 끝난다. 고린도전서 4장 20절을 보면 *"하나님의 나라는 말에 있지 아니하고 오직 능력에 있음이라"고 말씀한다.*

내 형제들아 만일 사람이 믿음이 있노라 하고 행함이 없으면 무슨 유익이 있으리요 그 믿음이 능히 자기를 구원하겠느냐……어떤 사람은 말하기를 너는 믿음이 있고 나는 행함이 있으니 행함이 없는 네 믿음을 내게 보이라 나는 행함으로 내 믿음을 네게 보이리라……아아 허탄한 사람아 행함이 없는 믿음이 헛것인 줄을 알고자 하느냐(약 2:14, 18, 20).

사도행전 26:21 "유대인들이 성전에서 나를 잡아 죽이고자 하였으나."

무슨 이유인가? 그 '천상의 환상' 은 **모든** 족속들(ta ethne)을 포함해야 했다. 각 족속으로부터 이방인들이 유대인들만이 아니라 '선택받은 백성' 가운데 지금 있게 될 것이다. 유대 지도자들은 유대인 지도자들의 통제 아래 있지 않은 부정한 사람들과 '그 유산' 을 서로 나누기를 하나님이 원하신다는 바울의 주장을 몹시 싫어했다.

이와 동일한 이유로 당신의 지역에 있는 종교 지도자들은 그들의 백성이 주 예수를 그들이 현재 필요로 하는 권세와 지배와 명예를 찬탈할, 왕들 중의 독점적인 왕으로 알게 되는 것을 원치 않는다.

사도행전 26:22 "하나님의 도우심을 받아 내가 오늘까지 서서 높고 낮은 사람 앞에서 증언하는 것은……."

바울은 일부는 잘못되어 있고 일부는 창조주 자신에 의해 승인되고 도움을 받은 생각을 그들의 마음에 흩뿌린다. 바울이 하나님 편에 서있는 한 그와 동의하지 않는 사람들에 대해 그것이 암시하는 바는 무엇인가? 또한 그들이 자비를 위해 넙죽 엎드리는 대학자를 보기 원치 않은 경우에도 바울은 그들의 손이 아니라 하나님의 손길 안에서 자신을 보는 것으로 알려지게 함으로써 주님을 영화롭게 하고 있다.

22절 "높고 낮은 사람 앞에서 증언하는 것은 선지자들과 모세가 반드시 되리라고 말한 것밖에 없으니."

바울은 그의 이론적 근거를 분명히 했다. 만일 거기에 우리가 신뢰할 수 있는 지고하신 하나님이 계시고 그분께서 교통하셨다면 모든 다른 권세들보다 뛰어나게 하나님께 복종해야 한다.

바울은 하나님께 '불복종하지' 않았다. 그는 숭배의 대상을 지어내지 않았지만 모세와 선지자들의 대열에 곧게 서 있음을 그의 청중들로 하여금 깨닫도록 하기 위해 열심히 사역하고 있다. 그 이상도 그 이하도 아니다. 그래서 그것은 예수를 *"흑암 가운데서…… 사탄의 지배 아래"* 있는 메시아로서 받아들이기를 거부하는 유대인의 믿음에 속한 사람들이다. 그들은 바울이 아니라 하나님의 방식을 저버린 자들이다.

사도행전 26:23 "곧 그리스도가 고난을 받으실 것과 죽은 자 가운데서 먼저 다시 살아나사 이스라엘과 이방인들에게 빛을 전하시리라."

바울은 그들에게 한 분 참 하나님의 계시를 가진 사람들은 구세주와 그분의 오심을 고대해 왔다는 것을 기억시켜 준다. 이 시대에 최후의 심판으로 다스리는 왕들 중의 왕으로서가 아니라 우리로 하여금 정결하게 씻길 자격이 있도록 하고(18절), 하나님께 화목하게 하는 속죄의 희생제로서이다. 그분은 "(온) 세상의 빛"(요 8:12)으로 오셨다.

우리는 바울이 유대인들에게 호소하면서 아그립바와 그의 유대인 측근들을 먼저 바라보며, 그러한 후 '이방인들' 을 향하여 그의 팔을 벌리면서 그 방에 있는 그리스와 로마의 귀족들을 향하는 것을 마음에 그려볼 수 있다. "이방인들, 당신들의 차례요!"

사도행전 26:24 "바울아 네가 미쳤도다 네 많은 학문이 너를 미치게 한다."

바울은 너무 가까워서 불편한 관계에 이르고 있다. 바울이 갑자기 '자기를 변호하면서' 말하는 것은 베스도, 아그립바와 다른 사람들이 (그리스도 예수 안에서 하나님의 은혜로우신 공급하심인) 빛(the Light)에 응답하지 않는 것에 대해 그들 스스로 변호하는 것을 필요로 하도록 했다.

갑자기 그들은 하나님을 향해 결정해야 할 필요에 몰렸을 때 하나님의 사자에게 잘못된 그 어떤 것이 있는지 찾으며, 인간의 가장 흔한 책략(의식적인 혹은 무의식적인)에 의지했음에 틀림없다.

하지만 바울은 아주 학식이 있고, 고상했으며, 분명히 말할 수 있었기에 천치, 바보, 혹은 숨은 동기를 지닌 자로 해고될 리가 없었다. 하나님은 이방인들의 학식 있는 지도층에 대해 첫 교회 개척자로서 철학박사 학위(Ph.D.)를 갖고 있고 철학, 종교, 일반 지식(항해의 원리들에 대하여 사도행전 27장 10절을 보라)을 망라하는 통어력이 모두에게 분명했던 자를 택하셨다.

따라서 하나님의 단독의 공급에 복종하도록 하는 그의 직접적인 도전을 모면할 수 있는 유일한 길은 너무도 강도 있게 철학적인 쟁점들을 공부한 것에 기인한 신경쇠약을 탓하며 그를 고소하는 것이었다. 우리는 이 기술을 '연기와 거울을 사용하는 것' 이라고 부른다. 사람들이 죄의식을 느끼기 시작할 때 그들은 감정적인 비난을 시도함으로써 그 쟁점들을 재빨리 피한다.

사도행전 26:25 "바울이 이르되 베스도 각하여 내가 미친 것이 아니요 참되고 온전한 말을 하나이다."

바울은 베스도의 뛰어나지 못한 감정적 대응에 감정적인 대답으로 저항한다. 그는 부드럽게 정신이 들게 하는 사실들을 그가 피할 수 없다는 것을 매우 공손히 베스도에게 다시 생각나게 해줌으로써 계속적으로 압력을 가하였다. 이러한 점에서 한 번 이상으로 (제시된 복음을) 베스도가 들은 것을 상기하라.

사도행전 26:26 "왕께서는 이 일을 아시기로 내가 왕께 담대히 말하노니……."

바울은 아그립바의 관심을 되돌리며 그를 정면으로 대면한다. 바울은 이교도-유대 국가의 정치 지도자로서 지지할 수 없는 위치-처럼 보이지 않도록 하는 것에 대해 말하고 있다고 아그립바가 알고 있는 것을 부인할 수 없는 위치에 그(아그립바)를 둔다.

26절 "이 일에 하나라도 아시지 못함이 없는 줄 믿나이다."

아그립바는 무능한 것을 바라봄으로 말미암아 체면을 잃을 수도 없었다. 로마 권세 치하의 이 꼭두각시 왕은 그의 영역이 어떻게 돌아가고 있는지에 대해 완전히 알고 있고 이것을 치리하는 공공의 통치자로서 나타나야 한다.

26절 "이 일은 한 쪽 구석에서 행한(반복적으로 실행된) 것이 아니니이다."

바울은 이 구절에서 몇몇 매우 중요한 사항들을 요약한다:

1. 기독교인들은 지하 선동적인 운동을 하지 않았다. 모든 것은 '공명정대' 했다.

2. 청중, 그리고 특히 아그립바 왕은 모든 곳에서 그들의 '기쁜 소식' 을 공개적으로 선포해 온 '그 도를 따르는 자들' 에 대해 그들이 모르는 것같이 꾸미지 말아야 한다.

3. 주 예수를 따르는 자들은 인류의 작은 단편만이 아니라 우주적인 진리에도 적용하면서 그들의 종교를 비밀이나 '영지주의' (Gnostic: 오직 극소수 특권이 있는 자들만이 알고 이해할)로서 이해하지 않는다.

하지만 아마도 (일명) 닫혀진, 호의적이 아닌 국가들에서 사역하는 선교사들에게 심지어 더 중요하게도, 바울은 '안전 이슈' 에 관해 우리의 어떤 발디딤이 있어야 하는지를 예증한다. 우리 주 예수의 영광스럽고 구원하며 구속하는 복음의 사자들로서 '나타내지' 않아야 할 것에 대해 성경적인 기초가 서 있는가? 바울과 증인들의 첫 세대(히브리서 12:1에서 하늘로부터 우리를 지켜보는)가 우루무치(Urumqi), 우파(Ufa), 우중빤당(Ujungpandang), 혹은 울란바토르(Ulan Bator)에서 오늘날 얼마나 많이 우리의 운용방식(*modus operandi*)을 칭찬하는가?

어떤 사람들은 쫓겨나는 것(그것으로 시간, 돈, 그리고 언어를 배우는 것에 그들이 해 온 투자를 잃고)에 대해 너무나 두려워하므로 모든 실질적인 목적을 위해 신약성경 실천과는 완전히 낯선 스타일의 사역을 해 오고 있다.

주 예수와 사도 둘 다 분명히 개척 선교사들(교회 개척하는 사도들)이 추방(그리고 때때로는 감금)을, 예수께서 우리의 가장 높은 권세를 지닌 분 즉, 왕중의 왕이라고 선언하는 것의 필연적이고 불가피한 결과라고 설명했다.

무슬림, 힌두교도, 불교도 세계에서 그렇게 적은 열매가 있는 주요 이유는 우리가 그리스도의 유일성을 공개적이고 꾸준하게 선포한 바울, 베드로, 요한을 기꺼이 본받으려고 하지 않은 데 있을 가능성이 있다. 오늘날의 선교사들 가운데 많은 수가 *"생명으로 인도하는 문은 좁고 길이 협착하여 찾는 이가 적음이라"*(마 7:14)와 같은 집요함을 더 이상 채택하지 않는 교회와 훈련기관에서 나온다.

이 초기 선교사의 신조에 당신은 어떻게 응답하는가?

"우리는 (전파하는 것으로부터) 그리스도의 복음을 가리지(방해하지) 않도록 모든 것들을 겪는가?(인내하는가)" 당신의 선포가 '비밀히 행해진' 것일지도 모른다.

사도행전 26:27 "아그립바 왕이여 선지자를 믿으시나이까 믿으시는 줄 아나이다."

바울은 심지어 왕들에게 그리스도의 탁월함에 관해 증거하기 위한 그의 임무를 자각하고는(행 9:15) 아그립바를 예수 그리스도의 주장과 대결시키기 위한 기회를 포착한다. 이것은 역사상의 유대인풍의 신앙을 믿는 것에 대한 것이다. 방 안의 모든 사람들이 아그립바를 바라보기 위해 고개를 돌리고 있다고 상상해 보라. 어떤 사람은 필경 선지자들을 통해 주님의 말씀을 복종하는 아그립바의 몰념이 존재하지 않음을 알고 미소를 지었을 것이다. 바울은 그 질문이 그들의 마음에 새겨지도록 놔두고, 재빨리 그를 향해 "물론이죠"라고 대답함으로써 아그립바의 체면을 세워준다.

사도행전 26:28 "네가 적은 말로 나를 권하여 그리스도인이 되게 하려 하는도다."

아그립바는 그가 함정에 빠진 것을 완전히 깨달으며 익살맞게 그 도전에 대해 조명한다. "만일 내가 조심하지 않는다면 네가 나를 기독교인이 되게 할 것이구나." 그러나 그는 그의 가벼운 진술 가운데 많은 것을 보여준다. 그는 합법적인 유대인인 것과 부활하신 그리스도의 추종자가 되는 것 사이의 차이를 알고 있다. 그는 '기독교인들' 과 그들이 무엇과 같은지에 대해 안다고 시인한다. 바울은 그의 임무를 완수했다!

사도행전 26:29 "당신뿐만 아니라 오늘 내 말을 듣는 모든 사람도……나와 같이 되기를 하나님께 원하나이다."

바울은 격앙된 순간을 밝히기 위해 아그립바의 냉소나 우스갯소리로 말하는 것을 무시하고서 실제적으로 전 회중에게 그의 호소를 확대한다. " '세상의 정상' 에 있다고 생각하는 당신 백성들은 살아계신 주 예수를 인식하고 그분께 머리를 숙일 필요가 있소. 그리스인, 로마인, 유대인의 진리와 고귀함을 찾는 탐구들에 대한 해답은 바로 그분이오. 당신들은 내가 발견한 것을 경험할 필요가 있소."

29절 "……이렇게 결박된 것 외에는……."

바울은 아그립바의 기지에 필적한다. "물론 여러 해 동안 당신의 자유를 부정하게 빼앗는 사람들을 갖는 것을 제외하고……나는 당신이 그리스도 안에서 내가 가진 모든 것을 경험하기를 바랍니다." 그는 그들이 심지어 로마의 기준에 의해 공정하지 않은 체제와 협동하고 있었던 것을 그들에게 기억해 줄 기회를 놓치지 않았다.

사도행전 26:30-32 "왕과 총독과 버니게와 그 함께 앉은 사람들이 다 일어나서……물러가 서로 말하되……."

분명하게 그들은 동의했다. 하지만 당신이 섬기는 국가들의 대부분의 고관들과 같이 그들은 일이 올바로 되도록 하기 위해 성가심을 당할 수는 없다. 어느 다른 사람에 의해 바울이 다뤄지도록 하자. 고관들의 첫 번째 목표는 잘못되어가는 어떤 것에 대해 책임 혹은 책임을 져야 하는 것을 피하는 것이다. 그러나 바울은 그들의 죄수라는 것을 기억하지만 *'그리스도 예수의 일로 갇힌 자'* 된 바울이다.

27장

사도행전 27:1-2 "우리가 배를 타고 이달리야로 가기로 작정되매……마게도냐의 데살로니가 사람 아리스다고도 함께 하니라."

바울은 계속되는 투옥에도 불구하고 여전히 한 팀으로 일하고 있다. 비록 바울과 함께 하면 고소와 죄의 선고를 받을 위험 가운데 처할 수 있겠지만 그럼에도 불구하고 의사 누가와 아리스다고가 바울과 함께 계속 동행해야 한다는 것을 그들이 의논하는 가운데 느꼈다. 바울과 같이 여행하면서(행 19:29) 에베소의 극장 안으로 잡혀 들어가 질질 끌린 아리스다고는 바울의 '동료 죄수이자 동료 사역자' (골 4:10; 시 1:24)가 되었다.

이러한 점에서 아리스다고는 두려움 속에서 일했을 것이다. 주 예수를 따르기 위해 감옥 심지어는 협박하는 경찰서에 이미 있었던 동국인들은 주님께서 약속하신 그대로 거기에 계신 것을 자주 발견하였다. 그 첫 번째가 가장 최악의 때였다.

바울은 초기에 잠재적인 동역자들이 '함께 여행하는 자들' (travelling companions)이 되게끔 초대하였을 것이다. 만일 그들이 교회 개척 선구자의 비전을 '포착' 했다면 그들은 '쉬넬고이' (sunergoiv, sunergoiv, '공동작업' 이란 단어로부터 나오는) 즉, '동역자' 들이 되었을 것이다. 그러나 그들은 희생을 치를 필요가 있었는데 그 이유는 필경 동료 ***죄수***가 되도록 결과적으로 이끈 바울과 같은 팀 동료였기 때문일 것이다.

사도행전 27:3 "이튿날 시돈에 대니 율리오가 바울을 친절히 대하여 친구들에게 가서 대접받기를 허락하더니."

우리 주님은 우리가 그분의 이름과 복음을 위해 가족과 집을 버린다면 그분이 이 세상에서 가족과 ***친구들***과 집을 백 배나 주실 것이라고 약속하셨다(막 10:29-30). 우리 선교사들은 이것이 실현되는 것을 발견하지 않았는가?

하나님은 바울이 길을 따라 많은 항구에서 신자들을 만나도록 허락해준(기도에 응답?) 백부장을 친구로 삼을 수 있게 해주셨다. 재판 중에 있는 바울의 말을 들었던 저명한 사람들 가운데 율리오가 있었던가? 바울이 시돈에서 그의 친구들을 방문하려고 떠났을 때 백부장이 그의 죄수를 잃을 위험을 무릅쓸 정도로 율리오의 눈에 믿음직한 사람이 되었음에 틀림없다. 이 곳은 늙은 랍비가 벗이 없고 오만하며 심판적이고 율법적인 학자로부터 빌립보의 소박한 신자들에게 다음과 같이 쓰고 싶어했던 사람으로 변한 것을 깨닫는 것은 감동을 안겨준다: *"내가 예수 그리스도의 심장으로 너희 무리를 어떻게 사모하는지 하나님이 내 증인이시니라"*(빌 1:8).

사도행전 27:4-20 시돈으로부터 클라우다까지의 항해:

왜 누가는 한 항해에 대해 그렇게 자세히 기록할까? 이것은 사도행전이 꾸며낸 이야기가 아니라 정확한 역사인 것을 데오빌로(그리고 우리)에게 되새겨 주고 있는 것일까? 이것은 추수의 주님께서 우리로 선교사의 삶은 매일 경사가 있는 것이 아니라는 것을 되새겨 주는 한 방법이다. *'주님이 그녀의 마음을 열었을 때'*, *'그들이 마음에 찔림이 있었을 때'*, *'그의 말씀을 받은 사람들이 세례를 받았을 때'*, *'제자들이 수적으로 증가하고 있었을 때'* 등 성령의 분명한 개입의 시대(1-19장의 경우에서 보이는 것처럼)가 올 것이다. 그러나 많은 주들과 때로는 여러 달이 지나가는데 그것은 하나님이 눈을 여실 때 '거기에 있는' ***어떤*** 기회들과 더불어 대부분 존재하는 것처럼 종종 보이는 지루한 것이다.

아마도 바울과 그의 팀이 여기에서 경험하는 것이 문자 그대로 위험한 여행이라 할지라도 은유적인 방법에서는 누가는 주님의 사역이 또한 있다고 우리에게 되새기고 있다. *'폭풍을 궤뚫는 항해'*, *'바람이 역으로 불고'*, *'우리는 어려움을 무릅쓰고 천천히 항해했다'*, *'상당한 시간이 지나갔을 때'*, *'바람이 우리로 더 나가도록 허락하지 않았다'*, *'그 항해는 지금 위험했다'* 등이다. 아마 그것은 당신이 에리트레아, 아프가니스탄, 인도네시아, 이집트, 혹은 파키스탄 등 섬기는 곳에서 당신에 대한 과거의 묘사가 아닐까?

사도행전 27:9 "금식하는 절기가 이미 지났으므로 항해하기가 위태한지라 바울이 그들을 권하여."

누가는 일곱째 달의 제 10일에 해마다 거행되어야 할, 레위기 16장 29절에서 명령된 속죄의 날 금식으로 인해 정박하고 있었다. 이것은 9월, 10월에 해당한다. 바울은 이 항해자들, 병졸들 그리고 동료 죄수들이 어떻게 용서를 발견할 수 있었는지를 선포하기 위해 경사스런 때를 이용했을 것이다. 제사장이 해마다 그날에 자신의 죄를 뉘우치는 사람들을 위해 속죄의 희생을 어떻게 드리는지 바울이 묘사하는 것을 그려보라. 어느 것도 '학술적으로' 흥미로운 것보다 더했다는 지적은 없다. 적어도 그들의 생명이 협박받은 것을 그들이 깨닫고 나서야 ***비로소*** 말이다.

주님은 그들이 난파로 몰아치게 되는 것을 바울에게 보여주셨다. 그에게 통찰력을 주신 하나님의 목적은 무엇이었을까? 우리는 우리의 영적인 권세를 하나님께서 비준하시는 것을 바라본다. 이것은 그가 한참 하나님과 함께한 내부자였음을 나타내 보일 수 있는 기회였다. 그래서 바울은 비기독교인들에게 권세를 가지고 큰 소리로 말하기로 작정했다. 그는 그들이 재난에 내몰아쳤던 것을 계속 'on record' 했다.

사도행전 27:11-13 "백부장이 선장과 선주의 말을 바울의 말보다 더 믿더라."

우리는 직업군인이 유대인 종교 교사보다도 더 직업적인 해군 장교를 마음에 두는 것을 기대할 것이다. 아마도 율리오는 바울이 바다 때문만이 아니라 가이사에 의해 다가오는 심판 때문에도 놀란 것이라고 의심하였을 것이다. 그러나 누가는 이러한 경우에 주님의 종이 전문직의 과학자들이나 군대 사령관들보다 어떻게 더 이해하였는지에 관련하여 즐기고 있다!

우리는 역사가 내몰아치는 곳에 관한 내부 정보를 갖고 있는 것을 인정하는 것을 부끄러워하지 말아야 한다. 그리고 심지어는 인간이 인간에게 초래하는 재난과 다가올 심판 둘 다에 대해 예언자적이어야 한다.

사도행전 27:15 "……가는 대로 두고 쫓겨가다가."

다시, 성경 기자들이 두 가지 주안점을 가졌다는 것을 되새기게 한다. 확실히 독자가 참 역사를 읽고 있다는 것을 깨닫는 것이 절대로 필요하다. 누가가 기록하는 모든 것은 그것을 기록한 그대로 실제적으로 정확하게 일어났다. 27-28장은 역사가, 지리학자, 과학자였던 누가가 얼마나 정확한지를 증명한다. 그러나 왜 누가가 이 길고 싫증나고 지루하고 놀라게 하는 항해를 그렇게 자세히 묘사하기를 감행해야 하는가? 다시 나는 우리가 왕들의 왕을 섬기면서 지상에서 순례를 통하여 주님의 어느 종이라도 그의 여행 동안 기대할 수 있는 것에 관한 유추를 누가가 우리에게 주고 있다고 생각한다.

비기독교인들은 그들 자신의 경험을 넘어서서 그들에게 방향을 지도해 줄 다른 절대적인 나침반이나 ***보혜사***를 가지고 있지 않기에 종종 환경, 경향, 혹은 그들의 문화의 요구에 의해 내몰린다. 주님의 백성에게 어려운 것은 우리가 그렇게 쉽게 현혹된 백성들의 한가운데서 '소금과 빛' 으로 불리는 것이다.

우리는 오직 하나님만이 최고이고 토요타가 최고가 아님을 스스로 조절하고 보여주기를 원한다. 우리는 그분의 방법이 진실이지 세상의 방법이 진실이 아님을 가르치기를 몹시 원한다. 그러나 우리는 알맞은 때, ***그분이*** 결정하실 때만 오는 분명한 능력과 구속적 개입을 하시는 한 하나님을 섬긴다. 아마도 하나님께 드리는 시간의 90%는 우리가 세상의 풍파-통제하에 있는 배를 탈 일은 없을-를 겪도록 하나님이 요구하시는 것으로 설명할 수 있을 것이다.

우리는 우리의 위대하신 하나님이 그분의 주권으로 지배하시고 계신다는 깊은 확신이 없으면 그들과 함께 *'우리를 목적이 없이 가도록 내버려 두는 것'* 으로 흠칫 놀라거나 좌절하게 될 수 있다. 우리의 증거의 중요한 부분은 미숙하고 부패한 정부들, 상인들, 이웃들 그리고 도둑들의 풍파에 의해 난타를 당할 때도 우리의 기쁨, 평화, 그리고 관점을 간직하는 것이다.

사도행전 27:18 "우리가 풍랑으로 심히 애쓰다가……."

당신의 사역에서 얼마나 자주 당신은 다음과 같은 상황을 만나는가?

1. ***광포한 폭풍우에 흔들린다***고 느꼈는가?

2. ***뱃짐을 버려야*** 했는가? (당신이 뜻밖에 처분했다고 당신의 소유물이라 할 수 있는가?)

3. 하나님이 당신의 백성들 가운데서 일하고 계신다는 당신의 기대 수준이 *"여러 날 동안 해도 별도 보이지 아니하고 큰 풍랑이 그대로 있으매 구원의 여망이 다 없어졌다"*라고 느꼈는가?

행 27:21 "여러 사람이 오래 먹지 못하였으매 바울이 가운데 서서 말하되……."

심지어 무정해지고 조롱하는 듯한 반(反)종교적인 군졸들과 선원들은 두려울 때 그들의 미신적 관습으로 뒷걸음친다. 그들은 어쨌든 폭풍 뒤의 신들을 진정하기 위해 금식하고 있었다. 바울은 이를 인식했든 못했든 그들의 이교도적인 터무니없는 생각으로 가득 찬 군대 장교들의 리더십을 대신하여 우주의 한 하나님을 변호하였다.

사도행전 27:22-26 전 승무원에게 주는 바울의 메시지

23절 "내가 속한 바 곧 내가 섬기는 하나님의 사자가……."

바울은 ***그의*** 하나님에 대해 흥미를 자아내고 있는데, 그가 주장하는 하나님은 인격적이고, 충성을 요구하시며, 의사를 서로 소통하시는 분이라는 것이다.

23절 "……내가 섬기는 하나님의 사자가 어젯밤에 내 곁에 서

서…….”

하나님은 ***우리***가 애쓰는 것을 하려고 존재하시는 것이 아니라 그분의 창조물에 의해 ***섬김***을 받으시려는 것이다.

24절 “두려워하지 말라 네가 가이사 앞에 서야 하겠고.”

다시 한 번 그의 삶과 사역의 중요한 때에 상냥하신 우리 아버지 하나님이 두려움과 의심의 지점에서 그분의 종들을 만나주신다. 아마도 당신은 자동차 사고로 죽을까봐, 혹은 화난 폭도에 의해 능욕을 당할까봐 두려워할 수도 있을 것이다. “사울아, 사울아” 하고 그를 부르시면서 이 사악한 랍비가 개종하는 가운데 그를 ‘사로잡은’ 우리의 하늘에 계신 ***아버지***에 관해 잠시 회고하는 시간을 가져보자. 지금 그분은 ***바울(작은 자)***로서 부르시는 그분의 종의 친밀한 친구이다.

그의 주님은 바울에게 가이사를 포함하여 왕들 앞에서 그가 말할 사명에 대해 상기시키신다. 따라서 그의 시대가 끝날 수 없었다. 당신은 동일한 아버지께서 당신에게 동일한 메시지를 속삭이시는 것을 들을 수 있는가? “두려워하지 말라. 너는 나의 이름을 위해 행하도록 내가 부른 모든 것을 완수할 것이다.”

24절 “……하나님께서 너와 함께 항해하는 자를 다 네게 주셨다.”

법정에서와 같이, 승선한 다른 275명은 ***바울의*** 책임이지 그 반대가 아니다! 바울은 배에 탄 사람들이 ***그의*** 하나님에 의해 구원을 받게 될 것이라고 알리고 있다. 그들은 바울의 삶을 위한 하나님의 계획으로 말미암아 은혜를 입게 된 것이다. 그들의 삶에 끼칠 영적인 영향을 바울이 가지도록 하나님이 얼마나 그를 세우시고 있는지를 주목하라. 저 사람들 중의 일부가 결과적으로 주 예수의 추종자들이 되었다고 상상하는 것은 어렵지 않다. 아마도 몇은 바울의 일생의 친구가 되었을 것이다.

사도행전 27:22, 25 **"내가 너희를 권하노니……여러분이여 안심하라."**

바울은 지도자의 위치에 있기 때문에 승무원은 당황하지 않고 상륙할 수 있을 만큼 충분히 배를 가까이 대기 위해 그들이 할 수 있는 것을 하려고 한다.

만일 우리가 채택한 공동체에 깊게 연루되면 하나님의 권세와 함께 말할 수 있는 기회들이 올 것이다.

25**절 "나는 내게 말씀하신 그대로 되리라고 하나님을 믿노라."**

이것은 그분께서 바울에게 주신 명령을 이행하도록 그분의 약속에 관해 주님께서 세 번째로 생각나게 하신 것이다(행 9:15; 23:11; 26:16-18을 보라.).

또한 우리 각자에게 생각나게 해주는 얼마나 큰 암시인가? 당신은 여전히 이렇게 말할 수 있는가: *"나는 내가 들은 대로 그것이 정확하게 되어갈 것이라고 하나님을 믿는가?"* 신실하신 분은 우리 각자가 그분의 약속을, 그리고 섬김에 있어서 우리가 착수하기 이전에 우리에게 주신 비전을 굳게 잡을 것을 원하신다. 그분께서 우리에게 나타나라고 부르신 그 일이 난파에 대해 선두에 서는 것일 때 우리가 집을 떠나기 전 우리를 통해 하시려고 그분께서 계획하고 계셔서 우리에게 말씀하신 것을 회고해 볼 수 있는 때이다.

사도행전 27:26 "우리가 반드시 한 섬에 걸리리라."

누가는 가차 없이 독자들에게 하나님의 축복이 그분의 종들의 일상의 삶으로부터 분리될 수 없음을 기억시켜 준다. 우리는 '걸리는 것' 이 되는 악화시키는 점들을 회피할 수 없다. 당신이 정부의 경고, 집주인의 문제, 고쳐지지 않는 컴퓨터, 자동차, 혹은 급배수 문제들이 생길 때 그것은 고생하는 인간과 함께하는 자기 개성의 부분이라는 것을 이해하라. 더 나빠져서, 귀한 신자가 그(그녀)의 등을 그리스도에게서 돌릴 때 당신은 확신을 가지고 당신의 지혜로우신 주권자 하나님의 낯을 바라보고, 또 다른 '걸리는 것' 이 삶 가운데 하나님께서 당신을 사용하시도록 새로운 문을 열어가는 것이라고 그분을 신뢰할 수 있겠는가?

사도행전 27:27-30 "사공들이 도망하고자 하여……."

우리는 '모든 인간이 다 자신을 위하는' 세대, 깨어진 신뢰의 세대, 책임을 회피하는 사람들의 세대에 살고 있다. 특별히 여러 정치적이고 종교적인 그룹 간에, 그리고 심지어는 가족 내에서 믿을 수 없는 배신으로 충격을 받지 말라. 주님의 종들은 종종 직접적이고 의도적인 핍박보다는 오히려 자기가 섬기는 사람들이 곤경에 사로잡히게 되는 것에서 고통을 겪는다.

사도행전 27:31-32 "바울이 백부장과 군인들에게 이르되 이 사람들이 배에 있지 아니하면 너희가 구원을 얻지 못하리라."

바울은 줄리어스가 진리를 취할 수 있을 정도로 '다른 사람에게 영향을 미친 사람' 이 되었다. 바울은 그 자신을 276명의 문제들과 분리하지 않았기 때문에 지금 주의를 받는다.

사도행전 27:33-36 "날이 새어 가매 바울이 여러 사람에게 음식 먹기를 권하여……떡을 가져다가 모든 사람 앞에서 하나님께 축사하고……그들도 다 안심하고 받아 먹으니."

여기에서 '격려한다' (parakalevw)는 *파라클레테(paraklte)*가 행하는—자기 자신의 이득을 위한 행동을 취하기 위해 애원하고 간청하는 동안에 감정 이입이 같이 따르는—것이다. 바울은 바위에 부딪힐 것을 예기하면서 그들 스스로를 강화한 대로 어둠 가운데서 얼마나 많은 시간 동안 계속적으로 그들의 기운을 북돋았는가? 다른 사람들을 버리려는 사공들의 시도와 대조되었던 바울의 돌보는 행동은 한 분 참되신 하나님께 기도 가운데 그들을 이끌 수 있는 기회를 부여받았다. 이 '사랑의 수고' 는 그들이 그 섬에서 좌초된 후에 얼마나 많은 사적인 담화들을 열었을까?

사도행전 27:39 "배를 거기에 들여다 댈 수 있는가 의논한 후."

바울의 영향은 그 그룹을 공포, 운명론, '모든 인간이 다 자신을 위하는' 것에서 이제 생존을 위한 계획을 세우고 실행에 옮기는 그룹으로 바꿨다.

사도행전 27:42 "군인들은 죄수가 헤엄쳐서 도망할까 하여 그들을 죽이는 것이 좋다 하였으나."

바울이 긴장이 풀어지고 일들이 잘 되어가고 있다고 느끼던 바로 그때 그의 생명이 다시 위협을 받는다. 왜 우리는 새 사람이 되지 않은 사람들이 감사하기를 기대하고, 그들의 문제를 도운 것에 대해 우리를 신용하기를 기대하며, 혹은 우리가 그들을 잘 섬겼을 때 그들이 보답하기를 기대하는가?

사도행전 27:43 "백부장이 바울을 구원하려 하여 그들의 뜻을 막고."

하지만 하나님은 아무것에도 책임이 없는 남자와 우정을 키우도록 이끄시지 않았다. 흥미롭게도 ***다른*** 죄수들 중에서 얼마나 많은 사람들이 바울이 모든 실제적인 목적을 위해 ***그들의*** 생명을 구원했는지를 깨달았는지 궁금하다.

사도행전 27:44 "……마침내 사람들이 다 상륙하여 구조되니라."

정확히 주님이 바울에게 약속하신 대로이다(22, 24-25, 34절을 보라.). 잘 언급되었듯이 하나님이 이 세상에 우리를 두려는 그분의 목적을 성취하실 때까지 우리는 죽지 않는다.

28장

사도행전 28:1 "우리가 구조된 후에 안즉 그 섬은 멜리데라 하더라."

왜 누가는 스스로 그 섬에 ***안전하게 도달한*** 것에 대해 반복하여 말할까? 그는 예기치 않은 하나님의 구출에 깜짝 놀랐던 것일까?

누가 그렇게 도달하도록 하였는가? 그들이 어디에서 사역해야 하는지를 누가 결정하고 있었는가? 바울은 멜리데에서 복음을 선포하고자 하는 비전이나 계획을 갖고 있지 않았다. 계획되지 않은 교구에서 예기치 않은 사역을 할 준비가 되어 있는가?

사도행전 28:2 "원주민들이 우리에게 특별한 동정을 하여……."

원주민들은 '발바로이(*barbaroi*)로 즉, 비그리스인(롬 1:14; 고전 14:11; 골 3:11을 보라)을 말한다.

언어 장벽이 있었던 루스드라의 사람들을 포함시키기를 당신이 원치 않는다면 유대인, 로마인, 또는 그리스인의 문화를 넘어서는 선교사의 첫 모험이 바로 여기에 있다. 누가는 원주민들이 그들을 공격하지 않은 것에 놀란 것처럼 보인다.

사도행전 28:3 "바울이 나무 한 묶음을 거두어 불에 넣으니…… 독사가 나와 그 손을 물고 있는지라."

왜 선한 사람들에게 나쁜 일들이 일어날까? 하나님은 바울이 충분한 고난을 겪었다고 생각하지 않으셨을까? 보다 적은 사람들이 승무원과 승객들의 생명을 구하도록 하는 데 존경을 요구하면서 최근에 획득한 리더십을 붙잡고 있으려고 애썼다. 대신에 바울은 장작을 모음으로써 종의 정신을 보여준다. 아니면 그 군인들이 그의 공헌을 재빨리 잊고 여전히 감독하고 있던 것을 보여주기 위해 그에게 비천한 임무를 부여하는 것을 선택했을까? 뱀에게 물리거나 또는 종으로 전락하는 것 중에서 어떠한 사건이 바울을 더 흥분하게 했을까?

사도행전 28:4 "진실로 이 사람은 살인한 자로다 바다에서는 구조를 받았으나 공의가 그를 살지 못하게 함이로다."

비록 이 '부족' 이 로마인이나 그리스인의 정의에 대해 무지하여 법과 관계가 없었을지라도 그들은 다음을 믿는 가운데 그들의 마음에 있는 하나님의 법을 보여준다. 즉 악과 같은 것이 있고, 악은 언젠가는 처벌되어야 한다는 것이다.

우리는 그리스도의 주장에 대한 한 경우를 내세울 수 있는 우리 그룹의 기본적인 가설을 연구해야 한다.

사도행전 28:6 "오래 기다려도 그에게 아무 이상이 없음을 보고 돌이켜 생각하여 말하되 그를 신이라 하더라."

우리는 이 사람들 그룹이 뱀을 알았고 이러한 종류의 독사가 치명적인 것임을 알았을 것이라 추측할 수 있다. **그들**(원주민들)이 바울이 불가사의하다고 결정을 내리는 것은 바울의 하나님이 다시금 한 번 더 그 대신에 개입하신 것에 대한 증거이다. 바울이 그들의 정령 숭배적인 세계관에 반대하여 항거했을 때 그에게 돌을 던지기로 결정했던 마지막 무리가 어떠했는지를 기억하면서(행 14:14-19), 바울은 그 안에 살아 계시는 그리스도를 모시지 않은 사람이 흉내낼 수 없는 삶의 방식을 그대로 살아간 것이다. 이 시점에 그들의 신체적인 필요에 먼저 봉사하기로 그가 결정한 것으로 보인다.

그리고 복음을 설명하기 위해 더 많은 기회를 기다린다.

사도행전 28:7 "이 섬에서 가장 높은 사람 보블리오라 하는 이가 그 근처에 토지가 있는지라 그가 우리를 영접하여 사흘이나 친절히 머물게 하더니."

누가가 '우리에게' 언급하는 대로 우리는 군사들과 배의 선원들뿐만 아니라 죄수들과 그들의 동행자들이 환대 속에 연루되어 있었다는 것을 안다. 바울이 사역하기 위해 하나님의 때를 기다리는 인내는 지금 그 전체의 주민에게 영향을 미칠 수 있는 *'그 섬의 지도적인 위치에 있는 사람'* 에게 그를 이끌려가게 했다.

사도행전 28:8 "보블리오의 부친이 열병과 이질에 걸려 누워 있거늘 바울이 들어가서 기도하고 그에게 안수하여 낫게 하매."

이것은 기도 서신의 '표제' 이다. 바울은 환대 가운데 추장의 집안으로 들어가서 그의 아버지를 위해 기도할 기회를 갖게 되고 그는 치료받게 된다.

사도행전 28:9 "이러므로 섬 가운데 있는 다른 병든 사람들이 와서 고침을 받았고."

이 이야기는 감개무량한 것이다. 에베소서에서 '특별한' 계절을 제외하면(행 19:12) 이것은 특별한 장소에서 ***한 사람 이상***을 직접적으로 치료하였던 바울의 유일한 보고이다.

사도행전 28:10 "후한 예로 우리를 대접하고 떠날 때에 우리 쓸 것을 배에 실었더라."

우리는 상당량의 영예와 존경, ***그리고*** 공급과 ***회심***(conversions)을 ***기대하곤*** 했다. 왜 거기에 기록된 회심이 없을까? 주님은 루디아의 마음을 여셨던 것처럼 보블리오의 마음을 열지 않으셨는가? 우리는 '멜리데 섬에 있는 교회' 를 잇는 편지들을 갖고 있지 않다. 만약 분명한 성령의 능력이 그렇게 명백하게 존재한다면 거기에는 '주님께로 돌아섬' 이 있지 않겠는가? 만약 사람들의 움직임을 위한 이상적인 준비가 있다면 이곳이 그렇지 않은가?

사도행전의 분명한 메시지는 성령께서 어떻게 일을 행하시는지에 대해 공식이나 요약이 없는 것이다. 그러므로 그것을 산정해 내었다고 주장하는 사람들을 조심하라.

사도행전 28:11 "석 달 후에 우리가……배를 타고 떠나니."

석 달은 '보통' 바울이 교회를 시작하기에 족한 시간이었다. 이때가 왜 아니겠는가? 이 기술은 일부 사람들이 다른 것들보다도 한 분 참 하나님에 대한 이해에서 한층 더 멀리 벗어난 것이라고 사도행전에서 우리에게 주는 첫 힌트일까?

선교사들은 오늘날 자주 마이너스 10 혹은 15로 출발하는 회심의 척도를 사용한다. 만약 사람들이 그 배경을 갖고 있지 않거나 심지어 유일신 종교를 인식하지 못한다면 그것은 그들이 왜 구세주를 필요로 하는지를 포함하여 그들이 필수적인 것들을 이해하는 데 더 오래

걸릴 것이다. 아마도 바울은 루스드라에서 신으로 인식되는 것을 경험하면서 배웠을 것이지만(행 14:18) 너무 빨리 그들이 그리스도를 위하거나 반대하는 것을 결정하게끔 강요하지 않았다.

사도행전 28:13-14 "……이튿날 보디올에 이르러 거기서 형제들을 만나 그들의 청함을 받아 이레를 함께 머무니라."

누가와 바울은 하나님 아버지께서 우리 모두에게 '그리스도 예수' 안에서 서로와 함께 경험하기를 바라시는 '가족' 의 느낌을 나타낸다. 누가는 그들이 *'모여서 서로 격려할 수 있을'*(히 10:25) 때 그들의 흥미진진함(그들의 책임감뿐만 아니라)을 말하기를 결코 게을리하지 않는다.

바울은 그가 편지를 쓴 로마에 있는 동포를 만나고자 하는 목표에 거의 이르렀다.

> 항상 내 기도에 쉬지 않고 너희를 말하며 어떻게 하든지 이제 하나님의 뜻 안에서 너희에게로 나아갈 좋은 길 얻기를 구하노라 내가 너희 보기를 간절히 원하는 것은 어떤 신령한 은사를 너희에게 나누어 주어 너희를 견고하게 하려 함이니 이는 곧 내가 너희 가운데서 너희와 나의 믿음으로 말미암아 피차 안위함을 얻으려 함이라(롬 1:9-12).

당신은 그와 같은 '동포를 향한 사랑' 이 당신의 무리에게 스며드는 것을 어떻게 볼 것인가?

사도행전 28:15 "그곳 형제들이 우리 소식을 듣고……맞으러 오

니 바울이 그들을 보고 하나님께 감사하고 담대한 마음을 얻으니라."

아피온(Appius) 광장은 로마로부터 43마일 떨어져 있었다. 세 숙박소가 로마로부터 33마일 떨어져 있었다. 그들의 일을 남겨두고서 사도를 환영하려고 서두르는 '가족' 의 늘어나는 군중을 그려보라. 그들은 이 사도를 결코 만난 적이 없지만 그가 그리스도를 위해 수난을 겪으며 신앙으로 살아온 사도라는 것을 알았다. 그들 중 얼마나 많은 사람들이 바울이 로마인들에게 보내는 서신을 공부했을까?

고린도전서 9장 24-27절에서 동료 신자들을 만나는 것을 강화하는 것보다도 더 바울이 묘사하는, 경주 가운데서 '계속 유지하도록' 그의 결심에 기운을 북돋운 것이 아무것도 없는 것처럼 보인다. 그것은 우리와 똑같지 않은가? 우리는 신자들이 주님을 즐겨하고 또 서로를 즐기는 것을 증언할 때 우리 모두의 노력들이 가치가 있다는 것을 우리 스스로에게 생각나게 한다.

사도행전 9:30 - *"형제들이 알고 가이사랴로 데리고 내려가서 다소로 보내니라."*

사도행전 15:36 - *"며칠 후에 바울이 바나바더러 말하되 우리가 주의 말씀을 전한 각 성으로 다시 가서 형제들이 어떠한가 방문하자 하고."*

사도행전 16:2 - *"디모데는 루스드라와 이고니온에 있는 형제들에게 칭찬받는 자니."*

사도행전 16:40 - *"두 사람이 옥에서 나와 루디아의 집에 들어가서 형제들을 만나 보고 위로하고 가니라."*

사도행전 17:10 - *"밤에 형제들이 곧 바울과 실라를 베뢰아로 보내니."*

사도행던 17:14 - *"형제들이 곧 바울을 내보내어 바다까지 가게 하되."*

사도행전 18:27 - *"아볼로가 아가야로 건너가고자 함으로 형제들이 그를 격려하며 제자들에게 편지를 써 영접하라 하였더니 그가 가매 은혜로 말미암아 믿은 자들에게 많은 유익을 주니."*

사도행전 21:7 - *"……돌레마이에 이르러 형제들에게 안부를 묻고 그들과 함께 하루를 있다가."*

사도행전 21:17 - *"예루살렘에 이르니 형제들이 우리를 기꺼이 영접하거늘."*

'나사렛의 분파' 에서 나온 이 군중은 율리오와 바울과 누가를 동반한 다른 군사들에게 어떤 영향을 미쳤을까? 나는 바울이 복음 선포하는 것을 여러 차례에 걸쳐 들었던 다른 죄수들에게 그들이 '형제들의 사랑' 을 증거하면서 그리스도를 따르기로 결정했음에 틀림없다고 상상할 수 있다. 아직도 우리는 왜 누가가 사도행전 19장 이후에 그리스도의 추종자가 된 사람을 한 사람도 언급하지 않는지 의문을 갖는다.

사도행전 28:16 "바울에게는……따로 있게 허락하더라."

캠벨 모건은 "이 절은 교회사의 첫 장(chapter)의 마지막 페이지를 구성한다"고 기록한다.

바울은 그가 로마에 도착했을 때 약 60세의 나이였다. 그는 너무 많은 수난을 겪었기 때문에 아마도 더 연로하고 매우 피로하게 느꼈을 것이다. 게다가 우리는 마지막이자 처음으로 로마에 도착한 바울이 지금 '살아서 오는 것' 을 쉽게 상상할 수 있겠는가? 이때는 네로의 시대였다. 세상의 집권자들은 지금 그들의 가장 사악한 통치자의 통치를 받는다.

로마는 성 베드로의 바실리카에 의해 지배된 것이 아니라 주피터(Jupiter, 목성)와 마르스(Mars, 화성)의 신전들(temples)에 의해 지배되었다. 그것은 이교사상(paganism)의 중심지였다. 200만 명의 거주인들 가운데 절반이 노예들이었다. 로마의 거대한 야심과 포부는 '그들에게 빵과 서커스를 주는' 수준으로 무너지고 있었다. 오늘날의 서양과 같이 거기에 문명화에 박두한 종말의 신호들이 이미 있었다.

사도행전의 독자는 결론을 내다보지만 누가는 우리에게 서론—'올 것들'의 추출 견본—만을 공급했다. 반면에 그 메시지는 분명하다. 날마다 기회를 찾아보고 주님께서 *'주의 이름을 위하여 나가는 자'*(요삼 1:7)들을 통하여 그분의 목적을 수행하실 것을 기대하는 것이다.

16절 "……자기를 지키는 한 군인과 함께……."

그의 죄수는 누구였는가? 왜 나는 하늘에서 이 특별한 로마 군인을 만날 것을 의심하는가? *"복음으로 말미암아 내가 죄인과 같이 매이는 데까지 고난을 받았으나 하나님의 말씀을 매이지 아니하니라"*(딤후 2:9).

> 형제들아 내가 당하는 일이 도리어 복음 전파에 진전이 된 줄을 너희가 알기를 원하노라 이러므로 나의 매임이 그리스도 안에서 모든 시위대 안과 그밖의 모든 사람에게 나타났으니 형제 중 다수가 나의 매임으로 말미암아 주 안에서 신뢰함으로

겁 없이 하나님의 말씀을 더욱 담대히 전하게 되었느니라(빌 1:12-14 -로마에서 씀).

사도행전 28:17 "사흘 후에 바울이 유대인 중 높은 사람들을 청하여……."

반대를 내다보면서도 바울은 관계를 맺기 시작한다. 당신이 함께 모이기 시작할 때에, 그리고 그들이 당신과 함께 시간을 보내고, 당신과 함께 먹을 때, 그리고 가장 중대하게 그들이 당신의 마음을 들을 때 사람들은 당신을 반대하는 것이 한층 더 어려울 것이다.

바울이 거기에서 의견을 내는 자들을 가져야 했기에 유대인과 연락을 취하였든지, 혹은 그들이 단순히 그렇게 많은 소동을 만들어 낸 사람과 함께 시간을 보내기를 매우 흥미로워하였든지 말이다.

17절 "여러분 형제들아 내가 이스라엘 백성이나 우리 조상의 관습을 배척한 일이 없는데……." 19절 "……내 민족을 고발하려는 것이 아니니라."

"유대인들에게 내가 유대인과 같이 된 것은 유대인들을 얻고자 함이요"(고전 9:20).

바울이 이 사람들이나 그들의 관습을 버리지 않았다고 하는 주장에 다시금 주목하라. 우리가 섬기는 가운데 있는 그 민족들 가운데 대부분은 '기독교인이 되는 것' 이 그들 자신의 백성과 그들의 관습을 거절하는 것을 의미한다고 설득당한다.

그러나 발루치(Baluch), 방글라데시, 혹은 베르베르(Berber)가 완전하게 그의 사람들과 동일시되며, ***그리고*** 완전하게 사랑하고, 예배하며, 주 예수 그리스도께 복종하는 것이 가능함에 틀림없지 않은가?

사도행전 28:20 "이스라엘의 소망으로 말미암아 내가 이 쇠사슬에 매인 바 되었노라."

그 스스로가 탈당자(deserter)로 묘사되고 한담거리가 되도록 허용하는 대신에 바울은 그가 그들의 거룩한 경전에 나오는 선지자들을 아직도 믿고 가르치고 있기 때문에 단지 질투하는 종교 지도자들은 그가 '변질했다' (turned in)고 주장하고 있다. 그러나 바울은 "나의 메시지는 그냥 그들의 것과 똑같습니다" 라고 주장한다.

당신이 지역 종교의 적으로 고소당할 때 사람들이 오직 한 분이신 참된 하나님을 기쁘게 해드리고 그분의 계명을 지키도록 그들을 도우려고 노력하는 것 이상으로 더 이상 아무것도 하고 있지 않은 것으로 당신은 잘 주장하려고 할 것이다.

사도행전 28:22 "이에 우리가 너의 사상이 어떠한가 듣고자 하니 이 파에 대하여는 어디서든지 반대를 받는 줄 알기 때문이라 하더라."

우리가 잘못 고소될 때 흥분함으로 인하여 얻을 것이 거의 없다. 우리 주님은 우리에게 이것이 일어날 것이라고 경고하셨다. "*나로 말미암아 너희를 욕하고 박해하고 거짓으로 너희를 거슬러 모든 악한 말을 할 때에는 너희에게 복이 있나니*"(마 5:11). 역사를 통하여 그리스도를 따르는 자들은 최악의 상황에서 가능한 빛으로 그려져 왔다. 최선의 것은 나쁜 기독교인들이 어느 정도인지에 대해 사상을 전향한 사람들과 얼굴을 맞대고 시간을 갖고 한 방에 거해보는 것이다.

사도행전 28:23 "그들이 날짜를 정하고 그가 유숙하는 집에 많이 오니……."

그날이 되자 많은 사람이 바울의 숙소로 찾아왔다.

바울은 관습이 지시하는 대로 관장하는 '의장'과 아마도 스케줄을 세우고 세미나를 침착하게 계획하고 있었을 것이다. 그는 유대인 지도자들이 감정으로 공격한 것의 결과에 대해 화내는 반응을 피하기를 원했다. 그들은 시간을 정하고 들으려고 올 사람들을 조직하였다. 한 번 더 바울은 주님께서 문을 여시는 것을 보고 있었는데, 이번에는 로마에 있는 유대인 리더십에게였다.

23절 "바울이 아침부터 저녁까지 강론하여 하나님의 나라를 증언하고 모세의 율법과 선지자의 말을 가지고 예수에 대하여 권하더라"(18:5; 20:21을 보라).

사도가 이것이 로마에 있는 유대인 공동체 가운데에서 어느 누구든 그 모든 사람에게 가능한 유일한 기회였음을 깨닫는 것을 상상해보라. 그들의 유대인 종교는 산 왕들의 왕에게 종속되는 것에 대한 모든 것이 아니었는가? 하지만 그들은 사람들과 가장 잘 알려진 랍비들조차 따르려 하지 않았고 메시아 그분 자신께 무릎을 꿇어 경배하였다. 이 말씀의 동사들은 바울이 성경을 해설하고, 자신의 '인식'에 관해 증거하고, 그의 피고를 위해 싸워주는 변호사와 같이 증거를 해주고, 그들에게 깨닫게 하고 그들을 이겨내도록 그의 경험의 전체를 사용한 것을 가리킨다.

23절 "바울이 아침부터 저녁까지 강론하여……모세의 율법과 선지자의 말을 가지고 예수에 대하여 권하더라."

그는 결심하도록 설교했다. 왕들의 왕 메시아는 누구인가? 죽은 자들로부터 일어난 나사렛 예수이다. 우리는 대부분 바울이 그분 자신에 대한 주님의 가르침을 되풀이하는 것을 들을 수 있다. *"이에 모세와 모든 선지자의 글로 시작하여 모든 성경에 쓴 바 자기에 관한 것을 자세히 설명하시니라"*(눅 24:27).

23절 "……아침부터 저녁까지……."

그리고 바울은 그들이 듣는 한도에서 가르칠 준비가 되어 있었다. 이것은 10시간 세미나였는가? 당신은 당신이 채용한 사람들에게 제안하는 그와 같은 세미나를 준비했는가? 만약 당신이 적합한 은사가 없다면 그들의 언어로 총명하고 유창하게 설득할 은사를 가진 누구에 의해 그와 같은 세미나가 실행되도록 조정해보았는가? 아프가니스탄에서 한 무슬림 청년이 구제 사역자에게 기독교를 가르쳐 달라고 요청하였을 때 그 '선교사' 가 대답하였다. "만약 당신이 다른 점을 다섯 가지 찾는다면 나는 기독교에 관해 한 과정을 가르쳐줄 것이오." 그 아프가니스탄 사람은 배웠다.

사도행전 28:24 "그 말을 믿는 사람도 있고 믿지 아니하는 사람도 있어."

예수가 그리스도라는 것을 어떤 사람들에게 설득시키는 것은 지극히 중요한 단계였다. 그러나 그것은 그들이 거듭났다는 것을 의미하지 않는다. 사도행전에서 더 일찍이 일어난 것같이 어느 누구도 세례를 위해 준비되었다고 가리키는 곳이 없다. 너무나 많은 선교사들은 그들이 긍정적인 응답을 가질 때 지나친 요구를 한다. 누가는 어느 누구도 '구원받았다' 고 알릴 준비가 되어 있지 않다.

다른 사람들은 예수의 주장에 아무 타당성도 주지 않을 것이다. 오늘날 일부 무슬림들처럼 그들은 심지어 예수가 그와 같은 주장을 했다고 믿기를 거부했을 것이다. 다른 사람들은 예수가 사기꾼이었다고 주장했을 것이다. 달리 말하면 ***'그들이 믿지 않으려고 하기"*** 때문에 성령이 납득하는 일에 반대하여 그들은 죄를 저질렀다.

사도행전 28:25 "……바울이 한 말로 이르되 성령이 선지자 이사야를 통하여 너희 조상들에게 말씀하신 것이 옳도다."

유대인 지도자들이 그날을 그저 한 명의 이교도에 의한 세미나 실패로 보게 하지 않고, 바울은 주 예수께서 완고한 바리새인들에게 행하셨던 대로 말하면서 자신을 선지자적이게 한다. 바울은 그들이 우둔함으로부터 깨어날 것을 희망하면서 이사야 6장 9-10절 '그 귀가 막히고' (ringing in their ears)라는 말씀을 남긴다.

사도행전 28:28 "하나님의 이 구원이 이방인에게로 보내어진 줄 알라 그들은 그것을 들으리라 하더라."

그가 예루살렘의 유대인들에게 경고했던 대로 지금 그는 로마에 있는 유대인 지도자들에게 경고한다. "만약 당신이 하나님의 공급하심을 원하지 않는다면 하나님이 우리를 원하는 자들에게 보내실 것이다." 이것이 유대인들과 함께한 바울의 종국이었는가? 그는 이 지점으로부터 전적으로 이방인들에게 사도로서 자신을 내어 주기로 결정했는가? *"내가 이방인인 너희에게 말하노라 내가 이방인의 사도인 만큼 내 직분을 영광스럽게 여기노니"*(롬 11:13). *"베드로에게 역사하사 그를 할례자의 사도로 삼으신 이가 또한 내게 역사하사 나를 이방인의 사도로 삼으셨느니라"*(갈 2:8).

사도행전 28:30 "바울이 온 이태를 자기 셋집에 머물면서 자기에게 오는 사람을 다 영접하고."

위의 보고에도 불구하고 누가는 로마에 있는 바울의 이야기를 어떻게 남기는지에 대해 오히려 낙관적이다. 바울은 그 당시까지도 죄수였으나 누가는 우리가 그분의 종 바울에 대한 하늘에 계신 아버지의 친절과 사랑을 느끼도록 돕는다. 마지막으로 누가는 넌지시 비춘다. 바울은 속력을 늦출 수 있고 인간적인 견지에서 분별 있는 속도로 안전하게 사역할 수 있다고 말이다. 그는 적어도 2년간(그가 무죄를 선고받고 풀려나서 아마도 스페인으로 가기 전에. 롬 15:23-25) 자신의 셋집에 살았다.

이것이 그가 연장된 시간 동안 자신이 거할 장소를 처음 가진 시간이었는가? 주님이 아마도 신자들을 통하여 집세를 공급했으리라(그것의 일부는 빌립보에서 교회를 지원함을 통하여일 것이다. 빌 4:18). 누가는 그것이 신체적으로 그리고 감정적으로 편한 상황이었다고 암시한다. 우리의 아버지 하나님은 우리가 매우 바쁜 속도로부터 혹은 초라한 지점으로부터 휴식을 필요로 할 때를 아신다. 이 두 해는 아마도 회심 이후에 해마다 '여행중에 있던' 사람에게 기운을 돋우는 시간이었을 것이다. 그래서 자주 바울은 핍박하는 군중보다 앞서서 계속적인 움직임을 유지해야 했다. 지금 그는 참 구도자들 가운데서 사역을 하는 동안에 똑같은 집에서 2년간 긴장을 풀면서 스스로를 보강할 수 있었다.

다른 감옥에서의 경험과 같지 않게 이 감옥은 예수께서 그의 제자들에게 *"한적한 곳에 가서 잠깐 쉬어라"*(막 6:31) 하고 부르신 것처럼 되었다. 바울이 자유롭게 되었을 때 극단주의 유대인들에 의한 매복 공격과 암살 음모에 대한 계속적인 두려움에 처해 있었으나

(행 20:19), 그 당시 감옥은 그에게 대저택이다. *"적은 무리여 무서워 말라 너희 아버지께서 그 나라를 너희에게 주시기를 기뻐하시느니라"*(눅 12:32).

사도행전 28:31 "하나님의 나라를 전파하며 주 예수 그리스도에 관한 모든 것을 담대하게 거침없이."

왜 바울에게 그의 종교를 전파하는 것이 금지되었는가? 통치자 하나님은 그 적대세력을 위압하셨고 그 제국 주위의 많은 신자들의 기도에 응답하셨다. 따라서 바울은 어떠한 장애물 없이 전파하고 가르치는 데 자유로워졌다. 주님을 찬양한다. *"끝으로 형제들아 너희는 우리를 위하여 기도하기를 주의 말씀이 너희 가운데서와 같이 퍼져 나가(강의 제방에 넘쳐흐르는 강물처럼) 영광스럽게 되고"*(살후 3:1).

누가는 거기에 우리를 남긴다. 선교사들 중의 선교사를 바라보면서 권면한다. "계속해라, 계속해." *"내가 이미 얻었다 함도 아니요 온전히 이루었다 함도 아니라 오직 내가 그리스도 예수께 잡힌 바 된 그것을 잡으려고 달려가노라"*(빌 3:12)고 한 그의 말을 기억하라. 바울은 결코 예수 그리스도의 사도(선교사)로서 그가 선택받은 것에 대해 따라가는 것을 멈추지 않았다. 가서 똑같이 하라!

◆ **후기(Postnote)**

바울은 석방된 후 알바니아와 스페인에서 말씀을 전했다. 그러나 그가 로마로 돌아왔을 때 기독교인들의 리더로 체포되고 사형을 선고받았다(딤후 4:6-8).

네로는 모두 타버린 로마가 매우 평판이 나빠진 것을 깨달았다. 그래서 그는 기독교인들에게 죄목을 덜미씌워서 그들을 비난하고 체포하여 사형에 처하게 했다!

전방 개척 사역자들을 위한
사도행전 주해

2013년 4월 20일 인쇄
2013년 4월 25일 발행

지은이 | 그렉 리빙스턴
옮긴이 | 김동현 김수용 이현수 전병희
발행인 | 이형규
발행처 | 쿰란출판사

주소 | 서울특별시 종로구 이화동 184-3
TEL | 02-745-1007, 745-1301, 747-1212, 743-1300
영업부 | 02-747-1004, FAX / 02-745-8490
본사평생전화번호 | 0502-756-1004
홈페이지 | http://www.qumran.co.kr
E-mail | qrbooks@gmail.com
qrbooks@daum.net
한글인터넷주소 | 쿰란, 쿰란출판사

등록 | 제1-670호(1988.2.27)

책임교열 | 김영미 · 김윤이

값 20,000원

ISBN 978-89-6562-457-8 93230